福建省高校以马克思主义为指导的

哲学社会科学学科基础理论研究创新团队成果之一

福建師範大學 FUJIAN NORMAL UNIVERSITY | 史学文库

领先阁史学文萃

第一辑

地方文化卷

[上]

叶青 主编

社会科学文献出版社
SOCIAL SCIENCES ACADEMIC PRESS (CHINA)

编委会

前言
PREFACE

社会历史学院历史学系是福建师范大学最早设立的院系之一，可追溯至1907年福建优级师范学堂开设的史地科。1952年，华南女子文理学院、福建协和大学和福建师范学院三校历史学系合并为一，承传至今。著名学者董作宾、卢兆荫、蔡维藩、傅衣凌、刘蕙孙、韩振华、陈增辉、陈矩孙、王文杰、熊德基、金云铭、朱维幹、陈贞寿、范传贤、林庆元等先后任教于此，积淀了厚重的学术传统。

在百余年的发展历程中，经过几代学人不懈的努力，福建师范大学历史学科紧紧围绕“立德树人”这一根本任务，在教学、科研、服务国家与地方需求、教育国际化拓展等方面，都取得了令人瞩目的成绩，得到社会各界的充分肯定。历史学本科教育是福建师范大学首批品牌专业，国家级特色专业，培养的学生在教育、科研及社会各界深受好评，毕业生遍布福建省内各中学，福建省中学历史特级教师、高级教师、省级骨干教师和教育硕士几乎全部毕业于我校历史学系。我系的研究生和本科生，在全国和全省的教育硕士、师范生教学技能大赛中，每年均能取得佳绩，荣获一二等奖。大批毕业生赴中国社会科学院、北京大学、复旦大学、南京大学、北京师范大学、南开大学、中山大学、武汉大学、厦门大学等著名学府及研究机构继续深造。历史学科现拥有中国史、世界史两个一级学科博士学位授权点和两个博士后科研流动站，拥有中国史、世界史一级学科硕士学位授权点，以及教育硕士学科教学（历史）专业学位研究生招生方向。世界史、中国史学科分别被确认为福建省一流学科建设的“高峰”“高原”

学科。世界史、中国史双双入选省级首批博士、硕士研究生导师团队。拥有国学研究中心、区域与国别研究院、印度尼西亚研究中心、闽台文化研究中心、华人华侨研究中心、中琉关系研究所、中外关系史研究中心、中国基督教研究中心、福建省闽台缘仿真项目实验中心、福建省传统文化研究基地等研究机构，形成了全日制本科教育、学术型和专业型硕士研究生教育、博士研究生教育以及博士后教育的完整人才培养体系。

福建师范大学历史学系科研成果丰硕。教师团队每年都会获得多项国家社科基金项目（含重大、重点）、教育部社会科学基金项目、省级社科规划办等课题，大批成果获教育部人文社会科学优秀成果、福建省人文社会科学优秀成果奖。学科还着眼于国家与地方发展需要，主动融入国家战略，服务地方经济发展，先后围绕中国—拉丁美洲国家人文交流与合作、钓鱼岛争端、闽台关系、福建与“海上丝绸之路”及福建侨乡侨务工作等问题积极建言献策，并与政府各级部门或民间机构展开专题合作研究。

改革开放已经走过了 40 多年的历程，新中国迎来了 70 周年华诞，为了更好地总结经验，面向未来，继续书写新的历史，我们有必要对历史学科的研究成果进行回顾。此次收录的论文，冠名“领先阁史学文萃”，主要是为感谢 1978 级系友贾小平先生捐赠学院“领先楼”的情怀和义举。新建的领先楼为广大教师提供了国内一流的学习、工作条件。领先阁系列文萃（首批）五辑，主要聚焦福建社会相关论题，涉及“名人与福建社会”“闽台与福建社会”“地方文化与福建社会”“民间信仰与福建社会”等方面的论文。今后，我们拟每年出版关于其他论题的文萃辑，推出学科团队新近的学术力作。

领先阁系列文萃所收录论文的作者都是对福建师范大学历史学科的建设付出了热情和心血的学者，其中有的现已荣退，收录他们的论文，是为了让我们铭记福建师范大学历史学科的源远流长，靠的是每一位历史学人的努力付出，后学者当感怀曾经为之贡献智慧和才智的前辈们。当然，我们也希望以此总结过去的成绩，进一步增进与学界同人之间的了解和交流，推动学术的进一步繁荣发展。

历史学是社会科学的基础，是人类文明的灯塔，是开辟未来的阶梯。我们清楚地意识到学科发展带给我们的压力和福建师范大学历史学建设一流学科的需求。我们会在现有的基础上孜孜不倦，砥砺前行，凝聚学科新一代骨干力量，继承老一辈开创的传统，并将其发扬光大，协力推进学科建设的蓬勃发展。

本文萃获得了福建省高校以马克思主义为指导的哲学社会科学学科基础理论研究创新团队项目的支持。“文化传承视野下福建社会史研究”创新团队，引进了一批毕业于北京大学、中国社会科学院研究生院、香港中文大学、南开大学、北京师范大学、中山大学等国内著名高校的新生代学者，他们在研究领域亦初露锋芒，创造了一批视野宽阔、理论深厚、特色突出的著述。团队中的陈友良、李永、陈晔、谢皆刚、江晓成五位博士在此次编辑系列文萃中，通力协作，审稿认真、严谨、专业，付出了艰辛劳动。系列文萃得以付梓，还得益于作者们特别是老先生们的鼎力支持，《领先阁史学文萃》工作委员会专家们具体的指导，以及学院党政领导的鼓励和鞭策。在此一并表示衷心的感谢！

编 者

2019 年 3 月 21 日

本辑内容提要

本辑收录学院教师历年来关于福建地方史、福建地方文化各种论题的研究论文，共计18篇，其中不少论题具有鲜明的福建地方元素和特色。按照主题内容，本辑论文分属红色文化、儒学科举、地域认同、华人华侨、宗教民俗五编。

“红色文化编”收录论文3篇。王大同《关于马列主义在福建传播的几个问题》以翔实的文献资料回答了马克思主义在什么时候、通过什么渠道传入福建，早期共产主义者如何在福建传播马列主义，在传播中如何与各种反马克思主义思想做斗争，马列主义在福建传播后起了什么作用等问题。叶青《革命动员视域下的中央苏区妇女与农业生产》从革命动员的视角分析了赣南、闽西苏区妇女的农业生产活动，重点阐述了苏维埃政府独特的革命动员运作模式与妇女参与农业生产之间的互动关系，以及中央苏区妇女对农业生产的贡献。叶青《福建小三线建设企业布局及其特点探析——以军工和迁建民用企业为考察对象》在认真梳理军工和迁建民用企业分布、特点的基础上，从福建地形地貌、工业基础以及当时的政治和军事生态等方面，剖析了福建小三线企业布局的成因。福建小三线企业的布局，改善了福建经济区域分布的不平衡状况，充实了福建经济部门，为改革开放新时期福建经济建设的发展奠定了基础。

“儒学科举编”收录论文3篇。郭培贵、蔡惠茹《论福建科举在明代的领先地位及其成因》论析了明代福建为科举大省，在诸多方面独占鳌头、处于全国领先地位的原因。其原因包括深厚的科举文化积淀、浓厚的科举氛围、显著发展的经济、发达的教育文化以及完善的家族制度等方面。陈友良《清中叶闽儒雷鋐的“正学”观述略》阐述了清中叶坚守程朱理学的福建儒士雷鋐的儒学思想及其特点。雷鋐尤其注重治学的循序渐进之法，他思索正确学习程朱理学的路径，并尝试为诸生建构一套理学学术谱系。雷鋐认为陆王之学走入“阳儒阴释”的歧路，而科举“帖括词章之习”只会消磨理学家“居敬”的本色。此二者正是理学发展的两大障碍。雷鋐倡议当下理学家们共同“振兴正学”，走“居敬穷理”的道路，发展正统的程朱理学。陈友良《孟超然〈孟氏八录〉的修身立命之学》提出闽儒孟超然之学术思想强调以宋学为宗，并以朱子学为正统。他认为孟超然的代表作《孟氏八录》专门阐述修身立命之学，尤其注重宋儒的道德修养方式，并提出应围绕“惩忿、窒欲、改过、迁善”进行治心，在福建朱子学者中颇有代表性。

“地域认同编”收录论文 3 篇。徐恭生《明初福建卫所与郑和下西洋》从新发现的明代《卫所武职选簿》资料中，探找郑和下西洋与明初福建卫所组织的关系。从《卫所武职选簿》和方志的记载中可以看出，明初福建坚固和完善的军事防务体系不仅为郑和下西洋舰队输送了大批的官兵、水手和军用物资，使其顺利地完成出使任务，而且保证了各国前来朝贡的国家元首、使节及其随从们的旅途安全和生活舒适度，从而促进了中外睦邻友好关系的发展，这是福建人民在郑和下西洋伟大业绩中所做的巨大贡献。谢重光《五代宋初泉、漳的整合与福佬民系的形成》梳理了唐末至宋初漳、泉二州在语言、习俗、经济形态、社会心理上趋同的事实，认为漳、泉二州在经济文化的进步和整合过程中，逐渐形成了本区域独特的方言、独特的有较强商品经济色彩特别是对外贸易色彩的经济形态，重文的士风和重商的民俗也已形成，政治上完成了权力结构的本土化过程，在对中原的向心力不断强化的背景下，社会各姓皆祖述光州固始的集体记忆也已逐步形成，因而这个地区的人民已经自觉成为一个独特的共同体，也就是后世所说的福佬民系。李永《试析唐宋之际福建地区的“由场升县”现象》通过分析唐宋之际福建地区由场升县的数目、时间、空间分布等特点，阐明了这些历史现象与唐宋之际福建地区的经济开发和人口增长、福建地区的开发顺序和移民的迁移路线，以及五代十国时期政权分立的政治局势均有密切的关系。

“华人华侨编”包括3篇论文。陈友良《福建归侨与福建建政（1949~1955）》探讨了在福建解放、建政、建设过程中福建华侨、归侨的参与和贡献问题。在福建国民经济三年恢复时期，无论在反特防奸、巩固国防和打破封锁方面，还是在民主建政、发展生产和侨务工作方面，归侨都做出了杰出的贡献。在“一五”计划期间，他们同样为全省恢复生产，福建工业、交通建设和全省经济大发展做了大量工作，对福建地方工业的发展做出了卓越贡献。贺建涛《19世纪后半期北美西部华人与印第安人关系及相互认知》探讨了在19世纪后半期北美西部殖民开发背景下华人移民与印第安人的族群交往问题。以互利互惠为基础，华人移民与印第安人在贸易、雇用生产及跨族通婚等层面形成了较为密切的关系，也由此促进了彼此之间的文化交融。不过，作为被动裹挟进北美工业化大潮的底层劳动者，两族群在生存空间、工作机会及自然资源分享等方面也存在严重的利益冲突，相互之间在心怀好感的同时，对对方也存在较多的仇视、误会和偏见。从根本上说，两者的双面关系及多元认知是殖民主义和种族主义作用于底层弱势族群的必然结果。江振鹏《塑造双重的“自我”：民主改革时期印尼华人穆斯林社团与郑和文化的构建》的讨论集中于印尼主流与边缘社会的一个特殊群体——印尼华人穆斯林的身份认同问题。作者认为在主流社会伊斯兰复兴和华人身份被重新唤醒的双重推动下，华人穆斯林社团正在利用自身的优势，通过建立郑和清真寺网络、举办各类研讨会、创作各种艺术作品的方式，积极宣传航海家郑和所代表的和平、宽容、多元精神，从而构建兼具华人与穆斯林特征的身份认同，这在当前印尼华人穆斯林社团努力面向当地社会构筑“多元和谐”的印尼社会进程中占有特殊地位。

“宗教民俗编”收录6篇论文。谢重光《唐宋时期福建海上交通与对外佛教文化交流》系谢教授在福建省图书馆的演讲稿，涉及三个问题：一是福建海上交通发展的历程；二是唐宋时期福建佛教发展的状况及其所取得的文化成就；三是唐宋时期，福建跟日本、韩国方面的佛教文化交流。林国平《佛教的世俗化与签占的发展——兼与严耀中先生商榷》讨论了在中国佛教的世俗化进程中，占卜术所起到的作用。佛教寺院大约在宋代才开始引入签占来吸引信众，但远没有达到“寺院内求卜问签普遍化”的程度。明清时期，随着佛教世俗化进程的加快，佛教寺院普遍备有签谱，其中《观音灵签》在民间广为流传，成为中国影响最大的签谱。《观音灵签》与其他签谱并没有本质上的差异，但更加通俗、更加世俗化，因此受到百姓的热烈追捧和崇信。林国平《论三一教的兴衰嬗变》利用从民间搜集的弥足珍贵的文献资料，对具有地方特色的三一教的兴衰嬗变进行了全面的论述，认为林兆恩在世时的三一教，前期是由儒家读书人的一般结社占主导地位，后期朝着民间宗教方向演变，但尚未形成严格意义上的宗教。明末清初的三一教分裂为两派，分别继承了林兆恩的学术和宗教遗产，宗教一派是三一教的主流，最后完成了三一教向宗教演进的过程，其影响也最大，并出现了民间信仰化的发展趋势。清康、乾之后，三一教在清廷的禁令下走向衰微，但仍然潜伏在民间，在福建莆田、仙游等地秘密流传。清末民国时期，三一教在福建莆田、仙游、惠安重现，并一度出现复兴的景象，还传入东南亚一些国家和地区。黄建兴、林自东《妈祖信仰的“海丝”起点——论福建莆田贤良港在妈祖信仰传播史上的作用和地位》认为，福建莆田湄洲湾北岸贤良港是妈祖的诞生地，是妈祖信仰传播的起点，推动了妈祖信仰在莆田湄洲湾各沿海港岸的首轮传播。受儒家文化的影响，明清时期妈祖信仰开始转型，逐渐成为各地妈祖宫庙和信众的“娘家”及朝圣中心。林金水《明末泉州十字架石发现考》利用有关历史文献，对明人在泉州发现的四块十字架石进行了详细辨析，特别是对其中的第一、三、四块做了进一步探究，力图据此纠正以往研究中的错误。作者认为，明人发现四块天主教十字架石，堪称中西交通史上的大事，它让人们看到了宋元明时期海上丝绸之路运输的商品，除了丝绸、瓷器、香料、新月架等实物之外，还多了一种来自西方天主教的十字架石，展现了泉州作为世界宗教博物馆的丰富内涵。林金水《艾儒略与〈闽中诸公赠诗〉研究》以艾儒略与《闽中诸公赠诗》为研究对象，就士人赠诗的原因、事件背后的历史背景、赠诗所表达的内容，以及赠诗反映的天主教所起的作用等进行了探讨，勾勒出了士人与艾儒略之间的互动，以及他们对天主教的认可与赞誉，再现了明末清初天主教经艾儒略在福建传播的历史情境。

这些论文因成文时间较早，注释信息比较不完整，格式也不甚完备，编者尽量按照当前规范体例进行了补充和修订，并尽可能地核对了原文，个中仍有不完备和疏漏的地方，敬请读者谅解。

目录
CONTENTS

红色文化编

儒学科举编

地域认同编

华人华侨编

宗教民俗编

红色文化编

关于马列主义在福建传播的几个问题

王大同

马克思主义是无产阶级最完整的科学世界观和关于无产阶级革命的科学理论。福建人民革命和建设的胜利，是在马列主义和毛泽东思想指导下取得的。马克思主义在什么时候、通过什么渠道传入福建？早期共产主义者如何在福建传播马列主义？在传播中如何与各种反马克思主义思想做斗争？马列主义在福建传播后起了什么作用？这就是本文试图探讨的问题。

一　马列主义传入福建的渠道

马克思主义形成于19世纪40年代，其主要标志是1848年《共产党宣言》的发表。但是传入福建是在五四运动之后，特别是在中国共产党成立之后才迅速而又广泛地在全省传播。

马列主义在福建传播主要通过三个渠道。

其一，由福建一些到京、津、沪、杭、汉、穗等地学习或工作的先进青年在外地接受马列主义后，通过与家人、亲友、母校师生通信和寄回各种进步书刊而传播。1919年“北京的新潮流，已流到万山重复的龙岩来了”。[①] 1920年，邓子恢在江西崇义“看了共产党宣言，感到对症下药，解决问题，中国只有走这条路才行，这就放弃了资产阶级改良主义思想，

① 林仙亭：《十年读书》，《岩声》1924年11月1日。

确定了对共产主义的信仰”。[①] 他开始在闽西加以传播。1922 年，在北京学习的建瓯进步青年杨俊德，把高尔基的作品和《新青年》《向导》《觉悟》等进步书刊寄回闽北。在武昌大学求学的季永绥和在南京金陵大学读书的徐履峻等人也陆续将《新青年》等刊物寄回闽北。在外地学习的进步青年还利用寒暑假回乡开展马列主义宣传活动。如 1920 年，在北京读书的福州进步青年郑天挺、郑振铎等人，发起并组织“福州旅京假期回闽社会服务团”，利用假期回闽创办新刊物等，宣传马列主义。徐履竣、季永绥等也常利用寒暑假回乡传播革命思想。这些在省外学习的进步青年学成后，陆续回闽宣传马列主义，使马列主义在福建得到传播。

其二，由外省已接受马列主义思想的专家学者、教员来闽讲学或任教加以传播。陈嘉庚创办的集美学校，在 1921 至 1923 年，就从革命思想活跃的江浙一带招聘进步教员来校任教。如刘平江任师范部主任、施敦临任史地教员、陈问涛任国文教员。他们在课堂上进行马克思主义教育，讲解阶级斗争学说。施敦临向学生讲授历史唯物主义和辩证法，分析英国宪章运动、德国西里西亚纺织工人起义和法国资产阶级革命，而且联系中国实际，使学生明确中国只有进行革命才有出路。国文教员陈问涛以“劳工神圣”为题让学生作文，并引导学生就这个问题展开激烈的讨论。1922 年，集美学校举行集会纪念“五一”节，徐文修在会上宣传社会主义学说。蔡斗垣将《社会主义讨论集》《共产党宣言》《前锋》《阶级斗争》《向导》等马列主义书刊赠给集美学校图书馆。该图书馆“凡中外图书杂志，均力为购置，旧椠新梨，兼收并蓄”。[②] 当时集美学校文理科教师学术水平都很高，他们表达能力强，教学方法得当，使学生容易理解和记忆。这样，学生就能腾出较多的时间在课外阅读革命书刊，使集美学校成为福建南部的“革命摇篮”。

其三，由本省一些接受马列主义的进步青年直接到上海购买或写信给党、团中央，要求寄来党刊、团刊和马列著作，并加以传播。如 1921 年省立二中学生陈任民到上海，就带回多种革命刊物和社会主义书籍。1923

---

① 邓子恢：《崇义初期革命斗争的回忆》，载中共江西省委党史研究室编《中央苏区风云录》，未出版，1991，第 10~15 页。

② 《集美学校周刊》1922 年 11 月 18 日。

年，集美学校师范部学生李觉民写信给陈独秀请求指导，并“要求在集美学校设立马列主义书籍代销点”，陈独秀把他介绍给刘仁静和恽代英，“并寄给《向导》《中国青年》《新青年》《社会主义讨论集》《独秀演讲集》等进步书刊各数十份”。在几个月内，马列主义书籍的销售量很快由数十份增至数百份。李觉民也因此被聘为“团中央刊物《中国青年》的通讯员”。[①] 李觉民当时在给团中央的信上说：“自《向导》《中国青年》和宣传社会主义的书籍在校内出现后，争相阅读者甚众，倾向马列主义的日渐增多，一些原来受了无政府主义影响的，当接触了马列主义后，思想发生了变化，就摈弃了无政府主义，相信社会主义了。”[②]

二　早期共产主义者如何在福建传播马列主义

早期共产主义者主要通过以下四种形式和方法，在福建开展马克思主义宣传活动。

（一）组织进步社团，学习和宣传马列主义

在闽西，革命青年认识到“研究主义贵在联络同志，谋实际行动”。[③] 1921 年春，邓子恢与陈少微、章独奇、林仙亭、曹菊如等在龙岩白土桐冈书院组织了“奇山书社”。该社“起而互相合作，先从改造个人做起，而后及于改造社会”。[④] 参加者月捐款二角，用于购置《共产党宣言》《共产主义 ABC》《新青年》《新潮》《向导》等进步书刊，许多进步青年踊跃参加该社，很快发展到 200 多人。1923 年春，在外地求学的胡其文、陈正、曾牧春等 38 位永定进步青年，利用寒假回乡成立了以反帝反封建为宗旨的

---

① 胡大新：《李觉民：福建早期马列主义传播者》，《闽西党史资料通讯》1984 年第 1 期。

② 李觉民：《关于厦门集美学校马列主义传播情况给钟兄的信》，1923 年 11 月 24 日，载中共龙岩地委党史资料征集领导小组、龙岩地区行政公署文物管理委员会编《闽西革命史文献资料》第 1 辑，1981，第 18~19 页。

③ 李觉民：《关于厦门集美学校马列主义传播情况给钟兄的信》，1923 年 11 月 24 日。

④ 张觉觉：《本报之过去现在及将来》，《岩声》1923 年 9 月 1 日。

“晨钟社”。[①] 1924 年暑假，在集美学习的上杭进步青年蓝维仁、张楷等回上杭组织“新剧团”，进行革命宣传。罗大淮、丘天锦等则发起成立“上杭青年读书会”，提倡新文化、新文学，反对封建旧礼教、旧文化。他们每周集会一次，阅读《新青年》《向导》等马列主义书刊。[②] 1925 年春，阮山、赖秋实等进步青年也在永定成立“湖雷青年学友会”，学习马列主义。[③]

1922 年 10 月，福州进步青年陈任民在上海入团后，按团中央指示回闽参加革命活动。他团结一批先进青年组织“民社”，学习和宣传马列主义。1923 年夏，陈任民又在福州组织“福建工学社”。同年秋，他们又把“民社”改组为“民导社”，学习新思想，代售《先驱》《向导》等马列主义书刊。1925 年 1 月，“民导社”与先前成立的“青年学社福建支社”合并，组成“福建青年社”，成员发展到 80 多人。该社以“研究社会科学、努力青年运动、促成国民革命为纲领”，决心“办成训练、研究马列主义的机关”，并“从中择单纯分子组——S. Y”（即社会主义青年团）。[④] 同一时期，进步青年徐星者、苏建维等在福州成立“福建勉之学社”，成员 30 余人，他们共同学习马列主义，立志改造自己，改造社会。1925 年 10 月，该社改名为“福建涤社”，决心荡涤旧社会一切污泥浊水。

在马列主义思想的熏陶下，集美学校师范部贫苦学生李觉民、罗善培（即罗明）、罗扬才、刘端生等人，于 1923 年在厦门成立“星火社”，学习和宣传马克思主义。后来又扩大为“福建青年协进社”，广泛团结思想进步的知识青年，投入实际的革命斗争。成员有 130 余人，后来又发展到 200 多人。他们在闽西南 20 多个县，深入群众宣传马克思主义，做出较大贡献，受到团中央的表扬。1924 年底，刚考入厦门大学预科的罗扬才等人

---

① 中共永定县委党史工作委员会编《永定人民革命史》，厦门大学出版社，1989，第 18、20、21 页。

② 中共上杭县委党史工作委员会编《上杭人民革命史》，厦门大学出版社，1989，第 11～12 页。

③ 中共永定县委党史工作委员会编《永定人民革命史》，第 18、20、21 页。

④《陈聚奎给恽代英的信——福州团员及工作情况》，1925 年 3 月 18 日，载中央档案馆、福建省档案馆编《福建革命历史文件汇集（1923—1926）》甲，未出版，1983，第 26～27 页。

又在厦门创办“闽南文化促进会”，宣传马列主义和新文化。

1923 年，在北京求学的杨峻德等发起并组织“建属六邑国内外留学同志会”。他们认为，“欲改造社会，非从文化宣传着手不可，而文化宣传又非那种换汤不换药的妥协态度所能成功，所以非彻底的破坏一番不可!”“欲创造新社会，绝非个人的能力所能做到，必须有大规模的组织，集中新势力，向认准的目标共同前进奋斗，方能有效!”并提出要在闽北地区以宣传新文化为手段，以“打倒一切恶势力”“改造社会”为目的的斗争纲领。①

1926 年春，莆田籍共产党员陈国柱受党委派，从上海大夏大学回乡从事革命工作。他在莆田哲理中学组织“新读书社”，向知识青年传播马列主义，宣传革命道理，唤起青年们的觉悟，然后物色先进分子入党，开展革命斗争。

（二）创办进步刊物，传播马列主义

最早在福建出现的介绍十月革命后的俄国、宣传十月革命和马列主义的刊物是 1919 年 12 月 1 日在漳州创办的《闽星》半周刊，它是由援闽粤军筹资创办的。其主要目的是迎合当时青年趋向新思潮的心理，以无政府主义相标榜。但是，该刊在宣扬无政府主义的同时，还对苏俄情况做些纯客观的介绍，有时还用了很大的篇幅，如《现代俄罗斯的研究》就连载 10 期，《俄罗斯宪法评译》也连载 5 期。该刊赞扬十月革命“灼灼的红光照耀着全个地球，汩汩的红潮分奔向五洲各处”，它“是世界的改造”② 和“世界的现代思潮”③。该刊指出：“社会主义是现时和将来的人类共同的思想。”④ 社会主义制度的优越性是“私有制度打破，农民骤然得有广大的土地，自己耕作，自己收获，各尽所能，各取所需，谁不高兴劳动?”⑤ 该刊还驳斥了反动派对十月革命的诬蔑，指出：“波尔雪维克（即布尔什维克）

① 《建属六邑国内外留学同志会宣言》，载中共建瓯县委党史办编《建瓯党史资料》第 3 期，内部资料，1986。

② 《红潮滚过大西洋了》，《闽星》1920 年 1 月 26 日。

③ 金云：《强权的斗争终局阶级的斗争开始了》，《闽星》1919 年 12 月 15 日。

④ 金云：《强权的斗争终局阶级的斗争开始了》，《闽星》1919 年 12 月 15 日。

⑤ 《红年大熟》，《闽星》1920 年 1 月 5 日，第 2 页。

决非‘过激党’，也非‘暴民党’”，这是资本主义国家出于嫉妒和恐慌而强加给它的，“希企一般人民见了便发生一种恐惧心、排斥心”。[①] 这些报道对于福建人民了解十月革命和苏俄的社会主义制度是起了积极作用的。该刊还揭露“资本家不动手不动脚将全部的利益收做自己的私产”，主张“劳动创造的东西应归劳工分配才合理”。[②] 对“旧社会的根本罪恶要积极推翻，新社会的根本基础要从新奠定”。[③]

接着，漳州省立二师和八中学生自治会也在1920年6月1日创办《自治》半月刊，热情赞颂十月革命的伟大胜利和对世界革命的影响，指出：“自从俄罗斯革命以来，一个血腥骷髅的世界受着那红灼灼的曙光照得大地通红了。”它满怀信心地高呼：“革命的事业不久便就要实现呵。”[④] 该刊对闽南地区传播马列主义和消除无政府主义影响起了积极的作用。

“奇山书社”成立后，经常召开讨论会和读书心得交流会。为了推动会员间的思想交流，在1922年将大家的读书心得印成《读书录》，发给会员。不久又出第2册，更名《同声》。1923年又改名《岩声》，扩充内容，增加新栏目，于1923年9月1日公开出版。《岩声》创刊的目的在于“揭露社会黑暗，报道群众斗争，推动革命思潮，宣传社会主义”。[⑤] 该刊在闽、赣、粤、湘、鄂、豫、冀、皖、鲁、苏、浙、台12省35县市发行，还远销新加坡、缅甸、菲律宾、印尼等国，它是全省创办时间最长、销售量最多、销售范围最广、影响最大的宣传新文化、新思想和传播马克思主义的刊物。其主要内容如下。

（1）阐述马克思的剩余价值学说。邓子恢著文指出：剩余价值是“贫苦的致命伤”，是“富人向人群掠夺的证据物”。[⑥] 他根据自己的社会实践，通俗形象地介绍了马克思的剩余价值学说。

---

① 《现代俄罗斯的研究（十）》，《闽星》1920年1月26日。

② 《国际劳工运动论》，《闽星》1919年12月4日。

③ 《劳资会议是什么东西?》，《闽星》1920年1月5日。

④ 林松荣：《我的宣传主义的主张》，《自治》1920年6月1日。

⑤ 邓子恢：《龙岩人民革命斗争回忆录》，福建人民出版社，1990，第3页。

⑥ 邓子恢：《恐怖的生活》，《岩声》1924年4月1日，载中共龙岩地委党史资料征集领导小组、龙岩地区行政公署文物管理委员会编《闽西革命史文献资料》第1辑，第30~32页。

（2）揭露帝国主义利用基督教进行侵略的本质。指出："神父牧师前面走，军舰兵队后面跟。"传教士无论是设医院，还是办学校，都是为了"收买中国人民的欢心"和搜集中国的情报。"中国贫弱，是被外国帝国主义侵略的结果。"它号召人民"立刻起来向帝国主义革命，反抗，奋斗"。①

（3）宣传阶级斗争的观点和武装夺取政权的思想。它深刻揭露了军阀、官僚、资本家、豪绅的不劳而获和对农民的残酷压迫剥削。农民一年之间被赖世璜等大小军阀勒索去的预征粮款就有 20 多万元。该刊明确指出，只有用阶级斗争的观点来观察、分析社会现状，才能得出贫富不均的真正原因。并深刻指出："政权是统治阶级的武器，""武力是夺取政权的条件。""如果我们一齐觉悟起来，一齐武装起来，我们也很容易拿着政权。"②

（4）宣传社会主义理想。指明社会主义社会的基本特征是："实行生产资料公有制；不劳动者不得食；人人平等。""初生幼儿，有公育的地方；老人有养老院；病人有公共医院。"③

（5）主张妇女解放。通过揭露封建制度对妇女的压迫、束缚是妇女政治经济地位低下和文化上愚昧无知的原因，提出解放妇女的重要性和迫切性。反对妇女缠脚，提倡男女平等、女子也有受教育权。

（6）报道国民革命军大举北伐和胜利入闽的消息。《岩声》第 30 期发表《为党军入闽告我岩父老兄弟》，第 43 期又刊登《军民联欢大会详记》，报道北伐军解放龙岩和举行军民大联欢的盛况。

1922 年 12 月，陈任民和方尔灏等在福州创办《冲决》周刊，宣传中国共产党的民主革命思想，痛斥军阀的反动统治。1923 年夏，陈任民又在福州出版《工学报》，宣传马列主义学说。"福建青年社"成立后，出版了《福建青年》周刊，方尔灏任主编，该刊大力宣传马列主义和新思想，揭

---

① 谢国鑫：《我为什么要反对基督教》，《岩声》1925 年 8 月 1 日。

② 邓子恢：《龙岩被压迫阶级的现状及其出路》，《岩声》1926 年 2 月 1 日，载中共龙岩地委党史资料征集领导小组、龙岩地区行政公署文物管理委员会编《闽西革命史文献资料》第 1 辑，第 45~47 页。

③ 林仙亭：《与农人谈话》，《岩声》1924 年 3 月 1 日。

露“官僚、军阀暴横恣睢”的黑暗社会，指出辛亥革命“枉死了七十二烈士，空有了‘共和’二字”。[①]“福建涤社”则创办《涤之》周刊，鞭挞旧社会的黑暗，宣传新社会的曙光。

厦门“星火社”成立后，创办了《星火周报》，这是厦门地区第一份专门宣传马列主义的报刊，深受革命青年的欢迎，“每次出版，一出即尽”，其销售量比《中国青年》还多，“对同学的思想影响甚大”。[②]

1921 年，杨俊德、葛越溪等人在北京筹办《建声》半月刊，每期印发一千份，多数寄回建瓯、闽北与闽南。该刊以政治评论为主，结合福建政治、经济状况，强烈抨击军阀政府的黑暗统治，揭露与鞭挞社会恶势力，宣扬新文化新思想。

1926 年 3 月，在广东大学（现中山大学）读书的汀属进步学生谢秉琼、胡铁寰、吴炳若等人在广州创办《汀雷》，揭露帝国主义、军阀、官僚和地主豪绅的罪恶，以及社会的黑暗，“以期激起全汀民众，站上革命轨道”[③]，参加国民革命，推翻帝国主义和封建军阀的反动统治，改变家乡的落后面貌。在广州编印出版后，他们寄到汀属八县散发，也向省内外发行。该刊于 1926 年 3 月 15 日创刊，同年 12 月 15 日停刊，共出版 9 期。该刊对于鼓舞群众的革命热情，掌握斗争艺术，起了积极作用。

（三）开设平民学校或平民夜校，宣传马列主义

1925 年 7 月，谢景德、林初元、谢宝萱等利用暑假回家乡龙岩适中举办第一期平民学校，第二年暑假又续办第二期平民学校，组织农民群众学习文化知识，宣传国民革命道理。1925 年 8 月，进步青年廖昌泰、连炳文在龙岩城关陈家祠创办龙岩公学，免费招收城区青少年入学。1926 年 3 月，在集美学校师范部学习的共产党员蓝维仁邀集同学蓝为龙等回上杭芦丰创办平民学校，免费招收劳苦大众的子女入学，既传授文化知识，也传

① 方尔灏：《十二年的国庆》，载中共福建省委党史资料征委会、福建省民政厅编《福建革命烈士传·第一次国内革命战争时期》，福建人民出版社，1987，第 45 页。

② 李觉民：《关于厦门集美学校马列主义传播情况给钟兄的信》，1923 年 11 月 24 日。

③ 《汀雷》1926 年 3 月 15 日。

播马列主义，灌输革命思想，组织革命斗争。与此同时，邓子恢和郭滴人在龙岩白土、张鼎丞在永定金砂也举办了平民夜校，对农民群众进行马列主义宣传教育。此外，在永定，陈正和曾牧春等人创办下洋公学、赖秋实等创办下湖公学、熊一鸥创办上湖公学、简祥明等创办培风公学、赖连璋等创办西溪公学、卢肇西等创办东乡公学。当时永定全县共办起70余所夜校，学员有4000人左右。[①] 1926年，厦门大学进步青年罗扬才、李松林、董云阁等也在厦门创办平民夜校，组织工人学习文化知识和马列主义，并把他们组织起来，开展革命斗争。

（四）成立专门销售进步书刊的新书局或书店

1919年底，在漳州成立了“新闽学书局”，“专售最近出版的《新青年》、《星期评论》等书报”。[②] 1925年7月，福州革命青年翁良毓、陈任民等创办“福州书店”，销售《共产党宣言》《共产主义ABC》《向导》《中国青年》等马列主义书刊。后来在福州仓山对湖新开设的“浪花书店”也大量销售《新青年》等马列主义书刊和李大钊、鲁迅等革命先驱的著作。1926年11月，来自台湾的唐生夫妇在泉州小泉涧巷口创办“泉州书店”，出售《共产党宣言》《向导》《资本论》《新青年》《政治周刊》《第三国际》《辩证唯物论入门》《中国五年来之共产党》《福建新农民》《福建青年》等马列主义书刊，“顾客盈门，生意兴隆”。[③]

三　马克思主义与反马克思主义在福建的斗争情况

马克思主义在福建的传播并不是一帆风顺，而是经过艰苦的斗争。帝国主义和封建军阀、官僚豪绅阶级，对马列主义在福建的传播非常害怕。他们一方面通过其控制的邮政、新闻出版机构进行严密检查，没收各地邮寄入闽的进步书刊，禁止新闻单位报道革命团体的活动消息和宣传马列主义，不准出版单位翻印、出版马列主义书刊；另一方面又派遣暗探、爪牙

---

① 中共永定县委党史工作委员会编《永定人民革命史》，第18、20、21页。

② 《民国日报》1919年12月15日。

③ 陈盛明：《大革命时期泉州国共合作情况杂忆》，《党史研究参考资料》1981年第1期。

四处侦察监视革命师生的活动，并想方设法进行破坏。革命青年采用各种灵活巧妙的方法与之做斗争。他们用反动政府公开出版物的封面或非政治色彩的封面等伪装，躲过敌人检查；采用易地编印出版的办法转移敌人的注意力，如《岩声》在厦门印刷，《汀雷》在广州编印出版。泉州进步青年吴堃、谢德南、黄子铨等组织“更俗剧社”“明新剧社”，公演现代话剧，揭露军阀压迫人民、造成社会黑暗的罪行，泉州地区军阀头目孔昭同惊恐万状，授意劣绅在北鼓楼设立“群治会”，侦察和监视进步师生的活动，但根本无法阻止泉州地区革命活动的蓬勃发展。1923 年 2 月 21 日，泉州律师公会致电上海律师公会，抗议湖北督军萧耀南枪杀无辜工人、非法逮捕施洋律师并加以杀害的罪行。福州军务督办周荫人对福州地区由于马列主义的宣传而日益高涨的革命活动极为恐惧与仇视，公然下令要求各地军警当局“严禁共产宣传”[①]，并于 1925 年 12 月 22 日逮捕福州学联理事长、社青团福州地委组织委员、收回教育权委员会会长翁良毓。第二天又查封了“福州书店”。1926 年 9 月残酷地杀害了翁良毓同志。福州晚清举人郑心驷等封建余孽则以“讲学”为名，宣扬封建伦理道德，攻击马列主义，反对新文化。

然而从五四运动到 20 年代初期，马列主义在福建已形成一股强大的不可抗拒的思想潮流，绝不是反动派诋毁、镇压所能禁绝。相反，越是禁止人们越是想方设法去阅读这些进步书刊。因此，反动派又扶植各种反马克思主义思潮，以抵制马列主义的影响。这样，马列主义与各种反马列主义思潮在福建又展开了激烈的斗争。

为了阻止马列主义的传播，胡适等人联合邀请美国实验主义哲学家杜威来华讲学。1919 年 4 月 30 日杜威到中国后，在华住了两年零两个月，到过包括福建在内的 11 个省，做了五大演讲，大肆宣传实用主义和社会改良主义，反对马克思主义和社会革命；宣扬西方资产阶级民主思想和教育万能论，反对五四运动。他在福建做了几次演讲，特别注重宣传教育万能论，反对马克思主义的社会革命学说。胡适就是根据杜威这些谬论提出要“多研究些问题，少谈些主义”。

---

① 《申报》1925 年 10 月 1 日。

代表地主买办阶级利益的“研究系”政客张东荪等人，盗用社会主义之名，行反对社会主义之实。他们虚伪地宣称，“资本主义必倒，社会主义必兴”，但又说什么中国产业落后，工人太少，又不觉悟，所以还不能实行社会主义，只能先开发实业，发展资本主义。他们还提出“劳资协调”的社会改良主义来反对马列主义，反对社会革命。

为了消除杜威、胡适和张东荪散布的思想的影响，福建进步青年创办革命刊物，引用马列主义学说指出：要观察阶级社会的一切社会现象，必须用阶级斗争的观点和阶级分析的方法才看得清楚，才能找到解决问题的钥匙。如《岩声》有许多文章是宣传阶级斗争观点的。它还用大量阶级压迫的事实教育人们奋起斗争。

福建早期共产主义者还著文批判侈谈“社会改良”“文化革新”而背离革命的谬论，指出“学生实负有改造政治的责任和使命”。[①] 他们批判国家主义派的谬论，指出国家主义是“18 世纪时候，便引起法国各国人民的厌恶，觉得它是牺牲人权的毒物”。现在“时代进化到此地步，国家主义决没有存在的可能了”。[②]

在马列主义传入福建的同时，无政府主义也混迹于新思潮中传入福建。无政府主义者主张“以世界为范围，没有国家，没有强弱，没有人种的区别，大家实行互助起来去谋求人类平等的幸福”。[③] 提倡不要政府，不要法律，极端自由，绝对平均，废除一切带有强制性的纪律、制度，反对阶级斗争和无产阶级专政。当时，辛亥革命后北洋军阀窃取了胜利果实，造成政治腐败，社会黑暗，国衰民穷，使人们对政府产生厌恶感，所以用急进、极左面目出现的无政府主义颇能迷惑一些追求救国救民真理的革命青年。福建早期共产主义者针对无政府主义者的谬论，指出由于统治阶级掌握暴力工具，并使用暴力，劳动阶级只有用暴力才能打败统治阶级的暴力，求得人民的自由与幸福。随着马列主义的广泛传播和现实生活的教育，无政府主义思潮日益衰退，马列主义为越来越多的人所接受。

---

① 陈霖：《学生不应该谈政治吗?》，《汀雷》第 7、8 期合刊，原件未标明时间。

② 《社会进化与国家主义之必然摧毁》，《汀雷》1926 年 3 月 15 日。

③ 《什么叫做新思潮》，《闽星》1919 年 12 月 8 日。

福建早期共产主义者反对各种反马列主义思潮斗争的胜利，证明马列主义是颠扑不破的真理，也证明共产主义运动在福建的兴起是客观历史发展的必然结果。但敌人是不甘心失败的，所以斗争始终激烈地进行着。正是这种不断的斗争使得马列主义日益深入人心，马列主义者也在斗争中得到锻炼和提高。

四　马列主义在福建传播后所起的作用

福建早期共产主义者通过播撒马列主义真理种子，促使福建革命运动不断高涨，在福建人民革命斗争史上，立下了不可磨灭的功勋，起了巨大的作用。

一是为福建党组织的建立准备了思想条件和干部条件。五四运动后，马列主义在福建的传播、各个革命团体的相继建立、各种革命刊物的创办，在全省形成强大的马克思主义宣传运动，这就为福建党组织的建立做了思想上的准备。一批接受马列主义、了解福建革命的实际问题，并投身革命运动的干部队伍的形成，为福建党组织的建立做了干部上的准备。同时，各个革命团体的建立和革命活动的深入开展，为福建党组织的建立做了组织上的准备。许多接受马列主义的先进分子迫切要求入党，一些在京、沪等地学习或工作的先进分子在那里入党后，被委派回闽从事建团建党工作，有些地区则由党、团中央直接派人来建党建团。他们先在各个革命团体内部物色那些经过考验的先进分子入团，经过进一步考察和培养，再把其中的优秀分子输送入党。如 1925 年 3 月，团中央派马念一到福州帮助建团就是先从“福建青年社”物色方尔灏、翁良毓等 10 位先进青年入团，经过为期一年的考验，到 1926 年 4 月才正式成立中共福州特委。1925 年 6 月，团广东区委派党员蓝裕业到厦门与李觉民从“福建青年协进社”吸收罗扬才等 7 人入团。1926 年 3 月，中共广东区委派罗明来厦整顿党团组织。4 月成立中共厦门干事会。1927 年 1 月在漳州成立中共闽南特委。1927 年底成立中共福建省委，统一领导福建人民的反帝反封建斗争。

二是培养和造就了一批具有马列主义理论水平，立场坚定，策略灵活，善于联系群众、率领群众与敌人进行斗争的领导干部。他们通过学习研究马列主义基本理论，探讨了中国特别是福建革命的实际问题及其解决办法，并领导福建人民积极投入革命斗争，在斗争中经受锻炼和考验，进一步学习本领、增长才干，成为觉悟高、能力强、在群众中享有威望的领袖人物。如方尔灏、翁良毓、罗扬才、杨世宁、郭滴人、朱积垒、林心尧、王占春等，都成为坚定的马列主义者和有影响力的群众领袖。为了革命和共产主义事业，为了福建人民的解放和幸福，他们或者在刑场上英勇就义，或者在和敌人的战斗中壮烈牺牲。又如邓子恢、张鼎丞等则成为杰出的马列主义者，在长期的革命斗争中，为福建人民乃至全国人民立下不朽的功勋，成为深受全省和全国人民爱戴的无产阶级革命家、伟大的共产主义战士、党和国家的杰出领导人。

三是有效地促使广大人民群众从沉睡中觉醒，使他们的阶级觉悟大为提高，斗争勇气倍增，为党领导的革命斗争准备了很好的群众基础。近百年来，福建人民深受帝国主义侵略之害，饱尝封建主义压榨之苦，马列主义的宣传教育，把他们从沉睡中震醒，使他们认清穷根，找到苦源。为了救国救民救自己，他们积极投入党领导的革命斗争，特别是配合北伐军入闽，掀起工农运动高潮，给帝国主义、封建军阀、官僚豪绅以沉重的打击。大革命失败后，白色恐怖笼罩全省，许多共产党员和群众转入农村，坚持革命斗争，除官僚、斗地主、打土豪、分田地，使党领导的革命斗争进入了武装斗争和创建农村革命根据地的新时期。当时，革命根据地和游击区遍及全省 61 个县境，2398 个乡，21565 个村，71 万户，约 300 万人口的地区。[①] “在残酷、复杂的斗争中，有二千多个革命基点村一直坚持到全国解放，在闽西根据地还有 13 万农民一直保留土地革命的果实。”[②] 广大群众积极支援革命，“革命需要什么，他们就支援什么，要人有人，要粮有粮”。[③] 福、厦、漳、泉等城市则成为全省白区斗争的主要据点，有效地打击了敌人的嚣张气焰。这一切充分说明，福建早期

---

① 中共福建省委福建革命史画集编辑委员会编《福建革命史画集》，福建人民出版社，1982，第 211~218 页。

② 中共福建省委福建革命史画集编辑委员会编《福建革命史画集》，第 211~218 页。

③ 中共福建省委福建革命史画集编辑委员会编《福建革命史画集》，第 211~218 页。

马克思主义宣传教育运动的广泛开展，有效地提高了群众的觉悟，到大革命和土地革命时期产生了巨大的物质力量，使福建成为老革命根据地，并荣获红旗不倒的赞誉。

本文原载于《福建师范大学学报》（哲学社会科学版）
1991 年第 3 期

革命动员视域下的中央苏区妇女与农业生产

叶　青

革命动员，是一种通过领导宣传，有计划地组织与发动民众，带领群众参加革命的政治过程。土地革命时期，中央苏区一直处在残酷的军事“围剿”和经济封锁之中。苏维埃政府为了巩固政权，采取了各种形式动员和组织苏区群众参加经济建设事业。妇女这支特殊的群体，得到了中国共产党的高度重视。在苏维埃政府的领导动员下，解放了的苏区妇女迸发出极大的热情并投身于农业生产事业，在农业生产中做出了卓越贡献。

一　苏维埃政府动员妇女参加农业生产的动因

（一）动员妇女参与农业生产是根据地和红军反“围剿”斗争的客观需要

革命根据地自成立以来就处于严峻的外部环境之中，反动势力一刻也没有放松对根据地的进攻。在赣南、闽西，由于国民党的军事行动，根据地的经济遭到严重的破坏。从 1930 年冬起，由于革命根据地不断发展壮大，国民党加紧对中央苏区的经济封锁和军事“围剿”，严禁军用品、盐和布匹等生活必需品输入根据地，严厉惩治私运商品的商人，大肆搜刮群众的粮食。因此，尽快解决物资紧张问题，冲破敌人的经济封锁，成为党内的共识。毛泽东指出：“我们的经济建设的中心是发展农业生产，发展工业生产，发展对外贸易和发展合作社。”①

由于国民党军的烧杀抢掠，根据地人口数量下降。大规模扩红运动，广大青壮年参军参战，根据地劳动力不足成为阻碍农业生产最大的问题。毛泽东在《才溪乡调查》中写道：“上才溪全部青年壮年男子（十六岁至五十五岁）五百五十四人，出外当红军、做工作的四百八十五人，占百分之八十八。下才溪全部青年壮年男子七百六十五人，出外当红军、做工作的四百八十五人，也占了百分之七十。”② 在苏区大部分革命根据地中，都存在类似才溪的情况，留守根据地的主要是老弱病残及妇女儿童。显然，只有妇女具有相对较强的劳动能力，因此，中国共产党最迫切的任务就是要把潜在的革命力量——苏区广大妇女动员起来。毛泽东指出：“有组织地调剂劳动力和推动妇女参加生产，是我们农业生产方面的最基本的任务。”③ 中央也认为：“妇女占劳动群众的半数，劳动妇女积极起来参加革命工作，对于革命有很大的作用……尤其是在日益扩大的向外发展的革命战争中，多数男子均要到红军里去参加前线工作，则后方的工作与巩固保卫的责任，更要有妇女来担当，坚决实现保护与解放妇女的法令，领导与兴奋劳动妇女群众来积极参加革命战争，使与妇女运动密切的联系起来并很好的配合起来，以增加革命胜利的建设。”④ 因此，苏维埃政府高度重视组织和动员苏区妇女参与农业生产。

（二）动员妇女参与农业生产是打破封建制度束缚、解放妇女的有效途径

在政权、族权、神权、夫权等枷锁的束缚下，革命前的赣南、闽西妇女饱受摧残，长期挣扎在社会的最底层。毛泽东曾在中央苏区进行深入的调查，他指出：在土地革命以前，赣南、闽西广大农村妇女“没有政治地位，没有人身自由，她们的痛苦比一切人大”。⑤ 甚至一些妇女在年幼时期

---

① 《毛泽东选集》第一卷，人民出版社，1991，第130~131页。

② 《毛泽东文集》第一卷，人民出版社，1993，第330页。

③ 《毛泽东选集》第一卷，第132页。

④ 江西省妇女联合会、江西省档案馆编《江西苏区妇女运动史料选编》，江西人民出版社，1982，第60页。

⑤ 《毛泽东文集》第一卷，第240页。

便被卖去当作童养媳，据民国初年司法部对赣南、闽西的调查，“人民为避彩礼负担计，于是收养童养媳者几于十而五六”。[①] 这些童养媳生活凄惨，往往受尽折磨，自尽投河者数不胜数。才溪乡有一个村的族长规定，在家祠演戏要用竹篱笆将男女隔开。有一次，一名妇女进入男人们的地盘看戏，便被族长吊起来示众。在才溪乡下才溪村，有位妇女上圩场时，路上与一位男子前后相隔的距离不到十米远，便被地主豪绅认为伤风败俗，竟被活活打死。广大妇女们在封建制度的残酷压迫下，过着水深火热的生活。正如赣南、闽西流传的一首民谣里说的那样，“旧社会，好比是：黑格洞洞的古井万丈深，井底压着俺们，妇女在最低层”。[②]

妇女解放运动是新民主主义革命的重要内容，苏维埃政府同情广大妇女的悲惨遭遇，高度重视妇女解放，积极动员妇女走出家门，参加革命，参与生产劳动，获得经济独立，在劳动中唤起个人意识的觉醒，实现妇女解放。妇女在追求自身解放以及推动土地革命和新民主主义革命向前发展的进程中，实现了妇女解放与社会革命的良性互动。

二　苏维埃政府动员妇女参加农业生产的政策与措施

动员妇女工作是一项艰巨的任务，要想发动广大妇女参加农业生产，苏维埃政府一方面要调整广大妇女对自身的定位，使她们树立革命观念，争取摆脱压迫、挣脱束缚，另一方面也要为她们走出家门创造条件，提高她们的劳动能力。

（一）出台保障措施，为妇女参加农业生产铺平道路

动员广大妇女，首先必须在法律意义上为妇女确定平等的地位。苏维埃政府颁布了《宪法大纲》、《劳动法》以及《婚姻条例》等一系列保护妇女的条例和法规。《宪法大纲》规定：“在苏维埃政权领域内的工人、农

① 南京国民政府司法行政部编《民商事习惯调查录》下册，中国政法大学出版社，2000，第 878 页。

② 转引自张雪英《中央苏区妇女运动史》，中国社会科学出版社，2009，第 121 页。

民、红军兵士及一切劳苦民众和他们的家属，不分男女、种族、宗教，在苏维埃法律面前一律平等，皆为苏维埃共和国的公民。”[①] 该法令打破了赣南、闽西长期以来的男女不平等关系，女性在政治上拥有了平等权利。1931 年颁布的《中华苏维埃共和国土地法》规定：“雇农，苦力，劳动农民，均不分男女同样有分配土地的权限。”《中央关于劳动妇女斗争的纲领》规定：“妇女亦与男子一样有独立支配自己所分配得来的土地的自由——她的土地或与父母姑舅兄弟共耕，或自己单独耕种都可依她自由意志去决定。”[②] 这样，妇女就拥有了土地支配权，在经济上与男性平等。婚姻问题是事关妇女切身利益的问题，为改变旧社会对妇女婚姻制度的束缚，发动广大苏区妇女投入革命，1931 年苏维埃政府颁布了《婚姻条例》，这个条例体现了三项重要的原则：一是“婚姻以自由为原则”；二是一夫一妻制原则；三是保护妇女权益的原则。1933 年苏区中央政府颁布了《劳动互助社组织纲要》，指出：“加入互助社者，以家为单位，凡是农民（贫农、中农）、农业工人及其他有选举权的人，不论男女老幼，都可加入。”[③] 中央政府在 1933 年 3 月和 4 月相继颁布了《关于组织犁牛站的办法》和《关于组织犁牛合作社的训令》，界定所有权问题：“耕牛和农具是全体站员所公有，新生的牛仔也归站员所有。”[④] 妇女们作为犁牛合作社的成员，拥有使用耕牛和农具的权利。中央政府这些法令在法律层面上宣告了妇女的解放，破除了封建制度对妇女的束缚，为广大妇女参加农业生产提供了可能。

为了更好地落实中央妇女政策，中共中央在推翻封建制度、荡涤封建习俗的基础上，专门成立了一些妇女组织，以保障广大劳动妇女的基本权益。1932 年 4 月，妇女生活改善委员会成立，目的在于调查妇女生活，制

---

① 中央档案馆编《中共中央文件选集》第七册，中共中央党校出版社，1989，第 773 页。

② 中华全国妇女联合会、妇女运动历史研究室编《中国妇女运动历史资料（1927～1937）》，人民出版社，1991，第 77 页。

③ 中共江西省委党史研究室、中共赣州市委编《中央革命根据地历史资料文库·政权系统》，江西人民出版社，2013，第 1027 页。

④《中华苏维埃共和国临时中央政府土地人民委员部发布的关于组织犁牛站的办法》，1933 年 3 月，载《中国农业合作化运动史料》（上），生活·读书·新知三联书店，1957，第 88 页。

定改善妇女生活的方案，让广大劳动妇女实际取得与男子同等的权利，消灭封建旧礼教对于妇女的束缚。1933 年，苏区中央局又下达了关于女工农妇代表会议的组织暨工作大纲，通过会议代表，传达中央和工会关于妇女问题的指示，从而指导妇女运动的开展。在各级苏维埃政府的共同努力下，广大劳动妇女的基本权益得到了保障。

由于家庭对女性的依赖性，女子参与农业生产必然要影响家庭子女抚养。因此，各地建立了多个托儿所组织。托儿所成立的目的主要是改善家庭的生活，依靠托儿所来代替妇女担负一部分的小孩教养问题，使得每个劳动妇女尽可能地参加生产，并且小孩也能得到更为良好的教育和照看。托儿所一般指定那些脱离家庭生活的妇女专门来看护，尽可能给小孩提供最好的生活条件，这样，妇女参加农业生产就免除了后顾之忧。托儿所的普遍建立，“对于改善劳动妇女和儿童的生活，增加苏维埃区域的生产，以及革命的赞助都有极大的意义”。①

这些政令与举措使苏区妇女第一次享受到做人的权利，获得了土地、获得了独立人格的广大苏区妇女，迸发出极大的热情，投入扩红、支前、劳动生产中。

（二）开展广泛的宣传工作

苏维埃政府为动员妇女走出家门、参加农业生产劳动，采取各种方式开展广泛的宣传，让广大妇女深刻认识参加农业生产与妇女解放的密切关系。1930~1933 年，毛泽东先后在中央苏区所在地江西的吉安、寻乌、兴国、长冈及福建的才溪等地进行了广泛的调查，邀请妇女干部和群众参加调查会，并撰写了大量的调查报告，对妇女的解放和妇女的作用进行了一系列阐述。1932 年毛泽东在《中华苏维埃共和国人民委员会训令第六号——关于维护妇女权利与建立妇女生活改善委员会的组织和工作》中提出：“男女不平等的根源在于经济方面女子不能独立，女性全面参与社会发展、参加生产劳动是实现妇女解放、提高妇女地位的先决条件。”② 毛泽

① 《红色中华》1934 年 2 月 27 日，第 4 版。

② 赵玲编《农村妇女与农村土地》，浙江工商大学出版社，2014，第 32 页。

东指出："有组织地调剂劳动力和推动妇女参加生产，是我们农业生产方面的最基本的任务。"① 他还提出："党的最大任务，是认定农民妇女乃最积极的革命的参加者，而尽量地吸收到一切农民的革命组织中来。"② 广大妇女的努力生产，与壮丁上前线同样是战斗的光荣的任务。要求"每个乡苏维埃，都应该把领导女工农妇代表会的工作，放在自己的日程上"。③

群众集会是大面积宣传最简单有效的方式。中央苏区通过妇女会议、节日表彰大会、专项动员大会等形式，以最便捷的方式达到对妇女的宣传目的，效果十分显著。报刊是政策宣传的良好媒介。在土地革命时期，党和苏维埃政府创办了自己的新闻报纸，如《红色中华》《斗争》等，对当时的革命宣传动员起到了巨大的作用。《红色中华》1933 年 9 月曾刊登过《生产战线上的妇女》一文，描写了秋收秋耕中石水乡和下洲乡用竞赛方法来争取秋收秋耕模范的事迹，宣传了六名劳动妇女的光荣事迹，认为"这六名妇女同志真是光荣的模范"④，鼓励其他妇女与她们竞争。同年 4 月 29 日《红色中华》刊登了兴国城岗区的一批妇女党团组织领导广大工农妇女踊跃参加春耕的报道，在协助红军家属春耕的过程中，很多妇女学会了犁田、耙地、播插秧等工作。周边地区在看到报道以后，也不甘示弱，积极发动更多妇女学习耕作，参与农耕竞赛。此后，各地都加强了春耕领导，各乡各村成立春耕模范队，相互订立革命竞赛条约，大大提高了广大群众的劳动热忱。⑤

此外，苏维埃政府还通过革命标语、革命歌曲的方式动员妇女参加农业生产。特别是革命歌曲在根据地妇女中广为传唱，达到了很好的动员效果。

（三）树立典型，妇女干部率先垂范

在中央苏区，树立典型的动员方式被大力推广。将具有代表性、表现

---

① 《毛泽东选集》第一卷，第 132 页。

② 《建党以来重要文献选编（1921~1949）》第五册，中央文献出版社，2011，第 428 页。

③ 《毛泽东文集》第一卷，第 314 页。

④ 《红色中华》1933 年 9 月 21 日，第 5 版。

⑤ 江西省妇联赣州地区办事处编《赣南妇女运动史料选编》第 2 册，1997，第 119 页。

突出的个人或者群体作为榜样，使得动员更具有直接性和说服力。典型的树立让广大妇女有了参照，对妇女的动员发挥了示范引领的作用。

革命前的瑞金、宁都等地区受封建思想束缚，不允许妇女下田劳作，她们中甚至很大一部分是小脚，不懂得耕作。因此，各级妇女组织必须组织广大妇女学习各种农活，尤其是学做犁耙。当时苏区流行几首歌谣："革命世界不比先，劳动妇女学犁田，英雄哥哥前方去，田里工夫唔愁哩。"① "苏区新开一枝花，长冈妇女学犁耙，盘古开天第一次，织女下凡种庄稼。"② 我们可以感受到当时妇女参加生产、学做犁耙如火如荼的景象。兴国县的长冈乡妇女主任、耕田队李玉英带头学习做犁耙，在她和妇女会的带动下，周围4个村130多名妇女在20多天内学会了做犁耙。李玉英因此受到了毛泽覃的表扬奖励，苏维埃政府专门奖励她一条有镰刀斧头的蓝色围裙，她还光荣出席了第二次全苏代表大会。长冈乡被授予了"模范集体长冈乡"的称号。瑞金九堡区妇女部部长鼓励自己丈夫当红军后，立即拿起锄头到田地里学耕种，耕田队要帮她作田，她说："我并不是不能劳动，你们看罢，我在几天里面，就能学会耕种的法子，我能不依靠你们，把自己的田完全做好，请你们帮助别个缺乏劳动力的红军家属去耕种吧！"③ 在她的影响下，全区妇女积极学习耕种。《红色中华》曾报道了下肖区大浦乡朱秀同志鼓励自己的丈夫当红军以后，积极学习生产的光荣事迹："自己二十多担田，完全由自己负责，并且领导了二十九个妇女共同学习生产。"④ 1933年2月，苏区中央政府发出了开展春耕竞赛的口号，贺子珍、周月林等人下地耕田，中央机关的妇女干部也纷纷行动起来，很快在中央苏区掀起了学犁田的热潮。时任江西省委组织部部长、妇女部部长的蔡畅在宁都通过与老农交流学习，学会了犁田、耙田和插秧等各种农活，她还把各乡妇女代表集中起来分批轮训。毛泽东对中央苏区妇女所起的作用给予了高度评价。毛泽东在他起草的《中国共产党红军第四军第九次代表大会决议案》中指出："妇女占人口的半数，劳动妇女在经济上的

---

① 江西省妇联赣州地区办事处编《赣南妇女运动史料选编》第1册，1997，第344页。

② 江西省妇联赣州地区办事处编《赣南妇女运动史料选编》第1册，1997，第338页。

③ 江西省妇联赣州地区办事处编《赣南妇女运动史料选编》第2册，1997，第124~125页。

④ 见珍：《号召广大妇女走上生产战线来》，《红色中华》1934年6月14日，第3版。

地位和她们特别受压迫的状况，不但证明妇女对革命的迫切需要，而且是决定革命胜败的一个力量。”①

（四）组建各种妇女农业生产团体

组织是革命动员的载体。毛泽东曾精辟地论述了组织的重要性：“如果只限于一般号召，而领导人员没有具体地直接地从若干组织将所号召的工作深入实施，突破一点，取得经验，然后利用这种经验去指导其他单位，就无法考验自己提出的一般号召是否正确，也无法充实一般号召的内容，就有使一般号召归于落空的危险。”② 在土地革命时期，苏维埃政府运用自身的组织机制开展革命动员，即中央和上级妇女组织的统一部署，通过各级基层妇女组织系统，将任务由上而下逐级落实、推进，使妇女参与劳动生产成为广大妇女群众的共同行为。

苏维埃政府建立了各级妇女组织，党和政府里设置了妇女部（或称“妇委”），负责领导妇女工作，之后还设立了妇女生活改善委员会。妇女生活改善委员会的宗旨是：使劳动妇女能切实地享受苏维埃政府对于妇女权利之保障，实际取得与男子同等权利。各级妇女生活改善委员会普遍建立，有效开展工作，成为政府与广大妇女群众联系的桥梁和纽带。1933 年 3 月，苏区中央局还决定成立妇女单独的组织——农工农妇代表会，目的是对妇女进行文化教育，吸收女工、农妇参加苏维埃建设的各个方面，最大限度地吸收她们参加革命战争。此外，还在特区、县、区、乡、村各级苏维埃政府成立了妇女会，以作为领导和发动苏区广大劳动妇女的群众性组织。如闽西苏维埃政权建立后，在区以上各级苏维埃政府设立了妇女委员会、妇女部或妇女科，建立和健全了妇女运动的组织机构。

为了进一步发挥妇女在农业生产中的作用，使妇女群众的劳动更加高效，苏维埃政府在各乡还成立妇女劳动教育委员会，指导广大的妇女群众犁田、耙田等主要的生产工作，全区 80%的妇女学会了犁田、耙田。上杭县还组织了 77 个妇女生产教育组，10 人为一小组，一组有 3 个老农（为

① 《毛泽东文集》第一卷，第 98~99 页。

② 《毛泽东选集》第三卷，第 897 页。

教员)，各小组每天半日轮流学习主要的生产劳动技能。瑞金下洲乡的妇女劳动教育委员会仅用一个月便组织了75名劳动妇女学习，她们分成若干组，相互竞赛，以先学会及学会而能多耕田为胜，大大激发了该乡妇女学习耕作的热情。

1933年3月和4月中央政府相继颁布了《关于组织犁牛站的办法》和《关于组织犁牛合作社的训令》，组织了劳动互助社和犁牛合作社，开展互助合作运动，既在一定程度上解决了农业生产方面劳动力、耕畜、农具不足的困难，又能发挥集体劳动的协作精神，提高了劳动生产效率。此外，苏维埃政府还通过对贫农团、雇工农会、赤卫队、少年先锋队、儿童团和女工农妇代表大会的动员，春耕秋收时节在各地组织了耕田队、开荒队、突击队、宣传队，割禾队，几乎每一名妇女都参加了这类组织。妇女们在组织里互相合作、帮扶，不仅使妇女真正成为苏维埃革命的一分子，还带动了苏区农业的生产。

三　革命动员视域下的中央苏区妇女对农业生产的贡献

妇女是一支伟大的革命和建设力量，苏区妇女在农业生产中发挥着重要作用。通过党和苏维埃政府强有力的革命宣传动员，妇女们勇敢地承担了后方生产的责任。苏区妇女在农业生产中参与面广，同时在劳动过程中满怀革命激情，争当生产能手，在农业生产中发挥了“半边天”的作用。

春耕时，她们犁田、耙田、下料、换种、开垦荒地、修池塘、筑河坝、割禾打稻，样样精通。“永远是那样紧张，没有丝毫的疲倦。”她们还经常在田野中唱关于解放的山歌：“革命红旗迎风飘，妇女耕田又开荒，支援红军打胜仗，多收粮食送前方。”[①] “上杭才溪乡百分之八十以上的妇女参加了生产，做了百分之八十以上的工作。”[②] 在太雷、博生等处许多小脚妇女也积极参加了生产。1933年的4月和5月，江西全省除瑞金、会

① 谢济堂编《中央苏区革命歌谣选集》，鹭江出版社，1990，第327页。

② 江西省妇女联合会、江西省档案馆编《江西苏区妇女运动史料选编》，第135页。

昌、浔阳、安远四县外，共消灭荒田十万石。自1933年中央大力宣传和推动妇女参加农耕以来，“闽浙赣省平均每亩田收谷四担，比前年增加了一担，油菜比革命前增加一倍，棉花足以自给，不用到白区去买，开荒三万多亩，增加几十万担米谷，修成水路六百零二条，石坝二百三十支，山塘七百五十口。整个苏区的秋收，平均增加了一成半”。[①]

在第五次反“围剿”的关键时期，苏维埃政府号召整个苏区集中进行粮食突击，动员广大劳动妇女参加集中粮食突击运动。各级妇女部和苏维埃政府加强了对妇女参加农耕的宣传与管理，组织妇女参加春耕突击队、冲锋队，乡苏维埃之下普遍建立妇女耕种学习组，并专门请熟悉耕种的农民来教妇女耕田。《红色中华》1934年3月报道，在中央土地部制定春耕计划以后，“兴国全县统计有1930个学会了犁田的劳动妇女，他们还规定在最短期间要增加510人”，“她们晓得一锄一犁都是为了战争胜利，为了进一步改善自己的生活”，“她们并不因工作繁多而感觉疲劳，田野间阵阵或断或续的‘哎呀哩……’嘹亮的歌声，便是在春耕战线上突击着的兴国劳动妇女愉快的象征”。[②] 正因党和苏维埃政府的革命动员和广大劳动妇女的积极响应，妇女大批进入生产战线，即便在第五次反“围剿”严峻的形势下，苏区的农业生产也没有大幅度减产，反而有了少量增收。毛泽东在《我们的经济政策》里谈道：“红色区域的农业，现在显然是在向前发展中。一九三三年的农产，在赣南闽西区域，比较一九三二年增加了百分之十五。”[③] 兴国县80%的男子上了前线，但是后方农业生产依然取得了丰收。1934年秋，全县粮食产量比上年增长10%以上，有的地方甚至达到了20%。[④] 广大苏区妇女不但把原来的良田种好，而且把田边的荒地充分地开垦出来，种上杂粮、瓜果、蔬菜等，对根据地经济做出了巨大贡献。毛泽东对中央苏区妇女所起的作用给予了高度评价。毛泽东在他起草的《中国共产党红军第四军第九次代表大会决议案》中指出：“妇女在革命战争中的伟大力量，在苏区是明显地表现出来了。在查田运动等各种群众斗争

---

① 江西省妇女联合会、江西省档案馆编《江西苏区妇女运动史料选编》，第171页。

② 江西省妇联赣州地区办事处编《赣南妇女运动史料选编》第1册，第142页。

③ 《毛泽东选集》第一卷，第131页。

④ 转引自张雪英《中央苏区妇女运动史》，第121页。

上，在经济战线上（长冈乡是主要依靠她们），在文化战线上（许多女子主持乡村教育），在军事动员上（她们的扩大红军与慰劳红军运动，她们的当短夫），在苏维埃的组织上（乡苏中女代表的作用），都表现她们的英雄姿态与伟大成绩。”①

历史雄辩地证明，动员千千万万的群众，汇聚成浩浩荡荡的革命洪流，使得中国共产党在历史进程中每一阶段的方针任务成为一种全社会的行动取向，是中国共产党民主主义革命取得成功的关键。历史总是在不断发展变化并呈现新的内容，当今中国社会动员的形式和方法无疑发生了变化，但中国共产党如何在积累以往经验的基础上，顺应时代的发展变化，不断创新，科学地进行社会动员，有效地调控社会动员方向，切实凝聚人心，使社会动员有更深厚的社会基础和更广泛的影响力，是实现中华民族宏伟目标和顺利推进中国现代化建设的必然要求。苏维埃政府对广大妇女的成功的革命动员是一显证，具有重要的启示作用。

本文原载于《学术评论》2017 年第 5 期

① 《毛泽东文集》第一卷，第 314 页。

福建小三线建设企业布局及其特点探析

——以军工和迁建民用企业为考察对象

叶　青

关于福建小三线建设，学术界研究甚少，尤其是还未有专文从历史地理学角度考察企业存在和发展的空间形式。福建地处东南沿海，与国民党败退以后株守的台湾、澎湖、金门、马祖诸岛隔海相望，在军事上长期处于战备状态，因此，福建小三线建设在全国三线建设①中意义重大。在福建小三线建设中，企业布局所呈现的特点，值得我们探究。军工和迁建民用企业是小三线建设的重点，本文以此为研究对象，可以更加直观地呈现福建小三线企业的布局特征。

1964 年 9 月 14 日至 16 日，中共福建省委在福州鼓山召开地市委书记会议，省委第二书记范式人传达了中共中央华东局关于三线建设问题的精神，根据福建省面对台澎金马的局势，划定了本省一、二、三线的大致范围，福州、厦门、漳州、泉州沿海地区为一线，鹰厦铁路南段由建瓯、南平、三明、永安至龙岩、漳平等地为二线，闽赣交界区、武夷山以南、鹰厦线以西和闽西大部分地区，包括长汀、连城、清流、宁化、建宁、泰宁、光泽、顺昌、建阳、松溪、政和一带为三线。这次会议还对今后的工作做了初步部署，确定了第一批搬迁和建设的项目，拉开了福建小三线建设的序幕。

① 学术界一般以 1964 年 8 月毛泽东在中央工作会议上提出一、二、三线的战略布局为三线建设开始的标志，关于三线建设结束的时间主要有三种意见：（1）1978 年十一届三中全会召开，我国进入改革开放新时期，三线建设结束；（2）三线建设横跨三个五年计划，以 1980 年第五个五年计划结束为标志；（3）1983 年中央出台明确的政策，三线企业被调整改造，三线建设结束。本文的时间界定采用第一种说法。

一 福建小三线建设企业概况

福建小三线建设的企业分为军工和民用两类，其中军工企业是福建小三线建设的核心。1964 年 9 月，“为了加强和统一指挥全省小三线建设，中共福建省委决定成立以梁灵光为组长的军工及三线建设领导小组”。① 此后，省领导小组立即投入对小三线建设紧张地规划和实施阶段。规划完全按照国务院国防工办的指示，“一、二线省、市、自治区的后方建设，应当以地方军工厂为主，根据人力、物力、财力的可能，先安排地方军工和相应的配套工厂……”② 军工及小三线建设领导小组组长梁灵光副省长直接兼任省计委主任，在安排和具体的实施过程中，把军工项目放在了首要的位置。

军工企业性质特殊，对外具有保密性，我们在基层档案馆收集史料过程中欣喜地发现了一份军工企业食品供应调整的通知，其中标明了企业名称和方位，虽为化名但不影响我们获得信息。资料显示，加上 1973 年被划到省冶金局的福建龙岩特殊钢厂，军工企业共有 23 个，其中三明 5 个，分别为福建工模具厂、三明锻冲件厂、515 库、755 库、东海机电厂；南平 3 个，分别为红波机电厂、东风机电厂、红光机电厂；龙岩 3 个，分别为龙江化工厂、龙岩风动工具厂、龙岩特殊钢厂；永安 2 个，分别为永安机械厂、永安化工厂；宁化 2 个，分别为建设机器厂、革新机器厂；明溪 2 个，分别为烽林机器厂、前线机电厂；清流 2 个，分别为洪流机器厂、福建机械厂；顺昌 2 个，分别为前卫机电厂、红卫机电厂；泰宁 1 个，即前进机电厂；长汀 1 个，即红旗机器厂。③ 从生产任务来看，福建小三线的军工企业主要生产冲锋枪和半自动步枪、高射机枪、硝铵炸药、梯恩梯炸药、木柄手榴弹、加重手榴弹、手榴弹雷管、工业雷管、防步兵地雷、爆破筒、子弹、导火索等，也有企业是为军工配套而建的工模、火电厂，属半

---

① 福建省地方志编纂委员会编《福建省志·总概述》，方志出版社，2002，第 114 页。

② 国务院国防工业办公室：《关于一、二线各省后方建设的重点》，《党的文献》1995 年第 3 期，第 38 页。

③ 《关于调整小三线军工厂职工、家属粮油定量的通知》，三明市档案馆，档案号：158/28/4。

军工性质。[①] 20世纪60年代末，国际上电子工业进入高速发展时期，全国范围内也兴起了多层次、多渠道发展电子工业的热潮，小三线也成立了一批电子厂，生产雷达、指挥仪、载波机等军用通信装备。[②] 福建小三线能够独立自主生产各式各样的武器装备，并且与时俱进，注重技术革新，俨然成为一个坚固的阵地。

从建设方式来看，福建小三线军工企业，以新建和迁建为主，以改扩建为辅。由于中央要求把三线建设成完整的战略后方基地，所以新建了一批军工企业，新建企业有福建机械厂、建设机器厂、革新机器厂、烽林机器厂、福建工模具厂等，共11家，占军工企业总数的47.8%。迁建主要是把沿海的企业迁到小三线建成军工企业，迁建企业有9家，占军工企业总数的39.1%。例如，南安化工厂和漳州化工厂迁往小三线。[③] 福建无线电厂（红波机电厂，代号国营八四〇〇）原厂于1958年5月在福州鼓楼区东街创立，1965年12月迁往南平市郊东坑，生产中波广播发射机、振动计等产品。[④] 改扩建是把龙岩风动工具厂、龙岩特殊钢厂、永安机械厂、永安车辆修配厂等小三线原有的民用工厂就地改造、扩建，建成具有军工生产能力的工厂。

为了加快三线战略后方的建设，中央提出“老基地带新基地、老厂矿带新厂矿、老工人带新工人”的“三老带三新”建设方针，从工业基础较好的地区搬迁企业到三线。当时提出的口号为“好人好马上三线”，这些企业通过整体或“一分为二”的形式搬迁设备和抽调人员援助三线。福建山区工业基础薄弱，民用企业建设采用迁建的方式，可以快速形成生产力，因此，福建小三线民用企业的建设以迁建为主。迁往福建小三线进行无私援助的民用工厂主要有两个来源。一是来自上海。上海经济实力在全国遥遥领先，企业众多、技术先进，是中国工业企业分布最为密集的地区之一。例如，坐落在上海普陀区长寿路上的公私合营立丰染织厂，全厂

---

① 《关于1967年小三线建设和试制生产计划安排（附草案）》，福建省档案馆藏，档案号：179/1/163。

② 福建省地方志编纂委员会编《福建省志·电子工业志》，方志出版社，1992，第3~4页。

③ 中共福建省委党史研究室编《50年·50事：1949—1999年福建大事实录》，中央文献出版社，1999，第202页。

④ 《国营八四〇〇厂志（1958—1984）》征求意见稿，福建省图书馆藏，第1~2页。

405名职工，携带1479名家属子女，运来600吨机器设备，建成三明印染厂。[①] 位于上海繁华商业区的静安棉纺织印染厂的纺、织两部分设备和相应配套机构共1700多人，迁往福建三明。[②] 二是来自福建东南沿海的厦门、福州、漳州、泉州等地区。新中国成立以来，福建东南沿海利用地缘优势和相对较好的经济基础，迅速建立和成长起来了一批企业。例如，从位于福州的福建机器厂抽调400名管理人员、技术和生产骨干，且调拨基本成套的机械加工设备，还从漳州内燃机配件厂抽调近40名人员在三明陈大建成三明机床厂。[③] 泉州木工机械厂除厂房外，一切机械设备、办公用具均搬迁到邵武，职工286人分两批内迁。[④] 这些搬迁至福建小三线的企业有单独设厂的，也有合并建成一个工厂的。迁往福建小三线的企业都是行业的佼佼者，或者是福建紧缺的企业，一位南平针织厂的工人回忆道："南平针织厂是从上海迁过来的，我们福建没有，因为是第一家，都把它当作宝贝儿！南平针织厂一直发展很好，当时那些干部都是靠我们南针厂的收入来发工资的。"[⑤] 它们是福建小三线重点建设的企业，也是福建经济发展的支柱。小三线建设的民用企业在发展福建经济，满足人民物质生活需要方面发挥了积极作用，战时更是关系到物资的生产与补给问题，民用企业在小三线建设中至关重要。按照"建设小三线就是建设小边区，建设一个政治上、军事上、经济上、文化上能独立自主的巩固后方"的要求[⑥]，福建在小三线建设了众多的民用企业。据不完全统计，福州电池厂、省林业机械厂、福州电线厂、厦门电机厂、上海勤余织造厂、省轻工厅机修队、泉州蓄电池厂、上海桃浦化工厂迁往南平，建成南平电池厂、省林业机械厂、福州电线厂南平分厂、南平电机厂、南平针织厂、省轻工

① 陈谦林：《三明印染厂迁建过程回眸》，载袁德俊编《崛起在沙溪河畔——忆三明建市初期迁明企业》，福建教育出版社，2009，第104页。

② 秦礼明：《三明纺织厂的迁厂及建设》，载袁德俊编《崛起在沙溪河畔——忆三明建市初期迁明企业》，第152页。

③ 郑训兴：《与产品共生共荣的三明机床厂》，载袁德俊编《崛起在沙溪河畔——忆三明建市初期迁明企业》，第104页。

④ 林汉清：《邵武木工机床厂沉浮记事》，载南平市政协文史资料委员会编《难忘岁月——闽北小三线建设实录》，1999，第68页。

⑤ 对南平针织厂工人孙立意（原为上海人，后留守小三线工厂）的采访，2017年6月22日。

⑥ 林强：《中共福建地方史：社会主义时期》，中央文献出版社，2008，第469页。

机械厂、建阳蓄电池厂、建阳化工厂；泉州木工机床厂、福州轮胎厂迁往建阳，建成邵武木工机床厂、邵武轮胎厂；上海第十六丝织厂、福州和漳州机床厂迁往邵武，建成邵武丝绸厂、三明机床厂；杏林农药厂迁往顺昌，建成三明农药厂；福州机床厂齿轮工段、福州工具厂、上海永昌五金厂、上海立丰染织厂、中国医药工业公司杭州分公司、上海公私合营泰昌胶合板厂、福州第一塑料厂、上海国棉第26棉纺织印染厂、解放军建筑工程第6师特种工程团迁往三明，建成三明齿轮厂、福建省工模具厂、三明市无线电元件厂、三明染织厂、三明制药厂、三明胶合板厂、三明塑料厂、三明纺织厂、福建省工业设备安装公司；把经昌染织二厂、华光被单厂迁往龙岩，合并建成龙岩染织总厂。最后建成23个，涉及机械、染纺、电力、化学、木材加工等多个门类。福建小三线的军工和民用企业在建设过程中，发扬自力更生、艰苦创业的精神，因地制宜，就地取材；遵循小而全的原则，充分利用废弃房屋，不建大厂房、大车间、大仓库；对职工采取“政治上要求高一点，生活上要求低一点”的标准进行企业的建设。[①] 在整个建设过程中，出现两次建设高潮：1964年8月，三线建设指导方针确定以后，小三线企业建设掀起高潮，“文革”爆发后受到冲击，福建小三线建设陷入低潮；1969年3月，珍宝岛事件后，小三线建设再受重视，福建小三线企业建设再次掀起高潮，最后，随着国家外部环境的改善，三线建设地位下降，福建的小三线企业发展陷入困境。

二 福建小三线企业布局特点及其原因分析

小三线建设不同于正常的经济建设，企业布局除了受区域自然地理条件、经济技术条件等影响外，还带有浓烈的政治和军事色彩，各种因素合力作用形成了福建小三线企业的布局。本文将从宏观到微观，由远及近，分三个方面，概述福建小三线企业布局特点并探究其原因。

---

① 南平市政协文史资料委员会编《南平市文史资料》第5辑，1999，第4页。

（一）企业布局特点

一是集中分布于闽西北地区。小三线建设开始后，中共福建省委根据本省的具体情况，确定小三线建设原则，即必须适应战时需要，力求完备，本着平战相结合、军工生产和民用生产相结合、远期和近期相结合的原则进行建设。[①] 按照这一原则，结合闽西北地理特征，企业布局采取靠山、分散、隐蔽、打洞等措施。在具体的实施中，一面把沿海地区的重要企事业单位分散、分批迁到闽西北地区，一面在此处进行全面的建设，闽西北成为企业的重点布局地区。如果把武平和寿宁用直线连起来，则是一条东北—西南走向的直线，小三线企业中除 4 个位置靠南在直线右侧，分布在龙岩外，有 42 个企业在直线的左侧，位于闽西北区域，分布在南平、三明、明溪、永安、泰宁、清流、宁化、长汀、邵武、建阳、建瓯、顺昌等地，占企业总数的 91.3%。因此，宏观上，这些企业集中分布在闽西北地区。

二是以南平、三明两大城市为核心，依托城镇布局。在福建小三线建设中，无论是民用企业，还是军工企业，都集中分布在南平和三明两大城市。在南平和三明建成的军工企业有 8 个，占全省军工企业总数的 34.8%。搬迁至南平和三明的民用企业有 17 个，占全省迁建民用企业总数的 73.9%。其他的企业，分布在建阳、邵武、顺昌、永安、明溪、清流、泰宁、宁化、长汀、龙岩等十几个县。企业依托城镇布局，集中分布在城镇近郊，例如，福建无线电厂（红波机电厂，代号国营八四〇〇）建设在南平市郊东坑[②]；福建无线电配件厂（东风机电厂，代号国营八四五一）建在南平东山头[③]；福建光学仪器厂（红卫机电厂，代号国营八四六一）厂址在福建省顺昌县城关井龙[④]；福建半导体器件厂（前线机电厂，代号国营八四三〇）位于明溪县汉仙区[⑤]。这些企业几乎都布局在城镇周围，

---

① 福建省地方志编纂委员会编《福建省志·总概述》，第 114 页。

② 《国营八四〇〇厂志（1958—1984）》征求意见稿，第 1~2 页。

③ 《国营八四五一厂志（1958—1984）》征求意见稿，福建省图书馆藏，第 7~8 页。

④ 《国营八四六一厂志（1958—1984）》征求意见稿，第 6、8 页。

⑤ 《福建半导体器件厂厂志（1969—1984）》，1985，福建省图书馆藏，第 1 页。

在日后的生产生活中与城镇联系密切。

三是以交通、自然资源为导向，沿河谷分布。小三线企业既要遵循“靠山、分散、隐蔽”的战略方针，又要满足自身生存和发展的条件，那么，交通便利、自然资源丰富的河谷区域就成为企业定点的首选。小三线企业中有32家企业分布在永安、三明、南平、顺昌、邵武等鹰厦铁路沿线城市，占企业总数的70%左右。例如，福建有线电厂（红光机电厂，代号国营八四二〇）创建于1971年5月，坐落于南平市王台乡井科村，距南平市50千米，距王台乡7千米，距本省铁路中转站——莱舟9千米。[①] 有些企业则更靠近公路，例如，福建无线电元件厂（前进机电厂，代号国营八四七〇）是福建省电子元件生产的骨干企业，坐落在泰宁王石坑村，厂大门距“邵泰”公路约200米。[②] 鹰厦铁路更靠近以煤、铁、水力等为资源的企业。企业要生存和发展，必须根据自身所需，以资源和交通为导向分布在河谷地区。

（二）企业布局特征的原因分析

小三线企业集中分布于闽西北地区，这与福建自身的区位关系密切。位于我国东南沿海的福建，背靠大陆面向东南，整体呈东北、西南走向，与台湾隔海相望。

福建的地形特点是，西、中两列大山带构成了福建地形的骨架，两列大山带与福建的海岸大致平行，斜贯福建中部的闽中大山带，把福建分为两部分。闽中大山带东侧较近的地带以山地丘陵为主，沿海地区的福州、莆田、泉州、漳州等是福建经济文化最发达的地区，闽中大山带以西是南平、三明、龙岩等地区。要进行三线建设，地处福建西、北的南平和三明就是最符合要求的地区了，尤其是南平可谓处在福建的纵深地带。在福建小三线布局图中，闽北地区所占的比重较大，闽西南的龙岩地区占比较小。

以南平、三明两大城市为核心，依托城镇的布局特征，主要是出于对

① 《国营八四二〇厂志（1971—1984）》，福建省图书馆藏，第1页。

② 《国营八四七〇厂志（1970—1984）》，福建省图书馆藏，第1页。

工业基础的考虑。福建地理位置特殊，在新中国成立后福建大力发展经济，由于南平和三明有通往市区的公路，生产物资和产品可以直接送往铁路、公路和水路。公路四通八达，铁路连接全国，水路直达省会福州，交通十分便利，所以，尤为重视以南平和三明为中心的后方建设。“为了发展山区经济，成立山区生产规划委员会……号召全省广大干部和知识青年向山区进军，和山区人民一道开发山区、建设山区。”① 小三线建设开始前，南平已经拥有南平电机厂、南平铝厂、南平化纤厂等众多大型企业，具有一定的工业基础。“大跃进”时期，中共福建省委抓住国家要在全国进行钢铁厂、化肥厂布局的机遇，决定在三明建设重工业基地。经过两年的建设，呈现厂房毗连、烟囱林立的壮观景象，一个以钢铁工业、化学工业和机器制造业为中心的重工业基地已经形成。

“二五”计划开始后，福建在南平、三明等地新建了一批原料工业和机械工业，在两市经济的带动下，三明地区和南平地区有了一定的发展，奠定了工业基础。1960 年三明地区的工业总产值达到新中国成立后的最高点 17935.64 万元，1962 年减少到 7002.01 万元，1965 年虽未达到最高水平，但也得到了恢复，工业总产值 13847.36 万元，比 1957 年增长 2.9 倍。② 南平地区工农业总产值达 4.34 亿元，比 1957 年增长 39.94%，其中农业总产值 2.30 亿元、工业总产值 2.04 亿元、粮食总产量 62.43 万吨、社会商品零售总额 1.84 亿元、财政收入 482 万元，均比 1962 年有较大幅度增长，比 1957 年分别增长 25.08%、64.05%、18.23%、76.58%、45.69%，社会主义建设重新出现欣欣向荣的景象。③

小三线建设前，三明和南平有一定的工业基础，它们形成了成熟的领导体系和完整的公共服务体系，企业可以在这里节约成本，并迅速建成投产。值得注意的是，福建对于战争的思想戒备较强，原有企业在具体的规划和建设时，就特别注重符合战备的要求，所以，小三线建设开始后，南平和三明能够以原有企业为基础，吸引众多企业形成工业聚

① 何少川主编《当代福建简史》，当代中国出版社，2001，第 125 页。

② 三明地区统计局编《三明地区国民经济统计资料（1949—1979 年）》（工业部分），1981，第 93 页。

③ 南平市地方志编纂委员会编《南平地区志》，方志出版社，2004，第 313 页。

集区。

以交通、自然资源为导向，沿河谷分布是三线指导方针与企业自身发展的现实要求相结合的结果。三线工厂的选址，一般由福建成立新厂筹备组，建议迁厂选址范围，会同原厂成立的迁厂领导小组一起进行考察，最后以原厂的意愿为主。迁出一方在选址时会对工厂前途进行考虑，那些具有交通和自然资源优势的城市更受青睐。1957 年，我国建成了北起江西鹰潭，南到厦门的鹰厦铁路，它是中国东南部地区重要的铁路干线。铁路沿线的永安、大田、三明、尤溪和南平，是“福建有色金属和黑色金属的重要成矿区，其中比较大的铁矿探明储量 650 多万吨，永安西洋铁矿探明储量 230 多万吨”①，属于铁矿带，均可供开采。永安有无烟煤，永安矿区探明的储量丰富，是较大的煤矿生产区，另外，还有石灰石、重晶石；大田有煤、铁、硫黄、石灰石等矿藏。永安、三明、南平、顺昌、邵武等地位于闽江等河流中上游，水力资源也较为丰富，水电与火电相对集中，可以满足工业需求。“‘二五’期间，在南平、三明、永安一线新建了一批原料工业和机械工业，使山区有了较大的发展”②，三明钢铁厂在此建设，且吸引了几十家工业企业，三明成为重工业基地，可以为三线建设提供产品和技术上的支持。

由宏观到微观，交通、自然资源导向下的企业多建在河谷地带。福建地形以山地、丘陵为主，山带中夹杂着众多的河流，河流上游多为扇状水系，到了中下游汇集成闽江、九龙江等流往东南方向，汇入大海。河流流经的地区，由于构造和岩性的不同，以及外力作用的差异，河网呈格子状，河谷盆地似串珠状，使河谷地与峡谷相间排列，又与山地、丘陵相交错。③ 福建中西部，层峦叠嶂，河流众多，从而形成了较多的河谷。两列大山带是闽江等的发源地，浦城、武夷山、光泽、邵武、建宁、长汀等县分布于这些河谷地带。斜贯福建省中部的闽中大山带被闽江、九龙江截为三部分，古田、闽清、漳平、华安等县分布在两条江边较大的河谷中。两列大山带之间河谷较宽，密集的扇状水系在此处汇集，建阳、建瓯、顺

① 陈及霖：《福建经济地理》，福建科学技术出版社，1985，第 8 页。

② 伍洪祥：《伍洪祥回忆录》，第 677~678 页。

③ 陈及霖：《福建经济地理》，第 5 页。

昌、南平等设县于此。根据中央关于“靠山、分散、隐蔽”的要求，小三线工厂“大分散、小集中”，设在这些河谷地带，靠近大山一侧。例如，1966年初，上海立丰染织厂厂长沈金宝、工程师严林根会同福建筹备处的人员先后实地考察了福建许多地方之后，考虑到印染厂对水、电、煤和运输条件等的需求，最后确定新厂建在三明市列东沙溪边。[①]

余　论

由于福建小三线当时地处海防前线，受其影响，与其他小三线相比，在企业布局方面有其特殊性。上海地处长江三角洲，平原广阔，水网稠密，几乎没有高山，缺少战略纵深。按照“靠山、分散、隐蔽”这样的选址原则，在上海本地是找不到符合标准的小三线基地的，而附近的皖、浙、赣边区刚好符合这一要求。按照中央和华东局的总体部署，上海市委、市人委对后方建设进行了多次研究，逐渐形成了在皖南、浙西地区建设上海后方的战略思路。这样，皖南、浙西地区作为上海小三线基地进行建设，成为上海的“飞地”。

1965年5月，由上海市委、市人委组成的后方建设选点小组经过实地勘察后，开会确定了上海小三线建设的六条原则，即它是华东的战略后方基地；既要分散，又要适当集中，便于联系协作；既要靠山隐蔽，又要便于交通运输；动力来源较易解决；距离市镇不太远，生活有依托；搬迁可以分步进行，条件成熟的先搬。[②] 这样基本确定了上海小三线企业的选点原则，对此后上海小三线企业布局有很大的影响。上海小三线从1965年选点筹建开始，到1972年建设任务结束，相继在安徽省皖南地区和浙西地区兴建了81个全民所有制独立单位（其中皖南80个，浙西1个）。皖南的上海小三线分布在徽州、宣城和安庆三个地区，涵盖绩溪、屯溪、贵池、

---

① 陈谦林：《三明印染厂迁建过程回眸》，载袁德俊编《崛起在沙溪河畔——忆三明建市初期迁明企业》，第136页。

② 中共上海市委党史研究室、上海市现代上海研究中心编《口述——小三线建设》，上海教育出版社，2013，第421页。

东至、宁国、旌德、歙县、休宁、黟县、祁门、泾县等 11 个县（市）。[1]上海小三线逐步发展为全国各省份小三线中门类最全、人员最多、规模最大的一个以军工生产为主的综合性后方工业基地[2]，涉及建材、交运、卫生、电力、工业、物资等部门。

上海、福建的小三线企业布局存在以下三个方面的差异。一是福建划定的一、二、三线区域从地图中观察相对规则，为长条状，这样的区域划分可以使三线更靠近福建纵深。而上海小三线分布在安徽南部的徽州、宣城、安庆三个地区，为不规则图形，未考虑距离海洋的远近。二是福建小三线的企业偏居福建西北一隅，布局在南北狭长的区域，东西之间距离十分有限。上海小三线企业分布呈现以黄山为中心、沿四周分布的格局，在三线区域内分布相对广泛，空间宽阔，企业之间也能拉开距离。三是在区位选择上，福建小三线企业沿河谷分布，而上海小三线企业沿铁路和公路分布，主要分布在宁国、绩溪、休宁、祁门一线的铁路周围和其他县际公路两边，从而形成宁国、旌德、绩溪、屯溪、祁门等较多的工业聚集区。

我们在重新审视福建小三线建设时不难发现，企业布局过多地受战备思想的影响，“保证在战时的安全并坚持生产是最大的合理”[3]，厂址选择遵循“靠山、分散、隐蔽”的六字方针，给企业的建设和生产带来诸多不便，造成了极大的浪费，影响了投资的经济效果，这也是三线建设被长期诟病的地方。但是不可否认，小三线在十几年的建设历程中，有着超乎想象的曲折和不易，在福建经济建设史上留下了不可磨灭的印记。

小三线建设之初，1964 年福建省的地区生产总值为 25.95 亿元，内地三地区（三明、南平、龙岩）总和为 7.33 亿元，内地三地区的生产总值占全省的 28.25%，内地三地区第二产业总和为 1.84 亿元，占全省的 26.59%。改革开放前夕，1978 年内地三地区生产总值为 22.18 亿元，占全省的比例提升到 33.42%，内地三地区第二产业总和为 9.38 亿元，占全省

① 中共上海市委党史研究室、上海市现代上海研究中心编《口述——小三线建设》，第 448~451 页。

② 《上海小三线概述》，《中国经济时报》2013 年 12 月 18 日，第 9 版。

③ 《梁灵光同志在省委小三线建设工作会议上的讲话》（记录稿，未经本人审阅），南平市延平区档案馆，档案号：4/10/1035。

的比例提高到33.27%。[①] 1964年以后，福建把经济建设重点和有限的投入主要放在闽西北山区，发展福建的小三线，缩小了沿海与内地的差距，改善了福建经济布局。“三五”计划开始之前，福建工业门类残缺不全，工业的经济总量也很小，到1978年，福建工业经济发生了翻天覆地的变化。以三明市为例，截至1977年，三明市已经建成投产的省、地、市三级企业有冶金、机械、化工、电力、木材加工、农药、玻璃、塑料、纺织、印刷、服装、食品等全民所有制工厂74个，集体所有制和公社办工厂68个。1977年，全市工业总产值是1950年的2964倍，比“文革”前的1965年增产了6倍多。[②] 特别是从上海迁来的民用企业，几乎都是福建经济社会发展急需的部门，这些企业充实了福建的经济部门。

为了贯彻“分散”的原则，在城镇近郊进行选址建厂，既密切了与原有工业的联系，又避免了工业集中在中心城镇，带动城市向外延伸，促进了福建城镇化进程。值得注意的是，部分布局在福建小三线的企业，克服种种困难，开拓创新，不断壮大自己，并取得了非凡的成就。例如，由南平电池厂发展而来的南孚电池有限公司是中国电池行业的龙头企业，连续13年在碱锰电池的质量、销量、经济效益、劳动生产率等方面处于同行业领先水平。除此之外，福建南纺股份有限公司、三明立丰印染股份有限公司、三明福工机械有限公司等享誉国内外的企业都由小三线企业发展而来，带动了福建内地经济社会的发展。

小三线建设在福建经济建设史上具有重要的意义，它为改革开放新时期福建经济的发展奠定了基础。

未刊

① 林寿琦主编《光辉的历程·福建五十年》，中国统计出版社，1999，第248、307、316、319页。

② 《三明市概况》，三明市档案馆，档案号：105/18/3。

儒学科举编

论福建科举在明代的领先地位及其成因

郭培贵　蔡惠茹

两宋三百年间，福建进士之多为全国之冠；至明代，福建进士数则退居南直、浙江、江西和北直之后，名列全国第五。[①] 应该说，这确实在一定程度上反映了福建科举的相对衰落，但并不表明福建科举实力的全面下降。事实上，明代福建科举仍在许多方面独占鳌头，处于全国领先地位。对此虽有学者论及，但未进行专门研究。[②] 本文就此试做探讨。

一　人均进士、一甲进士和庶吉士数均居全国榜首

明代科举考试制度空前完备，相应的功名体系也空前发达，每级科名都是通过竞争激烈的考试获得。因而，各地考出的举人、进士、庶吉士的数量，自然就成为衡量各地科举实力的突出标志。其中，举人是省内乡试竞争的结果，故相比之下，通过全国性的考试——会试和殿试产生的进士，尤其是各地人均拥有的进士数，更能直接反映各地的科举竞争力。为

① 参见吴宣德《明代进士的地理分布》，香港中文大学出版社，2009，第 59 页。另，据何炳棣研究，明代福建进士数全国排名第四，参见 PING-TI HO，*The Ladder of Success in Imperial China*：*Aspects of Social Mobility. 1368-1911*（Now Nork：Columbia University Press，1962），p. 227。实际上，何先生所统计的只是清代李周望《国朝历科进士题名碑录初集》所附明代各科进士中载有籍贯者，故其结论不准确。不少人沿袭这一结论，如刘海峰、庄明水《福建教育史》，福建教育出版社，1996，第 156~157 页。

② 刘海峰、庄明水《福建教育史》第四章第四节，对此有所论及，但该书主要从福建解额在各省中与浙江并列第二、人均进士数位列全国第一，及三鼎甲位列全国第四等角度，说明明代福建为科举强省，并未在全国范围内将标志明代福建科举地位的其他重要表现进行全面考察（福建教育出版社，1996，第 142~170 页）。

此，本文据相关史料对此做了专门统计（见表1）。

表1　明代各直、省每万人平均拥有进士数

省、直名称	福建	浙江	北直	江西	四川	广东	南直	湖广	贵州	河南	山东	陕西	山西	广西	云南	合计
人口数*（万人）	174	515	426	586	310	204	1050	440	29	519	566	450	532	119	148	6068
进士数**（人）	2307	3423	2407	2718	1404	853	3839	1487	97	1681	1729	1010	1129	201	243	24528***
每万人平均拥有进士数（人）	13.26	6.65	5.65	4.64	4.53	4.18	3.66	3.38	3.34	3.24	3.05	2.24	2.12	1.69	1.64	4.04
每万人平均拥有进士数排名	1	2	3	4	5	6	7	8	9	10	11	12	13	14	15	—

*该表各直、省人口数系依据万历《明会典》卷十九《户部六·户口一》所载万历六年人口数（中华书局，1989年缩印本，第127~129页）。其中，辽东都司户口数无载。曹树基《中国人口史》第四卷《明时期》认为，辽东人口至万历二十八年，“可能达到250万人”（复旦大学出版社，2000，第269页）。该数据属推算所得，与万历《明会典》所载各直、省人口数统计口径不同，故本表未列辽东人口数。

**表中各直、省进士数系据吴宣德《明代进士的地理分布》第56~58页《明代直省各科进士分布表》统计的数字，减去“崇祯十三年特”的相应人数而得，因所谓“崇祯十三年特”并不是进士，而是按进士资格破格任用的举人和贡生，故不应统计为进士。详见郭培贵《明代科举史事编年考证》，科学出版社，2008，第317~318页。

***据吴宣德《明代进士的地理分布》第56~58页《明代直省各科进士分布表》统计，明代进士总数为24862人，本表减去其“崇祯十三年特”263名，故全国实有进士应为24599名。其中，尚包含辽东进士69名和“其他”进士2名，减去这两项后，两直十三布政司进士总数为本表所列的24528人。

由表1可知，明代福建每万人平均拥有进士13.26人①，高出各直、省平均水平2.28倍，分别是拥有进士数位列全国前四名的南直、浙江、江

① 据刘海峰、庄明水《福建教育史》第157~158页统计，福建每百万人平均拥有进士428人，也即每万人平均拥有进士仅4.28人，与本表结论差距甚大。但此书未说明其所据福建人口数，若以万历《明会典》卷十九《户部六·户口一》所载万历六年福建人口1738793计，所得福建进士总数仅740人。显然，其所据非万历人口。

西和北直的3.62倍、1.99倍、2.86倍和2.35倍，也即福建人均进士数不仅稳居全国榜首，而且遥遥领先。

明代进士分为一、二、三甲，其中最受关注的当属一甲进士，每科仅三名，即状元、榜眼和探花，也称“三鼎甲”。因其科名最为显赫、仕途极为优越，故竞争也最为激烈。所以，各直省一甲进士的多少自然成为其科举竞争力强弱的最直接标志。明代福建共考出33名一甲进士，低于南直、江西、浙江，居全国第四。对此，《福建教育史》虽有结论，但并未说明福建人均拥有一甲进士的状况及其在全国的地位。① 对此，笔者也做了专门统计（见表2）。

表2 明代各直、省每十万人平均拥有一甲进士数

省、直名称	福建	浙江	江西	南直	北直	广东	四川	广西	湖广	陕西	山东	河南	山西	云南	贵州	合计
人口数（十万人）	17	52	59	105	43	20	31	12	44	45	57	52	53	15	3	608
一甲进士数（人）*	33	52	54	66	17	7	6	2	7	7	6	5	4	0	0	266**
每十万人平均拥有一甲进士数（人）	1.94	1	0.92	0.63	0.4	0.35	0.19	0.17	0.16	0.16	0.11	0.1	0.08	0	0	0.44

*各直、省一甲进士数参见郭培贵《明代一甲进士群体户类与地域分布考述》，《东岳论丛》2012年第6期。

**明代辽东有一名一甲进士，因该表无辽东人口数统计，故该名辽东一甲进士也不计入一甲进士总数。

由表2可知，明代福建每十万人平均拥有一甲进士1.94人，比各直、省的平均水平高出3.41倍，分别是一甲进士数位列全国前三名的南直、江西、浙江的3.08倍、2.11倍和1.94倍，同样遥遥领先于全国各直、省。此外，福建还有不少同榜二鼎甲，乃至三鼎甲的例子。如洪武二十四年

① 刘海峰、庄明水：《福建教育史》，第167页。

(1391）榜眼张显宗、探花吴言信，永乐四年（1406）状元林环、榜眼陈全，永乐十年（1412）状元马铎、榜眼林志，永乐十三年（1415）榜眼李贞、探花陈景著，宣德五年（1430）状元林震、榜眼龚锜、探花林文，万历二十年（1592）状元翁正春、榜眼史继偕，就都是福建人。闽地科举之盛，于此也可见一斑。

庶吉士是在殿试后，由明廷对二、三甲进士进行再次考试而选拔出来的一个仅次于一甲进士的高科名群体，是阁臣等高级官员的主要来源之一。目前可知户籍地的明代庶吉士共有1420人，其中福建107人，低于浙江、江西、南直和北直，位居全国第五，但以人均拥有量计之，则又得出如表3所示结论。

表3　明代各直、省每十万人平均拥有庶吉士数

省、直名称	福建	浙江	北直	江西	四川	广东	湖广	南直	贵州	河南	山东	陕西	山西	广西	云南	合计
人口数（十万人）	17	52	43	59	31	20	44	105	3	52	57	45	53	12	15	608
庶吉士数*（人）	107	207	164	206	78	61	72	196	9	86	80	58	64	16	16	1420
每十万人口平均拥有庶吉士数（人）	6.3	4	3.8	3.5	2.5	3	1.6	1.9	3	1.7	1.4	1.3	1.2	1.3	1.1	2.3

*各直、省庶吉士人数及其属地确认标准，参见郭培贵《明代庶吉士群体构成及其特点》，《历史研究》2011年第6期。

由表3可知，明代福建每十万人平均拥有庶吉士6.3人，高出全国平均水平1.74倍，分别是拥有庶吉士数居全国前四位的浙江、江西、南直和北直的1.58倍、1.8倍、3.32倍和1.66倍，仍稳居全国首位。

由上可见，明代福建人均拥有进士数、一甲进士数及庶吉士数都以绝对优势领先于各直、省而稳居全国榜首。这一骄人成绩的取得，既是福建人在全国科举考试中具有极强竞争力的集中表现，又有其内在的必然性。

就后者而言，除了人们较为熟知的明代福建具有深厚的科举传统、浓厚的科举氛围、发达的教育与文化，以及显著发展的经济尤其是沿海贸易等有力支撑外，还得益于福建人在传统农业环境并不优越的“八山一水一分田”自然条件下练就的吃苦耐劳和勇于竞争的品质。此外，还有一个不为人们熟知或尚未引起关注的重要因素，这就是福建人口较少，却长期拥有与人口及科举大省——浙江同样多的乡试解额。

关于明代人口，万历《明会典》有三个时期的统计数字。一是洪武二十六年（1393）的6045万人，其中，福建排名第七，为391万人，仅相当于排名第二的浙江人口（1049万）的37.3%；二是弘治四年（1491）的5328万人，福建排名第十一，为210万人，仅相当于排名第四的浙江人口（531万）的39.5%；三是万历六年（1578）6068万人，福建排名第十二，为174万人，仅相当于排名第六的浙江人口（515万）的33.8%。[①]洪武至永乐年间，除洪武三十年（1397）殿试发生“南北榜”事件外，科举考试自乡试至会试，处于完全的自由竞争状态，取中与否完全取决于考生答卷质量的高低。[②] 至洪熙元年（1425），明廷才首次规定各地乡试必须按定额录取，并确定了全国和各直省的乡试解额，即全国共540名（不含辽东），其中南直80名，北直、江西各50名，浙江、福建各45名，湖广、广东各40名，河南、四川各35名，山西、陕西、山东各30名，广西20名，云南仅10名。[③] 此次确定的各直省解额排序实际上奠定了明代解额体系的基本格局。对福建来说，可谓从中大受裨益，因为此后解额尽管多次调整，但福建解额一直与浙江相同，直到万历四十三年（1615）后，才比浙江少了2名。[④] 在科举发达省份的解额与人口的对比关系中，福建显然一直占据明显优势。

① 详见万历《明会典》卷十九《户部六·户口一》，第123、125、127页。

② 参见王世贞《弇山堂别集》卷八一《科试考一》，中华书局，1985。该书第1540页所载洪武三年《初设科举条格诏》虽然规定了应天和各省乡试的录取额数，但同时又规定“人材众多去处，不拘额数；若人材未备不及数者，从实充贡”；第1543页载洪武十七年再开科举时，更明确规定各地乡试所取举人“不拘额数，皆从实充贡”。

③ 万历《明会典》卷七七《乡试》，第449页；王圻：《续文献通考》卷四五《乡试沿革》，现代出版社，1986，第671~672页。另，解额中包含交趾。

④ 参见《明代各直省乡试录取额数沿革表》，载郭培贵《明史选举志考论》，中华书局，2006，第395~399页。

一般而言，各直省解额的多少是依据其政治地位、文风高下和科举实力等因素确定的，如南、北直隶是当时的政治、文化中心，人才济济，其解额自然较其他各省高出许多。为何福建能获得仅低于两直和江西而长期与浙江并列的解额呢？究其原因，大致有二。

首先，宋以来福建科举的出色表现是明廷在分配各省解额时首先要考虑的因素。据统计，两宋福建路共考出进士 7144 名，几乎占两宋进士总数（28933 名）的四分之一，并以比位居第二的两浙东路多出 2286 名进士的成绩稳居全国第一。[①] 元代以后，福建科举人数虽有下降之势，但明代洪武、永乐时期仍考出了 395 名进士，仅次于江西（658 名）、浙江（530 名），位列全国第三，比位列其后的湖广（191 名）多出一倍还多。[②] 因此，在最初确定解额体系时，把福建和浙江划为一个等级，显然要比将其与湖广划为一个等级更为合理。也就是说，明代福建之所以能够在解额体系中获得有利的位次和额数，主要的或最为基本的原因应是其自宋以来，特别是在明初科举中的出色表现，也即“有为”才能“有位”。无独有偶，除两直和个别省份外，绝大部分省份在洪熙解额体系中的排序与其各自在洪武、永乐年间考出的进士数的排序大致对应的事实也说明了这一点。

其次，可能得益于阁臣杨荣的影响。杨荣是福建建安人，是当时阁臣中地位仅次于杨士奇的二号人物，而且自永乐十六年（1418）五月胡广去世，到永乐二十二年（1424）仁宗即位，他甚至一直处于阁臣首席，位在杨士奇之上。洪熙元年（1425）确定各直省乡试解额之事虽由杨士奇主导，史料也没有杨荣参与的记载，但按常理，杨荣不可能不与闻，杨士奇也不可能不让杨荣知道。所以，杨荣的地位和影响力应该至少在客观上起到了促使决策有利于福建的作用。

二　县有进士及县人均进士数皆位居全国前列

以上从各省、直人均拥有进士数、一甲进士数及庶吉士数的角度说明

---

① John W. Chaffee, *The Thorny Gates of Learning in Sung China: a Social History of Examinations* (New York: Cambridge University Press, 1985), pp. 196 - 202。转引自刘海峰、庄明水《福建教育史》，第 63 页。

② 吴宣德：《明代进士的地理分布》，第 56 页。

了明代福建科举在全国的领先地位，但若要更深入认识福建科举的地位及其成因，仅关注省级行政区的相关指标还不够，应进一步考察其所属府、州、县的科举状况。县作为明代最基层的行政区，负责培养和输送科举人才，各县的科举实力共同决定全省的整体实力。因此，笔者选取福建科举最发达的莆田、晋江、闽县三县，与其他直、省科举最发达的县（拥有200名以上进士的县）进行比较，结果如表4所示。

表4　明代拥有200名以上进士的县及其每万人平均拥有进士数

县份	莆田	晋江	余姚	华亭	鄞县	闽县	武进	南昌	慈溪	合计
进士数（人）*	494	366	322	258	252	235	224	222	215	2588
人口数（万人）**	16.5	6.7	15.8	39.5	19.3	5.8	27.1	44	10.7	185.4
每万人平均拥有进士数（人）	29.9	54.6	20.4	6.5	13.1	40.5	8.3	5.0	20.1	14

* 据吴宣德《明代进士的地理分布》附录一《明代进士分布表》统计，明代全国考出200名以上进士的县共计10个，进士数依次为：莆田502人、晋江373人、余姚323人、华亭258人、鄞县252人、闽县237人、武进229人、南昌227人、慈溪215人、安福204人。扣除崇祯十三年赐特用的相应人数后，据《明清历科进士题名碑录》第二册（华文书局，1969影印本，第1315~1330页），安福县进士由原先的204人降为197人，故本表未将其列入。

** 除余姚县因成化至隆庆年间人口无载而取万历人口数外，其他县皆取成化、弘治之人口数。来源如下：莆田、晋江、闽县皆取弘治二年（1489）人口数，参见黄仲昭《八闽通志》卷二十《食货·户口》，福建人民出版社，2006，第398、393、390页；余姚县取万历十五年（1587）人口数，参见万历《绍兴府志》卷十四《田赋志一·户口》，载《中国方志丛书》华中地方第520号，第1063页；华亭取成化二十三年（1487）人口数，参见正德《松江府志》卷六《户口》，收入《中国方志丛书》华中地方第445号，第128页；鄞县取弘治五年（1492）人口数，参见民国《鄞县通志》之《舆地志·壬编·户口》，收入《中国方志丛书》华中地方第216号，第587页；武进取成化十八年（1482）人口数，参见康熙《常州府志》卷八《户口》，收入《中国地方志集成·江苏府县志辑》第36册，第120页；南昌县取弘治五年人口数，参见民国《南昌县志》卷十《赋役制上·户口》，收入《中国方志丛书》华中地方第103号，第139页；慈溪取弘治五年人口数，参见天启《慈溪县志》卷四《户口》，收入《中国方志丛书》华中地方第490号，第180页。

由表4可见，明代全国拥有200名以上进士的县仅9个，福建就占了三分之一，其中莆田、晋江分别考出494、366名进士，居全国前两位，而闽县也以235名进士位列全国第六。相比之下，进士绝对数领先福建的4个直、省却逊色不少：南直地区虽有华亭、武进二县入榜，但其进士数分别仅为莆田的52.2%、45.3%，晋江的70.5%、61.2%；浙江也有3个县入榜，但其进士最多的余姚县也仅是莆田县的65.2%，排名第五的鄞县进士数也只是晋江的68.9%，慈溪县则以215人居于榜末；江西只有南昌一县入榜，排名第八，其进士数仅为莆田的44.9%、晋江的60.7%；北直甚至无一县入榜。可见，从县计进士绝对数来看，福建莆田、晋江二县的进士数量之多，是其他科举发达省份的任何县都无法比拟的。

此外，笔者还进一步统计了这9个县每万人平均拥有的进士数，结果表明：福建的晋江、闽县、莆田包揽了全国冠、亚、季军，且其人均进士数皆高出平均值数倍，晋江县最高，平均每万人拥有进士54.6人，为平均值（14人）的3.9倍，比人均进士数最少的南昌县（5人）高出近10倍，闽县排名第二，为平均值的2.9倍，莆田县第三，也达平均值的2.1倍。

显然，若以县为单位进行考察，福建的莆田、晋江、闽县，不管是进士绝对数，还是每万人平均拥有的进士数，皆位居全国前列。此外，明代莆田县还考出了29名解元[①]，占福建已知89名解元的近三分之一，在全国仅稍次于广西的临桂县[②]。这3县科举发达的原因主要有以下几个方面。

首先，经济的显著发展为其科举兴盛提供了良好的物质条件。明代晋江、莆田、闽县在福建乃至全国都属于经济发达县份。自宋以来，泉州府的附郭晋江县就以发达的海外贸易著称于世，其安平港更是明代海外走私贸易的重镇，并由此带来当地商品经济的繁盛，弘治时，仅泉州城内就有3个专事商贸的坊市，城外还有会通、通远、车桥、新桥、浮桥、安平6个市[③]，这些商品贸易中心在东南沿海乃至全国都有广泛影响。莆田县为兴化府治所在，拥有肥沃的兴化平原，农业发达，人口密集[④]，商品经济

---

① 参见张弘道、张凝道《皇明三元考》，载周骏富辑《明代传记丛刊》学林类十六，明文书局，1991；张朝瑞《皇明贡举考》，载《续修四库全书》第828册，上海古籍出版社，2002年影印版；黄崇兰撰、赵学曾续撰《增补贡举考略》，载《续修四库全书》第830册；郝玉麟等监修《福建通志》卷三六《选举四·明进士》，载《四库全书》第529册，上海古籍出版社，1987年影印版，第129~166页。

② 参见金鉷等监修《广西通志》卷七一至七三《选举·明举人》，载《四库全书》第567册，第189~270页；据《皇明三元考》《皇明贡举考》《增补贡举考略》统计，桂林府临桂县解元30人。

③ 黄仲昭：《八闽通志》卷十四《地理·坊市》，福建人民出版社，2006，第269页。

④ 据乾隆《兴化府莆田县志》卷五《赋役志·户口》，福建师范大学图书馆藏本。该志载明代莆田县人口最少14.3万，最多达16.7万。

也由此获得显著发展，弘治年间已有5个市，其中黄石市规模甚大，“跨连江、莆田、景德、谷清四里，居人延亘千余家”[①]。闽县不仅是福建开发最早、经济最为发达的县份之一，而且因其为省会所在，故拥有更为丰富的经济资源。虽然经济富足并非科举发达的唯一条件，但其对于一个地区科举竞争力的重要性是毋庸置疑的。[②]晋江、莆田和闽县所拥有的上述经济优势，不仅使更多人得以投身举业，同时还为人才的培养提供了良好的教育条件，从而为其形成并保持科举竞争优势提供了物质保障。

其次，官方与民间教育的发达是其科举兴盛的重要支撑。明代莆田、晋江、闽县都特别重视教育，其官办学校的条件不断得到改善。如晋江县学，成化二年（1466）仅有号房4间，成化十二年（1476）扩建成18间，弘治十七年（1504）又增至28间[③]；莆田县学在弘治时也有号房22间[④]。晋江、莆田二县学的号房数量虽不是全国最多，却也属上等水平。[⑤]号房规模虽不能直接反映办学质量的高下，但规模越大，说明其所能容纳的学生越多，而在同一教学质量下，考生基数越大，科举中式率自然也会随之升高。

莆田、晋江、闽县还有一个共同之处，就是它们皆为府治所在，故其士子除入本县儒学外，还可占有各自府学的绝大部分学额，其中，以莆田

---

① 黄仲昭：《八闽通志》卷十五《地理·坊市》，第285页。

② 笔者对明代各直省拥有一甲和二、三甲首名进士数进行了统计，结果居前四位者皆属当时经济最为发达的地区，分别为南直101名、江西94名、浙江77名、福建50名，四者共为322名，占总数（445名）的72.36%，另据黄明光《明代科举鼎甲研究》统计，明代拥有状元数最多的也是南直，以下依次为浙江、江西和福建，这说明以地区论，经济发达成为科举发达的必要条件，参见黄明光《明代科举鼎甲研究》，《南京理工大学学报》2004年第4期。

③ 万历《泉州府志》卷五《规制下·学校》，载刘兆祐主编《中国史学丛书三编》，台湾学生书局，1987，第367页。

④ 周瑛、黄仲昭：《兴化府志》（清同治十年重刊）卷十五《礼纪一·学校志》，福建人民出版社，2007，第452页。

⑤ 笔者查阅浙江、江西、江苏、福建等省科举发达县份的方志发现，各县学号房数多者如浙江宁波府的鄞县学，有“号舍左右连络凡四十余间”；少者如浙江绍兴府余姚县学“号房初十八间，后十二间”。府学多者如浙江绍兴府学“号舍五十余间”，而泉州府学号房共计46间，兴化府学则有40间。

最为优越，因其士子还可入平海卫学肄业。[①] 故崇祯元年（1628）莆田知县吴彦芳说："府学、卫学、莆学，总是莆士弦歌之场。"[②] 与此同时，官府还允许在仙游县置有产业的莆田人入寄仙游县学，名曰"寄庄"。[③] 当仙游人攻击"寄庄"实为"冒籍"时，提学官樊英居然做出莆田人不再寄庄于仙游县学，仙游人也不得拨入兴化府学的处置。[④] 这样，莆田人实际上拥有了府、县二学全部120个廪、增学额以及平海卫学40个学额的绝大多数。这对增强其科举实力自然有积极作用。

与此同时，莆田、晋江、闽县的民间教育也十分发达。以晋江为例，除官学外，寺院也成为士子们读书的重要场所。如天启进士、晋江人黄景昉在其《温陵旧事》中记载，"嘉、隆以来，士人读书多在开元、承天二寺"，以致"寻丈之室，岁僦一金"，而"文庙两庑、尊经阁、先贤祠宇及附郭山寺，皆老生耆宿受徒之所；极至十室之内必有书舍，保贩、隶卒之子亦习章句……其大乡巨族则多为社塾"，故其时晋江县科考，"儒童卷可万余；县送府七八千人；府送道亦二三千人"。[⑤] 另外，莆田、晋江、闽县以民间"儒士"身份考中举人者共208人，占明代福建儒士举人总数（263名）的79.1%；3县以"儒士举人"身份考中进士者共61人，占明代福建儒士进士总数（75名）的81.3%。[⑥] 这也同样说明了发达的民间教育成为3县科举强势的重要条件。

再次，文化的繁荣，特别是经学的发达，为其科举兴盛提供了直接而坚实的支撑。福建是宋代朱熹理学诞生地，直到明代仍是全国朱子学最发达的地区。其中，晋江县的《易》学研究最为著名，主要有三大流派：以蔡清、陈琛为主的"清源学派"，以苏浚《生生篇》为代表的心学派，还有以李贽《九正易因》为代表的义理派。[⑦] 蔡清治《易》最为深透，时人

---

① 乾隆《兴化府莆田县志》卷九《学校志·平海卫学》，福建师范大学图书馆藏刊本。

② 乾隆《兴化府莆田县志》卷九《学校志·附泮额定案》。

③ 乾隆《兴化府莆田县志》卷九《学校志·附泮额定案》。

④ 乾隆《兴化府莆田县志》卷九《学校志·附泮额定案》。

⑤ 乾隆《泉州府志》卷二十《风俗》，载《中国地方志集成·福建府县志辑》第22册，上海书店出版社，2000，第484页。

⑥ 参见《福建通志》卷三七《选举五·明举人上》、卷三八《选举六·明举人下》，载《四库全书》第529册，第167~260页。

⑦ 肖满省：《明代福建易学述要》，《东南学术》2010年第5期，第177~184页。

有“欲《易》明，问蔡清”之语。[①] 据笔者统计，明代晋江人撰著与《易》相关的著作共73部。[②] 无怪乎《泉州府志》直言：“至今天下言《易》者，皆推晋江。”[③] 笔者统计天一阁44科《进士登科录》[④] 所载晋江籍进士共144人，其中治《易》者105人，占其总数的72.9%，这说明晋江县《易》学发达对其士子本经的选择产生了重大影响；260名莆田籍进士中，治《尚书》者135人、治《诗经》者114人，二者共计249人，占总数的95.8%，这也说明莆田县的《尚书》学和《诗经》学具有深厚底蕴并对其士子本经的选择产生直接影响。

最后，浓厚的科举氛围是其科举得以持续兴盛的重要原因。莆田人、晋江人、闽县人尤其热衷科举，无论贫寒子弟，还是世胄公子，但凡有能力者皆投身科举。如晋江县“家诗书而户业学，即卑微贫贱之极，亦以子弟知读书为荣”[⑤]，“故县中衣冠之士往往发自寒薄”[⑥]，“人文甲于诸邑”；莆田县也是“以读书为故业”，故其“科名之盛甲于闽中”[⑦]，“诸世胄佳公子，绝纨绮习，好学艺，文更笃；寒士甲第蝉联，而三世接登进士者有两三家”[⑧]；闽县也同样是“俗尚文词，贵节操，多故家世族”[⑨]。人们视科举重于一切，并由此营造出浓厚的科举氛围，激励士子们不断投身科举，从而创造了明代莆田、晋江、闽县科举的辉煌。

---

① 沈佳：《明儒言行录》卷六，收入《四库全书》第458册，第807页。

② 道光《晋江县志》卷七十《典籍志》，收入福建地方志编纂委员会主编《福建地方志丛书》，福建人民出版社，1990，第1679~1708页。

③ 乾隆《泉州府志》卷四二《人物列传·明列传》，收入《中国地方志集成·福建府县志辑》第23册，第333页。

④ 天一阁整理《天一阁明代科举录选刊·登科录》，宁波出版社，2006年影印版。

⑤ 乾隆《泉州府志》卷二十《风俗》，引隆庆《府志》语，收入《中国地方志集成·福建府县志辑》第22册，第482页。

⑥ 乾隆《晋江县志》卷一《舆地志·风俗》，收入《中国方志丛书》福建省第013号，第52页。

⑦ 乾隆《兴化府莆田县志》卷二《舆地志·风俗补论》，引弘治《县志》语，福建师范大学图书馆藏本。

⑧ 乾隆《兴化府莆田县志》卷二《舆地志·风俗补论》。

⑨ 乾隆《福州府志》卷二四《风俗》，引万历《府志》语，收入《中国方志丛书》福建省第003号，第510页。

三 进士家族绵延时间之长及人均进士家族之多皆居全国榜首

科举制度是在战胜维护世族特权的九品中正制的过程中确立起来的一种面向社会全体男性良民、可以自由报考并完全按照考试成绩决定去留的选官制度，其基本精神就是通过完备的考试制度和贯彻“一以程文高下为去留”的原则，实现人才的公平竞争，反对和防止官爵世袭。但也正因如此，科举制度在为全国各地区、各阶层的士子打开参政大门、实现并保持了很高的社会流动率的同时，也为少量家族因父子或祖孙连中科名而成为科举家族创造了条件。这种家族虽然也世代冠缨，却是以世代不懈努力并连续不断获得科举功名为前提，而不是靠血缘或门荫承袭，更不是靠强权或特权攫取，所以已全然不同于门阀制度下的世家大族，而是科举制度下盛开的科名奇葩。所以，一个地区科举家族的多少，尤其是其中“进士家族”的多少①，也就成为衡量一个地区文化底蕴和科举竞争力的重要标志，明代两直十三布政司及辽东不同代数进士家族分布统计如表5所示。

表5 明代两直十三布政司及辽东不同代数进士家族分布统计

单位：个

政区	浙江	南直	福建	北直	江西	山东	河南	四川	湖广	山西	陕西	广东	广西	云南	贵州	辽东	合计
一代（兄弟）	53	48	32	27	32	25	24	22	11	12	9	9	2	4	0	0	310
二代	249	246	147	155	122	112	115	98	75	67	64	22	10	11	5	4	1502
三代	50	42	14	13	20	12	6	11	12	15	8	3	3	0	0	0	209
四代	14	8	10	2	4	3	1	4	2	2	1	0	0	0	0	0	51
五代	4	2	1	0	0	1	0	2	1	0	1	0	0	0	0	0	12
六代	1	1	1	0	0	0	0	0	1	0	0	0	0	0	0	0	4

① 目前，学界对“进士家族”尚无统一定义，本文以“在直系五代亲属内考出两名及以上进士的家族”为进士家族。

续表

政区	浙江	南直	福建	北直	江西	山东	河南	四川	湖广	山西	陕西	广东	广西	云南	贵州	辽东	合计
七代	0	0	1	0	0	0	0	0	0	0	0	0	0	0	0	0	1
合计	371	347	206	197	178	153	146	137	102	96	83	34	15	15	5	4	2089

注：本表以所统计进士本人为基点，往上追溯其父、祖、曾祖、高祖直系四代的科名状况，上四代中若已有一代中进士者称为“二代进士家族（即进士本人再加上四代中的某一代进士）”，有二代、三代、四代中进士者，则分别称为“三代进士家族”“四代进士家族”“五代进士家族”；在此基础上推而广之，若有五代、六代中进士者，则分别称为“六代进士家族”“七代进士家族”。另外，因同父兄弟之间的科名影响也十分重要，故进士本人中进士之前虽无上四代人中进士但已有兄弟中进士者或兄弟同榜中进士，也在本表统计之列，而冠以“一代（兄弟）进士家族”之名。在有上代人中进士的情况下，为避免重复统计，兄弟中进士的情况则略去不计。本表统计依据为现存明代各科《进士登科录》《进士履历便览》；焦竑《献征录》，上海书店，1987年影印本；张弘道、张凝道《皇明三元考》，载周骏富辑《明代传记丛刊》学林类十六，明文书局，1991；盛子邺辑《类姓登科考》，载《四库全书存目丛书》第226册；清官修畿辅和各省通志中的选举志与人物传记等文献。

从表5可知，明代福建共有206个进士家族，虽在浙江和南直之后位列全国第三，但其进士家族绵延代数之多位列全国榜首，即在明朝2089个进士家族中，只有福建出现了一个“七代进士家族”，这就是兴化府莆田县的黄寿生进士家族。黄寿生一人曾两中乡举，一是建文元年（1399）中福建举人，二是永乐六年（1408）中应天解元，永乐九年（1411）考中进士，接着又被考选为庶吉士①，此种经历本身已令人称奇不已。景泰二年（1451）、成化二年（1466），其二世孙黄深、黄仲昭又先后考中进士，仲昭复中庶吉士；成化十一年（1475），三世孙解元黄乾亨中进士；弘治十八年（1505），四世孙解元黄如金、黄希英中同榜进士，如金复中庶吉士；嘉靖十七年（1538），五世孙黄懋官中进士②；万历二十六年（1598），七世孙黄起龙中进士；万历三十二年（1604），六世孙黄鸣乔中进士；崇祯

① 沈德符：《万历野获编》卷十六《两中乡试》，中华书局，1959。该书第411~412页载：“福建莆田人黄寿生者，先举建文元年己卯乡试，后文皇登极，以革除缴还公据，仍为诸生；寻以贡人京，中永乐六年戊子应天第一名，九年辛卯成进士，选庶常，拜翰林院检讨。”

② 分别见景泰二年、成化二年、成化十一年、弘治十八年、嘉靖十七年《进士登科录》。

元年（1628），七世孙黄起有再中进士①。二百多年间，寿生一族成为明朝历史上唯一的直系八代中有三代中解元、七代中进士、三代中庶吉士的科举家族，不仅创造了明代科举的奇迹，而且在整个中国科举史上都是罕有其匹的奇迹。

此外，若从人均的角度进行考察，福建每十万人平均拥有进士家族数也是全国最多的（见表6）。

表6 明代各直、省每十万人平均拥有进士家族数

政区	福建	浙江	北直	四川	南直	江西	河南	山东	湖广	陕西	山西	广东	贵州	广西	云南	合计
人口数（十万人）	17	52	43	31	105	59	52	57	44	45	53	20	3	12	15	608
进士家族数（个）	206	371	197	137	347	178	146	153	102	83	96	34	5	15	15	2085*
每十万人平均拥有进士家族数（个）	12.12	7.13	4.58	4.42	3.3	3.02	2.81	2.68	2.32	1.84	1.81	1.7	1.67	1.25	1	3.43

*因本表未计入辽东人口数，故属于辽东的4个进士家族也未计入。

由表6可知，福建每十万人平均拥有12.12个进士家族，是各直、省每十万人平均拥有进士家族数的3.5倍，比进士家族数位居全国第一的浙江高出0.7倍，比进士数量最多的南直高出2.7倍。

福建进士家族绵延时间之长和人均进士家族数之多皆高居全国榜首，这首先得益于其深厚的历史积淀。宋以来，福建的科举家族就已十分突出，其中尤以莆田最为显著。对此，宋代方志《莆阳比事》列有“三世登云，四代攀桂”“父子一榜，昆季同年”“凤穴诸郎，龙门群倩”等条目

① 分别见《福建通志》卷三六《选举四·明进士》，第160、160、164页。此外，张弘道、张凝道《皇明三元考》对莆田黄氏家族中进士的情况也有专门记载，参见张弘道、张凝道《皇明三元考》附《科名盛世录》卷三《科第盛事》，第723页。

专载其事。[①] 另据今人统计，仙游县枫亭蔡氏两宋共考出23名进士，罗峰傅氏更是一门考出25名进士；莆田县则有19对兄弟为同榜进士，168对兄弟先后考中进士。[②] 可见其底蕴之深厚，明代福建的进士家族正是根植于此基础之上。

其次，明代福建发达的家族制度是其进士家族兴盛的有力支撑。中华文明起源的一个重要特点就是带着浓重的血缘关系和家族形式进入阶级社会并建立国家的；到西周又形成完备发达的宗法制度，对当时和后世都产生了巨大影响。此后，尽管朝代不断更替，但家族组织始终是中国传统社会结构的重要基础。至两汉，各地的豪强大族甚至发展成地方社会的支配力量；以此为基础，两晋南北朝又长期实行维护世族特权的门阀制度；隋唐以至五代，中原地区的门阀制度虽"逐渐衰落消亡"，在福建却表现出与之"完全相反"的发展态势，这就是不断南下的北方士民尤其是巨姓大族，仍把强化宗族组织和标榜门第阀阅作为争取生存空间、社会地位乃至统治权的有效手段；两宋时期，在以朱熹为代表人物的"闽学"的提倡和推动下，福建家族制度得到进一步发展；明中叶以后，由海禁和政府失控引起的社会动荡持续不已，这又显著促进了福建家族制度的兴盛与完善。[③]

明代福建的家族组织主要有"累世同居共财的大家庭""同居异财的家族"[④]"分居异财的同祖宗族"[⑤] 三种形式。大家庭由家长统一管理家庭收支，便于集中财力供其子弟读书、应举。家族虽然同居异财，但其成员一般会"共同购买或由富裕族众捐赠而设置数量不等的族田族产，以其收入赈济贫困族众和开支全族的公共支出"[⑥]，其中，设学立庠、资助本族子弟应考科举等，便是其重要的开支之一。有的家族甚至设有学田（又名

---

① 李俊甫：《莆阳比事》卷一，收入《续修四库全书》第734册，第193~196页。

② 林祖泉：《从方志记载看宋代福建莆田科考的兴盛》，《中国地方志》2008年第6期，第49~55页。

③ 关于福建宗族制度的发展阶段及其特点，可参见陈支平《近五百年来福建的家族社会与文化》，中国人民大学出版社，2011，第5、9~11、13、23页。

④ 徐扬杰：《中国家族制度史》，人民出版社，1992，第309页。

⑤ 郑振满：《清福建家族组织与社会变迁》，湖南教育出版社，1992，第20页。

⑥ 徐扬杰：《中国家族制度史》，第309页。

“书灯田”）[①]，如：浦城后山蔡氏设书灯田，“不论文武，一人入泮，一人独收，二人入泮，二人均分”；南阳济美叶氏设学田，“凡入文学者，照股均分，或挨次轮收均可，武者不与”；漳州府海澄县林氏家族也明确规定其学田，由“派下子孙有进大庠及中科甲者，付其执掌，逐年收税纳米，以助读书膏火及乡会试之资。后有人再进中，照份均分，而捐纳出仕并进中武途者，不得与焉”。[②] 即使是分居异财的同祖宗族，为增强宗族凝聚力和满足处理宗族公共事务之需，也有不少设立共同财产者。故相比于小家庭，发达的家族组织显然更有能力为其家族成员，特别是贫穷子弟读书应考，提供经济资助。

当然，进士家族的出现仅有发达的家族制度及其所提供的经济资助，还是远远不够的。除此之外，进士家族的产生还需要深厚的家学渊源与纯正家风，其成员品行端洁、勤勉且保持进取精神。如上文提及的莆田县黄寿生家族，其家族二百多年来一直都以《诗经》为研习对象，其七代进士也皆以《诗经》为本经，对该经有深厚的家学积累。史载其肇始者黄寿生，不仅“笃孝友、敦行谊”，而且“诸史百氏无不淹贯，尤邃于《诗》。莆人传习者众，学者称东里先生”。[③]《明史》也载寿生官“翰林检讨，有学行”；其子“嘉，東鹿知县，以善政闻”；其孙仲昭“性端竦，年十五六即有志正学”，登进士后，“改庶吉士，授编修，与章懋、庄昶同以直谏被杖，谪湘潭知县”，旋“改南京大理评事；两京诸司隶卒率放还，而取其月钱为故事，惟仲昭与罗伦不取；御史纵子弟取赂，刑部曲为地，仲昭驳正之；有群掠民妇转鬻者，部坐首恶一人，仲昭请皆坐；连遭父母丧，不离苫块者四年；服除，以亲不逮养，遂不出。弘治改元，御史姜洪疏荐，吏部尚书王恕檄有司敦趣，比至，恕迓之大门外，揖让升堂，相向再拜，世两高之；除江西提学佥事，诲士以正学，久之再疏乞休；日事著述，学者称‘未轩先生’，卒年七十四。仲昭兄深，御史。深子乾亨，行人，使满剌加，殁于海。乾亨子如金，广西提学副使；希雍，苏州同知。仲昭孙

---

① 有关福建家族与教育、科举的关系，可参见陈支平《近五百年来福建的家族社会与文化》第十二章“族学与教化”，第 150~161 页。

② 陈支平：《近五百年来福建的家族社会与文化》，第 151 页。

③ 《福建通志》卷五一《文苑传》，收入《四库全书》第 529 册，第 729 页。

懋官，南京户部侍郎”。[①]《福建通志》载寿生玄孙、正德二年举人黄希雍，“初守绵州，清慈勤慎，有八政谣”。[②]《贵州通志》亦载寿生玄孙黄希英，嘉靖间任镇远知府，“善诗文，兴行教化”，还创建了紫阳书院。[③] 由此可见，良好的家学与家风的形成、继承与发扬，实际上是进士家族得以产生和延续的最为重要的条件。

结 语

通过以上对明代福建科举在全国的领先地位及其成因的考察，笔者认为至少以下几点值得注意或具有启示意义。

第一，科举考试归根结底是人的竞争，是人与人之间进行的以儒学素养为核心的文化素养的竞争。因此，以“人均”的尺度进行衡量，实际上更能直接和真实反映各直、省科举竞争力的强弱，弥补了过去研究中通常只见地域不见人的偏颇。明代福建无论是全省的人均进士数、人均一甲进士数、人均庶吉士数，还是莆田、晋江、闽县三县的人均进士数，以及全省的人均进士家族数，皆在全国独占鳌头，这充分体现了其强劲的科举竞争力及其在全国的领先地位。如果仅以进士绝对数一项指标来评价福建科举在全国的地位，显然是片面的。

第二，不同地区间的科举竞争实际上是一种综合实力的竞争。一个地区科举实力的强弱，直接取决于其人才数量的多少及其素质的高低，而这又是由其人口的规模，经济、教育和文化的发展水平，科举氛围的浓淡，科举文化积淀的深浅以及家族制度的发达程度等诸多因素共同决定的。明代福建的经济、教育与文化发展在全国都有明显优势，人口文化素养也明显高于全国平均水平，又有深厚的科举文化积淀和浓重的科举氛围以及发达的家族制度等，所以在全国激烈的科举竞争中，福建士子总体上表现超凡，在诸多方面独占鳌头，处于全国领先地位。但与此同时，福建又存在明显劣势，即宜耕土地稀少导致人口偏少，进而导致科举的后备人才与其

---

① 张廷玉等：《明史》卷一七九《列传·黄仲昭》，中华书局，1974，第 4753~4754 页。

② 《福建通志》卷三七《选举五·明举人上》，收入《四库全书》第 529 册，第 209 页。

③ 《贵州通志》卷二十《秩官》，收入《四库全书》第 571 册，第 553 页。

他直、省相比，在数量上不占优势，这也正是其进士绝对数不在全国前列的关键所在。这一史实昭示我们，任何事物都不是孤立存在的，而是处在相互联系之中，所以任何竞争都是综合实力的竞争，只有形成和保持具有内在联系的各个方面的优势，才有可能取得竞争的完胜。

第三，科举考试还是一种持久的竞争。如进士家族的出现与持续，就是一种持久的科举综合实力的竞争，需要至少几代人持续付出不懈努力。除了有利的物质条件外，还需要深厚的家学渊源和纯正家风，更需要家族各代成员始终保持进取精神，品学兼优。所以，明代福建人均进士家族之多、绵延时间之长皆为全国之最，这正是其科举竞争力具有持久性的突出表现，同时也是福建成为科举大省的重要原因之一。

本文原载于《福建师范大学学报》（哲学社会科学版）
2013 年第 6 期

清中叶闽儒雷鋐的"正学"观述略

陈友良

雷鋐（1697～1760），字贯一，号翠庭，福建宁化人，雍正元年（1723）进士。后世学者多视雷鋐为清代中叶程朱理学的承学之士，如《清史稿》云："闽之学者，以安溪李光地，宁化雷鋐为最。"① 又如，梁启超论福建学风时亦言：乾隆间，"汀州雷翠庭鋐，则继李、蔡，治程朱理学"。② 有学者亦肯定了雷鋐对闽学学术脉络传衍的贡献，如《清儒学案》设"翠庭学案"，论曰："闽中学派，安溪、梁村皆宗朱子，翠庭亲受学于梁村，立朝建白，多持大体。督学吴越，以理学维风化，不愧醇儒。闽峤后进，多依归焉。"③ 还有学者认为雷鋐是程朱理学的捍卫者，如清道光时期唐鉴编著《国朝学案小识》，较为全面地叙述了雷鋐的理学思想，并从学术史的角度，将雷鋐与蔡世远等并列，视为"翼道学案"的代表人物。④ 晚近通史著作，如高令印、陈其芳的《福建朱子学》和李帆的《清代理学史》，多沿袭这个思路，认为雷鋐的儒学思想充分体现了清中叶福建尊朱学者的特色，学术上虽无创新，但因株守朱子学残局，对朱子学进一步发展起了承上启下的作用。⑤ 上述评论和研究脉络贯通，言之成理，但对雷鋐儒学思想的整体性考察不够，本文对雷鋐的著作进行了全面梳理，

---

① 《清史稿》卷二百九十《列传七十七·雷鋐传》第34册，中华书局，1977，第10281页。

② 梁启超：《近代学风之地理分布》，《清华学报》1924年第1期，第34页。

③ 《翠庭学案》，载徐世昌编纂《清儒学案》第四册，舒大刚、杨世文点校，人民出版社，2010，第1720页。

④ 唐鉴：《翼道学案·宁化雷先生》，载氏著《国朝学案小识》，商务印书馆，1995，第66~68页。

⑤ 高令印、陈其芳：《福建朱子学》，福建人民出版社，1986，第458页；李帆：《清代理学史》中卷，广东教育出版社，2007，第77页。

重点阐述了雷鋐学术思想的理学背景及其“正学”观，希望弥补雷鋐儒学思想研究中的不足。

一　生平及思想背景

雷鋐出生于康熙时期福建汀州府宁化县一个普通的耕读之家，自曾祖父以下三代皆为诸生，且隐居未仕。从雷鋐的同年任启运所撰的《雷公慎庵墓表》中可知雷鋐的祖父雷世的学识和人格对他的影响较大。雷世，字卫天，号慎庵，“生有大志，好读书，凡天文、地利、兵阵、律数，以及百家、技术家言，靡不究悉；然一以孔孟程朱为归”。且雷世气节高尚，与奸佞划清界限，曾严词拒绝为清廷叛军耿精忠效力的劝说。后因家道中落，终其一生仅为乡里一塾师，然“训诸弟子以邪正义利辨日严”。[①] 雷鋐后来回忆说他早年曾翻阅祖父留下的“手泽”（即读书笔记），以“读书养气，务学立品”。[②] 雷鋐致仕后，为报答祖父的培育之恩，雷鋐将其翰林院庶常的封诰呈请朝廷移赠给祖父母。[③] 雷鋐的父亲雷鸣高，号惕庐，县诸生。方苞曾称雷父“气肃而容安，语无枝叶”[④]，可见也是一位有教养且威严的父亲。雷父对雷鋐期待很高，所以要求也特别严厉，甚至千里迢迢赴京城，只为考察儿子的“守官之志行”及学识长进程度。[⑤] 除了祖、父两辈的影响，一个年长的族兄对他影响也不小。他的族兄是雷定国，字用见，自小喜欢读书，推阐义理，“酷嗜宋儒书，辑解《正蒙》，采众说而折衷之”。雷鋐自叙他从十二三岁起，即与族兄交换文章，相互质辨，有时候甚至是“一灯荧荧，每讲析至鸡鸣始就寝”。[⑥] 可见，族兄是他在接受书

---

① 任启运：《驰赠文林郎翰林院庶常雷公慎庵墓表》，载《乾隆汀州府志》卷四十三《艺文墓表》，清同治六年（1867）刊本，第 59 页上。

② 雷鋐：《读书偶记》，载《景印文渊阁四库全书》第 725 册，台湾商务印书馆，1986，第 688 页。

③ 任启运：《驰赠文林郎翰林院庶常雷公慎庵墓表》，载《乾隆汀州府志》卷四十三《艺文墓表》，第 59 页下。

④ 方苞：《方苞集》（上），刘季高点校，上海古籍出版社，1983，第 199 页。

⑤ 方苞：《方苞集》（上），第 199 页。

⑥ 雷鋐：《族兄用见遗文序》，载《经笥堂文钞》，嘉庆十六年（1811）广州刻本，宁化伊氏秋水园藏版，民国二十五年（1936）雷寿彭铅印本，第 44 页下。

院教育之前的师友。因此，在家庭教育的影响下，雷鋐自小务学立品，读书养气，究心性理，初具理学根基。

康熙五十六年（1717），雷鋐奉父命，入学福州鳌峰书院，从朱子学家蔡世远受学，这是他走向程朱理学研究的关键阶段。他自述：“鋐丁酉负笈从游，耳目为俗学久涂塞，见鳌峰学约，惕然有警，读《二希堂文集》，旷若发蒙，勃勃然，不甘自堕。”[①] 他与蔡师仅相处半个月，老师便因母亲生病返乡，其间他们以书信问答的形式交流。但在鳌峰书院，他的读书范围逐步扩大，“继得汤潜菴、陆稼书二先生文集，读之日有警觉；手抄《性理精义》中总论为学之方，立志、存养、省察、致知、力行数册，始知用力途径”。[②]

康熙五十九年（1720），雷鋐从家乡出发，徒步数百里，到漳浦访蔡师，“侍侧十日”[③]，以求真传。雍正元年（1723），蔡师入京，雷鋐亦随后入京，“嗣是在都，追随数载”。[④] 蔡世远是闽学继承人，雷鋐后来为他梳理出一条师承路线，雷鋐说：“当日朱子及门半属闽产，若蔡西山父子、黄勉斋、陈北溪诸公，实为之最迄乎！前明剩夫先生继起，安贫乐道，其所著书，无非示人以朱学之梯航。吾师漳浦蔡文勤公，由剩夫北溪而步趋朱子者也。”[⑤] 蔡世远以程朱理学的经义贯穿德行、事功、文章三者，这种治学路径对雷鋐的影响极大，《鳌峰书院志》记蔡世远曾“教雷副宪鋐曰：‘精义集义，交勖不息。’”[⑥] 雷鋐后来也强调：“吾师文勤公之于鋐，固鋐所当事之如一者也。”[⑦] 顺着蔡世远的治学路线，潜移默化，雷鋐走上了程朱理学的道路。

---

① 雷鋐：《二希堂文集跋》，见蔡世远《二希堂文集》卷十一，载《景印文渊阁四库全书·集部》第1325册，第816页。

② 《鳌峰书院志校注（两种）》，许维勤点校注释，海风出版社，2014，第170页。

③ 雷鋐：《二希堂文集跋》，见蔡世远《二希堂文集》卷十一，载《景印文渊阁四库全书·集部》第1325册，第816页。

④ 雷鋐：《二希堂文集跋》，见蔡世远《二希堂文集》卷十一，载《景印文渊阁四库全书·集部》第1325册，第816页。

⑤ 雷鋐：《漳平县朱子祠记》，载《经笥堂文钞》，第50页上。

⑥ 《鳌峰书院志校注（两种）》，第34页。

⑦ 雷鋐：《二希堂文集跋》，见蔡世远《二希堂文集》卷十一，载《景印文渊阁四库全书·集部》第1325册，第816页。

自雍正元年直至乾隆十五年（1750），雷鋐在京期间，屡得蔡世远引荐，结识在京诸学者公卿，其中就包括著名理学者李光地（1642~1718，号厚庵，别号榕村）、张伯行（1651~1725，号恕斋）、朱轼（1665~1737，号可亭）、方苞（1668~1749，晚号望溪）、沈近思（1671~1727，号闇斋）、孙嘉淦（1683~1753，号静轩）等。此诸公理学造诣精深，且渊源有自，先后蒙皇帝特擢，"寿考作人，成一时之盛"①，雷鋐承学于此诸公，受益匪浅。

癸卯年（1723）雷鋐公车入京，即拜谒鳌峰书院创建人张伯行，向其汇报鳌峰书院的近况。雷鋐在他的《闻见偶录》中记下了张伯行给他的深刻教诲："公闻鳌峰书院有志正学人，喜动颜色，引掖不倦，授余以《居业录》、《斯文正宗》、《道南原委》、《续近思录》、《广近思录》等书，曰：'明儒薛（瑄）、胡（居仁）二先生最纯正，初学尤宜从《居业录》入手。'又云：'余老矣，倦酬应，与人论学则精力不衰，子无事可常来。'"②观察雷鋐后来的正学观，可见张公的面授指点对他的影响颇巨。

雷鋐与方苞则有直接的受学关系。但起初蔡世远推荐雷鋐给方苞时，方苞仅答应"以侪辈之称者"，三年之后才同意雷鋐执弟子礼。③ 后人记载：方苞对雷鋐十分赞赏，"于世士鲜当意者，独心契公，以第一流人相期许"。④ 这应是方苞经过长期考察以后得出的结论。雷鋐十分敬重老师在礼教方面的学问。《经笥堂文钞》保存了两封雷鋐致方苞的信，一是请求方苞为其族人写一篇墓表，"上以发潜德之光，下以教雷氏子孙于无穷"⑤，一是讨论妇女改嫁问题⑥，俨然都是关于礼教方面的问题。方苞去世，出殡之日，雷鋐赶到方府，"哭于殡宫"，并将老师的"立身本末"加以整理，写成一篇《方望溪先生行状》，以悼念师恩。⑦

雷鋐与沈近思也有较深的问学机缘，他在《沈端恪公文集序》中写道："公在朝与吾师蔡文勤公投契最深，间以事至海淀，则宿文勤公所。

① 《清史稿》卷二百九十《列传七十七·雷鋐传》第34册，第10282页。

② 《鳌峰书院志校注（两种）》，第171页。

③ 方苞：《方苞集》（上），第199页。

④ 朱仕琇：《经笥堂文钞原序》，载雷鋐《经笥堂文钞》，第1页下。

⑤ 雷鋐：《上方望溪先生书》，载氏著《经笥堂文钞》，第3页上。

⑥ 雷鋐：《上方望溪先生书》，载氏著《经笥堂文钞》，第3页下。

⑦ 雷鋐：《方望溪先生行状》，载氏著《经笥堂文钞》，第99页下。

鋐因得厕座隅。聆绪论，或联床讲析过夜分。窃幸所得于公者实多。公性静默不妄言笑，至其辨学术阳儒阴释之歧途，世道人心，义利公私，忠奸贤佞之分界，则如决百川而东注，洋洋洒洒而不能自止。”① 两人不仅在具体问题上有交流，而且沈公所指示的读书方法对雷鋐有直接的影响，雷鋐在《读书偶记》中屡屡记下沈公的教诲，如“读书最怕肤浅”“研求义理却不可穿凿”“读书至熟后自有天然通贯处”等条。② 在沈公的指导下，雷鋐研习了《洪范》《春秋》《诗经》《太极图说》《西铭》等理学家极为重视的经典。

“理学名儒”李光地是雷鋐的前辈祖师，其《易》学思想对雷鋐影响较大。在“五经”中，雷鋐研读最多的是《易经》，多本于李光地的阐释。《四库全书总目提要》评论雷鋐的《读书偶记》说：“书中论《易》几及其半，大致多本李光地，其论礼则多本方苞。一则其乡前辈，一则其受业师也。”③ 实际上，从《读书偶记》的许多条目中，可以看出雷鋐私淑李光地，深入研习他的著作，如《周易折中》《周易观象》等，而得其学之宗旨。

乾隆十五年（1750），雷鋐被授以官职，先后督浙江、江苏学政。他曾表示出一种责任感，他说：“吾侪幸际文治光昭之世，优游胶庠，顾乃阘冗偷安，小得自炫乎？使者视学两浙，有董率之责。”④ 乾隆十八年（1753），升为左副都御史，仍兼浙江学政。他在两地府郡为官六年，对于浙江、江苏、福建等地的崇朱学者，均一一造访请教。他屡次造访福建连城张鹏翼而不获；造访浙江山阴蕺山学派创始人刘宗周的后人，得《蕺山遗集》而刊行；为湖理学名儒陆陇其刊行《陆清献年谱》，作为讲学的材料；拜谒桐乡张履祥之墓，题“理学真儒杨园张先生之墓”，二序其文集，并撰传文一篇。他不遗余力地在浙江阐明理学和教化，化民成俗，肃清积弊，“浙人谓不动声色而弊绝风清，百年来所仅见”。⑤ 百年后浙江进士陈康祺在其笔记中指出雷鋐以“表彰正学”为己任，引入闽学，醇化了浙江

① 雷鋐：《沈端恪公文集序》，载氏著《经笥堂文钞》，第 38 页下~39 页上。
② 雷鋐：《读书偶记》，载《景印文渊阁四库全书》第 725 册，第 662~664 页。
③ 《读书偶记·提要》，载《景印文渊阁四库全书》第 725 册，第 661 页。
④ 雷鋐：《张杨园先生全集序》，载氏著《经笥堂文钞》，第 29 页上。
⑤ 阴承方：《都察院左副都御史雷公行状》，载雷鋐《经笥堂文钞》，第 3 页上。

儒学，他说："盖自张清恪抚闽，创鳌峰书院，以正学训士，蔡文勤公实主讲席，公少肄业而有得焉，故于吾浙诸儒学术之醇，独能见之真而言之切也。"①

可见雷鋐的学问，得其师蔡世远指引，登朱子学之殿堂，又承学于张伯行、李光地、方苞、沈近思等一批康雍时期理学名师，由此奠定了他终生崇尚、阐明程朱理学的学术取向。雷鋐著有《读书偶记》三卷，为其读五经之札记，纪昀主编《四库全书》采入儒家部；《经笥堂集》三十五卷，同县后学伊秉绶选刻百篇，为《文钞》二卷，所收多为读书札记、序跋、碑记、讲读等；其他还有《自耻录》《闻见偶录》《校士偶存》等若干卷。其文字贯穿着他一贯强调的"践履笃实""居敬穷理"的精神，建宁后学朱仕琇论雷鋐曰："公生平出处按之，固已无一不合于道，及其所为文章，则皆本其躬行所得者。"② 这确实是知者之言。

二 立足程朱，批判陆王

清初以来，学术界对王学弊病的反思和批判日趋激烈，认为王学应对明朝的覆亡负主要的历史责任，并从多角度对陆王之学进行了彻底清算。雷鋐虽有门户之见，但他并不全盘否定陆王之学，而采取有学术理据的批评态度。这一点使他获得了《四库全书》主编的赞赏。《四库全书总目提要》指出，相对于其他批评者，雷鋐对于王学的态度算是公允的，其《读书偶记》一书"大旨惟以朱子为宗，然能不争竞门户，如卷一中一条云：'古人心最平，如孟子谓夷惠隘与不恭，君子不由。'而又谓其为百世之师是也。后世如陆子静、王阳明、陈白沙，论学术者必辨之，谓其非孔、孟、程、朱之正派也。然其砥节砺行，以之针砭卑鄙俗夫，不亦百世之师耶。其持论特平，较诸讲学之家颇为笃实无客气"。③

---

① 陈康祺：《郎潜纪闻初笔、二笔、三笔》下册，载《清代史料笔记丛刊》，中华书局，1997，第686页。

② 朱仕琇：《经笥堂文钞原序》，载雷鋐《经笥堂文钞》，第1页下。

③ 《读书偶记·提要》，见雷鋐《读书偶记》，载《景印文渊阁四库全书》第725册，第661页。

雷鋐认为明中后期的王学是矫枉过正、偏离圣学的结果，他在为蔡清（1453~1508，号虚斋，明晋江人）文集写序言时说：“有明开基，尊朱子以定一宗，纲纪聿修，风教懋著。家无异学，士鲜歧趋。百年之间，真儒递出。厥后，习尚颓败，正气消磨。挟策吟哦者，驰骛词章；学专训诂者，拘泥章句。姚江王氏起而矫之，倡为心学，以号召后进，不返求朱子之正宗，而诋为朱子之流弊，声势气焰，耸动一时，遂至凭臆见作聪明，跌荡绳墨，滔滔如狂澜，不可复挽。”①

但雷鋐辨析学术源流极审慎，务求以实际材料说明朱王之别。他作《象山禅学考》和《阳明禅学考》两篇专文，就是从陆、王自己的文字中，寻出他们走入禅学的依据。在《象山禅学考》中，他指出陆九渊在修身砥行上“不失为豪杰之士”，在教人读书、穷理方面，如指出“已知者力行以终之，未知者学问思辨以求之”，与朱子教人治学方法也无差异，问题在于他对于“心即理”学说的自负上。“盖象山所自得在心即理，……夫心即理，不必有人心、道心之分。达摩所谓直指人心，见性成佛也。惟其然，遂信心自是凭臆武断，无所顾忌。”② 这是说在“心即理”这个命题上，陆九渊的思想方法与禅学“直指人心，见性成佛”无异，以为一切知觉活动及认识，不论邪正，都合乎理，这使其学说最终走向了凭臆武断。雷鋐还在《读书偶记》中指出，陆九渊通过讲学阐发义理的方法并非孔子的言传身教的方法，实质上只是佛教传宗的方法，“若象山则以为自有单传心印，正是孔子之真血脉，其病源尤在心即理上来”。③

在《阳明禅学考》中，雷鋐指出王阳明的“学问思辨，便是行”“良知之外更无知，致知之外更无学”等命题，比陆九渊走得更远，“考阳明之书，凡象山之合乎圣学者，则尽反之，象山之近乎禅学者，则力张之”。④ 王阳明学说一方面继承了陆九渊心学的方向，另一方面也大量吸收了佛教思想。⑤ 这在雷鋐看来，王学因此而误入歧途，并对学术和政治造

---

① 雷鋐：《蔡虚斋先生文集序》，载氏著《经笥堂文钞》，第 21 页下。

② 雷鋐：《象山禅学考》，载徐世昌编纂《清儒学案》第四册，第 1722 页。

③ 雷鋐：《读书偶记》，载《景印文渊阁四库全书》第 725 册，第 678 页。

④ 雷鋐：《阳明禅学考》，载徐世昌编纂《清儒学案》第四册，第 1723 页。

⑤ 陈来：《宋明理学》（第 2 版），华东师范大学出版社，2004，第 200 页。

成了极坏的影响，他说：“呜呜！指心即理，欲人反求诸心，宜无不可。锢于气禀，蔽于私见，必且师心自用，认欲为理，其祸至不可究极。”因此，在陆、王学说对后世的影响上，雷鋐提出了一个很独特的说法：“象山如荀况，阳明似李斯。”①

对程朱、陆王在许多具体问题上的争论，雷鋐也是极力站在朱子学的立场上进行辩护。在“鹅湖之会”上，陆九渊视自己“心即理”的主张为易简久大功夫，把朱熹的“格物致知”说成支离事业。雷鋐在回顾这次争论时指出：“当朱子时，象山疑其支离，不知舍此而求易简，则凌虚架空之弊。作永康疑其迂阔，不知外此而谈王霸，则权谋功利之计生。”② 在朱、陆的晚年，他们还因周敦颐学说中的“无极”“太极”问题发生争论。雷鋐借读书笔记说：“顾小厓前辈云：阴阳气也。若阴阳即道，非不贰矣，象山与朱子，辨无极、辨阴阳，滔滔汩汩，动以千言，俱是强辨。信《通书》，而不信《太极图说》，可谓钝矣。按此言令象山亦当心折。”③

王阳明年轻时候曾在朱熹的影响下尝试做格物穷理的功夫，但自“龙场悟道”以后，他提出了“心即是理”和“心外无理”的思想，反对朱熹的格物穷理说。雷鋐则认为王阳明的失败是因为他未能理解朱子的格物的程序，他说：“朱子于《大学或问·格物章》先言心之体用，次身之所具，次身之所接，然后及于天地鬼神，幽明上下，所谓一尘之微，一息之顷，推类而极言之耳。王姚江格亭前竹子七日成病，其未深读朱子之书可知。今人犹有病朱子格物之说者，盍取《或问》一书切体之。”④ 对于“心外无物”说，他认为是王阳明不能把握朱子的思想精髓，他说：“理之在心与物，直是彻内彻外，故曰显微无间。程子才明彼即晓此之语，亦不得已下彼此二字耳。其实绝无彼此之隔。思至此，不觉手舞足蹈，姚江诋朱子论格物为求理于外物者，真面墙之见也。”⑤

陈白沙亦是早年尊崇朱学，读书穷理，但终觉无所收益，于是舍去书

① 雷鋐：《阳明禅学考》，载徐世昌编纂《清儒学案》第四册，第1723页。
② 雷鋐：《真西山先生读书记序》，载氏著《经笥堂文钞》，第18页下。
③ 雷鋐：《读书偶记》，载《景印文渊阁四库全书》第725册，第704页。
④ 雷鋐：《读书偶记》，载《景印文渊阁四库全书》第725册，第690页。
⑤ 雷鋐：《读书偶记》，载《景印文渊阁四库全书》第725册，第705页。

册，专意静坐，主张“为学当求诸心”，渐为明代王学的发端。[①] 雷鋐摘录了陈白沙的和杨龟山《此日不再得》诗后，评论说：“此等语与薛、胡无异，然其他所论学以自然为宗，不免过高之弊，不如薛、胡之平实谨守下学上达之序也。”陈白沙与胡居仁同属吴与弼门下，胡居仁能继承师学，走“平实切要”的下学上达路线，因此雷鋐视之为程朱脉络中的正学；陈白沙转向彻底的反求内心的路线，成为明代心学派的先驱。雷鋐认为陈白沙的路线是学者治学方法上的一个教训，他说：“白沙初年日靠书册，不免失之泛骛。卒乃尽举而空之，专心静坐，又失之虚寂，皆不可为训也。”[②]

雷鋐对于陆王一派的批评，反映了他的学术思想具有笃守程朱的坚定立场，并严辨思想之正统与异端的治学取向。其后学阴承方指出，雷鋐“平日读书穷理，研精覃思，识见周彻，洞悉自古圣贤君子学术纯疵，一以程朱为宗，而凡流于异端，似是之非者，不能惑也”。[③] 则《清儒学案》评雷鋐是“醇儒”，良有以也。

三 “集思与多士振兴正学”

儒家自孟子以后即有道统说，唐韩愈重申其绪，宋儒皆沿其说，并加以新因素，以后朱子门人更完善之，皆视自孔孟而周敦颐而二程子以至朱子之一系列，乃为正统之学脉。[④] 雷鋐对朱子乃儒家集大成者的道统说坚信不疑，他说：“朱子之道，与孔孟同揆；朱子之功，与河岳并永。”[⑤] 这句话显然是接受了朱子的传人黄榦的说法，亦即，朱子所扮演的角色与孟子相同，使道再传并彰显于世。

在《竹山精舍记》中，雷鋐详述了朱子学承续孔孟绝学的正统血脉。他说：“自汉唐来，学术纷拏，赖濂洛数大贤开其蓓而辟其途，然后道学

① 侯外庐、邱汉生等主编《宋明理学史》（下），人民出版社，1987，第 6 页。又见陈来《宋明理学》（第 2 版），第 193 页。

② 雷鋐：《读书偶记》，载《景印文渊阁四库全书》第 725 册，第 693 页。

③ 阴承方：《都察院左副都御史雷公行状》，载雷鋐《经笥堂文钞》卷首，第 4 页上。

④ 参见陈荣捷《朱熹》，生活·读书·新知三联书店，2012，第 215~217 页；陈荣捷《朱学论集》，台湾学生书局，1982，第 13~18 页。

⑤ 雷鋐：《漳平县朱子祠记》，载氏著《经笥堂文钞》，第 49 页下。

之统绝而复续。至子朱子，辨之精，行之勇，守之严，其功比于孟子之崇王斥霸、辨杨墨，发明性善养气，殆所谓先后一揆者矣。其驳同甫（陈亮）三代汉唐之论，所以破功利也。指象山为明心见性之归，所以防异端也。若夫明诚两进，敬义交立，此则复性之要道，养浩然之气之全功也。"[①] 雷铉把朱熹辨正道与异端的故事，说成孟子拒杨、墨传统的继承，力挺朱子的学术贡献。这段文字后半部分还叙述了朱子对于道统授受的哲学性发展之绪，诸如明诚、敬义、复性、养气等，经北宋伊洛程门，到朱子那里集为"全功"。

在《朱子圣学考略节要序》一文中，雷铉又指出朱子学的精髓，他说："朱子之尊德性，道问学，敬义夹持，下学上达，所以为万世儒宗者，其秘旨奥蕴，胥在是矣。"[②] 至于如何学习朱子，他在《漳平县朱子祠记》中引述了其师蔡世远的话，亦即："不外居敬以立其本，穷理以致其知，返躬以践其实而已矣。"他认为学者治朱子学须从这三个方面着手，才能称作朱子学者，"人苟不自甘流俗，奋然以圣贤为必可学，而至实用力于此三言焉，如履康庄大道，以登堂而入室，自不为歧途、曲径所眩惑"。[③]

雷铉出任两浙学政以后，花费了很大的精力去调查浙江、江苏、江西、福建等地朱子之后的学者，对访求到的文集尽力倡议重刻，并自撰序言，对南宋以来的朱子学发展做了进一步说明。他说："余奉简命视学江左，集思与多士振兴正学。每靳毋安卑近，汩没于帖括词章之习。而高明之士，又虑其误入于阳儒阴释之途。有能潜业斯编，以反求诸身心，如浮海之得津筏，庶不至茫无畔岸也已。"[④] 数年间，雷铉先后为真德秀、蔡清、胡居仁、林希元、黄道周、刘宗周、张履祥、陆陇其、朱轼、张伯行、沈近思、朱梅崖、朱泽沄等朱子儒者的十余个重刊文集撰写序言，总结各位儒者的治学特点及其对朱子学发展的贡献。由此，他建构了一个"正学"谱系。

对宋代朱子之后的继承人，雷铉认为朱熹的亲传弟子黄榦和私淑弟子

---

① 雷铉：《竹山精舍记》，载氏著《经笥堂文钞》，第 58 页上。

② 雷铉：《朱子圣学考略节要序》，载氏著《经笥堂文钞》，第 17 页下。

③ 雷铉：《漳平县朱子祠记》，载氏著《经笥堂文钞》，第 50 页上。

④ 雷铉：《朱子圣学考略节要序》，载氏著《经笥堂文钞》，第 18 页上。

真德秀可为正统。他对黄榦之学没有专门的叙述，仅在《读书偶记》中对其治朱子学的方法赞赏说：“黄勉斋语何基曰：‘为学必有真实心地，刻苦功夫。’基悚然，服以终身。吾辈勉旃。”[①] 他对真德秀的朱子学研究评价甚高，他说：“朱子之学，私淑而得其宗旨者，西山真先生也。”在他看来，真德秀的《大学衍义》和《读书记》二书颇得朱子的真传，尤其是《读书记》对于“格物致知”的阐释，最能够代表朱子学的宗旨，“是书纲领条贯无所不备，学古议事，择精语详，不致径约而入于寡陋，亦不至泛滥而失其统纪。故曰‘是盖格物致知之谱也’”。[②]

明前期是朱子学占统治地位的时期，这一时期理学的主要代表为薛瑄（1389~1464，号敬轩，谥文清）和胡居仁（1434~1484，号敬斋）。雷鋐力言二人为程朱正统，说：“自孔、孟至程、朱，逮明之薛、胡一脉相传，如世系之有大宗小宗，其他旁门异趋，分之为庶孽，假之为螟蛉而已矣。”[③] 在为胡居仁文集作序时，他又特意指出：“敬斋胡先生以一布衣为有明一代纯儒，与薛文清公并称。……盖文清公似明道，敬斋先生似伊川，朱子谓学者必先学伊川，即此意也。”[④] 他将明初两位醇儒的地位与北宋程氏兄弟并列，意在指出明代儒学也有很好的接引，发展顺利。

但明中后期的学术趋于堕落，如上文所叙，雷鋐认为根源在于陈白沙、王阳明的学术之误，他在《读书偶记》中又说：“白沙、阳明之流弊，猖狂而不可收拾，学术之不可不慎也如此。”[⑤] 同时他又认为，幸好那时朱子学的发展，端赖于闽学的支撑，才使圣学不至于彻底断裂，他说：“当是时，正学不绝如线。而深山穷谷之士，熏染未深，犹知有朱子之学，实赖虚斋先生《易》、《四书蒙引》，流播传诵。其辨析之精，扞卫之严，阳儒阴释之说，自不得以汨之。”[⑥] 他认为明中期蔡清（虚斋）对姚江之学的反抗及对朱子学的传承贡献甚大，“先生躬行实践，立朝莅官，持身居家，

---

① 雷鋐：《读书偶记》，载《景印文渊阁四库全书》第725册，第662页。

② 雷鋐：《真西山先生读书记序》，载氏著《经笥堂文钞》，第19页上。

③ 雷鋐：《陆子年谱序》，载氏著《经笥堂文钞》，第31页下。

④ 雷鋐：《胡敬斋先生文集居业录合刻序》，载氏著《经笥堂文钞》，第22页下。

⑤ 雷鋐：《读书偶记》，载《景印文渊阁四库全书》第725册，第698页。

⑥ 雷鋐：《蔡虚斋先生文集序》，载氏著《经笥堂文钞》，第21页下。

一言一行，悉显示后人以入圣之阶梯乎！”[①] 而蔡清之后，还有林希元（1482~1567，号次崖）、陈琛（1477~1545，号紫峰）等闽派朱子学者，“以阳明之学盛行江右为忧”，所以他们“剖析格物致知之义，使姚江见之，亦必俛首而自悔”。[②]

至清初，程朱理学被重新确立为官方统治思想，但儒者于儒学体系创新上乏善可陈，如钱穆指出：清儒理学既无主峰可指，亦无大脉络大条理可寻。[③] 但不可否认，清初仍有一批品格高尚，强调道德践履的学者，专以程朱为其宗旨而闻名，如张履祥（1611~1674，号杨园）、陆世仪（1611~1672，晚号桴亭）、陆陇其（1630~1692，字稼书，浙江平湖人）、王懋竑（1668~1741，号白田）等。在清初众儒中仅张履祥、陆陇其二儒被雷鋐视为“正学”之宗，雷鋐认为：“明季学术庞杂，时粹然一出于正，陆平湖之学与之若合符节。”[④] 他又极为服膺张履祥的思想与人品，先后撰写了《张杨园先生全集序》《重锓张杨园先生全集序》，并于其百年后再作《张杨园先生传》一篇，以表彰其学之纯粹，人品之高尚。他说：“向见陆清献公《卫滨日钞》，极推杨园张先生。继见宝应朱止泉《遗集》，论学术杨园为最醇，顾先生著述《蜀山草堂》，初锓版毁于火，所流传者，《初学备忘录》、《训子语》二册。窃谓学者得此，已足为入门之阶梯矣。然而先生明体达用之全量未之见也。都门于同年傅谨斋处，获览海宁祝孝廉人斋所编辑，乃益信先生在前明为薛胡之后劲，在我朝为清献之前矛。盖先生少嗜姚江，中师蕺山，卒归于洛闽，其为学切实，为己庸言庸行，慥慥不息而欿然。不以师道自居，间论史及时务，皆关系社稷苍生之计，而退然不为出位之谋。”[⑤]

如果说张履祥是“终老布衣”的民间正学之宗，那么，陆陇其则是得到圣上嘉奖的正学高儒，雷鋐指出：“我朝治教休明，名儒辈出，而从祀文庙，惟平湖陆子一人。盖醇乎下学之功，卓乎正学之的者也。”[⑥] 尽管朝

---

① 雷鋐：《蔡虚斋先生文集序》，载氏著《经笥堂文钞》，第22页上。

② 雷鋐：《林次崖先生文集序》，载氏著《经笥堂文钞》，第23页下。

③ 钱穆：《〈清儒学案〉序》，载氏著《中国学术思想史论丛》，安徽教育出版社，2004，第362页。

④ 雷鋐：《读书偶记》，载《景印文渊阁四库全书》第725册，第707页。

⑤ 雷鋐：《张杨园先生全集序》，载氏著《经笥堂文钞》，第28页下。

⑥ 雷鋐：《陆子年谱序》，载氏著《经笥堂文钞》，第31页下。

廷表彰如此之高，在雷鋐看来，陆陇其曾私淑张履祥为师，在正学谱系上是实实在在靠后的，他说：“论曰杨园先生接薛、胡之学脉，契濂、洛之心传，实先陆清献公，而真知所允蹈者也。然陆公未获与先生相往复，先生殁，乃见其所著《备忘录》等编而心折焉！”① 陆陇其能够得到雷鋐服膺的学术动因，其一在于陆子能“知行并进”，从朱子学中，“能真知实践者也”；其二是雷鋐认为陆子之书是近儒通往前圣之学的桥梁，“由此而上溯《近思录》、濂、洛、关、闽之正派，无复有掘泥而扬波者矣”。②

可见，雷鋐“正学”谱系的建立，传达出他自认对朱子之学、孔孟圣学有一种正确进入的方法，“由杨园而薛、胡而洛、闽而邹、鲁，其进曷可量哉！”③ 故他屡屡教育诸生，应按照这个顺序治学，“故粹然一出于正世之学者，无志于正学则已，苟有志，其奉是为指南，庶不至适越而北韩也夫！”④ 对于诸生来说，雷鋐希望这个正学谱系能够成为他们读书路途上的一个指引，如他强调，“无非示人以朱学之梯航”，“以便读者之寻求，自道体性命之精蕴，学问切近之实功，异端之歧途，圣贤之造诣，莫不瞭然分明”。⑤ 他还倡议当下理学家们共同“振兴正学”，走“居敬穷理”的路径，发展正统的程朱理学。雷鋐的这种思想或可视为后来唐鉴编著《国朝学案小识》，建构程朱理学学术谱系、争夺正统论述权的先声。

本文原载于《孔子研究》2015 年第 3 期，原名
《清儒雷鋐的理学背景及正学观述略》

① 雷鋐：《张杨园先生传》，载氏著《经笥堂文钞》，第 83 页上。
② 雷鋐：《陆子遗书序》，载氏著《经笥堂文钞》，第 33 页下。
③ 雷鋐：《重锓张杨园先生全集序》，载氏著《经笥堂文钞》，第 29 页下。
④ 雷鋐：《困学录序》，载氏著《经笥堂文钞》，第 34 页上。
⑤ 雷鋐：《陆子遗书序》，载氏著《经笥堂文钞》，第 32 页下。

孟超然《孟氏八录》的修身立命之学

陈友良

孟超然（1731~1797），字朝举，号瓶庵。先世山东金乡人，后祖父官浙东，始迁入闽中，即闽县（今福州）。乾隆二十四年（1759）乡试第一，次年（1760）成进士，并获选翰林院庶吉士。孟超然在清中叶闽学史上的地位，与清初以来的李光地、雷鋐是一脉相承的，对于福建儒学的传承贡献极大。孟超然离世二十年后，得圣旨入祀乡贤，其著作亦由门生陈寿祺、冯缙辑略，名《亦园亭全集》，于清仁宗嘉庆二十年（1815）刊刻。“亦园亭”是孟超然读书静坐、惩忿窒欲的斋室。《亦园亭全集》包括十二种著作，分别是《丧礼辑略》、《瓜棚避暑录》、《诚是录》、《焚香录》、《求复录》、《晚闻录》、《广爱录》、《家诫录》、《瓶庵居士诗钞》、《瓶庵居士文钞》、《使粤日记》和《使蜀日记》。其中前八种亦被称为《孟氏八录》，有嘉庆乙亥版，福建师范大学图书馆藏。就文字内容而言，《亦园亭全集》主要包括四个部分，其一是丧礼学说，其二是修身立命之说，其三是家诫、日记、见闻等杂录，其四是诗词。本文立论的文献以《亦园亭全集》中的《孟氏八录》为主，即《瓜棚避暑录》《焚香录》《求复录》《晚闻录》《诚是录》等，这些是孟超然阐述修身立命之学的著作，是其儒学思想的核心。

一　生平学行

孟超然的家庭世守儒业，自其祖父孟传德（1670~1714）始，笃行力学，读书酬志，科举兴家。祖父安贫乐道、勤奋治学以及待人接物以仁爱之心的作风给少年时期的孟超然留下较深的印象，他写道："先太父坐卧一小楼，日吟诵不辍，益刻苦为文章。……务为根柢之学。……慈心及物，持杀戒者终其身，性好书，节缩衣食，辄购书多至数千卷，书法师赵、吴，性喜抄书，几所读者必手录之，如《六经》、《左氏传》、《司马公通鉴》、秦汉唐宋元明古文无不抄者，或以为烦，曰吾手录则不忘也。"①对于祖父抄录古文的做法，孟超然完全承袭下来了，后来编撰的《孟氏八录》或与此有关。

孟超然的父亲孟宸簧（1700～1774）亦是"雅善文士"，以耕读治家，"遇子孙论文讲学则欣然，喜好读《左传》、《国语》书，兼通医理，少更多难及考功贵，衣食不改其素"。② 后因家庭穷困，孟父才不得已放弃课业，为家庭生计而奔波，但他仍严格要求子女读书，对孟超然的管教尤严，"公亦以贫罢试而教考功特严"。③ 可见，孟超然自小生长在一个清贫、朴素且重道的家庭，如他赋诗自述："髫乱趋过庭，诵诗训励志。长喟述祖德，勿以儒为戏。我祖勤菑畲，生平远荣利。传家只青毡，缓急慎勿弃。匪缗曷有鱼，不琢焉成器。"④ 清贫朴素奠定了他日后为人、治学、做官的基础。

孟超然自幼谨遵祖训，矢志励学，"少时篝灯读书，姊作女红，余每三鼓始休"⑤，家族人颇寄予厚望，盼望他读书"能酬汝祖父志"⑥，即通过科举考试获得晋升，并光宗耀祖。十岁时他参加预试，十二岁从师，十

---

① 孟超然：《瓶庵居士文钞》卷二《先太父奉直公先太母高太宜人遗事状上何少宰》，载《亦园亭全集》第十八册，嘉庆二十年（1815）福州陈寿祺等校刊本，第17～18页。按，本文所指《亦园亭全集》册数，共二十册，以福建师范大学图书馆藏本为准。

② 朱仕琇：《皇清诰封奉直大夫兵部武选司主事晋封超议大夫提督四川学政吏部考功司郎中兼翰林院编修赓亭孟公墓志铭》，载氏著《梅崖居士文集》卷七，第130页。据哈佛燕京图书馆中文善本特藏-集部6：https：//ctext.org/zh。

③ 朱仕琇：《皇清诰封奉直大夫兵部武选司主事晋封超议大夫提督四川学政吏部考功司郎中兼翰林院编修赓亭孟公墓志铭》，载氏著《梅崖居士文集》卷七，第129页。

④ 孟超然：《述怀诗》，载氏著《亦园亭全集》第十八册《瓶庵居士诗钞》卷一，第3页下。

⑤ 孟超然：《使蜀日记》卷一，载氏著《亦园亭全集》第十一册，第6页上。

⑥ 孟超然：《瓶庵居士文钞》卷二《先太父奉直公先太母高太宜人遗事状上何少宰》，载氏著《亦园亭全集》第十八册，第18页。

七岁补闽县诸生，十八岁入读鳌峰书院。乾隆十八年（1753），选拔贡生，超然即入太学。后参加乡试，中副举人。乾隆二十四年（1759）乡试第一，次年成进士，并获选翰林院庶吉士。散馆，授兵部武选司主事，后调任吏部考功司郎中。乾隆三十年（1765）后，先后出任广西乡试副考官、顺天乡试同考官，及提督四川学政等。孟超然视学四川，“廉正不苛，遇士有礼”[①]，又以蜀民父子兄弟析产分家且异居者众，曾作《厚俗论》以矫正之。后来蜀民为之立“德政”“去思”二碑，以为纪念。

孟超然性格纯笃，淡泊明志，《清史稿》谓：“超然性静，家居杜门却扫。”[②] 乾隆三十七年（1772），四十二岁的孟超然仕途正顺之时，却以“亲老”为由，辞官归故里，专侍双亲，后不再出仕。唐鉴曾指出孟超然“五十以后日求寡过，以进于道”。[③] 这是实情，孟超然自己也曾说：“杜门却帚，至闲无事矣，栽花倚竹，酌酒烹茶，可谓享清福矣。悠悠忽忽，如此度日可乎？须以圣贤之言，默证此心，而时时省察于应事接物之际，否则杜门直是闲废人也。”[④] 他原是为了追寻圣人之学，不惜闭门谢客，不预人事，潜心读书，反躬自省。

时任福建巡抚徐嗣曾慕名而来，三番五次邀请孟超然掌教鳌峰书院。乾隆五十二年（1787）至五十九年（1794），孟超然应邀主持鳌峰书院达七年之久，不辱使命，继承先辈张伯行、蔡世远、林枝春等人的办学精神，倡明正学，“解弃一切束缚，励以诚，人人自奋于学，才俊辈作”[⑤]，为福建乡里培养了诸多才俊，后世出色者如陈寿祺、冯缙、梁章钜、林则徐等。论者谓“先生之学，乃诚比肩文勤诸贤无愧色也”。[⑥] “文勤诸贤”指的是蔡世远、雷鋐等先师。《清史稿》亦谓：“闽之学者，以安溪李光地、宁化雷鋐为最。超然辈行稍后，而读书有识，不为俗学所牵，则后先

① 陈寿祺：《儒林传·孟超然》，载孟超然《亦园亭全集》第一册，第1页下。

② 《清史稿》卷四八〇《列传二六七·儒林一》，中华书局，1977，第13151~13152页。

③ 唐鉴：《守道学案·闽县孟先生》，载氏著《清学案小识》卷九，中华书局，1935，第7页下。

④ 孟超然：《焚香录》，载氏著《亦园亭全集》第一册，第6页上。

⑤ 陈寿祺：《儒林传·孟超然》，载孟超然《亦园亭全集》第一册，第2页上。

⑥ 陈寿祺：《孟氏八录·跋》，载孟超然《亦园亭全集》第九册，第3页上。

一揆也。"[①] 可见孟超然的儒学思想及教育理念与李光地、雷鋐是一脉相承的，对福建儒学的传承贡献极大。

二 以宋儒为宗

乾嘉时期汉学逐渐成为儒学主流，理学受到了强烈的冲击，但程朱派和陆王派的学者仍然在努力建设自己的学说，学术思潮的争论从清初程朱、陆王的门户之争转移到了汉宋之争。孟超然不为时代潮流所动，依旧坚持自己的学术立场，以朱子学说为主体，极力维护着宋学的学术地位。他说："乃读朱子全集，其精深博大，不可以涉猎竟也。"[②] 又说："近日与里中诸君往来，谈谳颇欢，然议论之次与仆异者有二端：其一多不喜宋儒，其一多鄙薄八股也。夫自国家承明制以八股取士，士童而习之，以取科名登仕籍，乃既得之后，辄目为敲门砖，毋乃不可。至于宋儒又何可轻议。……，夫宋儒之训诂，岂必千虑无一失，然而王制也；即今之为新说者，岂必千虑无一得，然而非王制也。先王所是著为令，士安得倡异说于王制之外乎？此言亦可谓深切矣！又叶文忠《三贤祠记》云：新学繁兴，异端蜂起，有能弹射紫阳、訾前哲者，则世共以为高，此风今犹未尽泯也。"[③] 他认为宋儒所追寻的"理"就是"王制"，即正统的周公孔孟之道，而汉学所代表的当下所谓的"新学"，并不追求"王制"，属于"异说"。一方面，表明他对宋儒的景仰之情，另一方面，这个说法显示孟超然对于汉学有一些偏见。有论者指出："其实汉学也是宣扬王制，它注释的经书都是儒家经典；宋学和汉学的区别不在王制，而在治学方法之不同。十分显然，在这里孟超然是从门户之见出发的。"[④]

孟超然秉承了鳌峰书院的传统，严于正学、异学之辨，以倡明正学为主旨。他同样检讨了宋学的失误之处。在他看来，宋学出现流弊的原因有二。其一，误于释氏之学。他在评杨时的失误时说："龟山得伊、洛之正

① 《清史稿》卷四八〇《列传二六七·儒林一》，第13151页。

② 孟超然：《晚闻录·自序》，载氏著《亦园亭全集》第一册，第1页下。

③ 孟超然：《瓜棚避暑录》卷下，载氏著《亦园亭全集》第九册，第30~31页。

④ 高令印、陈其芳：《福建朱子学》，福建人民出版社，1986，第490页。

传，开道南之先声。然为温州陈君、李子约、许德占、张进、孙龙图诸墓志，往往述及释氏之学，而赞之曰安、曰定、曰静，毋惑乎后之学者援儒入墨，纷纷不已也。”① 他认为，杨时的这个失误造成了明代陆王派学者误把佛理当成道学。又引宋人吕大临之说曰：“余观杨龟山先生集，为人作墓志，多称其晓通佛理，则知大勋德、大道学俱不免于旁通禅教，然其人皆有根柢本领，故知之不惑。明世士大夫不过剽窃绪余，于此道实亦无所见也。”② 所以，在他看来，究根追底，明儒的失误要负主要责任。

孟超然曾对《明儒学案》做过批读，他的学生陈庚焕记下了他的观点：“识者谓其于正学、杂学之辨，剖析秋毫，尤有功于斯道。”③ 可见他对明末清初黄宗羲的正学观极为赞同。他在《瓜棚避暑录》中，继续批评明儒普遍受王阳明的影响：“明讲学家宗旨最多，王文成公曰致良知，其徒罗近溪易之曰赤子良心，聂双江曰归寂，李彭山曰主宰，黄绾曰艮止，王心斋曰百姓日用，耿天台曰常知，李见罗曰止修，耿楚倥曰不容已，唐一庵曰讨真心，胡庐山曰无念，湛甘泉曰随处体认天理。诸家各有语录不可胜纪。要之陈白沙静中养出端倪，为王氏之先驱，而焦竑、李贽之佛学即圣学，亦王氏之极流弊也。”④ 他批评王阳明“致良知”说深受佛学的影响而难以自拔，导致整个学派的治学特点都是援释入儒，流弊极深。如此看来，与其说孟超然认为佛学对于宋学干扰甚大，不如说是在指责王学惑于佛理而难以自拔，造成宋学的荒废。

孟超然也不喜欢明代心学的另一支脉，即湛若水（号甘泉）的“随处体认天理”说。湛若水的心学思想体系，和王阳明一样属于陆九渊开创、陈献章中兴的心学系统，但他在正德末与王阳明曾就格物致知与儒释之辨的问题进行过争论，而于程朱理学思想反而每有褒扬或契合。⑤ 但孟超然从一个细节入手观察湛若水的思想和实践，认为湛氏并不是一位知行合一的学者，而是知行背离，则所谓“天理”往往难以落到实处，其学说的价

---

① 徐世昌编纂《清儒学案》卷六六，舒大刚、杨世文等校点，人民出版社，2010，第1774页。

② 孟超然：《瓜棚避暑录》卷上，载氏著《亦园亭全集》第八册，第18页。

③ 陈庚焕：《孟瓶庵先生遗事》，载氏著《惕园全集》，清咸丰元年（1851）有有斋刊本。

④ 孟超然：《瓜棚避暑录》卷下，载氏著《亦园亭全集》第九册，第1页上。

⑤ 侯外庐：《宋明理学史》下册，人民出版社，1987，第185页。

值也就大打折扣。孟氏说："甘泉讲学当时以为儒宗，又享眉寿，余最恨其晚年序《严分宜文集》云：'知天之所以为天，文王之所以为文，则知钤山之文矣。'以八十岁老尚书献媚童年宰辅至于此极哉！近读嘉靖十一年冯子仁恩上疏备指大臣邪正，中言'左侍郎湛若水聚徒讲学，素行未合人心'，则知为侍郎日已不免人訾议矣。甘泉论学以'随处体认天理'言学，吾不知其所言是何天理也。"[①] 因为在孟超然看来，"体贴人情就是体认天理"[②]，而湛若水分明是一个道貌岸然的伪君子，又如何懂得"天理"呢？孟超然对于宋明理学的辨析之细微，使得后世学者不得不感叹"其严于辨学不苟如此！"[③]

其二，王安石变法造成了"道"的灭裂。孟超然对王安石的政治主张和学术思想都有激烈的批评，他说："王介甫祸宋当时及后世，犹有恕词，或以其清节而取之，或以其文章而重之，其过为推挹之文，见于陆象山、虞伯生及本朝李巨来诸公，又皆乡党后进，香火情深，要之皆私见，非是非之公心也。"他引胡公疏说："王安石轻用己私，纷更法令，弃诚而怀诈，兴利而忘义，尚功而悖道。人但知安石废祖宗法令，不知其并与祖宗之道废之也。"又引陈公疏说："安石学术之不善尤甚至于政事。政事害人才，学术害人心，《三经》、《学说》诬诋圣人，破碎大道，非一端也。"[④] 他比较了商鞅和王安石，认为两位变法家都是功利主义者，置儒家的德、礼于不顾，他说："论至德者，不和于俗；成大功者，不谋于众。是以圣人苟可以强国，不法其故，苟可以利民，不循其礼，以为此王介甫之先驱也。然鞅之言曰：'吾说君以帝道，其志不开悟，说君以王道，而未入说以霸道，其意欲用之。'犹于帝王霸说得分明，至介甫乃以言利为尧、舜、周公之道，以天变不足畏，祖宗不足法，人言不足恤，为自用之策，其又鞅之不如矣。"[⑤] 孟超然还认为，王安石阳儒阴法的手段对宋代及后代的学术尤为有害。

---

① 孟超然：《瓜棚避暑录》卷下，载氏著《亦园亭全集》第九册，第16页下。
② 孟超然：《瓜棚避暑录》卷下，载氏著《亦园亭全集》第九册，第16页下。
③ 唐鉴：《守道学案·闽县孟先生》，载氏著《清学案小识》卷九，第130页。
④ 孟超然：《瓜棚避暑录》卷上，载氏著《亦园亭全集》第八册，第24页下。
⑤ 孟超然：《瓜棚避暑录》卷上，载氏著《亦园亭全集》第八册，第25页下。

孟超然晚年仍努力接近宋学，追寻纯粹的正学，他曾写道：“谈性命，则前儒之书已详，不如归诸践履；博见闻，则将衰之年无及，不如返诸身心。”① 他同时声称愿意当一个寡陋、偏执的宋学家，作《固庵记》一文时，他解释了以“固庵”为书屋之名的缘由，即：“固，古文为㝬，古心也。释之者曰四塞也、坚也、鄙陋也、执一不通也，合是数者而固之义乃完。……夫儒者之重其学与富室之护其财一也。而世故之扰、情欲之攻，其害不啻水火盗贼之猝至而窃发。正恐其不能固耳，苟能固，则为礼之近于陋，涉世之近于执，又何虑夫人之姗笑也哉！卞望之云：‘执鄙吝者非壸而谁。’夫鄙吝亦陋与执之谓也，吾固吾庵殆将终老焉。”② 卞壸（字望之），东晋初著名政治家，累事三朝，两度为尚书令，曾以礼法自居，意图纠正当世“悖礼伤教”的世风，任劳任怨，不畏冷眼。可见孟超然以卞壸为榜样，表达坚守宋学，抵御方兴未艾的汉学的决心。

孟超然虽终生服膺朱子学，但他对自己的治学也要求博采众长，并从中提炼精华。对此，他提出了治学四戒，“专守一家者，隘也；泛涉而无归宿者，滥也；出一言不知拣择者，秽也；务为夸大者，妄也。去此四病乃可以言诗言文。隘之与妄，学未博者，或多蹈之；滥与秽，则博者亦有时不能免焉。今使谓博学者曰滥曰秽，彼必不服也，而其弊往往蹈此，呜呼！不其难乎？”③ 孟氏所概括的去除“隘、滥、秽、妄”四病的观点相当精辟，尤其是指出就算是博学者有时也难免犯“滥”和“秽”的毛病，此言足为学者所鉴戒。

三 固心修身论

孟超然的儒学思想偏重于宋儒的修养论，并且是身体力行、笃实践履的知行合一论。其弟子陈寿祺曾谓先生“笃实行道之功”，“其学以省克寡过为本”。④ 嘉庆年间，修《儒林传》时，其门人上书史馆举荐说：“先

① 孟超然：《焚香录》，载氏著《亦园亭全集》第一册，第 20 页下。
② 孟超然：《瓶庵居士文钞》卷一，载氏著《亦园亭全集》第十七册，第 55 页上、下。
③ 孟超然：《瓜棚避暑录》卷上，载氏著《亦园亭全集》第八册，第 40 页上。
④ 陈寿祺：《孟氏八录·跋》，载孟超然《亦园亭全集》第九册，第 3 页上。

生之学以惩忿、窒欲、迁善、改过为修身立命之本，异于章句小师。”①可见道德修养论，在孟超然儒学思想中占有重要地位。其内涵包括以下几点。

一是固守本心。孟超然比其他福建朱子学者特别的一点是，他喜欢谈“心学”。他曾引陈白沙的名言说：“人具七尺之躯，除了此心此理，便无可贵，浑是一包脓血裹一块大骨头。”② 众所周知，陆九渊引出孟子的心学一路，几与朱子学双峰并立，对后世产生了重要影响。但陆子“此心同，此理同”的命题，是说论学以心为主，心同则理同，而孟超然讲的是“心之理”，也就是心之本性，他说：“夫是非之心人皆有之，反是者为失其本心。庄周之非尧舜犹为寓言，嵇康之薄汤武亦有微指。至若刘昫、桑民怿之斥韩昌黎，李贽之讥濂洛，近代毛奇龄之薄司马、欧阳、周、程、张、朱，皆可谓之失其本心者也。”③ 在孟氏看来，濂、洛、程、朱所阐发的都是“心之理”，其他学者的批评无疑是失却本心的谬论。

孟超然始终认为治学最重要的事情是要固守“本心”，他的《求复录》引庄定山的话说：“圣贤之学惟以存心为本。心存故一，一故能通，通则澄然莹彻，广大光明，而群妄自然退听，言动一循乎礼，好恶用舍各中乎节。”④ 在孟氏看来，学者首先须守住本心，才能贯通天理，以使视听言动都能够合乎中节。同时，孟超然认为在治学的过程中要时刻检点身心，否则学问就没有立足点，他说：“说经要讨探精微，论史亦洞窥成败，诗文足供挥洒，书画亦可清娱，然于身心言动上不力加检点，则数者皆无得力也。”⑤

从认识论上说，孟超然强调“存心”的关键在于不断地运用主敬、致知、穷理等理学家的进修方法来促进修养和增长知识。他长篇引用朱熹《答何叔京》之语，其中一段话是他着重要指出的，亦即：“余尝窃思之所

---

① 唐鉴：《守道学案·闽县孟先生》，载氏著《清学案小识》卷九，第130页。

② 孟超然：《求复录》第二，载氏著《亦园亭全集》第二册，第13页上。

③ 孟超然：《瓜棚避暑录》卷上，载氏著《亦园亭全集》第八册，第42页下。

④ 孟超然：《求复录》第三，载氏著《亦园亭全集》第二册，第26页上。

⑤ 孟超然：《焚香录》，载氏著《亦园亭全集》第一册，第9页下。

以有此病者，殆居敬之功，有所未至，故心不能宰物，气有以动志而致然耳。若使主一不贰，临事接物之际，真心现前，卓然而不可乱，则又安有此患哉！或谓子程子曰心术最难执持，如何而可？子曰敬；又尝曰操约者敬而已矣，惟其敬足以直内，故其义有以方外，义集而气得所养，则夫喜怒哀乐之发，其不中节者寡矣。”① 他认为主敬、致知、穷理是固守本心的基本原则和方法。

这样看来，孟超然对“存心”的认识完全不是对陆九渊的承袭与发展，反与程朱的认识是一致的。他在写给友人的一封信中说：“仆响日所谓未尝闻道者，知其无可如何而不能安之数命。……近年始稍有知识，……见古人常以义理磨练其身心而所谓动心忍性者，非苟然也。”② 进而言之，孟超然所谓的“存心”，即以圣贤义理为准则，时时刻刻在日常生活当中检验自己的言行。

二是惩窒迁改。孟超然辞官归家后，亲人陆续离世，使他备尝人间哀痛，曾一度觉得万事皆空、百无聊赖。开始时，他找佛、老书籍来读，但觉得无济于事，直到他寻到理学家的这种修炼方式，才克服了生命的虚无感。他自述道：“自甲午哀痛之后，觉得万境皆空；自去年病困之后，觉得万缘皆澹。今思之，空空澹澹，如何可了吾事，须是刻意补过努力为善始得耳。”③ 后来又说：“寻读佛老之书，亦无证入处，唯从事于惩窒迁改，日以先贤格言至论，浇灌心胸，或庶几有济耳！”④

在具体的修炼上说，孟超然从《周易》损、益两卦所包含的损益原则得到了重要启发，他说：“象曰：山泽之象，深下增高有损道焉，君子则以惩忿窒欲矣；风雷之象，奋发疾速有益道焉，君子则以迁善改过矣。惩窒迁改惟日不足，其于复也或庶几乎！”⑤ 孟超然把这种损益的原则用于道德修养上，最终得出了“惩忿、窒欲、迁善、改过”的八字命题。他说：“惩忿、窒欲、迁善、改过八个字，是为学之要，所以修身立命者全在此。

① 孟超然：《晚闻录》，载氏著《亦园亭全集》第一册，第11页上、下。

② 孟超然：《答郑云门宫赞书》，载氏著《瓶庵居士诗文钞》。

③ 孟超然：《焚香录》，载氏著《亦园亭全集》第一册，第6页上、下。

④ 孟超然：《焚香录》，载氏著《亦园亭全集》第一册，第23页上。

⑤ 孟超然：《克省录·序》。

近分为四门，备载先儒之语，时时观览，可以治心。”① 所谓分为四门，是指己亥年（1779）四月，孟超然辑成《求复录》一册，分惩忿、窒欲、迁善、改过四个门类，从历代儒家文献、文集中摘抄语录，以为“朝夕警省之助”。② 他又借朱子之语说明儒者从事“惩窒迁改”的道德修养亦是“粹然以醇儒之道自律”，“则岂独免于人道之祸，而其所以培壅本根，澄源正本，为异时发挥事业之地，益广大而高明矣！”③

孟超然认为，圣人求学所达到的快乐境界，一定是发愤治学、艰苦向学之后的结果。他说：“静中检点，勿对客而妄之；闲里省察，勿应事而妄之。每见明儒语录论学多言乐处，盖自姚江开其端，而实本于濂溪所云寻孔颜乐趣来。余思学始发愤，人生忧患、惩忿、窒欲、迁善、改过，何事不从苦衷来。岂有初来论学，便得乐境者。蓄此意久之，未得证于有道。顷偶见朱子说一条云：‘先贤到乐处，已自成就向上了，非初学所能求，不如且就圣贤着实用功处求之，如克己复礼、致谨于视听言动之间，久之自然纯熟充达向上处。’读此实获我心。”④

他主张在任何境遇中都可以进行修炼，“识得境遇中千头万绪，皆是磨练德性之资，方免怨天尤人之过”。⑤ 同时，他主张每日自省，有过则改，“每日检点身心，则过自少。不自省似长年无过，省则日日有过。过则勿惮改，见其过，则内自讼；人不能无过，但要悔要改耳！”⑥ 又记载《吕氏童蒙训》一语说：“今日记一事，明日记一事，久则自然贯穿；今日辨一理，明日辨一理，久则自然浃恰。今日行一难事，明日行一难事，久则自然坚固，涣然冰释，怡然顺理，久自得之，非偶然也。”⑦ 只要持续不懈地进行修炼，就可以达到道德修养的目的。

三是变化气质。孟超然认为“治心”的目的，就是通过道德修养的过

---

① 孟超然：《焚香录》，载氏著《亦园亭全集》第一册，第1页上、下。
② 孟超然：《求复录》，载氏著《亦园亭全集》第二册，第43页上。
③ 孟超然：《求复录》，载氏著《亦园亭全集》第二册，第43页上。
④ 孟超然：《焚香录》，载氏著《亦园亭全集》第一册，第11页上、下。
⑤ 孟超然：《焚香录》，载氏著《亦园亭全集》第一册，第8页上。
⑥ 孟超然：《焚香录》，载氏著《亦园亭全集》第一册，第1页上。
⑦ 孟超然：《求复录》，载氏著《亦园亭全集》第二册，第23页下。

程，读书“切于身心”①，逐渐改变气质。“近稍学治心之法，以惩忿、窒欲为事，或冀持之，久久可以完养此心。”② 在他看来，必须坚持做前述“惩忿、窒欲、迁善、改过”八字修炼法，日积月累，才可以完成道德修养的使命。

孟超然曾说：“性急最害事，济之以酒，则如薪添油矣。变化气质，当学吕成公；刻意自责，当学吴聘君。”③ 吕成公即吕祖谦，是与朱熹、陆九渊齐名的理学家。孟超然在他的《求复录》中详细地记下了吕祖谦改变气质的故事：“吕成公少卞急，一日诵《论语》‘躬身厚而薄责于人’，平时忿懥，涣然冰释。朱子尝言：‘学如伯恭，方是能变化气质。’”④ 可见他对于通过体认天理及学习圣人之言来改变气质的办法极为肯定。

除了通过体认圣贤的经验以外，改变气质还必须体现在日常处事之中。孟超然乾隆四十五年（1780）十月时在《焚香录》中详细记下一条他转换气质的事情。这年街头巷尾突然出现一个毁谤孟超然名誉的文牍，亲朋好友来告，并为他打抱不平，动言找寻谣言的始作俑者，但孟超然丝毫不为此所动，正告儿子等人说：“如无其事，便了；若必察其谁手，与之辨，则益炽矣！”显然他主张不予理会。后来，有人找到写文章的人后，同样来告，孟超然仍然主张不过问。事后，他相当得意地写道：“此事若在三年前，余不免动气。乃知惩忿，要在随事惩之。”⑤ 毫无疑问，在日用之间自省，是朱子一再强调的方法。孟超然在《晚闻录》中摘录了朱子《答孙吉甫》的文字：“所谕气质过刚，未能自克而欲求所以转移变化之道。夫知其所偏而欲胜之，在吾日用之间，屡省而痛惩之耳！”⑥ 这很能说明孟超然接受了朱子的学说。

① 孟超然：《焚香录》，载氏著《亦园亭全集》第一册，第8页上。

② 孟超然：《瓶庵居士文钞》卷二《答郑云门书》，载氏著《亦园亭全集》第十四册，第12页下。

③ 孟超然：《焚香录》，载氏著《亦园亭全集》第一册，第8页下。

④ 孟超然：《求复录》，载氏著《亦园亭全集》第二册，第10页下。

⑤ 孟超然：《焚香录》，载氏著《亦园亭全集》第一册，第19页。

⑥ 孟超然：《晚闻录》，载氏著《亦园亭全集》第一册，第22页。

四　广爱论

所谓“广爱”，就是孟子的“仁民爱物”。孟超然曾说：“但须时时具爱物之念，事事存惜福之思，使后人可继而已。”① 他希望人们能够自觉地珍惜动物的生命，将仁爱生物的观念代代延续下去，于是他编撰了《广爱录》一卷，本孟子“仁民爱物”之义，胪列古今放生、戒杀、珍惜等故事，训导人们不要因贪恣而肆意戕害动物的生命。冯缙指出了孟氏著书的用意：“《广爱录》秉承先训而推广言之，旁征因果，盖训俗不得已之苦心也。”②

孟超然倡导“广爱”有他的读书体验在里面，他曾举《宝言堂家戒》中一个例子：“宋仁宗宫中便溺必避虫蚁，曹武惠王彬冬月不许修垣，恐发蛰以伤生命也。故一君一臣享禄位最久。”他以此说明：“有位者犹戒，则无位而恣贪饕斯物命者，其罪过可知也。”③ 孟超然以为戒杀是儒家本色，并非来自佛教的教义，他在引二程“仁及禽鱼”的故事时评论道：“余尝劝人戒杀，而人多以为外氏之教。夫二程子岂皈依佛教者乎？至于高谈道学而不免饕餮之讥者，亦可以鉴矣。”④ 五十岁以后，他的戒杀之念愈加强烈，他说：“近年之持戒杀，非敢徼福也。念先君子年五十时即戒杀，今余年亦将五十矣，食之心觉不安，不食，于心乃安耳！”⑤

孟超然的“广爱论”还有一个思想来源，就是由五代时谭峭提出、为宋代以后理学家所继承的关于禽兽也具有五伦的思想。⑥ 孟超然在《广爱录》中引谭峭的话曰：“大禽兽之于人也何异！有巢穴之居，有夫妇之配，有父子之性、生死之情。乌反哺，仁也；隼悯胎，义也；蜂有君，礼也；羊跪乳，智也；雉不再接，信也。孰究其道，万物之中，五常百

① 孟超然：《瓶庵居士诗文钞》卷二《与陈子荣书》，载氏著《亦园亭全集》第十八册，第14页上。

② 冯缙：《使蜀日记·冯跋》，载孟超然《亦园亭全集》第十二册，第3页下。

③ 孟超然：《广爱论》，载氏著《亦园亭全集》第七册，第3页上。

④ 孟超然：《广爱论》，载氏著《亦园亭全集》第七册，第6页下。

⑤ 孟超然：《焚香录》，载氏著《亦园亭全集》第一册，第17页上。

⑥ 高令印、陈其芳：《福建朱子学》，第505页。

行无所不有也。”① 可见他同样认为禽兽也具有五伦的属性。

孟超然对于动物常常具有一种深深的同情心，《广爱录》又引宋人笔记的一段话曰：“飞禽走兽之与人，形性虽殊而喜聚恶散、贪生畏死，其情则与人同。故离群则向人悲鸣。临庖则向人哀号，为人者既忍而不之顾，反怒气鸣号者有矣，胡不返己以思之！物之有望于人，犹人之有望于天地。物之鸣号有诉于人，而人不之恤，人之处患难死亡困苦之际，乃欲仰首叫号求天之恤，可乎?!”② 他引《仙经》曰：“不杀生命最可养心、最可惜福，一般皮肉痛苦，物但不能言耳，不知其刀俎之间何等苦恼。我却以日用口腹、人事应酬略，不为彼思量，岂复有人心乎?! ……人能起一生不杀之心，一切众生见之不生恐怖。”并就此评论说：“《仙经》余未之见，然此事实有之，余家鼠雀皆是也。”③

五　编纂丧葬礼

孟超然下决心编纂一部“丧礼”，与其至亲之人先他而去的遭遇关系极大。他四十二岁时，即以“亲老”为由，准备辞官归乡，然临行之前，即传来幼子因天花夭折的噩耗。悲恸之际，他写下一首诗：“区区循陔思，常恐时光促。屏营请急归，戒途忘昏旭。归来晤亲懿，洒涕中肠触。程郑化黔娄，握手为顿足。”④ 更不幸的是，孟超然父亲亦因悲恸而病倒，归家后的孟超然每天都侍奉在父亲左右，“侍父疾必躬，扶掖执厕牏”⑤，“寝得治茵褥，食得奉盘匜”⑥，至孝之极。然一年后，也就是乾隆三十九年(1774)，父亲亦病重离世。连遭打击，孟超然悲痛欲绝，无以排解，自述：“自宅忧以来，精神恍惚，生意萧索，寝不帖席，食不下咽，将卧忽

① 孟超然：《广爱录》，载氏著《亦园亭全集》第七册，第 2 页上。

② 孟超然：《广爱录》，载氏著《亦园亭全集》第七册，第 14~15 页。

③ 孟超然：《广爱录》，载氏著《亦园亭全集》第七册，第 17 页上、下。

④ 孟超然：《瓶庵居士诗钞》卷三《感事四叠前韵示儿子》，载氏著《亦园亭全集》第十五册，第 29 页上。

⑤ 陈寿祺：《儒林传·孟超然》，载孟超然《亦园亭全集》第一册，第 1 页下。

⑥ 孟超然：《瓶庵居士诗钞》卷三《六月十五日忆昔述哀为诗千八十字》，载氏著《亦园亭全集》第十五册，第 41 页下。

起，欲语先噎，宜乎像之不吾似也。”[①] 所以，他经历这些哀痛之后，觉得万境皆空，生命索然，由此萌发编纂一部丧礼之意。

孟超然在《丧礼辑略》自序中说：“乾隆甲午春二月，超然不幸遭先君子大故，昏迷瞀乱中治丧事，越七月家居读礼，乃即《朱子家礼》，遍考《士丧礼》、《戴记》所载，及宋司马温公、程子、朱子及近世诸儒之论议，纂《丧礼辑略》二卷，附以礼文居丧之节，而以荀子三年问终焉。垩室凄凉，笔枯墨淡，恐义例未当，姑弃箧中，越十年，甲辰，吾母太恭人复弃，不孝子期而小祥，重取是编阅之，曩时情事触目酸辛，欲有所更定而未能也。”[②] 可知《丧礼辑略》大概撰于乾隆三十九年至四十年（1774~1775），时未曾定稿，又过十年左右，至乾隆五十年（1785）才正式定稿，自作序言，完成全书的编撰工作。其内容以《朱子家礼》为主体，兼以《士丧礼》、《戴记》，以及司马光、程子、朱子和清初诸儒的学说观其会通。显然，孟超然倾向于恢复先秦儒家的丧葬观，他以《礼记·三年问》为《丧礼辑略》一书的了结，即：“故三年之丧，人道之至文者也，夫是之谓至隆。是百王之所同，古今之所一也，未有知其所由来者也。（以下荀本无）未有知其所由来者也。孔子曰：‘子生三年，然后免于父母之怀；夫三年之丧，天下之达丧也。’”[③]

孟超然在历经亲人离世的打击后，渐渐相信经过生死关头的磨炼，世事洞开，对于生死的问题看得更加明白。他在《焚香录》中记下一条：“少日虽贫，然父母俱存，优游读书，直至四十岁，或学或仕，皆为处顺。四十四岁后归田，未几，忽遭大故，遇闵受侮，常多拂意之事。尔时只自信心而行，故多龃龉。日者谓余四十二至四十六五年，以命推之，几濒于死，然于此磨炼得过，虽谓死而复生可也。”[④] 由此，他对于死亡和丧葬的事情更加关注。

在乾隆四十九年（1784），他又辑录了一本关于儒家葬礼观点之书，

---

① 孟超然：《瓶庵居士文钞》卷一《塑像记》，载氏著《亦园亭全集》第十七册，第52页下。

② 孟超然：《丧礼辑略·自序》，载氏著《亦园亭全集》第三册，第1页上。

③ 孟超然：《丧礼辑略·自序》，载氏著《亦园亭全集》第三册，第45页下。

④ 孟超然：《焚香录》，载氏著《亦园亭全集》第一册，第10页上。

这就是《诚是录》。编纂这本书的直接动机是他痛感于当时社会对丧葬之礼的漠视，他目睹了福州百姓受风水禁忌的影响，“停柩在家”，乃至“亲死不葬”的现象愈演愈烈，于是借孟子“掩之诚是”一语以针砭社会。他自称“山人”，说：“《诚是录》者，金粟台山人不得已而作也。山人病夫不葬其亲者，惑于堪舆家言，然犹未知其祸之烈也。营葬西郊，见停柩者累累相望，为若佃者利也。夫墓非田也，安得佃佃，其最无良者也。……山人于是乎不暇与言葬礼，而但异其掩之也。《孟子》曰‘掩之诚是也’。录自唐以来诸家言，以悚惕之，庶无疑乎其掩之也。”[①]

总之，孟超然之学强调以宋学为宗，但与雷鋐等一样以朱子学为正统，其学生曾指出他“于学无所不窥，而以朱子为归宿”。[②] 孟超然尤其注重宋儒的道德修养方式，他提出应围绕“惩忿、窒欲、改过、迁善”进行治心，在福建朱子学者中颇有代表性。

未刊

① 孟超然：《诚是录·自序》，载氏著《亦园亭全集》第四册，第1页上、下。

② 陈若霖：《瓶庵先生遗书·序》，载孟超然《亦园亭全集》第一册，第1页下。

地域认同编

明初福建卫所与郑和下西洋

徐恭生

郑和下西洋与福建有着极为密切的关系，这是众所周知的，从20世纪30年代长乐《天妃灵应之记》碑发现后，我省学者纷纷撰文，对郑和七次下西洋的年月、航线及其抵达国家的名称等进行重新考证，取得了丰硕成果。本文试图从新发现的明代《卫所武职选簿》（以下简称《选簿》），探找郑和下西洋与我省明初卫所组织的关系，祈请专家教正。

一

朱元璋定都南京后，对福建海防十分重视。洪武元年（1368）置六个卫，从其郡名，曰泉州卫、建宁卫、汀州卫、漳州卫、邵武卫、兴化卫，以后又增设了延平卫、福州左右二卫、建宁左右二卫，分隶于福建都指挥使司（简称“都司”）和福建行都指挥使司。洪武二年（1369）五月癸丑，置福建行省，以福州、汀州、漳州、泉州、建宁、邵武、兴化、延平八府隶之；命中书省参政蔡哲为福建行省参政，并谕之曰：

> 福建地濒大海，民物富庶，番舶往来，私交者众。往时官吏，多为利沭，陷于罪戾。今命卿往，必坚所守，毋蹈其过。①

---

① “中央研究院”历史语言研究所编《太祖实录》卷四二，国立北平图书馆藏红格钞本校印本，1962，第832页。

半年后，即十一月庚申，改命驸马都尉王恭为福建行省参政，镇守福州。

洪武三年（1370）罢太仓黄渡市舶司，改置于浙江的宁波、福建的泉州和广东的广州，并规定“宁波通日本，泉州通琉球，广州通占城、暹罗、西洋诸国”。① 其实，此时期尚未与日本、琉球建立正式的外交关系。朱元璋在总结历史上对外关系的经验和教训时说：“海外蛮夷之国，有为忠于中国者，不可不讨；不为中国患者，不可辄自兴兵。”②

在这个对外方针的指导下，加上实行“怀柔远人”“厚往薄来”的政策，明初福建对外关系开始呈现良好态势，表现如下。

①洪武四年（1371）七月辛未，“占城国王阿答阿者遣其臣答班瓜卜农来朝……谕福建行省，占城海舶货物皆免其征，以示怀柔之意”。③

②同年八月癸巳，“渤泥国王马合谟沙遣其臣亦恩麻逸，进表笺贡方物。先是上命监察御史张敬之、福建行省都事沈秩使其国。至是，其王遣使随秩等入贡”。④

③同年九月丁丑，户部言：“高丽、三佛齐入贡，其高丽海舶至太仓，三佛齐海舶至泉州海口，并请征其货。”诏毋征。⑤

④同年十月，日本征西大将军怀良亲王遣其僧祖来奉表称臣，贡马及方物等。“太祖嘉之，宴赍其使者。”⑥

⑤洪武五年（1372）正月甲子，“遣杨载持诏谕琉球国”，“其中山王察度遣弟泰期等随载入朝，贡方物。帝喜，赐大统历及文绮、沙罗有差”。⑦

日本入贡是杨载等第二次使日的结果。杨载出使日本的路线是否

---

① 张廷玉等撰《明史》卷八一，中华书局，1974，第1980页。
② “中央研究院”历史语言研究所编《太祖实录》卷六八，第1277页。
③ “中央研究院”历史语言研究所编《太祖实录》卷六七，第1260~1261页。
④ “中央研究院”历史语言研究所编《太祖实录》卷六七，第1264页。
⑤ “中央研究院”历史语言研究所编《太祖实录》卷六八，第1279页。
⑥ 张廷玉等撰《明史》卷三二二，第8342页。
⑦ 张廷玉等撰《明史》卷三二三，第8361页。

由福建经琉球到日本九州，待考，但杨载在促进中日、中琉正式建交方面做出了重要贡献。“海外诸国入贡，许附载方物与中国贸易。”[①]随着朝贡贸易增多，海商走私活动日趋活跃，甚至福建沿海卫所官兵亦被卷入，这引起了朱元璋的极大关注，洪武四年十二月乙未，上谕大都督府臣曰：

> 朕以海道可通外邦，故尝禁其往来。近闻福建兴化卫指挥李兴、李春私遣人出海行贾，则滨海军卫岂无知彼所为者乎？苟不禁戒，则人皆惑利而陷于刑宪矣，尔其遣人谕之，有犯者论如律。[②]

为了防倭和打击海上走私活动，朱元璋于洪武六年（1373）组建了一支约有四个卫兵力的北方舰队，由吴祯任总兵官，“京卫及沿海诸卫军悉听节制，每春以舟师出海，分路防倭，迄秋乃还”。[③]“自是常往来海道，总理军务数年，海上无寇。”[④]洪武十三年（1380）朱元璋命江夏侯周德兴“理福建军务”，旋因“五溪蛮乱”，暂时派往镇压。洪武二十年（1387）朱元璋又下决心加强福建海防建设，他在派遣周德兴来闽时说：“福建功未竟，卿虽老，尚勉为朕行。”周德兴为镇守，“至闽按籍佥练，得民兵十万余人，相视要害，筑城一十六，置巡司四十有五，防海之策始备”。[⑤]翌年，又命汤和“行视闽粤，筑城增兵，置福建沿海指挥使司五，曰福宁、镇东、平海、永宁、镇海；领千户所十二，曰大金、定海、梅花、万安、莆禧、崇武、福全、金门、高浦、陆鳌、铜山、玄钟”。[⑥]至此，建立起了完善的以福州为中心的全省防务体系，它包括都司卫所、守御千户所、巡检司及沿海水寨等（见表1至表4），并由皇帝直接委派官员镇守福建。《闽大记·武

① 张廷玉等撰《明史》卷八一，第1980页。

② “中央研究院”历史语言研究所编《太祖实录》卷七〇，第1307页。

③ 张廷玉等撰《明史》卷九一，第2243页。

④ 张廷玉等撰《明史》卷一三一，第3841页。

⑤ 张廷玉等撰《明史》卷一三二，第3862页。

⑥ 张廷玉等撰《明史》卷九一，第2244页。

臣》载：

> 镇守总兵府。在会城东北，辟旧东察院为之，又有行府镇东卫地方。右军都督府署都督佥事一员，充总兵官镇守福建金温地方。洪武初，驸马都尉王恭、江夏侯周德兴镇守福建。后省。景泰初，沙尤寇平，复用文武大臣镇守。①

“后省”这段正好是郑和下西洋前后的时间，郑和是否兼任镇守，目前尚无档案为证。但作为“钦差总兵太监”的郑和，其权力当不在一省镇守之下，他不仅可以住在福州镇守总兵府，而且有权节制福建都司卫所官兵。

都指挥使司是地方上的最高军事机构，福建都指挥使司领滨海十一卫，为了对付倭寇和海盗的骚扰，又在沿海地势险要的岛屿上建置五个水寨，由附近卫所派遣战舰和官兵轮流协同防守，实行“倭海上来，则海上御之”② 的积极防御战略，为此建造战舰具有重要的意义。据《八闽通志》载：

> 烽火门等五水寨造船厂，在府城东南河口，旧福州三卫各置一厂，左卫厂在庙前，中卫厂在象桥，右卫厂即今所是也。③

洪武十五年（1382）福州三卫曾奏请建造战船，朱棣登基后立即命福建都司造海船一百三十七艘，永乐二年（1404）又命建造海船五艘，供郑和下西洋使用。可见，福建卫所多数官兵均能适应海上军旅生活，而福州和泉州两府卫所官兵还经常承担护送使臣出访任务，他们了解各国风土人情及航海路线，因此成为郑和下西洋调遣的主要对象。

---

① 王应山：《闽大记》卷四《武臣》，中国社会科学出版社，2005，第 42 页。

② 张廷玉等撰《明史》卷一二六，第 3754 页。

③ 黄仲昭：《八闽通志》卷四〇，福建人民出版社，2006，第 1148 页。

表 1　明初福建都司卫所

都司	卫名称	千户所数目（处）	旗军人数（人）	屯田处所及数量					其他（处）
				（处）	（顷）	（亩）	（分）	（厘）	
福建都指挥使司（福州）	福州左卫	6	6720	39	491	38	8	0	造船厂 1，军器局 1，盛储军器库 1
	福州右卫	6	7491	39	576	64	3	3	造船厂 1，军器局 1，盛储军器库 1
	福州中卫	5	5718	30	540	14	0	0	造船厂 1，军器局 1，盛储军器库 1，教场 1
	兴化卫	5	6189	19	918	2	9	5	收料库 1，军器局 1，教场 1
	泉州卫	5	6147	42	201	38	6	0	收料库 1，军器局 1，教场 1，营 5，寨 2
	漳州卫	5	4900	33	?	?	?	?	军器局 1，教场 1，烽燧 9
	福宁卫	5	5600	10	192	74	4	0	仪仗库 1，财货库 1，军器局 1，教场 1，寨 8，筑城周三里余
	镇东卫	6	8687	18	427	92	3	8	教场 1，埠寨 3，烽燧 7，筑城周不及四里
	平海卫	5	5576	5	87	50	2	0	教场 1，埠寨 1，烽燧 32，筑城周四里余
	永宁卫	5	6935	146	33	60	0	0	收料库 1，军器局 1，教场 1，营 5，埠寨 15，筑城周不及五里
	镇海卫	4	4900	4	57	29	7	0	教场 1，筑城周四里余
福建行都指挥使司（建宁）	建宁左卫	5	5600	21	406	73	4	8	仓 3，军器局 1
	建宁右卫	5	5600	7	420	50	5	3	仓 2，军器局 3，演武场 1
	延平卫	5	5600	9	524	57	6	4	演武场 1
	邵武卫	4	4480	19	152	3	3	0	军器局 1，演武场 1
	汀州卫	5	4484	5	53	79	2	0	军器局 1，教场 1

资料来源：根据《八闽通志》《闽书》制作。

表2 明初福建沿海守御千户所（江夏侯周德兴置）

卫	所	旗军人数（人）	屯田处所及数量					其他（处）
			（处）	（顷）	（亩）	（分）	（厘）	
镇东卫	梅花	1458						洪武十年始筑城墙；二十年建所，增拓旧城
	万安	1499						教场1，埠寨4，筑城周三里
福宁卫	定海	1520	15					教场1，埠寨1，烽燧8，筑城周三里余
	大金	1120						教场1，埠寨5，烽燧17，筑城周三里余
平海卫	莆禧	1221						教场1，烽燧14，筑城周三里余
永宁卫	福全	1575	2	67	20	0	0	教场1，营853间，埠寨1，烽燧10，筑城周不及四里
	金门	1535	1	35	30	0	0	教场1，营860间，埠寨8，烽燧6，筑城周三里余
	高浦	1258	2	66	22	0	0	教场1，营1025间，埠寨，烽燧5，筑城周不及三里
	崇武	1221	2	72	0	0	0	教场1，营987间，埠寨1，烽燧22，筑城周四里余
镇海卫	铜山	1190	1	17	50	0	0	教场1，筑城周三里余
	玄钟	1190						教场1，筑城周三里余
	陆鳌	1190	1	12	32	4	6	教场1，筑城周三里余

资料来源：根据《八闽通志》《闽书》制作。

表3 明初福建沿海巡检司（江夏侯周德兴置）

单位：处

府	县	名称	统计
福州府（9）	闽县	五虎门官母屿巡检司、闽安镇巡检司	2
	长乐县	石梁蕉山巡检司、小祉山巡检司、松下巡检司	3
	连江县	北郊巡检司	1
	福清县	壁头山巡检司、牛头门巡检司、泽朗山巡检司	3
兴华府（6）	莆田县	冲心巡检司、嵌头巡检司、青山巡检司、小屿巡检司、吉了巡检司、迎仙巡检司	6

续表

府	县	名称	统计
泉州府（15）	晋江县	围头巡检司、乌浔巡检司、深沪巡检司、祥芝巡检司	4
	同安县	高浦巡检司、塔头巡检司、田浦巡检司、陈坑巡检司、峰上巡检司、官澳巡检司、烈屿巡检司	7
	惠安县	峰尾巡检司、獭窟巡检司、黄岐巡检司、小岞巡检司	4
漳州府（9）	龙溪县	豪门巡检司	1
	漳浦县	古雷巡检司、洪淡巡检司、后葛巡检司、青山巡检司、井尾巡检司、岛尾巡检司、金石巡检司、东沉赤山巡检司	8
福宁州（6）	福宁县	大筼筜巡检司、松山巡检司、水澳巡检司、青湾巡检司、高罗巡检司、延亭巡检司	6

资料来源：根据《八闽通志》制作。

表 4　明初福建沿海五大水寨（由北而南）

单位：艘

名称	地点	调拨守卫单位及人数	战舰	其他
烽火门	福宁州东松山下三沙海面	①福州左卫官 11 员，旗军 1390 名 ②福州中卫官 11 员，旗军 1390 名 ③福宁卫官 11 员，旗军 990 名 ④大金千户所官 4 员，旗军 300 名	43	
小埕	福州府连江县东 120 里海中	①福州右卫官 11 员，旗军 1390 名 ②镇东卫梅花、万安二千户所官 17 员，旗军 2542 名 ③福宁卫定海千户所官 4 员，旗军 400 名	40	
南日山	兴化府东百里大海中	①兴化卫官 9 员，旗军 1150 名 ②平海卫官 15 员，旗军 1760 名 ③泉州卫官 12 员，旗军 1150 名	46	
浯屿	泉州府同安县东南大海	①永宁卫官 26 员，旗军 2242 名 ②漳州卫官 12 员，旗军 656 名	48	

续表

名称	地点	调拨守卫单位及人数	战舰	其他
铜山	漳州府漳浦县五都（其地旧名东山）	①镇海卫官 18 员，旗军 973 名 ②陆鳌千户所官 2 员，旗军 251 名 ③铜山千户所官 5 员，旗军 328 名	45	屯田 1 所，12 顷 23 亩

资料来源：根据《八闽通志》《闽书》制作。

二

关于福建卫所官兵参加郑和下西洋活动的记载很少。福建地方志记载也不够具体，如明万历年间王应山编撰的《闽大记》写道：

永乐七年春正月，太监郑和自福建航海通西南夷，造巨舰于长乐。时称郑和为三宝，下西洋师还，闽中从征将士升赏有差。[①]

“从征将士”包括哪些卫所？不清楚。万历年间何乔远编撰的《闽书》在福州中卫里列举了十多位下西洋的军官，说他们在永乐初或永浥中“以征西洋功升任”。[②] 最近笔者在中国第一历史档案馆发现明代《选簿》中有福建卫所官兵参加郑和下西洋活动的记录。《选簿》是明代卫所武职官员袭替选补的档册，由兵部尚书每隔数年主修一次，隆庆四年（1570）修的《选簿》，是兵部尚书郭乾写的序，序文如下：

兵部为清查功次，选簿以裨军政事。隆庆三年九月该本部尚书霍、左侍郎曹，议得武选司库贮功次选簿及零选簿，年久浥烂，而近年获功堂簿与核册题覆尚未誊造，每遇选官青黄之期，典籍残阙，卒难寻阅，合宜及时照例修补，题奉钦依续。该尚书郭、右侍郎王严加

① 王应山：《闽大记》卷二《闽记》，第 20 页。

② 何乔远：《闽书》卷六八，福建人民出版社，1995，第 1992 页。

清理，详定规议，先后行委车驾司员外郎赖嘉谟，武选司主事谢东阳尽行修补誊造。

隆庆四年六月，兵部尚书郭，右侍郎王。

由此可见，《选簿》是提拔军官的依据，编修工作自然十分慎重，凡例规定相当具体。如入选军官定为指挥使、指挥同知、指挥佥事、正千户、副千户、实授百户和试百户七个等级，至于冠带总旗和总小旗员不入大选，但考虑到日后获功例升试百户，子孙袭替之日，“前二级功次又所必查，今附七类之后，以各参考”。

《选簿》是“每卫所立一簿，所附卫后。如卫所官多者，各所另为一簿，亦照左、右、中、前、后次序，不相混淆。如官少则二卫并为一簿，仍各立总目，以便检查”。中国第一历史档案馆收藏万历二十一年（1593）兵部重修的《选簿》共121册，每册长约45厘米，宽约42厘米，书前冠以序文、凡例及目录，正文每页22行，蓝格，均为写本。《明史》兵志记载：

洪武二十六年定天下都司卫所，共计都司十有七，留守司一，内外卫三百二十九，守御千户所六十五。及成祖在位二十余年，多所增改。①

据此推测，目前藏量仅占原档的三分之一，福建共有十六个卫，十二个守御千户所，仅藏《选簿》三册，四个卫的名单，其中建宁左卫和右卫合编一册。现摘抄部分内容，尚乞国内外学者鉴之。

1.《福州右卫选簿（前军福建都司）》

（1）五辈韩瑜世袭百户

一辈韩大。

二辈韩贵，旧选簿查有宣德八年（1433）二月韩贵，系福州右卫右所试百户韩大嫡长男，父原系总旗，因下西洋于白沙岸与苏干剌对敌厮杀有

① 张廷玉等撰《明史》卷九十，第2196页。

功，除前职；病故，钦准本人袭授世袭百户……

《闽书》作：“左千户所百户韩十八，河内人，永乐中以功升，今袭。”“十八”系“大”之误。

（2）七辈李炫试百户

外黄查有李仕迪，新宁县人，高伯祖李牛，丙申年归附充军故，高祖李隆戍补役。永乐三年（1405）西洋公干，四年旧港外洋［断］杀获功，升小旗；五年西洋公干，七年升总旗；九年西洋公干，十三年升试百户……

《闽书》作：“左千户所李隆，新宁人，永乐中以功升任，今袭。”

（3）五辈蔡格试百户

一辈蔡肃，旧选簿查有原系福州右卫左所总旗，因二次下西洋，并于白沙岸与苏干剌对敌厮杀有功，永乐十三年（1415）九月二十四日钦升本卫所试百户，具奏附选。

二辈蔡齐，旧选簿查有宣德十四年（1439）四月蔡齐，系福州右卫左所试百户蔡肃嫡长男，父原系总旗，因下西洋于白沙岸与苏干剌对敌厮杀有功，升除前职；病故，钦准本人袭实授世袭百户……

《闽书》无此人，可能调往其他卫所。

（4）六辈夷廷槐试百户

一辈夷得名。

二辈夷福，旧选簿查有宣德十年（1435）八月夷福，系福州右卫左所试百户夷得名亲侄叔，原系总旗，因下西洋公干，于白沙岸与苏干剌对敌厮杀有功，升除前职，钦准本人替实授百户……

《闽书》作：“左千户所试百户夷得［名］，盐城人，永乐中以功任，今袭。”

（5）五辈林成试百户

一辈林拱。

二辈林春，旧选簿查有宣德八年四月林春，系福州右卫左所试百户林拱嫡长男，父原总旗，因下西洋公干，升除前职；病故，钦准本人仍袭试百户……

《闽书》作：“左千户所试百户林拱，福宁人，永乐中以功升任，今袭。”

（6）六辈罗澄试百户

一辈罗垒伍，永乐十八年（1420）四月福州右卫试百户罗垒伍。

二辈罗恭，旧选簿查有宣德十年二月罗恭，系福州右卫左所试百户罗垒伍嫡长男，父原系总旗，因下西洋公干回还，升除前职；钦准本人仍替试百户……

《闽书》无此人，可能调往其他卫所。

（7）六辈万楹试百户

一辈万将军保。

二辈万鉴，旧选簿查有永乐二十年（1422）六月万鉴十七岁，系福州右卫中所试百户万将军保嫡长男，父原系总旗，因下西洋，升除前职；病故，钦准本人仍袭副千户试百户……

《闽书》作："右千户所试百户万将军，江夏人，永乐中以功升任，今袭。"名漏一个"保"字。

（8）六辈朱缨实授百户

一辈朱俊，旧选簿查有永乐十三年（1415）下西洋公干，试百户升实授百户。福州右卫中所朱发，旧名俊成……

《闽书》作："朱俊，金溪人，永乐中以功升任，今袭。"

（9）七辈陈宗继百户

外黄查有陈钦南，丰县人，始祖陈程，辛丑年归附，洪武七年（1374）克小旗，二十一年故，高祖陈真生役。永乐四年（1406）小葛剌国、旧港等洋有功，升总旗；七年柯枝国并苏门答腊公干有功，十三年升试百户；宣德二年（1427）交趾昌江阵亡，曾祖斌六年袭……

一辈陈程，已载前黄。

二辈陈真生，已载前黄。

三辈陈斌，旧选簿查有宣德六年（1431）九月陈斌，系福州右卫后所试百户陈真嫡长男，父原系总旗，因下西洋于白沙岸与苏干剌对敌厮杀有功；升除前职；病故，钦准本人袭实授百户，世袭百户……

《闽书》作："前千户所百户陈福，南丰人，其先陈真生洪武（永乐）中以功升百户。福，永乐中调任，今袭。"

（10）六辈李湛试百户

外黄查有李清，闽县人，高祖李来保洪武三年（1370）充军，二十一年调福州右卫后所，曾祖进保补役，永乐三、四年西阳（洋）旧港等处有功，升小旗。复往西阳（洋），九年升总旗。十一年石（古）里等国公干有功，升试百户。宣德二年（1427）故。祖贵袭……

一辈李进保，已载前黄。

二辈李贵，旧选簿查有宣德六年（1431）九月李贵十八岁，系福州右卫后所试百户李进保嫡长男，父原系总旗，因二次下西洋，除升前职；病故，钦准本人仍袭试百户……

《闽书》无此人，可能调往其他卫所。

（11）六辈薄茂试百户

外黄查有蒲英，晋江县人，高祖蒲妈奴，洪武十六年（1383）充泉州卫军，二十一年调福州右卫后所，永乐四年（1406）功升小旗，十二年功升试百户。

一辈蒲妈奴，已载前黄。

二辈蒲荣，旧选簿查有宣德九年（1434）十月，蒲荣年十七岁，系福州右卫后所试百户蒲妈奴嫡长孙，祖原系总旗，因下西洋公干回还，升除前职；钦准本人仍替试百户……

《闽书》作："后千户所试百户蒲清，晋江人，其先蒲妈奴，永乐中以功升泉州卫前所试百户。"

（12）五辈郑钰试百户

外黄查有郑璋，同安县人，高伯祖郑兴，洪武二十年（1387）克军，三十五年故，曾祖郑受（寿）保补役。永乐三年（1405）西洋等国公干有功，升小旗。七年锡兰山等国升总旗。十一年西洋忽鲁等国公干，十三年升试百户……

《闽书》作"升百户、镇抚故绝者二十员"之一。

（13）年远事故官员

王忠，永乐十三年（1415）九月福州右卫前所副千户，因下西洋升正千户。

《闽书》无此人，可能调往其他卫所。

2.《建宁左右卫选簿（前军福建都司）》

（1）十辈金应龙副千户

外黄查有金势美，系全椒县人。兄金伴歌，乙未年归附，洪武十二年（1379）选克小旗，十五年并枪升总旗，故。势美补役，并枪升克小旗。二十五年并枪升总旗。二十九年取年深总旗除建宁左卫世袭百户。金亮系金势美嫡长孙，祖永乐十一年（1413）下西洋公干回还，升副千户……

《闽书》作："建宁左卫左千户所副千户金试（势）美，永乐中任，今袭。"

（2）七辈祁官正千户

外黄查有祁义，蒙城县人，系祁兴嫡次男。有父丁酉年跟张同知液江，洪武元年（1368）克建宁，钦除指挥佥事。三年降副千户，仍授指挥佥事，故。嫡长男兄祁昶故，义袭副千户。祁振系祁义庶次男，父下西洋古里等国公干回还，永乐十三年升本卫所正千户……

《闽书》作："建宁左卫右千户所正千户祁义，永乐中由本所副千户升任，今袭。"

（3）八辈王武试百户

内黄查有王得保，年四十五岁，直隶和州含山县人。有父王彦祥戊戌年从军，吴元年克温州等处，洪武七年（1374）选克小旗，拨温州卫。十四年征云南，十五年取大理、乌撒、蒙芒部等处，十六年伤故。十七年将兄王得成起取赴京，十八年拨骁骑卫关支总旗月粮，二十年充建宁左卫前所总旗，征进广东，二十一年亡故。二十二年得保补役，二十四年并枪仍充总旗，永乐四年（1406）征进安南，攻多邦隘城，克东都，六年回卫。七年往西洋等处公干，九年回还。十一年仍往西洋公干，十三年钦升建宁左卫前所试百户……

三辈王得保，旧选簿查有永乐十三年建宁左卫前所，因下西洋，总旗升试百户……

《闽书》作："前千户所百户王得保，永乐中由总旗升任，今袭。"

（4）九辈张凤百户

外黄查有……张福于洪武二十七年（1394）袭授建宁右卫右所世袭百户，永乐十一年西洋公干，升副千户……

《闽书》无此人，可能调往其他卫所。

3.《汀州卫选簿（前军福建都司）》

（年远事故官员）艾英，旧名艾观音保。永乐十三年因下西洋总旗升试百户。

《闽书》无此人，可能调往其他卫所。

由此可见，《闽书·武军志》中对某某人“永乐中以功升任”“永乐中任”等记述，均可视为他们参与了郑和下西洋的活动，既有随舰出征的行动，也有留守福建的后勤工作。这样，我们根据《闽书》及其他方志和文集等资料可知，当时福建都司和福建行都司所辖的十六个卫绝大部分选派了官兵参与郑和下西洋活动。洪熙元年（1425）十一月行在工部尚书吴中奏：“南京修理殿宇未完，请于直隶、镇江等卫拨军士二万人助役。”“上曰：‘南京闲旷军士亦多，不须别取，其再计议。’于是中与尚书张本等议，原下西洋官军一万余人久闲，可令协助，从之。”①

那时离郑和第六次下西洋回国时间仅隔三年左右，由此推算福建卫所军队约占其一半，当然领导集团和主力部队都是从南京和直隶卫所中抽调出来的。

三

福建都司卫所和地方官员除了积极配合郑和下西洋活动之外，还要热情接待和认真护送随郑和下西洋而来华访问或进贡的各国使者。洪武后期，由于倭寇、海盗及流逋活动日趋猖獗，朱元璋又不断重申海禁政策，不准沿海人民私与诸番互市，否则“必寘之重法”。因此洪武前期朝贡国家多有不至者，中外联系大大减弱了。朱棣继位之后，一方面，继续采取措施稳定内部，巩固已取得的全国政权；另一方面，努力拓展外交领域，以扩大政治影响。他在遣使以即位诏谕各国的同时，宣布恢复洪武初建立的市舶制度。

---

① “中央研究院”历史语言研究所编《宣宗实录》卷一一，国立北平图书馆藏红格钞本校印本，1962，第299页。

> 永乐元年八月丁巳，上以海外番国朝贡之使附带物货前来交易者，须有官专至之。遂使吏部依洪武初制，于浙江、福建、广东设市舶提举司，隶布政司，每司置提举司一员，从五品，副提举二员，从六品，吏目一员，从九品。①

永乐三年（1405）在泉州设来远驿，以居外来的使臣和商人，不过由泉州登岸的外国使臣进京朝贡，还必须经福州北上，为此在福州河口地方又建造了进贡厂和柔远驿，《八闽通志》记载：

> 进贡厂在府城东南河口，国初创建，凡番国贡献方物，初皆贮于此，然后转以上进，柔远驿在进贡厂之南，国初创建，以为番国使臣馆寓之所。②

永乐五年（1407）五月壬午，“福建都指挥佥事张豫，坐困顿置番国方物不如法，谪戍安南”。③ 这说明当时接待外国使节和安放进贡方物等都要遵守一定的规矩，否则要受到严厉惩罚。泉州的来远驿和福州的柔远驿在明初除了接待琉球国进贡使节之外，还有东南亚许多国家的元首、使臣及商人。

1. 渤泥国

永乐六年（1408）渤泥国国王麻那惹加那来明朝贡，《殊域周咨录》载：“王率其妻子家属陪臣来朝，泊福州港，守臣以闻。上念王距中国数万里，远涉鲸波而至，遣中使偕礼部官往迎劳之，所之诸郡，皆要设宴。”④

永乐十年（1412）八月辛酉，“礼部言，渤泥国王遐旺偕母妻来朝，已至福建。命遣郎中高谦、行人柳昌往宴劳之”。⑤

---

① “中央研究院”历史语言研究所编《太宗实录》卷二二，第 409~410 页。

② 黄仲昭：《八闽通志》卷四〇，第 1148 页。

③ “中央研究院”历史语言研究所编《太宗实录》卷六七，第 942 页。

④ 严从简：《殊域周咨录》卷八，中华书局，2000，第 303 页。

⑤ “中央研究院”历史语言研究所编《太宗实录》卷一三一，第 1617 页。

2. 古麻剌朗国（古麻剌国）

永乐十五年（1417）九月，“遣中官张谦赍敕抚谕其王干剌义亦奔敦，赐之绒绵、纻丝、纱罗。十八年八月，王率妻子、陪臣随谦来朝，贡方物，礼之如苏禄国王。王言：‘臣愚无知，虽为国人所推，然未受朝命，幸赐封诰，仍其国号。’从之。乃赐以印诰、冠带、仪仗、鞍马及文绮、金织袭衣。妃以下并有赐。明年正月，辞还，复赐金银钱、文绮、纱罗、彩帛、金织袭衣、麒麟衣。妃以下赐有差。王还至福建，遘疾卒。遣礼部主事杨善谕祭，谥曰‘康靖’。有司治坟，葬以王礼。命其子剌苾嗣为王，率众归，赐钞币”。①

《闽书》亦有记载：

> 古麻剌国在东南大海中，永乐十八年国王干剌义亦奔敦。率妻子及陪臣来朝，贡方物，请给印诰，仍其旧号。行至福州卒，诏谥“康靖”，葬闽县，令有司岁致祭，陪臣子孙皆与廪食于官。嘉靖中有葛良贵者，为侯官诸生，同时陪臣子孙多不延，所食于官惟葛及一二姓云。②

3. 苏禄国

宣德二年（1427）十月壬戌，“赐奉使苏禄等国回还福州左等卫千户赵清等……钞、彩币表里、绵布有差”。③ 可见当时苏禄国使臣有时也从福州登岸或回国。

4. 爪哇国

正统元年（1436）闰六月壬辰，“爪哇国使臣财富八致满荣，自陈初姓洪，名茂仔，福建龙溪县民，取鱼为业，被番倭虏去，脱走于爪哇，改今名，遣进方物来京，愿乞复业。上命有司给脚力口粮，送还本家”。④

---

① 张廷玉等撰《明史》卷三二三，第 8379 页。

② 何乔远：《闽书》卷一四六，第 4355 页。

③ “中央研究院”历史语言研究所编《宣宗实录》卷三二，第 818 页。

④ “中央研究院”历史语言研究所编《英宗实录》卷一九，国立北平图书馆藏红格钞本校印本，1962，第 385 页。

正统三年（1438）六月戊午，“爪哇国使臣亚热、马用良、通丰良殷、南文旦奏：‘臣等本皆福建漳州府龙溪县人，因渔于海，飘堕其国。今殷欲与家属同来者还其乡，用良、文旦欲归祭祖造祠堂。仍回本国。’上命殷还乡，冠带闲住，用良、文旦但许祭祖，有司给口粮脚力。”①

正统三年八月，敕谕爪哇国国王杨惟西沙曰：“王屡遣使臣亚烈麻哞来京朝贡，具见尊事朝廷美意。比者，来使占微回至福建萧阳驿，饮酒酣醉，肆具任横，执刀杀死数人，复自杀其身，如此凶暴之人岂可为使。特敕谕王，今后遣人具慎择之。”②

5. 其他国家

永乐十三年（1415）九月庚申，赐苏门答腊、古里、柯枝、麻林诸番使。上谕行在礼部臣曰：“先王柔远人，厚往薄来，今海外诸番使臣将归，可遣官豫往福建，候其至宴饯之，亦戒其毋苟简也。”③

从《选簿》和方志的记载中可以看出，明初福建坚固和完善的军事防务体系不仅为郑和下西洋舰队输送了大批的官兵、水手和军用物资，使其顺利地完成出使任务，而且保证了各国前来朝贡的国家元首、使节及随从们的旅途安全和生活舒适度，从而促进了中外睦邻友好关系的发展，这是福建人民在郑和下西洋伟大事业中所做的巨大贡献。

本文原载于《海交史研究》1995 年第 2 期

① “中央研究院”历史语言研究所编《英宗实录》卷四三，第 831 页。

② “中央研究院”历史语言研究所编《英宗实录》卷四五，第 867 页。

③ “中央研究院”历史语言研究所编《太宗实录》卷一六八，第 1877 页。

五代宋初泉、漳的整合与福佬民系的形成

谢重光

泉、漳两州，壤地相接，关系素来比较密切。原属于泉州的龙溪县，唐开元二十九年（741）割属漳州，并于贞元二年（786）成为漳州州治所在地；长泰县本为泉州南安县武德乡地，南唐保大元年（943）升为长泰县，宋太平兴国五年（980），割隶漳州。凡此都说明两州境土紧邻、声气相通的密切关系。

但泉州依托晋江流域，漳州依托九龙江流域，种族构成有差异，开发有先后，唐末以前，漳、泉两州的民族交流和融合是各自独立进行的。[①]至唐末，由于王潮、王审知领导的农民武装入闽，割据福建五六十年，而泉、漳两州在福建内部又形成小割据的局面，两州之间的政治、经济、文化交流加强，两州民间社会经过整合，在语言、习俗、经济形态、社会心理诸方面更趋一致，一个新的民系——福佬民系因此形成。下面略述其过程。

王潮、王审知领导的农民武装是在黄巢起义影响下兴起于淮南的一支农民武装。王家本是光州固始县的一户殷实农家。唐末黄巢聚众起义，势力一度十分浩大，唐僖宗被逼走西川，江淮间农民起义和土豪割据并起，

① 关于五代之前泉州民族交流和融合的情况，参见谢重光《试论泉州人的形成》，载《福州大学学报》（哲学社会科学版）2011 年第 3 期；关于五代之前漳州民族交流与融合的情况，参见谢重光《〈全唐文〉所收陈元光表文两篇系伪作考》，载《中华文史论丛》2008 年第 3 期。

屠夫王绪与妹夫刘行全聚众五百，占据寿州，不久发展到万余人，又攻取了光州，是时王潮在固始县任县吏，因缘际会，便率领王审邽、王审知二位兄弟加入了起义队伍，并获得了信任。

当时另一支土豪蔡州秦宗权称霸江淮，王绪与秦宗权不合，在秦宗权的军事压迫下被迫率众南奔，略寻阳、赣水，取汀州，陷漳浦，进军至南安，由于王绪的猜忌引起内乱，王潮乘机设计除掉王绪，自为主将，军声复振。得到泉州人张延鲁的配合，杀掉刺史廖彦若，占领了泉州，招怀离散，均赋缮兵，受到吏民的拥护，泉州遂成为王氏经营福建的根据地。其时漳州则是王潮军事上的一个重镇，常驻辎重于武安场（后升为长泰县），宿重兵守之，名曰“柳营”。这是唐僖宗光启年间（885~887）的事。

后来据有福州的陈岩病逝，福州内乱，王潮派三弟王审知攻下福州，王潮入福州，自称节度留后，先后夺取建州和汀州，于是完全占有福建五州之地，徒有其名的唐朝皇帝承认既成事实，任命王潮为福建观察使。乾宁三年（896）九月福建升为威武军，王潮为节度使，奠定了王氏割据福建的局面。

王潮离开泉州后，把镇守泉州的重任交给二弟王审邽。王审邽从乾宁元年（894）代理泉州刺史起，直到其死，终身治理泉州，“在政十二年”。[①] 王审邽死后，其子王延彬继任泉州刺史，在位前后历二十六年。[②] 接下来是王延彬的弟弟延美、延武及延彬之子继崇先后任泉州刺史，直到留从效篡位为止，泉州军政大权从乾宁元年到永隆年间近半个世纪基本上掌握在王审邽这一支系手中。[③]

王审邽主持泉州军政，采取了奖励农耕、提倡文教、礼待中原士大夫等一系列开明政策，收效很大。他“为人喜儒术，通《春秋》，善吏治。流民还者，假以牛犁，兴完庐舍。中原乱，公卿多来依闽，审邽遣子延彬作招贤院礼之，振赋以财（按：此句疑为‘振以财赋’之误）”。[④] 所以

---

① 吴任臣：《十国春秋》卷九四《王审邽传》，中华书局，1983，第1363页。

② 一说十七年。按，王延彬天祐二年（905）实任泉州刺史，至龙启二年（934）由王延美继任，中间隔了三十年，这段时间纵有别人出任泉州刺史，也是短期的，故王延彬任泉州刺史二十六年之说比较近真。

③ 参见吴任臣《十国春秋》卷九四以上各人列传，第1357~1370页。

④ 吴任臣：《十国春秋》卷九四《王审邽传》，第1363页。

中原士人，如唐右省常侍李洵，翰林承旨知制诰、兵部侍郎韩偓，中书舍人王涤，右补阙崔道融，大司农王标，吏部郎中夏侯淑，司勋员外郎王拯，刑部员外郎杨承休，弘文馆直学士杨赞图、王倜，集贤殿校理归传懿，以及名士郑璘、郑戬等，都聚集于王审邽麾下。这些措施对于泉州社会经济的发展、文化的兴盛，特别是对于吸引中原人士来泉、促进中原文化与泉州文化的融合都起到了积极的作用。王延彬继承了其父的积极政策，在对外开拓、发展海外贸易方面尤为致力，成绩卓著，王氏闽国在东南亚诸国的影响不断扩大。①

纵观五代闽国的历史，泉州的政治、经济、文化始终在独立发展，有与福州分庭抗礼之势。史载王延彬晚年在僧浩源的怂恿和谋划下，“遣使浮海贡于梁，求为泉州节度使”，也就是谋求脱离福州的管辖，自行割据称藩中原。② 史家把它归于王延彬的“骄纵”和僧浩源的阴谋，其实它是泉州长期独立发展、经济文化实力不亚于福州的必然结果。③ 当时由于闽国王庭对于全福建的控制力还比较大，王延彬的图谋未能得逞。但没过多久，乘闽庭腐败内乱之机，留从效、陈洪进相继得政，泉、漳二州小割据的局面终于得以实现。

留从效是“泉州永春人。幼孤，事母兄以孝悌闻。颇知书，好兵法”。“陈洪进，泉州仙游人。幼有壮节，颇读书，习兵法。及长，以才勇闻。从攻汀州，先登，补兵马副使。”④ 闽国王延羲在位时期，信用小人，后宫干政，刻剥百姓，交恶邻国，天怒人怨，四分五裂。941 年，王延羲自称“大闽皇”，坐镇建州的富沙王王延政针锋相对地自称“兵马元帅”。积怨已久的双方立即兵戎相见，佞臣朱文进、连重遇杀王延羲篡政。南唐和吴

---

① 吴任臣：《十国春秋》卷九四《王延彬传》，第 1363~1364 页。

② 吴任臣：《十国春秋》卷九四《太祖世家》，第 1363~1364 页。

③ 据梁方仲先生统计，唐天宝元年（742），福州领 10 县，有户 34084、口 75876，泉州领 4 县，有户 23806、口 160295，口数与每县平均户口数超过了福州；唐元和间，福州领 9 县，有户 19455，泉州领 4 县，有户 35571，户数超过福州 16000 多户；北宋初（980~989），福州有户 94470，泉州有户 96581，还是超过福州。其时漳州有户 24007，合泉、漳两州户口，超过福州甚多（参见梁方仲主编《中国历代户口、田地、田赋统计》，上海人民出版社，1980，第 91、104、135 页）。又由于泉州海外贸易繁荣，其经济实力更比福州雄厚许多。

④ 《宋史》卷四八三《世家六·漳泉留氏、陈氏》，中华书局，1985，第 13957~13959 页。

越乘王氏内乱之机出兵福建，南唐夺得建州和汀州，福州入于吴越。留从效此前以恢复王氏统治为号召，擒杀朱文进派来的泉州刺史黄绍颇，立王延政从子继勋为刺史，实际上掌握了泉州军政后便把王继勋送交南唐，自领漳、泉二州留后。南唐主李璟即以漳、泉为清源军，授留从效节度泉、漳等州观察使。史称“闽中五州自此分矣”[①]，也就是说，福建五州此时在行政上分为三块：福州属吴越；建州和汀州属南唐；泉州和漳州名义上归附南唐，实际上已经独立，政治、军事、经济都在留氏控制下自行发展。这种局面维持了三十多年[②]，宋太宗太平兴国三年（978）陈洪进献地归附之后，泉、漳二州小割据局面结束，但在文化上，福建分为福州、漳泉、汀建三个各有特色小区域的格局影响深远。

留从效、陈洪进家族都是闽南本土势力。其党羽如董思安、王忠顺等也都是本地人。[③] 在他们控制泉、漳二州，实行割据时期，不但泉州牢牢掌握在本土势力手中，漳州军政也由本土势力把持。[④] 留从效执政时还开科举，“每岁取进士、明经，谓之‘秋堂’”。[⑤] 所取进士、明经，也多为本地人。留、陈两个家族的崛起和代兴，标志着五代闽国时期闽南主流社会从南下的江淮势力向土著豪强势力的过渡，换句话说，标志着当时闽南统治阶层本土化过程的完成。

自闽国至留、陈二氏主政时期，泉、漳二州的经济社会有很大的发展。宋太宗太平兴国三年，陈洪进献漳、泉二州于朝廷时，漳、泉二州“凡得县十四、户十五万一千九百七十八、兵万八千七百二十七”。[⑥]《元和郡县图志》云，唐末泉州管县四，分别为晋江、南安、莆田、仙游，有户三万五千五百七十一；漳州管县三，分别为龙溪、漳浦、龙岩，有户一千三百四十三。[⑦] 自唐末福建割据以来八十多年间，泉、漳二州的县数增加

---

① 《宋史》卷四八三《世家六·漳泉留氏、陈氏》，第13957~13959页。

② 留从效废王继勋自代，被南唐授为节度泉、漳等州观察使在保大四年（946），陈洪进向宋太宗上表献漳泉二州地在太平兴国三年（978），泉、漳二州割据凡33年。

③ 董思安是莆田人，王忠顺是晋江人，参见吴任臣《十国春秋》卷九六《董思安传》，第1387~1388页。

④ 留氏时董思安、留从愿相继为漳州刺史，陈洪进时洪进弟陈铦为漳州刺史。

⑤ 《宋史》卷四八三《世家六·漳泉留氏、陈氏》，第13958页。

⑥ 《宋史》卷四“太宗太平兴国三年四月”条，第58页。

⑦ 李吉甫：《元和郡县图志》卷二九，贺次君点校本，中华书局，1983，第719~721页。

了一倍，户口约增加了两倍。经济实力的增长情况，因无统计数字，不能确知，但从贡赋的变化情况可以略窥一斑。如开元时泉州贡蜡烛，赋苎布、苎麻，漳州贡鲛鱼皮、甲香、蜡；元和时贡鲛鱼皮。[①] 其时这二州仅以区区土产为贡，而在陈洪进主政清源军时期，则上贡数额巨大的金银及香药等贵重奢侈物品，曾一次向宋廷“贡白金万两，乳香茶药万斤”，后来又一次“入贡乳香万斤、象牙三千斤、龙脑香五斤”。[②] 不但说明这两州社会经济实力的大增，还反映出商品经济及海外贸易在泉、漳社会经济中已占了很大的比重。这是因为，大量的白金，反映出其时硬通货在闽南经济中的重要地位，而乳香、象牙、龙脑香等物，无疑来自与东南亚诸国的贸易。

在文化方面，泉、漳这八十多年的变化也是巨大的，如儒风的振起和中原文化向心力的增强。如前所述，自王氏到留、陈，都注重振兴文教、延揽和培育人才，于是中原士人纷至沓来，本土人士也乘时崛起，通过科举跻身社会上层，展现其文采风流和治国能力。史册所载如陈峤、黄滔、徐寅、翁承赞辈，“皆闽产也。峤以老成为邦司直，滔负威凤之才，寅擅雕龙之质，分镳竞爽，要云无愧。承赞荣施乡里，兴学右文，其亦大有造于闽矣”。[③] 其余如陈应功、陈仁璧、刘昌言、徐熙、徐昌嗣等人，都是泉州人，或擅文才、学术，或精于谋略，皆为一时英杰。[④] 这些人慕中原文化之灿烂辉煌，心向往之，或与流寓闽南的中原人士时相唱和，或推动泉、漳放弃割据地位回归全国一统之局，促进了中原文化与闽南本土文化的融合。泉、漳在后世有“海滨邹鲁”之誉，奠基即在这八十余年。

泉、漳士人在将乡邦营造为海滨邹鲁的同时，滋长起浓厚的中原情结，又渐渐将这一情结传播到全社会，其最突出的标志就是泉、漳人普遍认同祖上来自光州固始县。

泉州人普遍称祖上来自光州固始，大概滥觞于五代闽国时期，到宋代已成风气。南宋著名史学家郑樵《家谱后序》云：

---

① 李吉甫：《元和郡县图志》卷二九，第 720~721 页。

② 《宋史》卷四八三《世家六·漳泉留氏、陈氏》，第 13961 页。

③ 吴任臣：《十国春秋》卷九五《论曰》，第 1377 页。

④ 参见吴任臣《十国春秋》卷九三以上各人列传，第 1349~1355 页。

> 吾祖出荥阳，过江入闽，皆有源流，孰为光州固始人哉？夫闽人称祖，皆曰自光州固始来，实由王潮兄弟以固始之众从王绪入闽，王审知因其众克定闽中，以桑梓故，独优固始人。故闽人至今言氏族者皆云固始，以当审知之时贵固始也。其实滥谬。[①]

郑樵是两宋之际人。郑樵说的情况，反映出两宋之际的社会风气。那时候，包括莆田人在内的泉州人（当时莆田属于泉州），甚至泉州之外各地的闽人，都以祖出光州固始为荣，普遍说本姓祖上来自光州固始，连南朝时就已迁来的荥阳郑氏，也把本族渊源说成来自光州固始。郑樵以历史学家的敏锐眼光，指出该说的虚妄之处，还进一步指出，形成这种风气的原因是固始人王潮、王审知兄弟在福建建立闽国，在政治、经济等各方面优待来自家乡固始的老乡。不过，郑樵所见，只是原因之一，还有更深层的原因，他未必能认识到，那就是不少土著的姓氏，也冒充光州固始人，除了想分享帝王老乡的各种优待外，更主要的是想借此把本族粉饰为中原人。因为，中国读书人历来重华夷之辨，华代表着正统、高贵、文雅，而夷则与野蛮、粗俗、卑下相连。在当时福建各地的土著看来，建立闽国、在南面称尊的王氏家族，既是中原政治势力的代表，也是华夏正统文化的代表。把本族附会为来自光州固始，就可以褪去本族的土著色彩，披上中原移民后裔的光环，跻身华夏正统文化传人的行列。换句话说，这时在泉州，甚至包括福建其他地方，中原正统思想已经深入人心，各姓各族的中原情结已经形成，正是由于这种中原情结，各姓各族才纷纷自称来自光州固始。

但是自北方迁来的姓氏，有的入闽时间远在唐末光州王氏入闽之前。把本姓本族说成光州固始人，随王氏一起入闽，光荣是光荣，却又把本族入闽年代悠久的光荣丢掉了，而且不能自圆其说。例如郑樵，他就对入闽历史悠久的郑氏被说成随王审知而来很不满意。于是又有人站出来进行文化建构，弥缝了这一矛盾。莆田籍士大夫方大琮《跋方诗境叙长官迁莆事始》云：

---

① 黄仲昭：《八闽通志》卷八七《拾遗·兴化府》，引郑樵《夹漈集》，福建人民出版社，1991，第1033页。按，传世郑樵《夹漈遗稿》未收入这段话。

> 曩见乡人凡诸姓志墓者佥曰自光州固始来，则从王氏入闽似矣。又见旧姓在王氏之前者，亦曰来自固始。诘其说，则曰固始之来有二：唐光启中王审知兄弟自固始携同姓入闽，此光启之固始也；前此，晋永嘉乱，林、王、陈、郑、丘、黄、胡、何八姓入闽，亦自固始，此永嘉之固始也。非独莆也，凡闽人之说亦然。且闽之有长材秀民，旧矣。借曰衣冠避地远来，岂必一处，而必曰固始哉？况永嘉距光启相望五百四十余年，而来自固始，前后吻合，心窃疑之。及观郑夹漈先生集，谓王绪举光、寿二州以附秦宗权，王潮兄弟以固始之众从之。后绪拔二州之众南走入闽。王审知因其众以定闽中，以桑梓故，独优固始人。故闽人至今言氏族者皆云固始，以当审知之时尚固始人，其实非也。然后疑始释，知凡闽人所以牵合固始之由。[①]

方大琮是南宋中后期人。他所见到的情况是，社会上已对不同时代入闽的各姓皆来自光州固始之说做出了“合理”的调整，一方面维持各姓族皆来自光州固始的说法，另一方面把各姓来自光州固始的时间分成两批，一批是根据林谞《闽中记》的旧说，是永嘉之乱以后来的，是永嘉之固始；另一批是唐末光启年间随王氏来的，是光启之固始。这样的解释，虽瞒不过有识者，如方大琮一类文化人，却使一般民众觉得心满意足，久而久之，成为社会的共识，或称社会的集体记忆。这种社会共识或社会集体记忆，起到了很好的凝聚人心、整合不同族类的作用，因而成为泉州人互相认同的文化符号。

郑樵和方大琮所见各姓氏皆称祖上来自光州固始的情况，虽说泛指闽人，“非独莆也，凡闽人之说亦然”，但毕竟是以他们乡人为主，也就是以莆田人及莆田所在的泉州为主。这说明泉州人的族群认同，由唐末五代起到南宋中叶，经过了大约三百年的时间，已经最终完成。

泉州人之外，所谓“闽人”，主要是指福州和漳州两地的人，其他地区的闽人并不强调祖宗都来自光州固始，例如闽西客家人中很少有人自称祖上来自光州固始，反倒是强调祖上来自中原各地，但大都途径宁化石

---

① 方大琮：《铁庵集》卷三二，文渊阁四库全书本，第1页a~第2页b。

壁。漳州人祖述光州固始，显然是受了泉州人的影响，是泉、漳两州形成一个文化地理单元之后，在文化上相互整合的结果。从郑樵称“闽人称祖，皆曰自光州固始来”，方大琮称“非独莆也，凡闽人之说亦然”的记载来看，五代至两宋时期漳州已有一些族姓自称来自光州固始，其中有真正随光州王氏入闽的家族，也有贪图帝王桑梓之荣誉及优待而攀附伪托的。比较明显的是《白石丁氏古谱》，谱中多处提到早在陈政、陈元光入闽之前，来自光州固始的曾镇府与丁儒即已镇守该地区，而后定居于漳州。关于丁儒及所谓曾镇府并非光州固始人，已为不少学者辩证清楚。《白石丁氏古谱》说丁、曾二姓来自光州固始显然属于伪托。《白石丁氏古谱》编撰年代较早，其中的《懿迹记》更可能作于五代时，可见五代至宋，漳州攀附伪托光州固始人后裔之风已然兴起。

关于被漳州人奉为州主和圣王的陈元光，以往传世文献明明记载其郡望是河东。祖上从北方征战岭南，最迟不晚于其祖父那一代，就已入籍义安郡（即后来的潮州）。其父亲陈政是广州扬威府的军官，陈元光本人则以布衣的身份，从时属潮州绥安县的溪口（在今漳州云霄县）起兵，其领兵“平蛮”是自粤入闽[①]，建立功业后被目为“周岭南首领”，要改变陈元光的祖籍是很困难的。只有把陈元光的祖籍也改成光州固始，进而把陈元光部属诸姓的祖籍都改成光州固始，那才算完成了漳州人祖籍光州固始的文化建构过程。

把陈元光家族攀附成光州固始人的最早时间，现已很难究明。明嘉靖《长泰县志》卷下所载《威惠庙记》，记述了历代封赠陈元光官爵情况，有“五代升忠懿王”之语，与《宋会要》关于陈元光历代封赠情况严重抵牾[②]，显系把王审知被后梁封为“忠懿王”的事误作陈元光的事。又，明黄仲昭《八闽通志》引宋人刘涛歌咏陈元光诗，有“史书失记当年事，野老丰碑语不同”之句[③]，则宋代关于陈元光的家世、生平和功绩已是众说

---

① 笔者很早就提出这一观点。最近杨际平对此详加论证，使此说更加难以动摇，参见氏著《唐开漳圣王陈元光自粤入闽说》，载厦门大学《老教授论坛》第七辑，2009。

② 刘琳：《宋会要辑稿》第二十册“礼”二十《陈元光祠》，刁忠民、舒大刚校点，上海古籍出版社，2014，第1010页。据记载，陈元光封神时间始于神宗熙宁八年（1075），历代封赠中无忠懿王之号。

③ 黄仲昭：《八闽通志》卷八六《拾遗·漳州府》，第1010页。

纷纭，不难想见，其时已有许多“齐东野语”之类的不经之谈掺入陈元光家世和生平事迹中。可能宋代有人已把陈元光事迹与王审知事迹混为一谈，因而产生陈元光光州固始人的说法。有意思的是，嘉靖《长泰县志》同一条记载里，仍记陈元光“系出河东”，说明修志者凭其历史知识尚坚持陈元光河东人的传统观点，不认同民间“齐东野语”式的“野老丰碑”。

总之，对于陈元光籍贯光州固始的牵附伪托，很可能宋代就已开始，但以陈元光是光州固始人为前提，编造出陈元光的一系列诗文，以证其文武双全，十三岁领乡荐第一，万里提兵入闽“平蛮”的丰功伟绩，是由明中叶后某些陈氏族谱完成的。现存最早采取陈氏族谱说法的方志，都是万历年间编纂的。如万历《闽书·君长志》即言“陈政自固始入闽”；万历《漳州府志·秩官》亦言“其先为河东人，后家于光州之固始，遂为固始人”。

何乔远《闽书·君长志》所述与《颍川陈氏开漳族谱》大体相同，可知《闽书》此条内容很可能本于《颍川陈氏开漳族谱》。此后清代的漳州地方志大体上均取陈元光来自光州固始说。① 虽然，康熙《漳浦县志》的编纂者陈汝咸很清醒地意识到这是伪托②，但在民间，诸姓皆祖述光州固始的文化建构至此已经完成，成为不可动摇的集体记忆。当然，漳州人的祖述光州固始，有别于泉州人的永嘉之固始及光启之固始，是总章、永隆之固始，或称唐初之固始。

综合起来看，唐末五代宋初，漳、泉二州曾自成一个独立的行政区域，这促进了两州经济文化的进步和整合，逐渐形成了本区域独特的方言、独特的有较强商品经济特别是对外贸易色彩的经济形态，重文的士风和重商的民俗也已形成，政治上完成了权力结构的本土化过程，在对中原的向心力不断强化的背景下，社会各姓皆祖述光州固始的集体记忆也已逐

① 杨际平：《唐开漳圣王陈元光自粤入闽说》。

② 陈汝咸在引证郑樵关于闽人皆祖述光州固始实属谬滥之语后，又说：“自唐陈将军入闽，随行有五十八姓。至今闽人率称光州固始。考《闽中记》唐林谞撰，有林世程者重修，皆郡人。其言永嘉之乱，中原士族林、黄、陈、郑四姓先入闽。可以证闽人皆称光州固始之妄。”见福建省漳浦县政协文史资料征集研究委员会编《漳浦县志》（清康熙志、光绪再续志）卷一九，金浦新闻发展有限公司，2004，第711页。

步形成，因而这个地区的人民已经自成一个独特的共同体，这个共同体就是后世所说的“福佬民系”。上述这些基本特征，大抵形成于五代宋初，故福佬民系正式形成的时间，应在五代宋初。虽然，某些社会心理（如祖述光州固始集体记忆）的整合，宋初之后还在继续进行，但并不妨碍我们得出福佬民系在五代宋初已经形成的结论。

本文原载于陈支平、李玉柱主编《闽台文化的多元诠释（二）》，厦门大学出版社，2013

试析唐宋之际福建地区的“由场升县”现象

李　永

县作为中国古代最稳定的基层行政区划，其发展分布情况历来是一个衡量地区开发程度的重要指标。谭其骧先生曾经指出：“一地方至于创建县治，大致即可以表示该地开发以臻成熟……就全国或某一区域内各县作一综合的考察，则不啻为一部简要的地方开发史。”① 福建地区在唐代先后归属岭南道、江南东道，五代十国时期被闽、吴越、南唐等政权先后统治，北宋政府则在此设置福建路。② 由唐入宋，福建地区统辖的县由唐宪宗元和年间（806~820）的 23 个到北宋太宗太平兴国年间（976~984）的 41 个，再到北宋神宗元丰年间（1078~1085）的 45 个③，出现了较大规模的增长。这些新县主要有四种来源途径。第一，析分旧县而置。泉州惠安

---

① 谭其骧：《浙江省历代行政区域——兼论浙江各地区的开发过程》，载氏著《长水集》上册，人民出版社，1987，第 404 页。

② 参见《旧唐书》卷四十《地理志三》，中华书局，1975，第 1958 页；《宋史》卷八九《地理志五》，中华书局，1977，第 2207 页；周振鹤主编，郭声波著《中国行政区划通史》（唐代卷上册），复旦大学出版社，2012，第 506 页；周振鹤主编，李晓杰著《中国行政区划通史》（五代十国卷），复旦大学出版社，2014，第 288~291、299~305 页；周振鹤主编，李昌宪著《中国行政区划通史》（宋西夏卷），复旦大学出版社，2007，第 77~78 页。

③ 参见李吉甫《元和郡县图志》卷二九《江南道五》，中华书局，1983，第 715~723 页；乐史《太平寰宇记》卷一〇〇至一〇三《江南东道一二》至《江南东道一四》，中华书局，2007，第 1990~2038 页；王存等《元丰九域志》卷九《福建路》，中华书局，1984，第 399 页。

县即在北宋太平兴国六年（981）析分晋江县而置。[①] 第二，开山洞而置。福州永泰县即在唐代宗永泰二年（766）开山洞所置。[②] 第三，由军镇升级而置。建州松溪县即在南唐保大年间（943~957）由戍兵之松溪镇升级而置。[③] 第四，由场升级而置。福州永贞县即在后唐长兴四年（933）由罗源场升级而置。[④] 四种来源之中，由场升级所置之县所占比例最大。林汀水、郑学檬等学者较早关注到唐宋时期福建地区的“由场升县”现象[⑤]，李锦绣、李昌宪、李晓杰等学者的研究亦曾对此有所涉及[⑥]，惜未进行深入探讨。近年来，张达志先生在唐宋时期经济重心南移的大背景下，对此现象进行了解析，给人颇多启发。[⑦] 本文在前人研究基础之上，集中考察唐宋之际福建地区的“由场升县”现象，分析其时空分布特点与成因，探讨“由场升县”背后的社会动力。不当之处，还望赐教。

一　唐宋之际福建地区的“由场升县”情况

“场”在中国古代历史文献记载中出现较早。《诗经·豳风》云：“九月筑场圃，十月纳禾稼。黍稷重穋，禾麻菽麦。”《毛诗正义》曰：“春夏为圃，秋冬为场。”郑玄《笺》云：“场、圃同地。自物生之时，耕治之以种菜茹，至物尽成熟之时，筑坚以为场。”孔颖达疏曰：“九月之时，筑场于圃之中，以治谷也。十月之中，纳禾稼之所收获者，黍稷重穋，禾麻菽麦之等纳之于囷仓之中。”[⑧] 可见场的最初含义，当是收纳农作物的坚平之

① 参见乐史《太平寰宇记》卷一〇二《江南东道一四》，第 2032 页。

② 参见李吉甫《元和郡县图志》卷二九《江南道五》，第 718 页。

③ 参见乐史《太平寰宇记》卷一〇一《江南东道一三》，第 2016 页。

④ 参见乐史《太平寰宇记》卷一〇〇《江南东道一二》，第 1996 页。

⑤ 参见林汀水《略论唐宋期间福建场镇的设置与变化》，载孙进己主编《东北亚研究：东北亚历史地理研究》，中州古籍出版社，1994，第 215~221 页；郑学檬《中国古代经济重心南移和唐宋江南经济研究》，岳麓书社，1996，第 263~264 页。

⑥ 参见李锦绣《唐代财政史稿》下卷第 1 册，北京大学出版社，2001，第 301~302 页；周振鹤主编，李晓杰著《中国行政区划通史》（五代十国卷），第 715~721 页；周振鹤主编，李昌宪著《中国行政区划通史》（宋西夏卷），第 418~423 页。

⑦ 参见张达志《唐宋之际由场升县问题试释——以宣歙、江西、福建为中心》，《复旦学报》（社会科学版）2015 年第 3 期。

⑧ 孔颖达：《毛诗正义》卷八，中华书局，1980，第 391~392 页。

地，是将种植农作物的圃加以整理，使之坚固平坦，以便于农作物的收藏、晾晒。所以，周官中场人的职责为“掌国之场圃，而树之果蓏珍异之物，以时敛而藏之”。[①] 由孔颖达的注疏可以看出，场的附近当有粮仓，以便于农作物的收纳。在“场”前面缀以表示功能的字词，便成为某种类型的场。诸如戏场、道场、矿场、盐场、税场等。[②]

唐宋时期，福建地区的场主要是税场。唐德宗贞元年间（785~805），福建观察使王雄在福州侯官设梅溪场，后升为闽清县。由《淳熙三山志》中闽清“以税场为县”[③] 的记载可知，梅溪场为税场。唐文宗开成年间（836~840），将隶属福州的长溪、古田两乡设置为感德场，至宣宗大中年间（847~860）侯官县丞汤华“兼总感德场，人不告劳，征赋皆及”。[④] 可见感德场也用于征收赋税。[⑤] 唐宋时期设置的税场，大多位于交通要冲，商贾、人员往来便利。比如泉州的小溪场便“西距漳、汀，东濒溟海，乃泉之一镇守也……由陆而至者，必出其途；自水而运者，会流于下”。[⑥] 随着时间的推移，这些场的聚集效应显现，逐渐扩展成人口聚集区。一方面，经济的发展以及人口的增长带来了行政建制升级的需求；另一方面，政府为加强对这些地方的管控，也会考虑于此置县。诚如学者所言：“随着人口流动、场务发展等，一些场从单一盐场、矿场、税场成为具有多种功能的场镇，向一级新的行政机构发展。”[⑦] 在这种背景之下，由场升县成

---

① 郑玄：《周礼注疏》卷十六《场人》，中华书局，1980，第749页。

② 宁欣先生曾将唐宋时期场的类型加以概括，主要包括政府控制的场地，如输场、草场、仓场；政府利用公共空间的赈济、粜粜、兑换恶钱或公益举措称为开场、作场；举行宗教活动的称谓，如道场；官方设置的运动场地，如鞠场；作为娱乐场所的戏场；非指固定场所，如战场等。参见宁欣《唐宋城市社会公共空间形成的再探讨》，《中国史研究》2011年第2期。

③ 梁克家：《淳熙三山志》卷九《公廨类三》，载《宋元方志丛刊》第8册，中华书局，1991，第7869页。

④ 董诰：《全唐文》卷七九一《林珽·福州侯官县丞汤府君墓志铭并序》，中华书局，1983，第8264页。

⑤ 《淳熙三山志》卷九《公廨类三》记载：“宁德，县本盐场。”可见感德场本为盐场，兼有税场性质。参见李锦绣《唐代财政史稿》下卷第1册，第301页。

⑥ 陆心源：《唐文拾遗》卷四八《詹敦仁·初建安溪县记》，中华书局，1983，第10922页。

⑦ 李锦绣：《唐代财政史稿》下卷第1册，第296页。

为唐宋之际包括福建在内的东南地区的一个特殊现象。[①]

唐宪宗元和三年（808），福建观察使陆初“并侯官、长乐入闽县、福唐两县，并将乐县入建安、邵武两县……于旧县各置场官一，刻木为印，征其租税，居人不便，至五年四月又复置”。[②] 由朝廷任命场官，说明朝廷认识到侯官、长乐、将乐等地需要设置专门的机构加以管理。两年之后重新由场升为县，说明场并不能满足当地民众的需求，也说明当地的发展具备了设置县一级行政机构的必要与条件。福建泉州桃林场在唐武宗时还是“形拘势促，不似公门”之处，但到宣宗时发展成“俗阜家泰，官清吏闲。凌晨而舟车竞来，度日而笙歌不散”[③] 的繁华之所，并最终升为桃源县，后改为永春县。[④] 据不完全统计，唐宋之际福建地区共有 14 个由场所升之县。面对大量实例的集中出现，有学者甚至提出“唐代的场是后备县”[⑤] 的看法。如此论断虽有可商榷之处，却揭示了福建地区从唐中后期开始直至宋初，产生的“由场升县”这一特殊的社会现象。笔者以置场时间为序，将唐宋之际福建地区由场所升之县整理成表 1。

表 1　唐宋之际福建地区由场所升之县情况统计（以置场时间为序）

置场时间	场名	升县时间	县名	史料来源
唐贞元元年（785）	福州梅溪场	后梁乾化元年（911）	闽清县	《太平寰宇记》卷一〇〇《江南东道一二》，第 1996 页
唐贞元十九年（803）	泉州大同场	闽永隆元年（939）	同安县	《太平寰宇记》卷一〇二《江南东道一四》，第 2032 页
唐贞元年间	福州归化场*	闽龙启元年（933）	德化县	《十国春秋》卷九一《闽二·嗣王世家》，第 1327 页
唐长庆二年（822）	泉州桃林场	闽永隆四年（942）	桃源县	《太平寰宇记》卷一〇二《江南东道一四》，第 2032 页

① 参见张达志《唐宋之际由场升县问题试释——以宣歙、江西、福建为中心》，《复旦学报》（社会科学版）2015 年第 3 期。

② 王溥：《唐会要》卷七一《州县改置下》，中华书局，1955，第 1274 页。

③ 董诰等：《全唐文》卷七六三《盛均·桃林场记》，第 7934 页。

④ 乐史：《太平寰宇记》卷一〇二《江南东道一四》，第 2032 页。

⑤ 徐晓望：《福建通史》第 2 卷（隋唐五代），福建人民出版社，2006，第 225 页。

续表

置场时间	场名	升县时间	县名	史料来源
唐开成年间	福州感德场	闽龙启元年（933）	宁德县	《十国春秋》卷九七《闽八·谢氏传》，第1400页
唐大中元年（847）	福州罗源场	后唐长兴四年（933）	永贞县	《太平寰宇记》卷一〇〇《江南东道一二》，第1996页
唐咸通五年（864）	泉州小溪场	南唐保大十三年（955）	清溪县	《太平寰宇记》卷一〇二《江南东道一四》，第2032页
唐乾符三年（876）	泉州武德场	南唐保大十三年	长泰县	《太平寰宇记》卷一〇二《江南东道一四》，第2034页
唐景福二年（893）	建州永顺场	后汉乾祐元年（948）	顺昌县	乾隆《福建通志》卷二《建置沿革》，第234页
南唐保大三年（945）	建州归化场	后周显德五年（958）	归化县	《太平寰宇记》卷一〇一《江南东道一三》，第2019页
南唐时期	建州崇安场	北宋淳化五年（994）	崇安县	《舆地广记》卷三四《福建路》，第1060页；乾隆《福建通志》卷二《建置沿革》，第239页
南唐时期	建州永宁场	北宋建隆二年（961）	建宁县	《太平寰宇记》卷一〇一《江南东道一三》，第2020页
宋	汀州上杭场	北宋淳化五年	上杭县	《舆地广记》卷三四《福建路》，第1065页
宋	汀州武平场	北宋淳化五年	武平县	《舆地广记》卷三四《福建路》，第1065页

* 和珅《钦定大清一统志》卷三三六《永春州》载："唐贞元中，析永泰之归义乡置归德场，后唐长兴三年升为德化县。"四库本，第481册，第772页。此处记载德化县由归德场升级而来，与《十国春秋》有异。

二 唐宋之际福建地区"由场升县"的时空特点及成因

从表1中我们可以清晰地看出唐宋之际福建地区"由场升县"的时空

特点。从时间分布上看，福建地区的场在中晚唐五代时期集中涌现，并在五代宋初逐渐升格为县；从空间分布上看，这些县以建州、福州、泉州三地最为集中，并在宋初扩展至福建西南部的汀州。

上述时空分布特点的成因，可从以下几个角度解释。

首先，与唐宋之际福建地区的经济开发以及人口增长有着密切的互动关系。福建地处东南一隅，受地理位置以及地形条件等制约，隋唐以前的开发过程非常缓慢。美国学者汉斯·比伦斯泰因曾经考察唐末以前福建地区的开发情况，他以150年间隔为单位，把公元元年至公元900年间福建地区的县治分布情况分别绘制成七张地图。由此可知，直至公元600年，即隋开皇二十年，福建境内县治分布仍极稀疏，且沿海与内地仍处于隔绝状态。但至公元750年，即唐玄宗天宝九载，福建境内已经出现大批新县，并奠定了唐末以前福建地区县治分布的基本格局。[①] 周振鹤先生有言：“政区的废置和分布情况的变化，实际上是经济兴衰和人口变迁的一项动态指标。”[②] 因此福建地区在隋唐时期，尤其是唐代迎来了大开发的浪潮。中晚唐时期，福建地区在时人眼中虽然仍为“左溟海，右百越，岭外峭峻，风俗剽悍”[③] 之地，但县治数目的基本稳定以及“海滨邹鲁”等称号的出现，无疑表明此时的福建地区已经发展到了一定程度。与经济开发相呼应的是福建地区人口的增长。安史之乱以及随之而来的藩镇割据、五代纷争使北方人口大量南迁，福建是接纳北方移民的重要区域之一。[④] 移民的迁入使福建地区的人口迅速增长。中国古代人口数目的升降与县级行政区划的置废有着非常密切的互动关系。诚如郑学檬先生所言：“从唐开元至五代南唐的二百年左右时间里，由于北方以及浙、赣两省移入闽地人口的大量增加，以及原来人口的自然增长，山区劳动力缺乏的状况有所改善，山谷地

① 参见汉斯·比伦斯泰因《唐末以前福建的开发》，周振鹤译，载《历史地理》第五辑，上海人民出版社，1987，第283~285页。

② 周振鹤：《中国地方行政制度史》，上海人民出版社，2005，第280页。

③ 董诰等：《全唐文》卷三八七《独孤及·送王判官赴福州序》，第3934页。

④ 参见葛剑雄主编，吴松弟著《中国移民史》第3卷（隋唐五代时期），第300~310页。

区陆续得到垦辟，形成居民点，继而设场收税，进而置县治理。”①

其次，与福建地区的开发顺序与移民的迁移路线有关。建州、福州、泉州系福建地区较早设立的州一级行政区划。其中，福州早在南朝陈时已经设州，初名“闽州”，隋时改称“泉州”，至武则天久视元年（700）改为“武荣州”。唐睿宗景云二年（711），析武荣州为闽州、泉州，开元十三年（725）闽州改称“福州”；建州设置于武德四年（621）。② 三州均为福建境内较早开发之地。汀州则直至开元二十四年（736），方“开福、抚二州山洞”③ 置州，开发时间较晚。不仅如此，因乱而南的北方移民进入福建境内主要经由北部的浙江以及西部的江西，福建西北部便成为移民较早进入的区域。据学者统计，从唐开元至北宋太平天国年间，福建境内各州户数增长的百分比，以建州为最高，并依次向汀州、福州、泉州递减。④ 其中，建州、福州、泉州系唐末五代福建境内接纳移民最多的州。⑤ 汀州由于开发较晚，户数的较快增长对设县需求的刺激直至北宋前期才显现出来。

最后，与五代十国时期政权分立的政治局势有关。五代十国时期，南方政权林立，版图缩小，已经有一定规模的场具备升级为县的政治需求。表 1 中五代十国时期由场所升之县共有 10 个，占总数的 71.4%。其中，闽政权时期共有 4 个，占五代十国时期总数的 40%。在这种背景下，设置的部分县规模相对偏小。宋初虽然基本保留了此时所升之县，但也会对这种行为进行一定程度的修正。如建州永顺场于后汉时改为顺昌县，“宋熙宁三年以县境偏小，割剑浦县交溪乡益之”。⑥

① 郑学檬：《中国古代经济重心南移和唐宋江南经济研究》，第 264 页。参见张达志《唐宋之际由场升县问题试释——以宣歙、江西、福建为中心》，《复旦学报》（社会科学版）2015 年第 3 期。

② 王溥：《唐会要》卷七一《州县改置下》，第 1274 页。

③ 刘昫等撰《旧唐书》卷四十《地理志三》，第 1600 页。

④ 参见吴松弟《唐代东南沿海丘陵的经济开发》，载《历史地理》第七辑，上海人民出版社，1990，第 15 页。

⑤ 参见汉斯·比伦斯泰因《唐末以前福建的开发》，周振鹤译，载《历史地理》第五辑，第 282 页；葛剑雄主编，吴松弟著《中国移民史》第 3 卷（隋唐五代时期），第 348 页。

⑥ 乾隆《福建通志》卷二《建置沿革》，四库全书本，第 527 册，第 234 页。

三 唐宋之际福建地区“由场升县”的社会动力

在中国古代政权中，县作为最稳定的基层政区，是中央权力直接面向基层社会的象征与代表之一。设县与否往往成为某一地域是否被纳入某一政权控制范围，或者中央权力是否扩展深入至某一地域的标准之一。比如《史记·秦本纪》载，秦武公十年（前688）“伐邽、冀戎，初县之。十一年，初县杜、郑”。[①] 就是把新征服的地区纳入秦国版图之意。此处的“县”与后世郡县制的“县”能否同一而论，学界仍有争议[②]，但设县这一行为所具有的政权控制意义一直保留下来。比如东汉建安年间（196~220），会稽郡南部都尉贺齐率军平定福建地区叛乱之后，便“复立县邑”[③]进行统治。与之相对应，学界对设县的意义多从权力伸张的角度进行思考，将其理解为一种中央控制下的政治行为，认为“政治过程在行政区划变迁史中起着主导作用，甚或是决定性作用”。[④] 这种由上到下的观察视角，无疑准确地发掘了中央政府在设县过程中发挥的主导作用。唐宋之际，福建地区的一些新设之县，也体现了中央政权控制范围的扩大，诸如唐时隶属福州的古田县系玄宗开元二十九年（741）开山洞置[⑤]；永泰县系代宗永泰二年（766）观察使李承昭开山洞置[⑥]。

与上述为体现统治范围扩展而在原先政权无法控制的地域所设之县不同，唐宋之际福建地区“由场升县”的历史进程中，除去中央发挥的作用以外，我们还看到地方基层社会力量在其中扮演了重要的推动角色。前文所言唐宪宗时福建观察使陆初将侯官、长乐、将乐等县降格为场之后不

---

① 司马迁：《史记》卷五《秦本纪》，中华书局，1963，第182页。

② 参见严耕望《中国地方行政制度》，载氏著《严耕望史学论文集》（下），上海古籍出版社，2009，第855~858页；周振鹤《县制起源三阶段说》，《中国历史地理论丛》1993年第3期。

③ 陈寿：《三国志》卷六十《吴书一五·贺齐传》，中华书局，1959，第1378页。

④ 周振鹤主编，周振鹤著《中国行政区划通史》（总论卷），复旦大学出版社，2009，第158页。

⑤ 乐史：《太平寰宇记》卷一〇〇《江南东道一二》，第1994页。

⑥ 李吉甫：《元和郡县图志》卷二九《江南道五》，第718页。

久，又复场为县，最主要的原因就是“居人不便”。[①] 唐人盛均曾针对泉州桃林场发出如下感慨：“视廛里若巨邑，览风物如大邦。鳞鳞然廨宇之罗，霭霭然烟火之邦……尝闻期月之内，变为大县乎！”[②] 可见桃林场升级为县乃势之所趋、人心所向，符合场内人士的利益。泉州小溪场场监詹敦仁在小溪场由场升县的过程中发挥的作用最具代表性。詹敦仁本为避乱隐居仙游植德山，后被清源节度使留从效所辟，出任小溪场场监，“既至，请升场为县”。[③] 詹敦仁在《初建安溪县记》一文中详细记载了这一过程：“敦仁奉命以来，视事之始，既嘉山川雄壮，尤喜人物夥繁，思筑而县之，乃以状请于郡太守。未几而报可之令下，增割南安近地，新揭清溪美名。”[④] 在小溪场升县过程中，詹敦仁等地方社会代表力量由下而上的推动，起到了关键作用。

由场升县意味着某地行政建制级别的提高，与此同时，往往需要通过崇门楼、建官廨、辟道路等一系列配套措施，完善县治应具备的行政中心属性。福州感德场于闽龙启元年升为宁德县，便开始建设县城桓门。[⑤] 小溪场升县之后，当地兵士与百姓利用轮番、农闲时间，修筑县城，达到“崇门竖楼，所以严其势；绳廊周宇，所以处其吏。屋不华而加壮，寝仅足以为安。居民鳞次，雍雍然以和；官廨翼如，济济而有辨”之规模，并最终实现“坐肆列邸，贸通有无；荷畚执筐，各安职业”的效果，无疑大大有利于地方经济开发与社会发展。[⑥] 高耸的门楼与整洁的官廨，则有助于形成威严声势，树立官府权威，促进地方统治秩序的稳定。[⑦] 不仅如此，“由场升县”还意味着某地正式被纳入政权行政区划体系，得到中央权力的最终认可，这对地处东南边陲的福建地区来讲，尤其具有重要意义。场虽然也是官方所设，但毕竟不是正式的行政区划层级，场官也系地方征

① 王溥：《唐会要》卷七一《州县改置下》，第1274页。

② 董诰等：《全唐文》卷七六三《盛均·桃林场记》，第7934页。

③ 吴任臣：《十国春秋》卷九七《闽八·詹敦仁传》，中华书局，1983，第1394页。

④ 陆心源：《唐文拾遗》卷四八《詹敦仁·初建安溪县记》，第10921页。

⑤ 参见吴任臣《十国春秋》卷九七《闽八·林甘五妻谢氏传》，第1400页。

⑥ 陆心源：《唐文拾遗》卷四八《詹敦仁·初建安溪县记》，第10922页。

⑦ 鲁西奇先生认为，中国古代城壁楼橹等城市设施的营建，有助于树立权威，凝聚民心。门楼、官廨的修筑，无疑也能带来这种效应。参见氏著《中国历史的空间结构》，广西师范大学出版社，2014，第332~333页。

辟，无法进入官方的行政官员序列。詹敦仁在《初建安溪县记》一文开篇即曰：“夫万户而置郡，千户而置邑，古制也，泉之为郡古矣。小溪场西距漳、汀，东濒溟海，乃泉之一镇守也……土之所宜者，桑麻谷粟；地之所产者，獐麈禽鱼。民乐耕蚕，冶有银铁，税有竹木之征，险有溪山之固。两营之兵，额管二千余人，每岁之给，经费六万余贯。地实富饶，是岂不足以置县欤！”[①] 体现了建立县治的强烈要求。场升为县之后，场官往往继任为县令，由此正式成为中央任命的地方官员。詹敦仁在小溪场升县后便继任为县令。后汉时，升建州永顺场为县，也以原来的场官林撰为县令。[②] 升格为县还可为场内百姓提供便利，他们不用因各种事务而来往奔波于场与原来的县治之间。比如建州归化县本唐末归化镇，“后以去郡遥远，民难输纳，户口稍滋，伪唐保大三年立为场，至显德五年改为县”。[③] 所以升场为县也是“斯场人士之所愿也”。[④]

结语

“由场升县”作为唐宋之际福建地区的显著现象，其呈现的时空特点与福建地区在唐宋之际的人口增长、经济开发有着密切的互动关系。这一历史进程的背后，既体现出唐宋之际朝廷统治权力在福建地区的渐趋深入，也包含了福建本地人士寻求建制升级与中央认可的积极努力。这既是一种由上到下的行政调整，也是一种由下到上的倒逼推动，是“官”与“民”互动的结果。其实，唐宋之际的“由场升县”并非仅仅出现于福建地区，江西、荆湖、广东，甚至浙江等地均有出现[⑤]，其中尤以与福建相邻的江西最为集中。比如江西吉州的龙泉县[⑥]，虔州的上犹县、龙南县、

① 陆心源：《唐文拾遗》卷四八《詹敦仁·初建安溪县记》，第 10921 页。

② 吴任臣：《十国春秋》卷九六《闽七·林撰传》，第 1390 页。

③ 乐史：《太平寰宇记》卷一〇一《江南东道一三》，第 2019 页。

④ 董诰等：《全唐文》卷七六三《盛均·桃林场记》，第 7934 页。

⑤ 参见张达志《唐宋之际由场升县问题试释——以宣歙、江西、福建为中心》，《复旦学报》（社会科学版）2015 年第 3 期。

⑥ 乐史：《太平寰宇记》卷一〇九《江南西道七》，第 2218 页。

瑞金县、石城县[①]，江州的德安县、瑞昌县[②]，抚州的宜黄县[③]、金溪县[④]等均由场所升而来。“由场升县”与唐宋之际经济重心南移以及安史之乱以后北方人口的南迁互为表里，为福建、江西等地县治分布基本格局的形成做出了重要贡献。

本文原载于《中国历史地理论丛》2018 年第 3 期

---

① 乐史：《太平寰宇记》卷一〇八《江南西道六》，第 2186、2187 页。
② 乐史：《太平寰宇记》卷一一一《江南西道九》，第 2259、2260 页。
③ 王存等：《元丰九域志》卷六《江南路》，第 254 页。
④ 欧阳忞注《舆地广记》卷二五《江南西路》，四川大学出版社，2003，第 727 页。

华人华侨编

福建归侨与福建建政（1949~1955）

陈友良

1949 年 4 月，中国人民解放军百万雄师渡长江以后，全国革命迅猛发展，福建省的解放事业也已是指日可待。1949 年 5 月至 1950 年初，南下福建的人民解放军在中共福建地下组织和游击武装的配合下，歼灭了盘踞在福建的国民党军队，摧毁了国民党政府在福建的反动统治，基本上解放了福建全境，揭开了福建历史发展的新篇章。在这历史转折关头，福建华侨、归侨矢志不移，一如既往地支持福建革命和建设的历史伟业，并战斗在其中。

一　解放初期担任福建领导人的归侨

福建省是著名的侨乡，据解放初的统计资料，当时福建籍海外侨胞约有 367.6 万人，占全国华侨总数的 30.6%。[①] 全省的主要侨乡分布在东南沿海地区，其中以泉州市所属各县、市、区的侨眷、归侨最多。[②] 1949 年前后，在福建历史转折时期，有一大批福建华侨和归侨与福建人民同甘共苦，团结奋斗，为福建省的解放和建政事业做出了巨大的历史贡献。

叶飞（1914~1999），祖籍福建南安，出生于菲律宾奎松省。幼年即被送回国内，在厦门就学。1928 年加入中国共产主义青年团，从事秘密革命工作，1932 年正式加入中国共产党。土地革命期间，曾任闽东军政委员会

---

① 福建省华侨事务委员会：《本省华侨分布情况》，1955。

② 福建省地方志编纂委员会编《福建省志 · 华侨志》，福建人民出版社，1992，第 1 页。

主席兼中国工农红军闽东独立师师长、政治委员等职，参加南方三年游击战争。抗日战争期间，担任新四军第三支队六团团长、新四军第一师副师长、苏中军区司令员兼政治委员等职。解放战争期间，任第三野战军第十兵团司令员，战功卓著。中华人民共和国成立后，曾任福建军区党委书记，中共福建省委第一书记，福建省省长，中共中央华东局书记处书记，南京军区副司令员，福州军区司令员、第一政治委员，中华人民共和国交通部部长，中国人民解放军海军司令员、第一政治委员。1955 年被授予上将军衔。

梁灵光（1916~2006），福建永春人。1934 年起在上海地下党的领导下参加革命活动，1936 年逃亡到马来西亚，在吉隆坡尊孔中学任教，并组建“华侨抗日救国会”“雪兰莪邦反帝大联盟”等组织。七七事变后，他以新加坡《南洋商报》特派记者的身份回到上海。在接到中共地下党的指示后，梁灵光加入苏北抗日队伍，在新四军挺进纵队工作。1940 年，被任命为抗日根据地如皋县县长，并加入中国共产党。抗战结束后，担任华中军区第九分区司令员兼专员公署专员，先后参加了淮海战役、渡江战役，有“儒将”之称。新中国成立后成为厦门首任市长，历任福建省工业厅厅长、分管经济的副省长。

李述中（1907~1974），福建惠安人。1921 年进惠安中学，1923 年转入福州省立一中，1927 年考入厦门大学，1929 年转入广州中山大学。1933 年同中山大学部分进步师友来闽参加倒蒋运动。十九路军失败后返回中山大学。1934 年 10 月东渡日本，进东京帝国大学农经系。1938 年，随同国民政府中侨委委员宋渊源赴南洋劝募抗日救国义捐。是年 10 月任槟城《光华日报》主编。1939 年秋在新加坡中正中学任教，得一侨商资助，和别人合组一家进口公司——源和公司，兼事商业活动。1947 年初因父病重回国。后回新加坡。1948 年回国定居福州，以归侨身份，被选举为福建省银行董事会董事，同时受农工党中央委派为福建地下工作委员会主委。中华人民共和国成立后，任农工民主党福建省工作委员会主任委员。1954 年被推选为农工民主党福建省第一届委员会主任委员。

林采之（1897~1960），又名健农、津农，福建龙岩人。1916 年创办龙岩西山小学，任校长。1926 年在印尼巴东新华学校任教，后前往苏门答腊经商。1928 年，被选为南侨筹赈总会巨港埠代表、执委。翌年携眷归国，暂住上海。1946 年在厦门开设锰粉厂（后改称“福建电池厂”），兼任经理、厂长。新中国成立后，历任厦门市工商业联合会副主任委员，厦门市各界人民代表会议协商委员会（以下简称“协商委员会”）秘书长、副主席，厦门市首届人大筹委会副主任委员，厦门市归国华侨联谊会主席，福建侨联筹委会副主委，民建福建省委员会第一届委员，福建省人民政府委员，福建省政协常委兼副秘书长。

黄长水（1904~1980），福建惠安人。在上海暨南大学毕业后，即前往菲律宾，协助其父经营商业。1942 年春日军占领菲律宾后，他加入“菲律宾抗日反奸大同盟”，从事抗日斗争。抗战胜利后，到香港经营“泉昌公司”。1946 年上半年中国内战爆发后，他积极支持解放战争，曾购买大量西药及医疗器材支持解放区。1949 年 9 月，他代表爱国华侨到北京出席中国人民政治协商会议。

洪晓春（1865~1953），福建同安人。清末到厦门经商，热心教育和公益事业，曾任厦门大同、民立小学校长。20 世纪 20 年代参与修建街道、市场和公园，为厦门市建设做出了贡献，为厦门商会会长。七七事变后，任厦门各界抗敌后援会会长，动员工商界人士为抗日救亡出钱出力。1938 年 5 月厦门沦陷，他避居香港、越南等地，在马来西亚被捕。抗战胜利后回厦门。任厦门市商会名誉会长。新中国成立后历任厦门市人民代表大会代表、福建省人民政府委员会委员和福建省工商业联合会筹委会主任。

庄炎林（1921~），福建安溪人。童年在上海、厦门读书，后随父母侨居新加坡，1935 年回国，就读于广西大学。1938 年参加广西抗日学生军。1940 年加入中国共产党。次年入广西大学经济系学习。曾任中共广西省委交通联络员、中共桂林市工委书记、《华侨通讯》记者、上海《经济周报》编辑、《上海人民》总编辑。建国初期，历任青年团福建省委书记，中共福建省委文教部、宣传部副部长，福建省人民委员会秘书长等。

颜西岳（1905~1991），金门人。幼年在家乡读私塾和小学。1924 年前往集美学校商科学习，两年后回乡，与洪丝丝等创办的金门公学为金门的第一所中学。1931 年出国谋生，先后在印尼的苏门答腊、棉兰、巨港，以及新加坡经商。抗战期间，积极宣传抗日救国，带头并发动当地华侨捐款支援国内抗战。抗战胜利后重返新加坡经商，在印尼也有与友人合营的企业。同时，他参与投资，创办了进步报刊《生活报》（印尼）和《南侨日报》（新加坡）。1952 年举家回国在厦门定居。积极参加社会主义革命和建设工作，历任厦门市侨联主席、厦门市人大常委会副主任、厦门市政协副主席、厦门市副市长；福建省侨联副主席，福建省人大代表，福建省政协常委，福建省侨联常委、顾问，福建省金门同胞联谊会会长，福建省华侨投资公司副董事长；全国政协委员，中国侨联常委、顾问。

尤扬祖（1892~1982），福建永春人。1950 年 8 月 8 日，印尼总统苏加诺到望加锡视察时，华侨举行欢迎大会，尤扬祖任大会主席并致辞。新中国决定在望加锡设立领事馆，尤扬祖立即把自己的住宅让出来，作为领事馆的馆址，为中印友谊做出贡献。1952 年，尤扬祖任印尼华侨观光团副团长，率华侨回国参观国庆典礼。1953 年冬，他创办永春猛虎山华侨垦殖场，首创在永春山地种植柑橘的成功经验。1956 年 6 月，尤扬祖出席第九次全国侨务扩大会议，参与成立中华全国归国华侨联合会筹备工作，尤扬祖被推选为筹备委员会副主任委员。10 月 12 日，在中华全国归国华侨联合会成立大会上，尤扬祖和李铁民、颜子俊同时当选为中国侨联副主席。

颜子俊（1887~1959），福建永春人。清光绪二十八年（1902）得到同乡吴青云引荐，到越南谋生，后独资创办启华英布店，任经理和董事长。光绪三十三年（1907），孙中山到越南西贡，并在河内设立同盟会分会。他接受了孙中山的爱国民主革命思想，加入同盟会，积极支持辛亥革命。“二次革命”时，他正担任越南中华总商会主席，大力发动并捐献巨款，支援反袁斗争。抗战爆发后，颜子俊任越南中华总商会主席，组织旅越华侨缩食救济祖国兵灾慈善会，支援祖国抗战事业。1954 年 6 月，与印尼侨领尤扬祖同上北京，会见了蔡廷锴将军和旧友庄希泉、李铁民，并拜会华侨事务委员会主任何香凝。10 月，他被选为中国人民政治协商会议全国委员会委员。在全国政协二届一次会议上，周恩来总理亲切会见了他，当知道他是同盟会会员时，称他是革命老前辈。1955 年 3 月，颜子俊被任命为福建省华侨事务委员会副主任。1956 年当选中国侨联副主席。1957 年被任命为国务院华侨事务委员会委员，在参加全国政协二届三次会议时，列席了最高国务会议。

王源兴（1910~1974），又名健初，福建龙岩人，16 岁南渡新加坡谋生，1931 年在印尼巨港一家商号当经理，翌年在巨港与人合资开设恒丰公司，任经理。抗战爆发后，与陈嘉庚一道，支持抗日和人民解放事业。1950 年参与创办南星公司，任董事长，经营祖国的电影和书刊，组织救济巨港受难同胞委员会，赈济在荷兰侵略者占据印尼的战火中受难的华侨。1951 年王源兴携家眷回国定居，历任广州华侨局局长、广东省华侨事务委员会副主任、北京市归侨联合会主席、北京市政协副主席、全国人大代表、中国侨联副主席。

高明轩，(1919~1993)，福建晋江人。1936 年在菲律宾当店员。1938 年回国。同年加入中国共产党，并入延安马列学院学习。后在中共中央机关工作。1945 年后，任《通化日报》社社长、《东北日报》社研究室主任、闽粤赣边区《大众报》社社长。新中国成立后，历任中共福建省委宣传部处长、福建省侨委主任、中国侨联第一届委员会副主席、福建省侨联第一副主席、中共福建省委副秘书长、国家侨委委员。

陈启紫（1902~1974），福建泉州人。1916 年，随叔父陈大谦到印尼泗水谋生。1934 年，自己创办建记咖啡食糖批发行，经营有方，业务发达。1951 年中华人民共和国国庆节前夕，陈启紫参加了第一批印尼华侨回国观光团。1953 年，他收回资产，携眷返国，参加侨乡建设，将带回的大部分资金投入福建省华侨投资公司，被选为公司的常务董事，并担任晋江地区募捐委员会主任，发动华侨、侨眷创办泉州侨光和石狮华侨两座戏院。1954 年，被选为泉州侨光戏院经理、石狮华侨戏院董事长。是年春，当选晋江县归国华侨联合会主席，翌年当选晋江县副县长。1956 年后，历任中国侨联常务委员、政协福建省委员会常务委员。

陈曲水（1902~1985），又名陈希平，福建南安人。1926 年从集美学校师范部毕业，后在南安、泉州等地任教。1929 年旅居菲律宾，在怡朗华商学校担任教员、校长十余年。1947 年转为中国共产党党员，担任中共华南分局香港工委文教组长。中国人民解放军胜利渡江后，中共华南分局根据革命形势的需要，在香港成立中共福建特别支部和福建新民主主义建设促进会。1950 年 1 月，陈曲水从香港回到福建，投身侨务工作，历任中国侨联委员，福建省华侨事务委员会办公室主任，省侨委副主任，省侨联名誉主席。

郭瑞人（1905~1995），福建厦门人。早年侨居印尼、新加坡等地。曾任新加坡侨商土产公司经理、振亚有限公司总经理、《南侨日报》董事。1951 年回国，历任福建省华侨投资公司总经理、福建省华侨事务委员会副主任、福建省侨联主席、中国侨联副主席、福建省副省长、福建省人大常委会副主任、全国人大代表。

二　福建归侨参与福建解放运动

1949 年 4、5 月间，南京和上海相继解放。为了把握时机，一鼓作气解放全中国，中共中央决定将原定 1950 年解放福建的计划提前实施。5 月 27 日，中国人民解放军第三野战军即命令第十兵团以二十八军、二十九军、三十一军三个军执行进军福建的任务。第十兵团广大指战员在司令员叶飞、政治委员韦国清率领下，集结于常熟、苏州、嘉兴一带，进行形势、任务教育和山地作战训练。为了保证粮草供应，选派一支精干的后勤先遣组，随二十九军参谋长梁灵光率领的兵团先遣队入闽，与闽北的中共地下组织和游击队接上关系，执行筹措粮草、副食品任务。

1949 年 6 月 19 日，经中共中央批准的中共福建省委在苏州组成。张鼎丞、曾镜冰、叶飞、韦国清、方毅、梁国斌、伍洪祥、刘培善、范式人、冷楚、陈辛仁、黄国璋为省委委员，张鼎丞为书记。同时，经叶飞建议，第十兵团部队修整一个月，进行“调整组织，配备干部”，为入闽接管准备更好的条件。经叶飞的广泛动员，一支由 5000 余人组成的南下福建的干部队伍也形成了。①

7 月初，第十兵团分兵入闽，迅速解放了闽北 13 县和闽东 6 县。8 月 7 日，第十兵团采取大迂回钳形攻击方式，兵分三路向福州进军。17 日，解放福州城。《叶飞回忆录》中记：“实战证明，我军采取第一个大迂回的

① 叶飞：《叶飞回忆录》（上），解放军出版社，2007，第 395 页。

方案是正确的，如果采取第二方案，即不可能全歼敌人。福州战役的胜利，我军控制了福建中部，打开了局面，然后就可乘胜南下，续歼泉州、漳州、厦门地区敌人了。”① 梁灵光所在二十九军担负迂回至敌后、断敌退路的任务，《梁灵光回忆录》中记下了这一段光荣的历史：“福州战役，三军协作，打得很成功。兵团所做的军事决策是正确的，充分体现了我十兵团指挥员的用兵胆略和作战指挥艺术。”②

福州解放以后，前线军政领导机关随即接管了国民党福建省政府和“绥靖区司令部”等首脑机构。8 月 23 日，福州市军事管制委员会正式成立，由韦国清任主任，叶飞、刘培善、方毅、梁国斌、朱绍清、陈美藻为委员。24 日，中国人民解放军福建军区成立，辖二十八军、二十九军、三十一军和 8 个军分区，叶飞任司令员，张鼎丞任政治委员，韦国清任副政治委员，刘培善任政治部主任。同日，福建省人民政府宣告成立，张鼎丞任主席，叶飞、方毅任副主席。中共福建省委机关报——《福建日报》在 8 月 25 日创刊号上刊登了《为建设人民民主的新福建而奋斗》的社论，发布了福建省人民政府成立等重要文告和新闻。同日，福建人民广播电台也向全省播送了这些文告和消息。

8 月 26 日，福州市人民政府成立，韦国清、许亚分别任正、副市长。在韦国清总负责下，福州接管工作全面展开。叶飞则率兵团主力继续南下，肃清闽南漳泉地区之敌，而后再向厦门、金门两岛进击。

10 月 15 日，厦门之战开始。第十兵团在叶飞的指挥下，以两个军的主力向厦门岛发起攻击。经过一天多的激战，于 17 日上午解放厦门全岛，歼敌 5.1 万余人。厦门市军事管制委员会和中共厦门市委随解放军进入厦门市区，叶飞为军管会主任，黄火星为军管会副主任，林一心为市委书记。厦门市军管会下设政务、财经、军事、公安、文教五个部和秘书、卫生、房产管理 3 个处等，各部、处内还分设若干组，分别筹备接管工作。10 月 21 日，厦门市人民政府正式成立，梁灵光为市长、张维兹为副市长。

---

① 叶飞：《叶飞回忆录》（上），第 401 页。

② 梁灵光：《梁灵光回忆录》，中共党史出版社，1996，第 245 页。

梁灵光是闽南人，又曾经到过南洋，由他出任旅外华侨人数众多的厦门市市长，是上级组织经过周密考虑做出的决定。《梁灵光回忆录》有一段话记录说："中央为什么叫我到厦门当市长呢？原来，陈嘉庚在北京参加全国政协第一次全体会议时，向中央领导提出建议，说厦门快要解放了，那地方华侨多，又是鸦片战争后'五口通商'的一个口岸，在海外影响很大，要求派一个闽南人到厦门当市长。中央领导很尊重陈嘉庚的意见，深感厦门这地方确实重要，将来既是对外通商的口岸，又要担负支援统一祖国的任务，市长的人选必须十分慎重。中央征求省委的意见，叶飞知道我是闽南人，会讲闽南话，而且抗战期间在苏中地区有过多年从政的经验，所以他向省委作了推荐。"①

叶飞、梁灵光领导下的厦门军管会在细致分析厦门的基本情况后，制定出《厦门市接管方针与任务》，要求："必须坚决遵照中央指示，各按系统，原封不动，自上而下，先接后分，坚持立场，逐渐改造的原则，并采取稳步前进的方针。"② 并组织相关接管人员进行集中学习。10 月 20 日，厦门军管会按照原定的方案，分政务、军事、公安、财经、文教五个部开始对厦门进行全面接管。由于接管计划安排周密，接管人员情绪高昂，工作认真负责，保持了艰苦朴素、廉洁奉公的优良传统，整个接管工作忙而不乱，紧张有序。至 10 月底，各部的接收工作就基本结束了。据统计，接收的单位总共 120 个，其中国民党中央直属机构 22 个，省属机构 19 个，市属机构 46 个，各种文化机构 21 个，军警机构 12 个，接收人员 4818 人，并有一大批物质财物。③

在第十兵团大军南下的强大压力下，盘踞在闽西的国民党军纷纷向广东潮汕撤退，永定、上杭、龙岩、漳平相继解放。1950 年 1、2 月间，内陆的永安、三元、将乐、明溪、泰宁、建宁、光泽等 7 县相继解放。5 月 12 日，解放军又渡海解放了东山岛。至此，除金门、妈祖等岛屿外，福建全境基本解放。中共福建省委实现了在全省的集中统一领导。

---

① 梁灵光：《梁灵光回忆录》，第 247 页。

② 梁灵光：《梁灵光回忆录》，第 251 页。

③ 梁灵光：《梁灵光回忆录》，第 254 页。

三　福建归侨参与省内民主建政运动

在福建省各个县、市、区陆续获得解放后，实行军事接管是为了避免新旧政权交替时可能产生的动乱和破坏，保证生产的恢复和社会正常秩序的建立。军管会是临时过渡性的政权机构。实际上在实行军事管制的同时，中共福建省委和人民军队已经着手进行民主建政工作。为了团结省内民主党派、民主人士、华侨人士，发挥他们在建政过程中的社会作用，中共福建省委、省人民政府十分重视统一战线工作，高举统一战线旗帜，动员各方面代表人士参加人民政府的工作。

1950 年 10 月，经中央人民政府批准，首届福建省人民政府委员会正式成立。在省人民政府组成人员中，省人民政府副主席陈绍宽、丁超五，委员王亚南、萨镇冰、洪晓春、何公敢、李述中、林采之、林植夫、倪松茂、陈培琨、傅柏翠、黄长水、黄农、廖华、刘通、刘栋业、练惕生、蔡友兰等，是民主党派或无党派人士。[①] 其中，洪晓春、李述中、林采之、黄长水四人是有华侨背景的民主人士。在中共福建省委的领导下，各民主党派、工商联，各界民主人士和华侨、归侨热情高涨，积极参政议政，开始了在中共领导下多党合作、政治协商，为新民主主义建设出谋划策的历程。

为尽快建立人民民主制度，1949 年 10 月，中共福建省委发出《关于召集各界代表会的指示》。据此，福州、厦门、漳州、泉州等大中城市从各自的不同情况出发，相继开始筹备召开首届各界人民代表会议。

1950 年 1 月 12 日至 17 日，厦门市第一届各界人民代表会议正式召开，与会的 225 名代表大部分经过民主选举产生。在代表会议上，梁灵光致开幕词，宣布代表会议的三项任务：虚心听取各位代表的意见，制定厦门今后的施政方针与任务，代表提出提案。他最后强调：“要把一个旧的消费的半殖民地半封建的厦门，改造成为一个新的人民民主的城市，这不

① 中共福建省委党史研究室：《中共福建地方史（社会主义时期）》，中央文献出版社，2008，第 100~101 页。

是一件轻而易举的事情，这当中必然会碰到许许多多的困难，……但是我们用不着怀疑观望、消极等待，同时我们也不要过于急躁，希望于极短时间内就能搞出个翻天覆地的局面来。目前国际国内的情况是这样有利，只要我们能认识困难，下决心克服困难，只要大家能群策群力，加强团结，我相信，在中国共产党与毛泽东的领导下，我们已经赢得了战争的胜利，同样的我们也会赢得建设战线上的伟大成就。新厦门将一步步地走向繁荣昌盛的道路!”① 会议最后由林一心书记作总结报告，并提出了《厦门市工作的方针与任务》。梁灵光在回忆录中高度评价了这次代表会议召开的意义，他说：“厦门市第一届各界人民代表会议的召开，标志着民主建政的工作进入一个新的阶段。以后，随着人民代表会议制度的形成，人民直接选举和间接选举的代表逐步增多，施政权力也就逐步地由军管会向人民政府转移了。”②

1949 年 10 月 20 日，福州市第一次各界人民代表会议在吉祥山救火联合会大礼堂召开。会期 5 天，出席会议代表 288 人。会议听取了市军管会主任、市长韦国清所作的《福州市两个月来接管与施政方针任务》报告，与会代表讨论并一致通过了接管工作报告，以及中共福州市委提出的施政方针和六大任务的总决议，并将此作为今后全市人民的行动纲领与奋斗目标。1951 年 3 月 22 日，福州市召开第二届第一次各界人民代表会议，会议选举了正、副市长和人民政府委员及本届协商委员会委员。选举结果是：许亚为市长，郑重、严叔夏为副市长，丁日初等 32 人当选委员；许家屯为协商委员会主席，许亚、刘栋业、吴良杰、何公敢等 4 人为副主席，丁良梓等 36 人为委员。

1951 年 12 月 15 日至 25 日，在各大中城市和各县人民代表会议相继召开的基础上，福建省首届各界人民代表会议在福州召开。全省各地区、各阶层、各民主党派、各人民团体、人民解放军和省人民政府的代表共 519 人参加了会议。省人民政府主席张鼎丞致开幕词，并在会上作了《福建省解放两年来的工作及今后任务》的报告，会议选举了省人民政府委员

---

① 梁灵光：《梁灵光回忆录》，第 261 页。

② 梁灵光：《梁灵光回忆录》，第 262 页。

会委员37人，省人民政府主席张鼎丞和副主席叶飞、方毅继任。会议同时选出了省首届协商委员会主席张鼎丞，副主席曾镜冰、王亚南、林植夫、黄长水等4人，以及委员47人。协商委员会的委员由各民主党派、各人民团体和各界代表组成，在政协福建省委员会产生之前，履行中国人民政治协商会议福建省地方委员会的职责，参与全省政治、经济生活中重大事项的协商，协助人民政府联系和动员人民，推动各项工作。协商委员会的成立标志着福建省人民民主统一战线正式建立。①

四　福建省侨务机构的设置及侨务工作的开展

福建省是著名的侨乡，解放后，省委、省政府十分重视侨务工作。1949年10月，中共福建省华侨工作委员会成立，王汉杰为主任，张兆汉、张道时为委员。1950年10月撤销。

1950年11月1日，福建省人民政府华侨事务委员会成立，作为主管全省侨务工作的行政机构。其基本任务是：保护华侨正当权益，保护归侨、侨眷的合法权益，广泛团结海外华侨和归侨、侨眷，使其参加社会主义建设，增进同外籍华人的友好情谊，为振兴中华、统一祖国、加强同各国人民的团结友好和合作交流而奋斗。该机构成立时人员编制26名。1952年7月15日，改名为福建省人民政府华侨事务处，1952年10月18日又恢复原名称。1953年3月16日改名为福建省华侨事务委员会（以下简称“省侨委”）。② 省侨委机构最早包括办公室、调研室、侨务科、宣传科。1952年增设生产救济科。1954年将宣传科改为宣传处，增设人事科、投资辅导科。1956年将侨务科、生产救济科改为处，撤销投资辅导科。1950~1956年福建省人民政府侨务办公室正、副主任任职情况如表1所示。

表1　福建省人民政府侨务办公室正、副主任任职情况（1950~1956）

姓名	职务	任职时间	何地归侨
王宣化	主任	1950年11月~1953年4月	新加坡归侨

① 中共福建省委党史研究室：《中共福建地方史（社会主义时期）》，第102页。

② 福建省地方志编纂委员会编《福建省志·华侨志》，第277页。

续表

姓名	职务	任职时间	何地归侨
王汉杰	副主任 主任	1950 年 11 月~1953 年 12 月 1953 年 12 月~1956 年 7 月	菲律宾归侨
张兆汉	副主任	1950 年 11 月~1953 年 12 月	马来西亚归侨
高明轩	副主任 主任	1953 年 12 月~1956 年 7 月 1956 年 7 月~1958 年 10 月	菲律宾归侨

福建省侨乡各地自 1949 年起也先后设立侨务行政机构。1949 年厦门市人民政府设侨务局。晋江、龙溪两个专署分别于 1950、1951 年设侨务局（科），福州市 1956 年设侨务处，闽清、古田、屏南、晋江、南安、同安、永春、安溪、惠安、莆田、东山、龙岩、永定等县分别于 1952~1956 年设侨务科（见表 2）。大部分市、县还成立了归国华侨联合会，是联系归侨、侨眷和华侨的桥梁。

表 2　福建各专署、市、县侨务科（局、处）情况（1949~1956）

名称	成立时间	历任主要负责人
厦门市人民政府侨务局	1949 年 11 月	梁灵光（兼）、李文陵、庄云朝
晋江专署侨务局（科）	1950 年 9 月	张连（代）、郑种植、梁新民、高剑锋、陈汉泽
龙溪专署侨务局（科）	1951 年	吴青山、罗铁、陈迪
福州市人民政府侨务处	1956 年	陈冰、沈殿
晋江县人民政府侨务科	1952 年 11 月	郑炳山（兼）、苏文顿、吴纪杭、黄传森等
南安县人民政府侨务科	1952 年 1 月	不详
安溪县人民政府侨务科	1952 年 12 月	林玉梅、胡长炬
永春县人民政府侨务科	1953 年 2 月	徐凤仪、林伯齐、许自狮
惠安县人民政府侨务科	1954 年 7 月	刘连金、潘春德、陈福铭
同安县人民政府侨务科	1954 年 7 月	汪清桂
龙溪县人民政府侨务科	1953 年	谢大鼻、郑维诚
海澄县人民政府侨务科	1953 年	曾庆裕、李俩茂

续表

名称	成立时间	历任主要负责人
莆田县人民政府侨务科	1953 年 10 月	蔡文雄、杨景瑞、林传祺
闽清县人民政府侨务科	1954 年 9 月	黄广银、李传安
古田县人民政府侨务科	1952 年 11 月	王长惠
屏南县人民政府侨务科	1956 年 11 月	不详
龙岩县人民政府侨务科	1954 年	陈山河、张新民
永定县人民政府侨务科	1954 年 9 月	不详
东山县人民政府侨务科	1955 年 4 月	洪于堂、李周明

资料来源：福建省地方志编纂委员会编《福建省志·华侨志》，第 281 页。

新中国成立之初，各种矛盾错综复杂。要完成福建的重建工作，必须在短时间内积聚大量的人力物力。在当时依靠国家巨额财政拨款几乎不可能的情况下，充分发挥华侨爱国爱乡的优良传统来支援福建建设，便成了形势发展的客观要求。对此，中共福建省委有明确的认识，他们把侨务工作放在重要的议事日程上，始终围绕着维护华侨利益和搞好福建建设这两个方面来开展侨务工作。

新中国的成立及侨务工作的改善，使海外侨胞受到极大鼓舞，大批侨生回国回乡升学，各地侨乡利用侨资兴办了工厂、农场、学校、医院，一批批侨胞和海外华人回国回乡观光、探亲、旅游、讲学，爱国爱家热情日益高涨，对全省经济的恢复、发展做出了贡献。各级县市的侨务机构在引接海外华侨方面起到了非常重要的作用。

五 归侨叶飞、梁灵光在福建的施政

新中国成立后，叶飞长期经略东南，坐镇福建前线，担任福建省党政军主要领导职务达 28 年之久，为福建的建设和海峡的安全倾注了大量心血。1949~1955 年叶飞在福建省担任的职务如表 3 所示。

表 3　叶飞在福建省担任的部分职务（1949~1955）

序号	职务名称	就任时间
1	中共福建省委员会委员	1949 年 6 月~1951 年 12 月
2	中国人民解放军厦门市军管会主任	1949 年 10 月
3	第三野战军第十兵团政治委员	1950 年 3 月
4	第三野战军第十兵团党委书记	1950 年 3 月
5	第三野战军第十兵团党委常委	1950 年 3 月
6	福建军区党委书记	1950 年 3 月
7	福建军区党委常委	1950 年 3 月
8	中共福建省委常委	1950 年 3 月~1951 年 12 月
9	中共福建省委第一副书记	1950 年
10	福建省海防工作委员会主任	1951 年 5 月
11	福建军区党委第二书记	1951 年 12 月
12	中共福建省委代理书记	1952 年 5 月
13	福建省人民政府代理主席	1952 年 5 月
14	福建军区代理政治委员	1952 年 5 月
15	中共福建省委工厂企业委员会书记	1952 年 8 月
16	中共福建省委工业部部长	1952 年 9 月~10 月
17	中共福建省委和福建军区党委人民武装委员会主任委员	1953 年
18	中共福建省委第二书记	1953 年 7 月
19	中共中央华东局书记处书记	1953 年 7 月
20	福建军区党委第一书记	1954 年 8 月
21	中共福建省委第一书记	1954 年 9 月~10 月
22	中华人民共和国第一届国防委员会委员	1954 年 11 月
23	福建军区党委委员	1954 年 12 月
24	福建省省长	1955 年 2 月
25	南京军区副司令员	1955 年 3 月
26	中共福建省委书记	1955 年 4 月

资料来源：中共福建省委组织部、中共福建省委党史研究室、福建省档案馆编《中国共产党福建省组织史资料（1926 年 2 月~1987 年 12 月）》，福建人民出版社，1992；赵俊华、徐冀宁《叶飞一生担任的职务研究》，《知识文库》2018 年第 12 期。

梁灵光从转战大江南北，到接到中央任命，卸下戎装，担任厦门的首任市长，这时不过33岁。1952年冬，先后升任福建省工业厅厅长、省委工交部部长等职务。1956年，被补选为副省长，主管省府日常工作，并分管经济工作，直到1977年冬上调国家轻工部任部长，在福建整整度过了28年。

解放初期的福建有三大特点：一是工业、交通落后，现代企业寥若晨星，海口被封锁，无法使用海上运输，省内只有几条简易公路，没有任何铁路基础；二是处于海防前线，随时准备打仗；三是旅外华侨众多，是仅次于广东的著名侨乡。为了新福建的建设和现代化，以叶飞、梁灵光为代表的福建华侨着力推进以下几项事业。

1. 推动福建省的铁路和公路建设

“修筑闽路”是福建人民和福建华侨多年来的愿望。为了使福建早日上马铁路项目，爱国华侨陈嘉庚北上南下，奔走呼吁，献计献策。早在1949年9月，他就在全国政治协商会议第一届全体会议上，提出了修建福建铁路的提案，并获得通过。此种迫切心愿，受到党和政府的重视，中共中央、中央人民政府、毛泽东多次表示支持福建修建铁路和公路。在美国发动侵朝战争以后，毛泽东又批示：“此事目前虽一时不能兼顾，但福建筑路的正确意见，当为彻底支持。”①

1951年，张鼎丞给中共中央、华东局写信，要求尽快考虑修建鹰潭至南平的铁路，解决福建出省通道问题。1952年初，周恩来邀请傅作义、陈嘉庚等20多位政协委员座谈，通报“一五”计划主要建设项目的设想，并谈到要先修一条从南昌到厦门的铁路。陈嘉庚回闽后立即向省委、省政府报告了这一喜讯，并亲赴闽西、闽北实地考察。当年6月22日，又发电报给毛泽东，对国家重视福建铁路修建表示感奋之情，并建议“昌厦铁路”由龙岩经过，以利闽西矿产资源的开发。

1953年7月，从鹰潭至厦门的勘测选线、草测设计工作完成，正式定名为“鹰厦铁路”，经铁道部和中共福建省委、省政府审查通过。铁道部决定鹰厦铁路的勘测设计工作由铁道部西南设计局承担，修建任务由王震

---

① 何少川主编《当代福建简史》，当代中国出版社，2001，第96页。

将军率领的铁道兵部队承担。1954 年，中央军委副主席彭德怀来福建视察前线，为解决交通运输问题，决定抢修鹰厦铁路。1955 年 2 月 11 日，列入“一五”计划福建省重点建设项目的鹰厦铁路正式动工。鹰厦铁路全线要穿过闽北、闽中山区和闽西南丘陵地带，工程十分艰巨。人民解放军铁道部队 12 个师入闽承担建设任务。为了支援和配合筑路大军，福建成立了以梁灵光为主任的支前委员会，保证沿线粮食、肉菜的供应，并动员 10 万民工和青年志愿筑路队，与铁道兵一道劈山凿洞、艰苦奋战。这是福建省有史以来投入人力最多的重大工程，梁灵光也成了出色的“后勤部长”。[①]

鹰厦铁路最艰巨的工程是武夷山工段和分水岭工段。《叶飞回忆录》中写道：“当时的铁道兵司令员王震视察这项工程时指出：凿通武夷山是‘咽喉工程’，劈开分水岭是‘心脏工程’。在大西南铁道工程修建之前，鹰厦铁路工程可算是最艰巨的工程了。”[②] 施工中为了排除障碍，在武夷山凿通了铁牛关隧道，炸掉了 7 个山头劈开分水关，打通了 700 米的通道。在戴云山为削平众多山头，实施了 20 多次大爆破。为炸掉赤头板大山头，在当时的条件下装炸药 244 吨，炸飞土石 18 万立方米。起爆时，王震、叶飞、梁灵光等都亲临现场。

1956 年 12 月，鹰厦铁路修建工程提前铺轨到厦门。全长 694 千米，沿途打通了 46 个隧道，构筑了 1973 座桥梁、涵洞，全部工程仅用了 1 年零 10 个月，比原计划提前 1 年完成。后来毛泽东对陈嘉庚说：“鹰厦铁路一通，三个姓陈的都高兴啦!”[③] 这三个姓陈的是指积极支持修建鹰厦铁路的陈毅、陈嘉庚、陈绍宽。这条横贯福建的交通大动脉的建成，为福建的经济发展注入了巨大活力，提高了战时军事调动的机动能力，坦克、大炮等重型武器可用火车迅速运抵海防前线。

对于鹰厦铁路，中央总投资 6.2 亿元，实用 4 亿元，节省 2 亿多元。叶飞、梁灵光提出利用结余资金修建南福铁路，得到王震的支持。在施工过程中因铁轨供应不上，工期虽一再拖延，但南福铁路最终于 1959 年元旦正式通车，福建从此有了两条大动脉，结束了“路无寸轨”的历史，实现

---

① 黄方生：《未了情》，中国文联出版社，2001，第 14 页。

② 叶飞：《叶飞回忆录》（上），第 441 页。

③ 梁灵光：《梁灵光回忆录》，第 333 页。

了全省人民群众的夙愿，对海防建设、经济建设以及今天的对台交往都发挥着重要作用。

1950年，张鼎丞、叶飞和省委提出的关于修建9条国防公路的意见，先后得到华东局、党中央的批准。上饶至南平、江山至建阳、水吉至建瓯、建瓯至福州、福州至厦门、漳州至汕头6条公路，于1951年6月先后完成修建和扩建任务。南平经永安、龙岩至厦门，永安至泉州，福州至福安3条公路，因基建程序问题拖了一年半，于1954年先后建成。“一五”计划期间，公路建设的通车里程有成倍的增长。到1957年底，全省公路通车里程由“一五”计划开始时的不到3000千米增加到6034千米，联结全省各地的公路网初步形成，不通车的县由解放初期的13个减少到6个。新建、改建公路计划的超额完成，使海防前线的战备交通渐臻完善，促进了沿海、内地和闽西南的经济沟通，也为闽西北革命根据地、一些穷困山区以及沿海渔盐之乡的经济发展提供了必要的条件。

2. 修筑厦门海堤

修筑厦门海堤的设想，最早是由陈嘉庚、梁灵光在交流中提出的。梁灵光在回忆录中记载：“1950年9月，陈嘉庚从南洋回到故乡集美定居，我经常渡海过去拜访他。我们谈起厦门与集美之间的交通问题，谈起马来亚与新加坡之间的海峡长堤，都感到在高崎、集美之间完全有可能修一条海堤，把厦门与大陆连接起来。共同的经历，共同的设想，就形成了共同的决心。”①

1950年，中国人民志愿军入朝作战后，福建前线形势紧张起来。陈毅在叶飞陪同下到厦门视察，检查战备工作，梁灵光向他们汇报工作时，提出要修建厦门海堤的问题。陈毅当场表示同意福建同志的意见，后来在政治局会议上向毛泽东提出修建厦门海堤问题，毛泽东也同意了。不过，当时正值抗美援朝，国家财政相当困难，修建厦门海堤之事就被暂时搁置下来。直到1952年底，中央才正式批准该项目，并下拨国家专项经费1300多万元。中央同时决定由陈毅负责工程建设，陈毅则指定由叶飞负责工程的具体领导工作。《政务院关于修筑厦门市高集海堤工程的决定》中规定：

① 梁灵光：《梁灵光回忆录》，第277页。

“工程之具体领导即其行使管理、干部与职工之调配、政治工作、具体施工组织领导等，由叶飞同志负责指挥。”①

1953年，中共福建省委（当时第一书记张鼎丞已调去中央工作，省委暂由第二书记叶飞主持工作）做出决定：成立高集海堤工程建设委员会，梁灵光为主任，张维兹、冯大勋等8人为委员。厦门海堤修建工程上马了。叶飞阐述过厦门海堤项目在1953年开始执行的战略因素，他说：“我们首先是从国防上考虑的。厦门是个海岛，要靠海上运输，兵力调动，物资补给，困难很多，但厦门的地位十分重要，既是国防前哨，又是解放金门以及下一步统一祖国的前进阵地，必须有尽可能便捷的交通。其次，当时福建铁路计划修至厦门，海堤修筑后，不仅铁路、公路畅通厦门岛，亦能更有效地使用岛上的海港，增强海陆联运的作用，促进国民经济的发展。所以今天才有可能在厦门设立经济特区，这是后话了。第三，当时有个亟待解决的现实问题。解放前的厦门是个畸形的消费城市，仅有的两家工厂在解放前迁去香港，只有一些商业和服务行业，18万市民中约有3万人依靠侨汇生活，其他居民谋生乏路，生活贫苦。依靠政府的救济款维持生活，终非长久之计。以工代赈，修建海堤，可以解决存在的失业问题。其实，30年代资本主义世界出现经济危机时，所谓‘罗斯福新政’主要措施就是由国家大量兴办公用事业，解决就业问题。”②

正式动工前，梁灵光带领水文、地质、施工三个小组的工程技术人员进行实地勘察，前后历时16天。依据这一次的勘测情况，叶飞指示：“有两大问题须进一步弄清楚，一是地质尚须进一步用钻探机钻探，使工程更有把握，如果没有把握，可请教苏联专家。二是海潮冲击力有多大，也须精密勘测，计算出用多大的石头才能经得起海浪的冲击。”③ 据此，梁灵光等人又在短期内制定出计划任务书，上报华东局审批。“当时，中央和华东局没有哪个部门愿意承担海堤的设计任务，连苏联专家都不愿意承担。怎么办？只好自力更生，由福建自己来设计。”④ 叶飞也对福建人自己的设

① 叶飞：《叶飞回忆录》（上），第435页。

② 叶飞：《叶飞回忆录》（上），第434页。

③ 梁灵光：《梁灵光回忆录》，第280页。

④ 梁灵光：《梁灵光回忆录》，第280页。

计方案表示过信心，他说："闽南的劳动人民是创造奇迹的。泉州著名的洛阳桥是闻名世界的石质梁式长桥，两吨重的条石交叉砌成的桥墩，经历海浪整整一千年的狂暴冲击，安然屹立。筏型基础，种植牡蛎以固桥基，是我国古代重要的科学创新。可见当年就有技术高超的石工，就存在海底砌成条石巨墙的技术了。"①

初步设计方案出来后，梁灵光让送去给陈嘉庚看，请他提意见。陈嘉庚提出了两条意见。一是堤宽21米，实际使用宽度只有16.5米，太窄了，建议加宽至25米，因为将来铁路要从堤上经过，还要搞双轨的，铁路、公路应各拓宽2米。二是在厦门一侧，铁路与公路要搞立体交叉。厦门是个港口，将来的吞吐量必定很大，要从长远看厦门经济发展的形势。但是这个有远见的意见，遭到苏联专家的否决。中方负责人方面主要考虑到省里财力不足，决定按苏联专家的意见办，即顶宽改为19米，不设计立交桥。

厦门海堤在中央、福建省有关部门和闽南各地市的大力支持下，在全体修堤员工的共同努力下，于1954年1月正式动工，1956年10月基本建成，前后历时两年多。最后的海堤合龙，景象壮观，梁灵光陪同叶飞到场指导。叶飞生动记录道："合龙时，载运条石的船只鱼贯而来，船只倾斜至90度，驶至合龙口时，借助湍急水流的冲力，船舷接近水面，石块随即落水，趁着巨石破坏漩涡之时，船空载轻，飘然而起，疾驶而去。真是险象百出。船的倾斜度掌握不好，石料倾倒后抓不住时机，都会船毁人亡。只见船只一艘接着一艘，巨石一块接着一块……石块终于冒出海水之上，人们不禁齐声欢呼。然而，到此还没有结束……水性极好的青壮渔民纷纷跳下海去，把堆叠得乱纷纷的石头进行调整，交叉排列，好像砌墙一样。此种景象，真是毕生只能一见。"②

厦门海堤全长2212米、宽19米，全部由花岗岩砌成，堤上设有火车道、汽车道、人行道，是我国跨海修堤的首创之举，也是闽南人民移山填海、改造自然的伟大力量的象征。它的建成，不但从根本上改变了厦门孤岛交通阻隔的状况，适应了海防的需要，而且大大促进了厦门经济的

① 叶飞：《叶飞回忆录》（上），第436页。

② 叶飞：《叶飞回忆录》（上），第439页。

发展。

3. 推动福建工业起步

福建的工业基础极为薄弱，当时民间流传一句话：“福建手无斤钢，路无寸轨。”形象地说明了福建全省工业、交通的落后状况。据1950年统计数据，福建全省私营工业有7267户，资本总额只有2863万元。这些私营工业大半集中在福州、厦门、漳州、泉州四个沿海城市，内地偏僻山区仅有一些家庭作坊。经过三年国民经济恢复，到1952年底，全省工业产值4亿元，比1950年增加1.8倍，但全省工业和农业之比是14.6∶86.4，是名副其实的农业省。与华东沿海几个省相比，福建的工业基础仍然最为落后。当全国开始执行第一个发展国民经济的五年计划时，地处海防前线的福建省海运还受敌舰封锁，城市常受敌机轰炸袭扰，机关、工厂和城市居民有时还要疏散备战。同时，地方财力不足，地下资源不清，全省尚无铁路，考虑到福建是海防前线，国家的“一五”计划没有在福建安排重点项目。

为了促进福建的工业发展，叶飞曾经从军备和海防角度向中央建言，呼吁在福建适当发展工业。他说：“战争的规模大了，就带来了新问题。过去打仗，甚至是对付国民党的重点进攻，只需用民工支前，扁担、独轮车、大车、小毛驴担负后勤补给就可以了。现在就不行了，没有一个工业基础，根本无法维持战争。飞机损坏，大炮损坏，汽车、仪器损坏了，在福建就没有办法修复。因为福建是前线，解放后没有搞什么工业建设，只好送到内地，送到上海去修理。这怎么行啊！”又说：“如果停留在原来那种支前形式，前线不准搞工业，就不能适应现代战争。福建必须建立一定的工业基础。”①

1952年，福建社会经济经过近三年的恢复和整顿，进入了新的发展阶段，省委决定将工作重点转移到工业建设上来。这年年底，叶飞兼任新成立的省工业部部长，他立即调回梁灵光担任工业厅厅长。叶飞从实际出发，同省委其他领导一起研究适合福建省情的“一五”计划。1953年11月，中共福建省第二次代表会议通过决议，明确规定：“一五”期间，把

① 叶飞：《叶飞回忆录》（上），第444页。

以发展互助合作为中心的农业、林业生产放在首位，有计划地发展工业，稳步对私营工业和手工业进行社会主义改造，为工业建设创造条件。在具体工业建设项目上，以鹰厦铁路和古田溪水电站一级电站为重点投资工程，并新建、扩建一批为农业生产和人民生活服务的工业建设项目，如糖厂、纸厂、盐场等，国民经济实行农、轻、重布局。

与此同时，叶飞、梁灵光等省委领导人利用福建侨乡的优势，大力引进侨资发展福建省企业。如邀请著名华侨黄长水、尤扬祖创办福建省华侨投资公司。另外，首批公私合营企业（如福州造纸厂、民天食品厂、南平木材化工厂、厦门电话公司、泉州源和堂等工厂企业）的扩建，以及新建的泉州糖厂，使用的都是福建省华侨投资公司的资金。

福建“一五”计划的成就是喜人的。全省列入国家计划的各项基本建设投资总共4.5亿元（中央投资3.1亿元），其中用于工业建设的占41.7%。叶飞强调要“束紧腰带”，勤俭节约，自力更生，为办工业积累资金。全省实施“一五”计划过程中，基建投资实达6.3亿元。地方投资从1.4亿元上升到3.2亿元，上升部分主要用于工业建设。古田溪水电站一级电站一期工程于1956年建成发电。仙游、云霄、漳州、平和、南安、福清糖厂，都在“一五”后期兴建或投产，为地方积累了资金，也使农民增加了收入。南平纸厂的基本建设历时两年多，于1959年建成投产，缓解了全国新闻纸的短缺，后来又发展成全国新闻纸生产的重要基地。叶飞曾到福建机器厂、福州机床厂、福州通用机器厂、厦门工程机械厂视察指导。福建“一五”计划超额完成，效益明显。

综上，新中国成立后，华侨在担任福建省、福州市及厦门市主要领导期间，在三年国民经济恢复时期，不论在反特防奸、巩固国防和打破封锁方面，还是在民主建政、发展生产和侨务工作方面，都取得了骄人成绩，得到了广大市民和海外华侨的赞赏。在“一五”计划期间，他们同样为全省恢复生产，福建工业、交通建设和全省经济大发展做了大量工作，对福建地方工业的发展做出了卓越贡献。

未刊

19世纪后半期北美西部华人与印第安人关系及相互认知

贺建涛

以1848年加利福尼亚和1857年不列颠哥伦比亚发现金矿为标志，淘金热从南到北席卷了北美西部，中国福建和广东等地东南沿海一些华人为谋生前往北美淘金。此后，美国太平洋铁路（1863~1869）和加拿大太平洋铁路（1881~1885）修建，因劳动力匮乏，华人被作为筑路工招募。由此，19世纪后半期形成了华人移民北美的高潮。美国华人从1850年的4018人增至1880年的105465人。[①] 1860年，加拿大仅温哥华岛华工就有约7000人。1881~1885年，1.5万名华工参与了加拿大太平洋铁路不列颠哥伦比亚段的修建。[②] 对于这一时期北美华人史，国内学者给予了普遍关注，但基本上是围绕华人与白人关系展开的，对于华人与印第安人等非白人族群关系的研究几乎是空白的。国外有少数学者对此有所涉足，但相关研究多散见于其他主题的著述中，系统的专门研究则是凤毛麟角。[③] 本文

---

① Bureau of the Census, *Population Schedules of The Tenth Census of the United States, 1880*, Vol. 1 (Washington DC, 1883), p. 334.

② The Canadian Encyclopedia, "Chinese Americans", http: //www. thecanadianencyclopedia. ca/en/article/chinese-canadians/, May 1, 2017.

③ 国外个别学者对华人与印第安人之间的关系做了初步探究，其中具有代表性的如下。加拿大学者黎全恩、丁果、贾葆蘅的《加拿大华侨移民史》（人民出版社，2013）有数页文字简要介绍了印第安人抢劫华人以及双方同居等现象。美国芝加哥德瑞大学（DeVry University）教授丹尼尔·雷斯特曼（Daniel Liestman）在文章《平行的族群关系：19世纪美国西部的华人与印第安人》（Horizontal Inter-Ethnic Relations: Chinese and American Indians in the Nineteenth-Century American West）（见 *The Western Historical Quarterly*, November 1999）中认为两者的关系是零散而平行的，几乎无融合。（转下页注）

依据相关文献，主要研究这一时期北美西部华人与印第安人的关系及相互认知，旨在以此管窥当时殖民主义与种族主义背景下北美非白人族群间的融合与冲突。

一 “弱者相亲”——北美西部华人与印第安人的互惠与融合

19世纪后半期，美加西部正处于殖民开发的蓬勃期，英法裔等白人移民是这一进程中的主导族群，而印第安人是被殖民者，基本上处于渔猎游牧状态，和华人一样属于种族主义社会底层的弱势族群。从地理上看，这一时期北美西部华人多分布在金矿地带和铁路沿线，不少毗邻或穿过印第安人区。除了做矿工、筑路工，还有华人从事餐饮、洗衣、零售、进出口贸易、轻工制造及采矿等业，生活生产与印第安人有交集，形成了较密切关系。

1. 邻居与工友关系

华人来北美多是为务工谋生，在陌生的环境里与附近印第安人交往时，华人基本上秉承了与人为善的原则，以获得便利和安宁。同时，这一时期毛皮贸易、淘金热和太平洋铁路修建等带来了北美西部商品经济的兴起。华人来到西部，衣食住行及生产劳作之物多需购置，与印第安邻居间商贸往来也应运而生。在西部，有华人居民和华人鱼干公司购买印第安邻居的食用鱼，华人洗衣店从印第安人手中购买木头烧水，① 也有印第安人到华人农场用鱼换大米和蔬菜。② 华人经营的店铺也常有印第安人光顾，有的印第安人还将熊胆卖给华人药铺，③ 到华人诊所看病。④ 为了鼓励印第安人改变游牧生

（接上页注③）2012年新泽西州立大学乔丹·华（Jordan Hua）的学士论文《他们睥睨而视：19世纪美国西部华人与印第安人》（They Looked Askance: American Indians and Chinese in the Nineteenth-Century American West）也对美国西部华人与印第安人的来往做了一定阐述。

① Lawrence Michael Fong, “Sojourners and Settlers: The Chinese Experience in Arizona”, *Journal of Arizona History* 21 (Autumn 1980), p. 233; George Brown Goode, *The Fisheries and Fishery Industries of the United States* 2 (Washington: Government Printing Press, 1887), p. 628.

② 黎全恩、丁果、贾葆蘅：《加拿大华侨移民史》，第120页。

③ “First Nations and the People of the Pacific”, http://asia-canada.ca/converging-imaginations/fur-trade-china/first-nations-and-people-pacific, March 20, 2017.

④ Lilly Chow, *Sojourners in the North* (Prince George, BC: Caitlin Press, 1996), p. 29.

活，加拿大政府还曾允许温哥华附近华人租种马斯魁（Musqueam）印第安人土地，以便向其示范如何农耕定居。[①] 可以说，双方互通有无的邻里商贸关系是北美西部殖民的产物，为当地商业注入了活力，也在某种程度上改变了印第安邻居以渔牧为主的传统生活方式。

19 世纪后半期，北美西部在工业革命带动下由农业社会转向工业社会。工业化的发展改变了印第安人以渔猎游牧为主的经济形态。而资本上的劣势、技术上的先天不足以及被歧视的地位使得印第安人和华人一样，在资本主义市场整体沦为劳动力的出卖者。在淘金热和太平洋铁路时代，两者多一起做矿工和筑路工。19 世纪晚期，西部鱼罐头、制衣鞋等轻工业兴起，一些华人与印第安人随转入其中。据统计，1901 年，旧金山阿拉斯加渔业包装协会（Alaska Packers' Association）下属罐头厂雇用了 158 名白人、1086 名印第安人和 2162 名华工。不列颠哥伦比亚包装公司在弗雷泽河沿岸的六个罐头厂最多时雇用了 1200 名员工，其中多数是华人，也有白人（180 名）和印第安人（300 名）。[②] 这些华工与印第安工友相互协作。比如，在不列颠哥伦比亚的埃辛顿港（Essington）罐头厂，印第安男工捕鱼，华工杀鱼，印第安女工负责清洗与装罐，形成了配合默契的流水线。[③]

2. 雇主与雇工关系

北美华人绝大多数是打工者，但也有一小部分是携资而来的华商，有的华人在西部开发中通过创业致富。1864 年，华商陈林（Chin Lin 或 Gin Lin）花 900 美元在俄勒冈买了一处农场，后投资采矿 20 年，赚了 200 万美元。[④] 1880 年，俄勒冈格兰特县（Grant）有 19 个华人采矿公司，当地 298 个矿工中有 220 个为华人矿主打工。[⑤] 在不列颠哥伦比亚维多利亚市，

① Peggy Schofiled, *The Story of Dunbar* (Vancouver: Dunbar Residents' Association, 2007), p. 13.

② Canada Royal Commission Immigration , *Report of the Royal Commission on Chinese and Japanese Immigration* (Ottawa: S. E. Dawson Publication, 1902), pp. 143, 163.

③ Lilly Chow, *Chasing Their Dreams: Chinese Settlement in the Northwest Region of British Columbia* (Prince George, BC: Caitlin Press, 2000), pp. 22-23.

④ Sue Fawn Chung, *In pursuit of Gold*, *Chinese American Miners and Merchants in the American West* (Champagne: University of Illinois Press, 2011), p. 50.

⑤ Christopher Howard Edson, *The Chinese in Eastern Oregon*, *1860-1890* (San Francisco: R & E Research Associates, 1974), p. 25.

1862 年有 11 个华人公司成为当地纳税大户，其中广利公司（Kwong Lee & Co.）纳税额仅次于当地最大的殖民公司哈德逊湾公司。[①] 19 世纪 90 年代，维多利亚市有华人商铺约 150 家，形成了成规模的华商群。[②]

华人工商业的成长意味着对劳动力需求的增加。相对于华工，印第安人更为熟知当地环境和语言，雇用印第安人，华商可以更便利地了解当地社会，与当地部落建立友好联系，更有利于组织生产、联系和运送货源、卖出商品。由此，早在淘金热时华人矿主就曾雇用印第安人做向导、运输工、矿工，此后华商店铺和家庭也偶尔出现印第安雇工的身影。尤其是 19 世纪末，一些印第安人受雇于华人种植园及加工厂。1896 年，亚利桑那皮纳尔河（Pinal Creek）旁有 8 个华人蔬菜园，它们雇用当地阿帕奇人（Apaches）种植土豆、洋葱、莴苣等，日薪 0.5 到 1 美元。[③] 在西部鱼罐头业兴盛时，一些华人从白人罐头厂承接代加工业务，雇用了很多印第安男女，甚至白人。1897 年，弗雷泽河沿岸有名华商通过从白人鱼罐头厂承接代加工业务，获得毛利 428736 加元，其中 178640 加元作为工资给了印第安雇工。1900 年，华人代工商每箱罐头平均可获毛利 1.01 美元，其中有 25 美分是给印第安雇工的。[④] 在这种雇用关系中，华人付出了资本，印第安人付出了劳动。据现有资料，尚未发现有关两者雇用纠纷的记载，双方整体上是一种互相需要、较为平等的合作关系。

3. 恋人与配偶关系

这一时期到北美的华人几乎都是男性，遥远而昂贵的旅行、凶险未知的前途以及鲜于抛头露面的传统使得女性家眷同行现象极其罕见。1853 年，美国男女华人分别为 4405 人和 89 人；1868 年分别为 45887

---

① Harry Conetal, *From China to Canada: A History of the Chinese Communities in Canada* (Toronto: McClelland and Stewart Ltd., 1982), p. 16.

② Chinese Canadians Studies Library, "Canadian Chinese Stories", http: //ccs. library. ubc. ca/ch/chronology/chViewItem/1/2/21/, March 21, 2017.

③ Daniel Liestman, "Horizontal Inter-Ethnic Relations: Chinese and American Indians in the Nineteenth-Century American West", *The Western Historical Quarterly*, Vol. 30, No. 3 (Autumn, 1999), p. 344.

④ Canada Royal Commission Immigration, *Report of the Royal Commission on Chinese and Japanese Immigration* (Ottawa: S. E. Dawson Publication, 1902), pp. 144, 301.

和 1387 人；[①] 1890 年，仅有约 5%的华人为女性。[②] 1885 年，加拿大男女华人分别为 10099 人和 393 人（已婚者 59 人、妓女 72 人和未成年 262 人）。[③] 性别比悬殊使内部通婚概率极低，甚至出现了从国内贩卖女性的行为。1870 年，从广东花 50 美元买来的年轻女子在旧金山可卖到 1000 美元，90 年代则卖到 3000 美元。[④] 由此，一些华人男性把婚姻对象转向了其他族群。由于种族歧视，华人男性与白人女性的结合在当时是一种禁忌。不列颠哥伦比亚省维多利亚市有歌剧院规定华人只能坐在楼上，以避免和楼下白人女性接触。有的白人商店禁止华人在周六晚 7~10 点进入，理由是其间常有白人女性购物，不希望被华人看到。[⑤] 在这种氛围下，婚配的对象只剩下印第安人等族群。一些印第安部族因为殖民屠杀或天花等外来疾病侵扰，许多男子英年早逝，也为两者结合提供了可能。

19 世纪 50 年代后，在美国旧金山、内华达洪堡河鸭子谷（Duck Valley Humboldt River）、亚利桑那阿帕奇堡（Fort Apache）和华盛顿州寇维尔（Colville）印第安人区等地也出现了相对集中的华男印女结合。在加拿大，华印通婚也较为普遍。加拿大印第安裔历史学家索尼·麦克豪西（Sonny McHalsie）说："许多史多洛（Stó:lõ）印第安家庭有中国血统。我的父亲告诉我，淘金热之后中国人留了下来。"[⑥] 甚至，有学者估计，19

① United States Department of State, "Letter, Daniel Cleveland to J. Ross Browne, July 27, 1868, Concerning the Chinese in California.", in United States Department of State, *Papers Relating to The Foreign Relations of the United States of America*, *China*, 1869 (Washington, DC: U. S. Government Printing Office, 1868-1869), p. 532.

② "The Impact of Expansion on Chinese Immigrants and Hispanic Citizens", https://courses.lumenlearning.com/ushistory2os2xmaster/chapter/the-impact-of-expansion-on-chinese-immigrants-and-hispanic-citizens/.

③ Joseph-Adolphe Chapleau, Sir; John Hamilton Gray, *Report of Royal Commission on Chinese Immigration*: *Report and Evidence* (Ottawa: Royal Commission, 1885), pp. 363-365.

④ Luice Cheng Hirata, "Free, Indentured Enslaved, Chinese Prostitutes in Nineteenth Century America", *Journal of Women in Culture and Society*, Vol. 5, No. 1, Women in Latin America, (Autumn 1979), p. 12.

⑤ Chinese Canadians Studies Library, "Canadian Chinese Stories", http://ccs.library.ubc.ca/ch/chronology/chViewItem/1/2/21/, March 21, 2017.

⑥ Justine Hunter, "A Forgotten History: Tracing the Ties Between B.C.'s First Nations and Chinese Workers", *The Globe and Mail*, May 9, 2015.

世纪晚期，不列颠哥伦比亚约有 1/6 的华人与印第安女性有过亲密交往。[①]两族群彼此的结合跨越了种族主义藩篱，其后代规模虽不及法裔与印第安人混血族群——梅蒂人（Métis），但也产生了较为显著的影响。首先，两者的结合很大程度上是双方经济往来的产物，又反过来促进了彼此的经济融合。比如，1868 年，华工阿林（Ah Lum）来到不列颠哥伦比亚，学会了印第安语，依靠从印第安人处买毛皮卖给哈德逊湾公司致富，在和印第安人交往中与印第安女子埃斯特·约瑟（Ester Joseph）成婚，之后夫妻共同经营贸易。[②] 其次，两者的结合产生了文化上的互通。有的华人与印第安配偶一起接受了基督教，有的还放弃了母国饮食和风俗。[③] 同时，也有华人把饮食、风俗乃至汉语带进了印第安家庭，形成了中华文化与印第安文化的融合。

4. 酒、赌、毒交易的"伙伴"关系

19 世纪，卖酒给印第安人逐渐被列入了违法行列。美国 1802 年《印第安贸易和交往法》（*Indian Trade and Intercourse Acts*）修正案禁止印第安人在毛皮贸易中饮酒（船员除外）。1832 年，美国国会完全禁止卖酒给印第安人。[④] 1876 年，加拿大《印第安法》也做出同样限制。[⑤] 不过，因有利可图，华人私下卖酒给印第安人屡禁不止。酗酒导致部分印第安人沉迷买醉，内部争吵与矛盾不断。[⑥] 为此，美加政府坚持打击卖酒给印第安人。因违反禁令，1859 年，爱达荷州塞尔曼（Salmon）两名华人被判罚

① Jean Barman, "Beyond Chinatown, Chinese Men and Indigenous Women in Early British Columbia", *B. C. Studies*, No. 177, University of British Columbia (Spring 2013), p. 47.

② Lilly Chow, *Chasing Their Dreams: Chinese Settlement in the Northwest Region of British Columbia*, pp. 4-5.

③ "He Love and Was Accepted, Chinaman Wins as Indian Maid as Wife", *The Seattle Star* (Seattle, WA), April 18, 1899, https://chroniclingamerica.loc.gov/lccn/sn87093407/1899-04-18/ed-1/seq-2/, December 12, 2017.

④ Native American Indian Tribels of US, "Alcohol Prohibition timeline", https://www.aaanativearts.com/tribal-timelines/alcohol-prohibition-timeline, November 1, 2017.

⑤ Claire Hutchings, "Canada's First Nations: A Legacy of Institutional Racism", http://www.tolerance.cz/courses/papers/hutchin.htm, December 12, 2017.

⑥ Thomas Ashe, *Travels in America* (London: Richard Phillips, 1808), p. 243; Lawrence Henry Gipson ed., *The Moravian Indian Mission on the White River* (Indianapolis: Indiana Historical Bureau, 1938), pp. 92-96, 164-165.

款 100 美元或入狱 5 天。1874 年，内华达两名华人被判罚款 500 美元或服劳役 250 天。① 同时，此时美国除内华达州拉斯维加斯外，赌博是非法的。1876 年加拿大《印第安法》也禁止印第安人赌博，② 但华人伙同印第安人赌博时有发生。③ 此外，这一时期北美西部华人鸦片烟馆众多。1876 年，仅旧金山华阜中心区就有几百家④，白人和印第安人都是华人烟馆的常客。当地以香港福兴公司（Fook Hing Company）为代表的华人鸦片商每年向美国政府交税 30 万美元。1881 年，旧金山政府为抵制私卖鸦片活动泛滥，规定售卖鸦片必须持有执照，⑤ 但由于暴利，华人个人或烟馆私卖鸦片给印第安人的案例仍不时见诸报端。⑥

华人伙同印第安人热衷于酗酒、鸦片和赌博交易，从根本上是因为这些活动为多从事苦闷乏味体力劳动的他们提供了消遣的渠道，满足了他们在娱乐、社交和情感上的需求。然而，作为交往融合的特殊形式，三者的流行为北美族群关系画上了不光彩的一笔，不仅污化了华人形象，造成了印第安人经济上的损失，也在一定程度上扰乱了印第安人原有的生活方式，危害了当地的社会风气。

二 “弱者相仇”——北美西部华人与印第安人的摩擦和冲突

19 世纪后半期，伴随欧美资本和多元移民大举西进，北美西部原印第安人区域绝大部分先后被纳入美加版图，印第安人旧有生存方式随着殖民

---

① Daniel Liestman，“Horizontal Inter-Ethnic Relations：Chinese and American Indians in the Nineteenth-Century American West”，p. 345.

② Claire Hutchings，“Canada's First Nations：A Legacy of Institutional Racism”，http：//www.tolerance.cz/courses/papers/hutchin.htm，December 12，2017.

③ 相关个例参见 Lilly Chow，*Sojourners in the North*，p. 83。

④ 潮龙起：《美国华人史（1848—1949）》，山东画报出版社，2010，第 133 页。

⑤ C. F. Holder，“The Opium Industry in America”，*Scientific American*（1898），p. 147. http：//www.druglibrary.org/schaffer/History/opium_ ind1898.htm，November 2，2017.

⑥ 相关个例参见 S. A. Brooke，*The Archaeology of CA-MNO-2122：A Study of Pre-contact and Post-contact Lifeways Among the Mono Basin Paiute*，Oakland：University of California Publication，Vol. 31（1955），p. 59。

开发而难以为继，不得不在殖民地资本主义压榨的夹缝中求生。华人与印第安人面临相似的生存困境，在生产关系分工中同样被挤压到底层，在生存空间上与印第安人形成矛盾和竞争。此外，对华人的到来，印第安人还存在一种华人殖民者化的潜在忧虑。

1. 印第安人对华人的劫掠与华人对印第安人的攻击

北美印第安人只是对北美原住民的泛称，并非统一的民族共同体，各部族关系松散，相互的劫掠和战争常有发生，华人初到北美时期经常成为印第安人劫掠的对象。19 世纪 50 年代中期，加利福尼亚和内华达有华工北上俄勒冈、爱达荷和不列颠哥伦比亚淘金，路上频繁遭到印第安人袭击。1855 年，印第安人在俄勒冈罗格河（Rogue River）附近为谋财杀害了多名华工。[①] 1866 年 5 月，爱达荷州北派尤特人（Northern Paiutes）联合班诺克人（Bannocks）袭击了一群从内华达来的华人，50~60 名华人被害，为节省弹药，他们用棍棒石头毒打华人致死。[②] 在一些华人分散、势单力薄的区域，印第安人侵袭华人事件也时有发生。1879 年 2 月，一群印第安人在新墨西哥州伯纳扎市（Bonanza）抢劫了华人 2268 千克面粉和 1814 千克牛肉、大米、豆类和茶叶，5 名华人被杀。[③] 与美国一样，加拿大此类案例也不少见。[④] 对于印第安人的暴虐，美国一首名为《长衫中国佬约翰》（*Long John Chinaman*）的歌谣曾唱道："他去旧金山，把中国女孩看。他累了，躺在越橘树下。他累了，侧身睡。印第安人过来了，拿着斧头，割下他的头皮。"[⑤] 这首歌谣令人发指，几乎是白人残杀印第安人的翻版。印第安人对华人的残忍具有某种在殖民压迫、极端贫困下为生存而

---

① Sue Fawn Chung, *In Pursuit of Gold: Chinese American Miners and Merchants in the American West*, Urban (IL: University of Illinois Press, 2011), p. 47.

② Vardis Fisher, *Gold Rushes and Mining Camps of the Early American West*, Caldwell (Idaho: Caxton Press, 1968), p. 260.

③ Jordan Hua, "They Looked Askance: American Indians and Chinese in the Nineteenth-Century American West", p. 339

④ 相关个例参见 Gillian Marie, "Attitudes Toward Chinese Immigrants to British Columbia, 1858-1885", Simon Fraser University, Thesis (M. A.), (1976), p. 68; "Letter from Port Douglas, the Indian and Chinese Fight", *British Colonist*, September 12, (1860), p. 3, http://archive.org/stream/dailycolonist18600912uvic/18600912#page/n0/mode/1up, December 12, 2017。

⑤ Lester A. Hubbard, "John Chinaman in the West," *Western Humanities Review* 4 (Autumn 1950), p. 317.

不得已的色彩，但更多是弱势族群对更弱势族群的野蛮排斥和欺凌。

身为外来客，华人一般对印第安人抱以和为贵、以忍为上的态度，但对印第安人的暴力犯罪也是存在的。1874 年 11 月，不列颠哥伦比亚华人李诺（lee Noi）在一个商店强奸未遂后谋杀了一名印第安女性。[①] 1891 年，美国加利福尼亚布里奇波特（Bridgeport）华商阿邝泰（Ah Quong Tai）在一次赌博争端后，分尸了一个北派尤特人。在被法院因证据不足无罪释放后，被印第安人"以牙还牙"折磨致死。[②] 类似事件只是偶发个案，但丑化了华人形象，激化了双方矛盾。

2. 华人与印第安人在工作机会上的竞争与对立

19 世纪 70 年代后，北美西部开发走向深入，包括华人在内的外来移民迅速增多，有限的就业市场逐渐与日益增多的人口形成矛盾。为在异国生存下去，华人被迫以更低微的工资要求换取机会。1867 年，加利福尼亚印第安人伐木工的日薪通常为 1 美元，而华人仅为 0.75 美元。1876 年，美国华盛顿州皮阿拉普山谷（Puyallup Valley）和白河（White River）的白人雇用啤酒花采摘工，印第安人要价每天 0.75 美元，而华人只要求 0.5 美元。[③] 因为华工的低价，皮阿拉普山谷农场主拒绝给印第安啤酒花采摘工涨工资。[④] 在旧金山，华人洗衣业的兴盛对印第安人洗衣业构成了严重挑战。[⑤] 除此之外，华人稳定聚居的特点也比印第安人有就业优势。根据 1902 年《皇家华人日本人报告》，不列颠哥伦比亚有白人老板在谈到为何更喜欢雇用华人时说："印第安人没有像华人和日本人那样聚居。让华人和日本人做工是要管饭的，但要的少，一天大约才一美元"；而印第安人要价高，以渔猎为主的生活方式决定了他们流动性大，"不能长期跟你干，他们难以为你稳定地工作"。[⑥]

---

① Lilly Chow, *Sojourners in the North*, pp. 44–45, 105.

② Sally Zanjani, "Paiute Revenge: Grisly Crime Brought Threat of Massacre", *American West* 21 (July/August 1984), pp. 52, 56; *The Atchison Daily Globe* (Atchison, KS) June 15 (1891).

③ Daniel Liestman, "Horizontal Inter-Ethnic Relations: Chinese and American Indians in the Nineteenth-Century American West", pp. 333–334.

④ "Gleamings from the Rockies", *Dillon Tribune* (September 5, 1885).

⑤ Ronald M. James, Richard D. Adkins, and Rachel J. Hartigan, "Competition and Coexistence in the Laundry: A View of the Comstock", *Western Historical Quarterly* 25 (1994), pp. 176–177.

⑥ Canada Royal Commission Immigration, *Report of the Royal Commission on Chinese and Japanese Immigration* (Ottawa: S. E. Dawson Publication, 1902), pp. 391–392.

华人的竞争引发了印第安人的反感。“加利福尼亚来的华人加入淘金潮，印第安人是抵触的，想把华人消灭在路上。”① 1873 年，美国旧金山一个名叫詹姆斯·克里索斯托·布沙尔（James Chrysostom Bouchard）的印第安裔牧师发表演讲，呼吁抵制华人来美国。他说：“你每天可以在街上看到他们，他们在我们的国家游走……在农场、在铁路，都可发现华人在那里做活儿。”② 为赢回工作，印第安人一直不惜以暴力驱赶华人。1861 年 1 月，温哥华一群华人陶金工因被印第安人威胁被迫逃离了富矿区。③ 1885 年 9 月，华盛顿州斯夸克山谷（Squak Valley），一些印第安人为驱赶采摘啤酒花的华人，突袭华人营地，造成 7 名华人伤亡，华人被迫逃亡。④ 1888 年，洛杉矶莫哈维（Mojave）附近印第安人以华人偷盗和赌博为由，赶走了竞争铁路修理岗的华工。⑤ 甚至，印第安人在白人排华上也扮演了“帮凶”的角色。1902 年，在加拿大皇家委员会华人和日本人移民调查委员会上，不列颠哥伦比亚省南部海岸印第安人的酋长们支持白人排华，⑥ 抱怨华人和日本人的到来导致印第安人收入下降，要求制止他们入境，以缓和印第安人就业压力。⑦

3. 华人与印第安人在保留地主权利上的矛盾与纠葛

华人到北美，有的从事采矿厂、种植园和轻工制造等行业。在靠近印第安人区域，这些行业需要用到印第安人的土地、水资源等。华人投资给印第安人带来了租金、工作及贸易机会，受到不少印第安人欢迎。1887 年，华盛顿州有华人获得当地寇维尔印第安人部族许可，以 800 美元的价格承租了他们的矿砂地。⑧ 1895 年，爱达荷州的华人从内兹佩尔塞（Nez

① Darren Friesen, “Canada's Other Newcomers Aboriginal Interactions with People from the Pacific”, Thesis for Master's Degree, University of Saskatchewan 15 (2006), p. 63.

② John Bernard McGloin, *Eloquent Indian: The life of James Bouchard, California Jesuit* (Stanford: Stanford University Press, 1949), p. 178.

③ “Vancouver's Island,” *Canadian News*, January 2 (1860), p. 7.

④ “General News”, *Northwest Enterprise*, September 19 (1885).

⑤ “Indians VS Chinaman”, *Los Angeles Daily Herald*, October 20 (1888).

⑥ Canada Royal Commission Immigration, *Report of the Royal Commission on Chinese and Japanese Immigration* (Ottawa: S. E. Dawson Publication, 1902), pp. 391-392.

⑦ Canada Royal Commission Immigration, *Report of the Royal Commission on Chinese and Japanese Immigration*, pp. 345-346.

⑧ George Brown Goode, *The Fisheries and Fishery Industries of the United States*, Vol. 2, p. 628.

Perce）印第安人处顺利得到了土地的租用权。[①] 不过，也有不少印第安部族顾忌华人侵占自身利益，担忧华人会步白人后尘变为殖民者，对华人来保留地心存抵触。

印第安人的抵触首先表现在担心华人侵占自身资源。1858 年夏天，有华人在弗雷泽河口淘金时在河岸挖出了一个约 3.7 米宽的大坑，印第安人认为危及了附近他们长屋（long house）的安全和三文鱼的生存环境。[②] 1881 年，西雅图印第安部落抗议华人使用大渔网侵害了他们在艾略特湾（Elliot Bay）的捕鱼利益。[③] 1861~1888 年，不列颠哥伦比亚省诚福公司（Cheng Fook & Co.）等几个华人公司在采矿的过程中，向当地殖民机构申请到了保留地水资源使用权。华人利用在国内种植水田的技术，比印第安人更有效地利用水资源，印第安人认为水资源被抢，阻拦华人用水。[④]

更为严重的是，华人在保留地获准经营的许可来自白人殖民政府而非印第安人，这被不认同白人殖民的印第安人认为侵犯了自身的主权。早在 1850 年，加利福尼亚颁布《外国人采矿纳税法》（*Foreign Miners' Tax Law*），要求外国采矿者向政府缴纳 20 美元的执照税。[⑤] 该法一颁布，加利福尼亚萨克拉门托市就有印第安人强迫华人向自己而非向白人殖民当局交税。[⑥] 在不列颠哥伦比亚省刀族印第安人（Nlaka'pamux）聚居区利顿市（Lytton），华人在 1862 年 5 月到 1865 年 3 月间，从白人淘金警长（gold commissioner）亨利·保尔（Henry Ball）处获取了使用至少 13 块 2 到 5 英亩不等的印第安

---

① Daniel Liestman, "Horizontal Inter-Ethnic Relations: Chinese and American Indians in the Nineteenth-Century American West", pp. 343-344.

② Darren Friesen, "Canada's Other Newcomers Aboriginal Interactions with People from the Pacific", p. 181.

③ Robert Wynne, "Reaction to the Chinese in the Pacific Northwest and British Columbia, 1859-1910", (Ph. D. diss., University of Washington, 1964), p. 79.

④ Lily Chow, Siewsan, "The Forgotten Ties : Relationships Between First Nations People and Early Chinese Immigrants in British Colombia", https://open.library.ubc.ca/cIRcle/collections/59585/items/1.0103089, December 10, 2017.

⑤ "Foreign Miners' Taxes", http://immigrationtounitedstates.org/506-foreign-miner-taxes.html, November 1, 2017.

⑥ Daniel Liestman, "Horizontal Inter-Ethnic Relations: Chinese and American Indians in the Nineteenth-Century American West", p. 336.

人土地的官方授权，但并未经过印第安人的许可，由此引起了印第安人的强烈抵制。[①] 此后，在 1867 到 1868 年间，华人从白人政府获得了在弗雷泽河和斯帕泽木河（Spuzzum Creek）交界处印第安人保留地上开矿的许可。印第安人抗议说，该地区是自己的属地，白人的许可并不代表自己部族的允许，强烈抗议华人在此开矿，双方发生斗殴。[②] 印第安人对华人使用印第安保留地资源正当性的否定，表面看来体现了对华人殖民印第安区域的担忧，但在根本上，这是一种对白人殖民主义的迂回反抗，抵制华人其实是对白人政府剥夺其主权的抗议，华人在其中充当了殖民主义与反殖民主义斗争的牺牲品。

三 “弱者相知”——北美西部华人与印第安人族群形象的对立与多元

印第安人是北美原住民，华人多以打工者的身份远道而来，两者间并没有根本性的殖民矛盾。在华人抵达之初，北美西部印第安人劫掠外来华人的情形时有发生，但 19 世纪 70 年代以后，华人移民迅速增多，在某些区域形成唐人街式的规模聚居优势。印第安人对华人的劫掠逐渐鲜见于媒体，两者之间的通婚及雇佣关系相应增加，人身冲突更多转向利益和机会的竞争。与此相伴随，华人与印第安人对彼此的认知表现出较强的多面性，不同时期、不同部族、不同地区的印第安人对华人持不同的态度，华人也形成了对印第安人的多元认知。

1. 华人与印第安人之间的友好往来

友好互惠交往是彼此关系的主流。19 世纪后半期，北美华人和印第安人是北美社会中弱势族群的典型代表。政治上权利被限制或被剥夺；经济上都遭受白人的压榨；在文化上都受到白人的歧视和同化。在这样的背景

① Lily Chow，Siewsan，“The Forgotten Ties：Relationships Between First Nations People and Early Chinese Immigrants in British Combia”.

② “Transcript of an Interview with Annie York & Arthur Urquhart Conducted by Imbert Orchard”，http：//ourspace. uregina. ca：8080/xmlui/bitstream/handle/10294/1008/IH-BC. 71. pdf? sequence = 1，May 1，2017.

下，双方可谓“同病相怜”，他们和平交往、友好互助，具有相互亲近的倾向。正如长期帮助加拿大不列颠哥伦比亚省研究和保存华人历史资料的不列颠哥伦比亚大学历史学教授于亨利（Henry Yu）所指出的：“华人以互惠的方式处理与第一民族（印第安人）的关系。他们不带走，也不索取。他们带来礼物，分享食物，彼此建立关系。”[①] 双方之间的商品交易、睦邻工友、雇用合作以及婚恋关系作为彼此来往的常态增进了相互的了解和好感，使得华人在面临极端歧视的年代，与印第安人建立了友谊。在整个 19 世纪后半期，乃至 20 世纪前半期美加排华愈发激烈的情况下，华人与印第安人这种彼此友好的来往也一直存在，双方友好相待的例子常见于有关历史文献。

2. 华人眼中印第安人的“兄弟”形象

华人背井离乡来到北美，除了同乡无可依靠。印第安人和华人的肤色和外貌接近，而且在文化上还有许多相通之处，比如两者都有大家族聚居，敬鬼神、拜祖先、崇天地，喜欢草药等风俗。在北美社会歧视华人的氛围中，一些印第安人的友好给华人带来了便利和慰藉。由此，部分华人在来北美之初一度将印第安人视为与自己同种族的群体，怀疑印第安人是流散在海外的华人后裔。1865 年 3 月 31 日旧金山一份报纸刊登了对当地一位华人神父的一次采访。该神父在谈到对印第安人时说印第安人是华人。他说，印第安人来自中国，长得很像中国人，像中国那样用铜钱。[②] 同时，另一位被称为饱学之士的华人许凯（Hue Kai）在采访中也持同样观点，说印第安人是很久以前在一次战争中被暴风吹到北美的士兵后代。虽然印第安人的皮肤和中国人不同，但那是气候让他们变黑的；他们和中国人一样崇拜太阳，和中国人一样穿汗衫、绑裹腿；他们学中文特别快；他们不再喜欢中国菜，那是因为他们没有大米、必须狩猎。[③] 1885 年，还

---

① Justine Hunter, “A Forgotten History: Tracing the Ties Between B. C.'s First Nations and Chinese Workers”, *The Globe and Mail*, May 9 (2015).

② Canada Royal Commission Immigration , *Report of the Royal Commission on Chinese and Japanese Immigration* (Ottawa: S. E. Dawson Publication, 1902), p. 157.

③ *Daily Evening Bulletin* (San Francisco, CA), March 31, 1865; Jordan Hua, “They Looked Askance: American Indians and Chinese in the Nineteenth-Century American West”, pp. 70 - 71.

有的华人认为印第安人和自己民族说的话都大同小异。[①] 1897 年，华人和印第安人组织方队参加了丹佛市的圣诞游行。据当地的报纸报道，游行后华人把印第安人当作失散多个世纪的同胞。[②]

不过，华人的认亲冲动并没有得到多数印第安人的积极回应。虽然印第安人的确与华人外貌相像，但印第安人基本上对“兄弟”身份并不认同，极力将自己与华人区别开来。1865 年，科罗拉多州派尤特族部落一个酋长的儿子朱立安·巴克（Julian Buck），夸赞丹佛圣诞游行中中国人花车做得漂亮，但坚称：“我们和中国人没有任何关系。”科罗拉多州普韦布洛斯（Pueblos）印第安人的一位酋长也说：“印第安人和华人不同，中国人中混血多。我们如果和华人打架的话能够用箭射杀掉华人，而华人则不善于打仗。”[③] 在这种情形下，华人视印第安人为同种族兄弟的幻想很快就消散了。尤其是当同为“弱者”的印第安人对华人进行欺侮、掠夺和杀戮时，华人对印第安人的形象认知就只剩下了恐惧和仇恨。

3. 印第安人眼中华人的“低等”形象

印第安人是白人种族主义歧视的受害者，但印第安人并未和华人等族群形成共同反抗种族主义的合力。相反，美加白人歧视华人的社会氛围也深深影响了同样被歧视的印第安人。尤其是当两者有利益冲突的时候，有些印第安人把被白人的歧视迁移到更弱势的华人身上，对白人歧视华人的言论多有迎合。太平洋铁路修建时，内华达的肖松尼（Shoshones）印第安人曾侮称华人是社会的“低等人”；加利福尼亚的尼森安（Nisenan）印第安人在与白人的谈话中，把华人视为“低级”和“懦弱”的种族。[④] 1859 年，一位白人主教雇用一个印第安人和他沿弗雷泽河溯流而上，这个印第安人言谈之中对华人充满了蔑视，而华人则“对印第安人充满恐惧”。[⑤] 1860 年，加拿

① Thomas Edwin Farish, *History of Arizona* (Phoenix, Arizona: Manufacturing Stationers, 1918), pp. 12-13.

② “The Chinese and the Indians”, *Denver Evening Post* (Denver, Colorado) (October 6, 1897).

③ *Daily Evening Bulletin* (San Francisco, CA), March 31, 1865; Jordan Hua, “They Looked Askance: American Indians and Chinese in the Nineteenth-Century American West”, p. 72.

④ Daniel Liestman, “Horizontal Inter-Ethnic Relations: Chinese and American Indians in the Nineteenth-Century American West”, p. 333.

⑤ Darren Friesen, “Canada's Other Newcomers Aboriginal Interactions with People from the Pacific”, Thesis for Master's Degree, University of Saskatchewan, February 15 (2006), pp. 64-65.

大不列颠哥伦比亚的又一位主教写道，利顿地区以南的印第安人用“明显的优越感来看华人”。① 1873 年，加利福尼亚印第安牧师詹姆斯·克里索斯托·布沙尔甚至直接称华人为异教徒，是邪恶非道德的人。他认为华人是低等的，华人的文明是停滞的，华人智力低下，“配不上做人类”。② 甚至，因为歧视华人，印第安女子一旦和华人结合，就被族人排斥、驱逐和威胁的例子也屡有发生。③ 通过这种歧视，部分印第安人给华人打上了污名化的标签。除了讨好白人外，这种歧视也带着“五十步笑百步”的色彩。印第安人歧视华人其实是将华人视为了一个“他者”，通过贬低华人将自己的族群与华人区别开来，无形中使原本被歧视的自身具有某种所谓的相对优越感。在根本上，印第安人对华人的歧视是当时殖民主义背景下弱势族群利益相争的产物，也是种族主义导致弱势族群地位等级化的一种表现。

结　语

华人与印第安人之间的关系及彼此的形象认知是当时整个时代的缩影。北美西进过程中发生的毛皮贸易、矿山开采、铁路修建等殖民活动为相距遥远的华人和印第安人提供了彼此融合的空间。华人与印第安人和平交往，相互扶助乃至通婚是当时移民商品经济发展中族群的自发融合，是弱势族群面对残酷经济社会环境本能的抱团取暖。它客观上促进了不同文化的交融和商业经济的进步，为以后多元文化主义在北美的萌发孕育了某些历史基因。然而，双方的友好来往多发生在经济层面，多属于临时性的互惠。双方的婚姻也具有脆弱性和自发性，往往随着华工回国或印第安部

① Richard Charles Mayne, *Four Years in British Columbia and Vancouver Island: An Account of Their Forests, Rivers, Coasts, Gold Fields, and Resources for Colonization* (London: Kessinger Publishing), p. 164.

② John Bernard McGloin, *Eloquent Indian: The life of James Bouchard, California Jesuit* (Stanford: Stanford University Press, 1949), p. 178.

③ 有关个案参见“Montana News”, *The Livingston Enterprise* (Livingston, Mont.) (February 21, 1885); Robert Edward Wynne, “Reaction to the Chinese in the Pacific Northwest and British Columbia, 1850 to 1910” (Ph. D. Thesis-University of Washington, 1978), pp. 78-79。

族迁徙而告一段落。在白人殖民主义和种族主义主宰北美的大背景下，强势族群对生存空间的主宰和挤压使得同处底层的他们存在难以避免的生存竞争，这决定了他们之间“弱者相仇”的一面。两者之间的双面关系及多元认知固然与彼此利益和文化差异密不可分，但根本上是殖民主义和种族主义作用于底层族群的一种必然结果。

本文原载于《历史教学》（高教版）2019 年第 1 期

塑造双重的“自我”：民主改革时期印尼华人穆斯林社团与郑和文化的构建

江振鹏

在印尼多元民族的构成中，华人穆斯林是徘徊于主流与边缘社会的一个特殊群体。相对于其华人特性而言，他们在华人总人口中是少数，而华人人口仅占印尼总人口少数，因此，他们是少数中的少数。然而，就其宗教归属而言，他们又属于在印尼占很大比例的穆斯林，因此，他们又属于一个占据主流社会的群体。华人穆斯林的这种双重属性既给其自身认同的构建带来一定的挑战，同时也为其在印尼社会中发挥沟通华人与当地穆斯林之间的桥梁和纽带作用带来新的机遇。当前国内学界对于印尼华人穆斯林的研究侧重于探讨印尼早期历史时期尤其是郑和下西洋时代印尼华人穆斯林的发展情况，当然也有对华人穆斯林对印尼革命和建设贡献的分析与审视，但是学界未对后苏哈托时代印尼华人穆斯林这一特殊群体予以足够的重视，尤其是在新的民主改革背景之下，印尼华人穆斯林社团正在努力适应新的形势，将宗教文化作为保存和恢复华人特性与身份的有效途径。[①] 国外学界对后苏哈托时代华人穆斯林在印尼

---

① 目前国内学术界对印尼华人穆斯林的探讨可参见孔远志《再论郑和与东南亚的穆斯林》，《东南亚研究》2006 年第 1 期；廖大珂《郑和与东南亚华人穆斯林》，《暨南学报》（哲学社会科学版）2005 年第 6 期；孔远志《郑和清真寺与印尼华人穆斯林》，《中国穆斯林》2004 年第 3 期；廖大珂《早期的东南亚华人穆斯林》，《华侨华人历史研究》1997 年第 1 期；孔远志《郑和与印尼的伊斯兰教》，《东南亚研究》1990 年第 1 期；孔远志《荷兰殖民统治前的印尼华人穆斯林》，《华侨华人历史研究》1991 年第 2 期；孔远志《印尼华人穆斯林》，《中国穆斯林》1991 年第 6 期；（转下页注）

社会中的作用有很大争议，米希尔·杰库森（Michael Jacobsen）对现代印尼社会中华人穆斯林的作用持悲观态度，甚至称其为“多余的历史遗产”（a redundant legacy of history），而安娜·迪克森（Anne Dickson）则通过对泗水华人清真寺的田野调查工作揭示华人穆斯林在沟通华人社会与当地社会中积极的桥梁作用。[①] 本文试图在田野调查的基础上从华人穆斯林社团组织的角度出发，探讨其与主流穆斯林社会的互动关系，尤其是凸显华人穆斯林组织在塑造华人特有的“郑和文化精神”，融入主流社会所具有的独特桥梁和中介作用，不当之处，还请方家指正。

一　印尼华人穆斯林文化认同的尴尬处境

印尼华人穆斯林在文化认同上长期处于尴尬的地位。首先，对于主流的印尼华人社会宗教信仰而言，信仰佛教、孔教和基督教者占了绝大多数，而华人皈依伊斯兰教者仅占其中的5.41%，相对于占印尼总人口比例不到1.2%的华人来说，华人穆斯林属于少数中的少数族群。[②] 华人穆斯林的特殊性还在于在文化认同上长期以来不为主流华人社会所接纳。印尼著名华人穆斯林黄清兴（Abdul Karim Oey）在1930年皈依伊斯兰教时就遭到了其家庭和朋友的反对。当他皈依伊斯兰教之后，“刚开始其父母并不接受，其华人邻居更是希望与其断绝关系”。[③] 当时还处于荷兰殖民者统治的时代，荷兰殖民者鄙视伊斯兰教，并且穆斯林经常与穷人或者社会经济地位较低的阶层联系在一起，因此华人皈依者备受歧视。

（接上页注①）孔远志《经历坎坷　壮志凌云——印尼著名华人穆斯林蒋伟泰》，《中国穆斯林》1990年第3期；郑仁良《两次大战之间的印尼民族运动与华人穆斯林》，《华侨华人历史研究》1989年第2期；肖宪《郑和下西洋与伊斯兰教在东南亚的传播》，《回族研究》2003年第1期。

① Michael Jacobsen, “Islam and Processes of Minorisation Among Ethnic Chinese in Indonesia”, *Asia Ethnicity* 6 (2005); Anne Dickson, “A Chinese Indonesian Mosque's Outreach in the Reformasi Era” (17th Biennial Conference of the Asian Studies Association, Melbourne, 1-3 July 2008), p. 9.

② Leo Suryadinata ed., *Ethnic Chinese in Contemporary Indonesia* (Singapore: Institute of Southeast Asian Studies, 2008), p. 30.

③ Leo Suryadinata, *Pernakan's Search for National Identity: Biographical Studies of Seven Indonesian Chinese* (Singapore: Marshall Cavendish, 2004), p. 106.

第二次世界大战结束后，印尼人民经过长期的抗争最终于1945年赢得了独立并建立印度尼西亚共和国。许多华人穆斯林为印尼的独立建国、社会建设事业做出巨大的贡献，如在印尼独立历史上具有重要意义的“青年誓言大会”（1928年10月28日）中便有5位华人穆斯林代表（蔡约翰、郭添宏、王凯祥、廖全福、蒋仁桂）的积极参与，在苏加诺执政时期，华人穆斯林李杰定和陈金龙曾分别任卫生部部长和财政部部长。[①] 1967年上台的苏哈托总统，一方面对印尼华人社会实行全面同化的政策，鼓励华人皈依原住民信仰的伊斯兰教，另一方面反对“穆斯林与华人身份（Chinese-ness）能够共存的观念”，要求华人根除一切“身份意识”，彻底认同当地社会。[②] 这一全面同化政策的结果，使得印尼华人穆斯林的人数出现了较大的增长。据刘泉道（H. Junus Jahja）的估计，1979年到1999年间已有3万到6万名华人皈依伊斯兰教。“这绝对是个有意义的象征，以前皈依伊斯兰的大多数是穷人，但现在则是年轻人、知识分子甚至是企业家。华人皈依伊斯兰的过程，正是同化之逻辑性的结果。”[③] 然而，即便在全面同化政策下，华人穆斯林与当地原住民信奉相同的宗教信仰，这并未改变华人穆斯林文化认同在华人社会中的边缘地位。正如印尼著名穆斯林领袖、前印尼总统瓦希德之女燕妮·瓦希德（Yenny Zannuba Wahid）所说：“处境最糟糕的就是华人穆斯林。作为印尼华人，他们遭受成见与歧视。与此同时，他们被由基督教徒或是孔教徒占据主导地位的华人社会视为‘异类’。”[④]

其次，印尼华人穆斯林认同的尴尬还体现于印尼社会对华人穆斯林的态度方面。“长期以来由于殖民主义的挑拨离间等原因，印尼土著穆斯林组织对华人采取关门态度。有人指责皈依伊斯兰教的华人是投机、赶时髦或者因贫困所迫。”[⑤] 某些原住民穆斯林对于华人穆斯林依然抱有怀疑态

---

① 椰峰：《加强民族凝聚力　推进民主多元化》，《国际日报》〔印尼〕，2007年10月28日，第B2版。

② Zhuang Wubin, *Chinese Muslims in Indonesia* (Singapore: Lee Foundation, 2011), p. 15.

③ H. Junus Jahja：《伊斯兰与印尼华人的同化：存亡继绝之道》，《东南亚区域研究通讯》2011年第13期，第62~63页。

④ Zhuang Wubin, *Chinese Muslims in Indonesia* (Singapore: Lee Foundation, 2011), p. 8.

⑤ 孔远志：《印度尼西亚马来西亚文化探析》，香港南岛出版社，2000，第106页。

度。东爪哇华人穆斯林领袖陈小旺（Ivan Sasongko）便感叹道：“对于这些人而言，华人皈依仅仅是因为他们想要政治权力或者更大的合同。如果不是，他们的皈依也是出于安全的缘故。”① 当然，对于绝大多数的印尼穆斯林来说，华人一旦皈依伊斯兰教，无论是在宗教认同还是在社会生活的各个方面，华人可以立即体验到被大多数穆斯林同胞的全然接受。“基本上，所有过去延续下来的敌对状态和争论都因之结束，印尼原住民同胞全然的接纳他们，如此可以达到完全融入社群之理想”②，但是一旦涉及华人政治和华人文化等“华人身份”的问题，依然存在种种偏见。印度尼西亚大学华人研究中心的副主任苏咨国就指出：“现在印尼华人与华人文化或者历史已经不再有联系，印尼华人认为自己就是印尼人，但原住民印尼人经常还是会提醒或者指出他们实际上是华人。”③ 因此，可以看出，华人穆斯林只是被有限度地接纳，华人面孔以及华人“身份”不时会被提及的事实说明华人融合的问题远远没有得到解决，华人穆斯林这个处于社会主流与边缘之间的群体遭到的是认同上的两难。

最后，对于印尼广大非穆斯林的华人来说，印尼的主流社会大多信奉伊斯兰教，而华人基本上是在经济领域发展，大多不太懂得伊斯兰教的文化与常识，这就给华人与其他民族的沟通交流带来一定障碍。面对上述这种两难处境，印尼华人穆斯林组织并没有视自身为社会边缘化的“牺牲品”，相反，民主改革时代的华人穆斯林组织更加主动作为，他们在华人社会与主流社会之间搭建了桥梁。④ 1999 年，印尼解除华人结社禁令，“伊斯兰唯一信仰促进协会”恢复了原先“印尼华裔伊斯兰教联合会”（简称“PITI”）的名称，并且扩大了地方的组织建设。到 2010 年，仅印尼东爪哇华裔伊斯兰教联合会便有 20 个分会，它们分别是泗水、绒网、安褥、徐

① Zhuang Wubin, *Chinese Muslims in Indonesia* (Singapore: Lee Foundation, 2011), p. 11.

② H. Junus Jahja：《伊斯兰与印尼华人的同化：存亡继绝之道》，《东南亚区域研究通讯》2011 年第 13 期，第 63 页。

③ Natalia Soebagjo, “Ethnic Chinese and Ethnic Indonesians: A Love-Hate Relationship”, in Leo Suryadinata, eds., *Ethnic Chinese in Contemporary Indonesia* (Singapore: Institute of Southeast Asian Studies, 2008), p. 142.

④ Anne Dickson, “A Chinese Indonesian Mosque's Outreach in the Reformasi Era” (17th Biennial Conference of the Asian Studies Association in Melbourne, 1-3 July 2008), p. 4.

图利祖、谏义里、岩望、邦加兰、拉门岸、波诺罗果、外南梦、南海漳、庞越、新埠头、茉莉芬、西都文罗、锦石、玛琅、厨闽、任抹和惹班。[①]

除了作为全国性穆斯林联络组织的印尼华裔伊斯兰教联合会之外，华人穆斯林还以基金会为依托，开展宣教活动。2001年，华人穆斯林长老江庆德发动东爪哇华人穆斯林名流、企业家成立了“印尼哈夷郑和基金会”，其宗旨是宣扬伊斯兰教的宗教教义，兴办社会福利，呼吁华族以“郑和精神”融入主流社会。2007年，基金会理事已经增长到98名。“该会重视发展新会员，目前泗水市郑和穆斯林教徒就发展到了五六千人。”[②] 印尼哈夷郑和基金会的社会活动获得了当地主流社会的大力赞扬，前东爪哇省省长诺尔格（Moch Noerg）“高度评价郑和基金会的作用，并表态愿意做郑和基金会的监护人”。[③]

二　印尼华人穆斯林社团与郑和清真寺网络的建立

面对文化认同上的尴尬，印尼华人穆斯林迫切需要发挥“华人的模范作用”来宣扬穆斯林华人的特性。一方面，要向当地穆斯林社会证明华人与伊斯兰教是兼容的；另一方面，也要向非穆斯林的华人社会宣扬即便华人信奉了伊斯兰教还是华人。[④] 对于印尼华人穆斯林来说，郑和对东南亚伊斯兰教尤其是爪哇地区伊斯兰教的传播具有重要影响。正如陈达生博士所言，郑和是当时华人穆斯林的英雄偶像、精神领袖和生活庇护者，是伊斯兰教在马来群岛华人社会快速发展的驱动力。[⑤] 华人穆斯林需要塑造能够保持自身中华文化特性，同时又具有伊斯兰影响的“英雄”，身兼二者的郑和是一个绝佳的典型。“我们在印尼落地生根，要向郑和前辈学习，

① 《千岛日报》〔印尼〕，2011年2月26日，第13版。

② 龚泉元：《弘扬郑和精神建设和谐社会》，《国际日报》〔印尼〕，2007年10月30日，第B8版。

③ 《江庆德呼吁华族与郑和精神融入主流社会》，《国际日报》〔印尼〕，2007年7月10日，第B7版。

④ Aimee Dawis, *The Chinese of Indonesia and Their Search for Identity: The Relationship Between Collective Memory and the Media* (New York: Cambridge Press, 2009), pp. 151-152.

⑤ 陈达生：《郑和与东南亚伊斯兰》，海洋出版社，2008，第133页。

热爱人类，建设印尼，目前郑和的思想是我们华族融入主流社会的切入点，只有这样我们的子孙才能安居乐业，这就是郑和思想的真谛。”① 正是源于此，从 1998 年民主改革以来，印尼华人穆斯林组织有意识地在印尼各地树立中国著名航海家、信仰伊斯兰教的“郑和形象”，并以此为旗帜，通过建立郑和清真寺，挖掘印尼本土丰富的郑和文化遗产，塑造华人穆斯林独特的文化认同。②

一方面，华人穆斯林社团开始在各地修建郑和清真寺。2001 年，华人穆斯林长老、哈夷柳民源和印尼华裔伊斯兰教联合会倡议在泗水建立郑和清真寺。印尼哈夷郑和基金会负责具体筹集首期资金，其余由东爪哇华人穆斯林企业家、社会贤达赞助支持，至工程竣工共耗资 33 亿盾。2003 年 5 月 28 日，在印尼华裔伊斯兰教联合会创立 42 周年之际，泗水郑和清真寺举行落成典礼。这是世界上第一座以“郑和”命名的清真寺（Haji Muhammad Cheng Hoo Mosque），它仿照北京牛街清真寺样式设计，以绿、红和黄为主要颜色，体现了浓郁的中华建筑风格，是具有华人穆斯林色彩的清真寺，清真寺右侧建有郑和及其宝船的浮雕像。③ 在落成典礼上，印尼宗教部部长沙益德讲道：“郑和清真寺的建成，将对印尼华裔穆斯林带来更多的方便，同时也将更进一步加强华裔和本民族的友好关系。”④

泗水郑和清真寺建成后，内设幼儿园、露天运动场、体育馆和清真餐厅，具有礼拜、教育、健身等多种功能。郑和清真寺还积极举办各种慈善活动，扩大其影响。例如，2010 年 9 月 1 日，东爪哇华裔伊斯兰教联合会、郑和清真寺和金锋集团代表同聚郑和清真寺院内，连同其他慈善组织向马都拉岛的 1500 名孤儿发放爱心礼包，筹募到的善款有 705397284 盾，

---

① 龚泉元：《弘扬郑和精神建设和谐社会》，《国际日报》〔印尼〕，2007 年 10 月 30 日，第 B7 版。

② 当然，早在苏哈托时代华人穆斯林就开始关注郑和，但在此阶段并不明显。有意思的是，民主改革以来印尼华人非穆斯林社会也在积极塑造郑和形象，这种中华文化与伊斯兰文化之间的冲突与融合却很具讽刺意味地聚焦在一位深受双方敬仰的杰出人物郑和身上。

③ 《耗资 33 亿盾具中华建筑风格》，《国际日报》〔印尼〕，2007 年 10 月 30 日，第 B6 版；2007 年 10 月 31 日，第 B8 版。

④ 转引自孔远志《郑和清真寺与印尼华人穆斯林》，《中国穆斯林》2004 年第 3 期，第 45 页。

其中有热心赞助者直接发给马都拉岛的1125名孤儿和泗水的1134名孤儿，每个孩子将获得教育经费275000盾。[①] 这类活动的经常开展，对于改善华族的形象，敦睦族群关系具有重要的作用。

另一方面，华人穆斯林组织开始着手中华传统文化和华文教育方面的工作。在2004年的春节庆祝活动中，各地的华裔伊斯兰教联合会坚持以中华民族传统庆祝方式进行，如传统的中华服饰、美食小点、舞蹈音乐、贴对联、发压岁钱等[②]，将鲜明的华人民俗色彩注入印尼穆斯林社群当中，奇特多元的庆祝活动吸引了大批当地穆斯林前来观赏和庆贺，无形中为印尼主流社会通过华人穆斯林这一特殊群体了解中华传统文化打开了一扇便捷之门。在华文教育方面，泗水郑和清真寺于2012年3月份开始在寺内开设“郑和汉语学习中心”。泗水郑和清真寺还与重庆师范大学汉语教师合作，培养有志于汉语学习的人才，首期招收到约30名学员。[③] 当然，从其学习汉语的主观愿望来看可能并非复兴过去的华文教育，而是出于青年商务交往迫切之需，但即便如此，这在苏哈托“新秩序”时代是绝对难以想象之事。

除了泗水郑和清真寺外，其他华人穆斯林聚居的地区也陆续开始建设以“郑和”命名的清真寺。2009年6月，印尼华裔伊斯兰教联合会巨港分会启动了在巨港兴建郑和清真寺和在西爪哇兴建中国建筑风格清真寺的具体事宜。另外，在班达安也以泗水郑和清真寺为蓝本兴建了郑和清真寺。2010年2月，具有中国建筑风格的万隆华人清真寺正式启用。3月，印尼任抹县政府和印尼华裔伊斯兰教联合会任抹分会也开始在该县森布拉里镇建造类似的清真寺。2010年6月，印尼华裔伊斯兰教联合会马辰分会也准备在马辰兴建郑和清真寺。这样，在泗水郑和清真寺的带动下，印尼华人穆斯林组织兴起了一股建设郑和清真寺的风气。2012年10月，就在泗水

---

① 王盼盼：《八大企业同孤儿齐聚郑和清真寺　爱心祝福欢乐盈满寺院》，《泗水晨报》〔印尼〕，2010年9月3日，第S1版。

② 参见印尼泗水 *Kontak*：*Media Silaturrahim DPW PITI Jatim*，edisi August-September，2006，p. 2。

③ 参见陈志毅《郑和清真寺开设汉语学习中心》，《国际日报》〔印尼〕，2012年2月23日，第S1版；陈志毅《印尼泗水郑和清真寺开设汉语学习中心，培养有志学习汉语人才》，《国际日报》〔印尼〕，2012年2月23日，第S1版。

郑和清真寺举行成立十周年之际，在印尼总计有8座印尼华人清真寺先后在巨港、锡江、班达安、占碑、任抹、波约拉里、三马林达、泗水建成，并且都取名为“郑和清真寺”，中国前驻印尼大使刘建超还亲自为各个郑和清真寺题写了匾额。[①] 印尼华人穆斯林团体积极筹划的、具有华人特色的郑和清真寺相继落成，并由此联结成一个由众多郑和清真寺构成的信仰和组织网络，这也成为印尼华人社会宗教尤其是伊斯兰教发展的新景象之一。

三　印尼华人穆斯林社团与郑和精神的塑造

从社会学上来说，文化认同是个体对所属文化及文化群体进行内化，产生归属感，进而获得、保持与创新自身文化的社会心理过程。社会群体文化认同的延续与表达可以通过其成员共享的历史感或他们共同认可的民族节日、象征予以实现并且不断随着社会环境的变化进行建构。

一方面，华人穆斯林社团积极举办各种研讨会、诵经会，总结郑和精神的内涵，并向社会大众、友族与政府进行宣传，敦睦族群关系，融入主流社会。华人穆斯林长老江庆德在就任印尼哈夷郑和基金会辅导委员会主席的演讲中，总结了郑和精神的内涵，认为郑和是“友好、和平、文明与伊斯兰的使者”，因此，以“郑和精神”为依据和切入点，融入主流社会，是最好的途径。因为，当地社会是穆斯林占主流的社会，“这个思想也是印尼民众最能接受的”。[②] 江庆德及其家人还捐赠资金，在印尼华人文化公园内举办郑和文化展览，建立了“郑和博物馆”，积极向印尼友族同胞介绍郑和文化。2007年5月20日，“郑和博物馆”工程开始正式奠基。江庆德认为：“在印尼建立郑和博物馆，就是要我们华人通过瞻仰他在印尼建立的功绩，一代接一代地传下去，在印尼很好地落地生根。只有接受郑和的精神……我们华族才能跟友族一起安居乐业，共同繁荣印尼。”[③]

---

① 平原、彬宇：《泗水郑和清真寺庆祝成立十周年，发扬与传播郑和精神创造社会与宗教和谐》，《国际日报》〔印尼〕，2012年10月15日，第A12版。

② 龚泉元：《江庆德就任印尼哈夷郑和基金会辅导委员会主席》，《国际日报》〔印尼〕，2007年7月10日，第B7版。

③ 龚泉元：《江庆德察看郑和博物馆工地》，《国际日报》〔印尼〕，2007年7月19日，第B6版。

华人穆斯林的诵经会、礼拜会也成为宣扬郑和文化的重要场所。2010年，印尼华裔伊斯兰教联合会庞越分会邀请当地2万名穆斯林举行诵经会，司仪用“马都拉方言向穆斯林信众讲述郑和在爪哇岛传播回教的历史，讲述华裔穆斯林县长与庞越的历史”。[①]

华人穆斯林组织还经常参加、协办关于郑和的研讨会。早在1989年印尼知名华裔穆斯林苏邦加（原名潘仲元）参加郑和逝世556周年纪念会时就撰文论述郑和七下西洋的伟大意义，认为“郑和的辉煌功绩，不仅是中华民族的骄傲，也是整个穆斯林——信仰伊斯兰各民族的光荣和榜样”。[②]1993年，慕阿敏（原名陈振文）就已经参加在雅加达召开的郑和国际学术研讨会，这是在印尼召开的首次郑和学术盛会。1995年，慕阿敏、李顺南还参加了1995年在南京举办的“走向海洋的中国人——郑和下西洋590周年国际学术研讨会”。2005年8月，三宝垄召开了纪念郑和下西洋600周年的“郑和文物和宝船模型展”。印尼华裔伊斯兰教联合会发起研讨会，探讨郑和在印尼传播伊斯兰教的作用，宣扬郑和时代的包容与和平精神，支持自然同化。[③] 2006年2月，印尼宗教委员会主办了“郑和下西洋600周年纪念会”。会议结束之后，组委会还将郑和镀金像分别送给印尼总统苏西洛和中国前国家主席胡锦涛，以“增进印尼中国两国人民，特别是两国穆斯林兄弟之间的友好情谊”。[④]

另一方面，华人穆斯林社团通过对郑和歌舞剧、《郑和进行曲》的宣传，推广郑和文化。华人穆斯林组织还注重打造郑和题材的艺术作品，挖掘印尼本土丰富的郑和文化遗产，向社会大众推广。2003年，泗水郑和清真寺落成典礼之时，泗水两个著名的剧团便在清真寺外广场联合演出郑和下西洋的话剧，使在场的观众对郑和的事迹有进一步的了解。郑和清真寺还谱写了《郑和进行曲》（亦称《郑和清真寺之歌》），并且经常在郑和基金会举办的活动中进行传唱。这首歌的歌词也很值得玩味，

---

① 施月：《PITI庞越分会举行诵经会》，《泗水晨报》〔印尼〕，2010年6月4日，第S1版。

② 马格斯·穆里约第·苏邦加（潘仲元）：《举世闻名的航海家，乘风破浪七下西洋——郑和是穆斯林的好榜样》，《郑和研究》1989年第9期。

③ Harry Bhaskara, “Government Hinders Natural Acculturation”, *The Jakarta Post*, Jakarta, 8 August 2005.

④ 转引自孔远志、郑一钧《东南亚考察论郑和》，北京大学出版社，2008，第280~281页。

其曲调取自中文歌曲《天路》，歌词由华人穆斯林领袖柳民源改编，歌词大意是：

> 有一座清真寺建立在泗水市，披着和平使者的阳光，像一片祥云飞过蓝天，为各族团结带来吉祥。得到各族和华社的支持，克服种种困难而建立，为各族和睦送来吉祥。那是一座神奇的清真寺啊，把人间的温暖带到印尼来，从此各族和平团结友爱，带着穆斯林走进人间天堂，各族儿女欢聚一堂。各族团结愿望会更加香甜，郑和的歌声传遍四方。①

郑和清真寺的存在，不仅仅是作为祈祷的地方，也是各族和谐共处的神圣之所，成为和平、相互包容的象征。就连参加清真寺活动的东爪哇副省长赛夫拉也说道：“郑和不论在哪个年代都堪称伟大，因为他传播和平、促进国家与国家之间的发展，衷心希望在我国各城市成立的郑和清真寺里，能够培养出更多的当代郑和，这将是我国之福。”② 这是当地主流社会对郑和清真寺及郑和精神的充分肯定。

2007 年 7 月 21 日晚，在郑和基金会及华人企业家的支持下，182 名井里汶居民在雅加达为 1000 多名观众献上了歌舞剧《郑和海上将军》。“该歌舞剧是印尼建国以来第一次把郑和的真实故事正面搬上舞台歌颂，成功塑造了郑和的印中和平使者的形象；歌舞剧还大胆地歌颂郑和船队给爪哇北岸地区带来的影响。”③ 泗水郑和基金会和清真寺的活动取得了良好的社会效应。2010 年，雅加达 TV One 电视台摄制组专程到泗水摄制郑和清真寺专题纪录片并且向全国播放，这进一步提高了郑和清真寺的声誉。④ 与此同时，郑和清真寺的活动也引起了印尼当地穆斯林团体的高度关注。

① 平原：《泗水郑和清真寺成立 9 周年恳亲晚会》，《泗水晨报》〔印尼〕，2011 年 10 月 15 日，第 S1 版。

② 平原、彬宇：《泗水郑和清真寺庆祝成立十周年：发扬与传播郑和精神　创造社会与宗教和谐》，《国际日报》〔印尼〕，2012 年 10 月 15 日，第 A12 版。

③ 龚泉元：《主流社群献演郑和歌舞剧》，《国际日报》〔印尼〕，2007 年 7 月 23 日，第 B3 版。

④ 施月：《雅加达 TV One 电视摄制郑和清真寺专题记录片》，《泗水晨报》〔印尼〕，2010 年 2 月 11 日，第 2 版。

2011 年 9 月 24 日，印尼最大的穆斯林团体伊斯兰教士联合会（NU）下属的第九电视台频道访问了泗水郑和清真寺并录制了印尼华人伊斯兰的活动专辑，取名为《皈依伊斯兰教者》，这在印尼当地穆斯林社会引起了强烈反响。此外，泗水郑和清真寺作为世界上首个以郑和命名的华人清真寺，它不再是一个单纯的华裔穆斯林礼拜的场所，其他友族穆斯林也乐于前往朝拜，它已经被视为“启蒙圣地”。现在泗水郑和清真寺还成为当地的一个旅游名胜，包括中国中央电视台国际频道、中国新闻社、《人民日报》驻印尼记者站以及台湾的客家电视台都争相前往采访。2012 年，泗水郑和清真寺十周年庆也以郑和下西洋为主题，充分展示了郑和的和平魅力。这表明印尼华人穆斯林正在持续推进郑和文化和郑和精神在印尼当地社会的传播。

结　论

综上所述，正是通过各种宗教场所的设立、宗教慈善活动的开展以及研讨会和艺术活动的举行，华人穆斯林在实践中潜移默化地塑造着属于自己的认同。学界对于郑和的最新研究也从学理上阐明了这一点。有学者认为：“从目前东南亚对于‘郑和’文化的塑造来看，东南亚视野中的‘郑和’，其所具有的历史真实性已经不再重要，因为从某种意义上来说，郑和已经成为蕴含着复杂和具有多方面的文化内涵和象征意义的符号。”① 此说不无道理，因为对于印尼华人穆斯林来说，郑和已经成为既能保持中华特性又能宣扬伊斯兰文化的象征性符号，其背后所蕴藏的宽容、合作和和平成为印尼华人穆斯林寻求自身认同、沟通华人社会与伊斯兰世界的共同象征。质言之，华人穆斯林将郑和清真寺变成了中华文化与印尼伊斯兰文化之间的桥梁和纽带，“侨”俨然变成“桥”。正如泗水郑和清真寺落成时的纪念碑文所载：

① 曾玲：《东南亚的“郑和记忆”与文化诠释》，黄山书社，2008，第 4 页。关于此论题的研究另见施雪琴《郑和形象建构与中国　东南亚国家关系发展》，《海南师范大学学报》（社会科学版）2011 年第 5 期；郑一省《印尼的郑和遗迹与印尼华人的“郑和崇拜”》，《东南亚研究》2005 年第 5 期。

> 为缅怀纪念这位伟大、杰出航海家和亲善友好之和平使者、虔诚穆斯林郑和将军之丰功伟绩，今在“英雄之城”泗水市特建立郑和清真寺。这是世界上第一个以“郑和”命名之清真寺，我们东爪哇泗水与全国穆斯林一道，将因此引为自豪，并决心为我印度尼西亚祖国，竭尽全力，奉献一切。①

在民主改革的新背景下，印尼的华文教育、华文报刊以及华人社团等这些华人社会的支柱均在蓬勃复兴。华人穆斯林群体对“郑和”事迹及其精神的记忆、追溯与弘扬，证明了宗教亦是在现今印尼华人社会内部构筑多元文化认同的强有力纽带。这也再次诠释了社会群体的认同源于社会的建构，这种建构的过程与其所处的社会环境以及群体的历史记忆与现实选择休戚相关。与此同时，印尼华人穆斯林群体的努力也有力地推动了郑和从一个逝去的历史人物向一个形式性和实质性兼备的现实文化符号的嬗变。

饶有意思的是，从前述由印尼华人穆斯林社团开展的这些活动来看，许多印尼华人穆斯林本身均不懂汉语，或者对中国文化知之甚少。他们是在有意借用以郑和为代表的华人穆斯林形象，强调郑和的符号性来吸引当地媒体乃至社会的关注，从而更好地彰显和增强印尼穆斯林的“华人模式”。与此同时，参加印尼郑和清真寺礼拜的也未必都是华人穆斯林，相反，无论从学者调研的结果还是清真寺华人穆斯林领袖的发言中我们不难发现，其实大部分还是非华裔的穆斯林群体。换言之，印尼当地社会的非华裔群体也在宗教领域共享“郑和文化”，有时甚至是出于经济利益去消费“郑和文化”。另外，在印尼华人穆斯林组织内部依然有部分人士反对别人将自己视为“华人”，而非“纯粹印尼人”或者“纯粹的伊斯兰教徒”。② 但无论如何，郑和清真寺背后的印尼华人穆斯林信仰已经不再是族

---

① 陈志毅：《中国厦门市申鹭广电篮球队一行访问泗水郑和清真寺》，《泗水晨报》〔印尼〕，2011 年 5 月 24 日，第 S1 版；韩震：《全球化时代的华侨华人文化认同的特点》，《扬州大学学报》（人文社会科学版）2009 年第 1 期。

② Sarah Turner, “Speaking Out: Chinese Indonesian After Suharto”, *Asian Ethnicity* 4 (2003), p. 349; Muhamad Ali, “Chinese Muslims in Colonial and Postcolonial Indonesia”, *Explorations: A Graduate Student Journal of Southeast Asian Studies* 7 (2007): 15.

群排他性的狭隘代表，它们已经成为所有印尼人包括绝大多数穆斯林共享的遗产，有学者将之称为“包容性的华人特性”（inclusive Chinese-ness）。[①] 这一现象同时也表明，在当前印尼伊斯兰复兴和华人意识重新觉醒的双重推动之下，以郑和为代表的华人身份和符号跨越了狭隘的族群界线，成为已经皈依伊斯兰教并且同化于印尼当地社会的华人穆斯林群体在更大范围内塑造双重“自我”、维护和传播伊斯兰教的新途径之一。进一步说，中国与东南亚地区之间的海上丝绸之路既是商贸和移民之路，同时也是文化和宗教的交流融合之路。郑和下西洋所承载的宗教意义和文化意义在当代印尼华人穆斯林社群内得到了创造性的转化，也在域外证明中华文化特有的适应性和包容性。这种海外华人在本土化进程中寻求自身独特文化与宗教认同的个案着实耐人寻味。

该文英文版提交给2011年新加坡国立大学亚洲研究所
第五届亚洲研究生研讨会，中文版有所修改

① Wai Weng Hew，“Expressing Chineseness，Marketing Islam”，in Siew Min Sai and Chang Yau Hoon，eds.，*Chinese Indonesians Reassessed*：*History*，*Religion and Belonging*（New York：Routlege，2013），pp. 192-193.

宗教民俗编

唐宋时期福建海上交通与对外佛教文化交流

谢重光

今天要与大家交流的是下面三方面的内容。第一，福建海上交通发展的历程。第二，唐宋时期福建佛教发展的状况及其所取得的文化成就。第三，唐宋时期福建跟日本、韩国方面的佛教文化交流。

下面先谈第一个问题，福建的海上交通情形。

福建地处我国东南沿海，得自然条件之便，滨海的闽越人与其北临的吴越人一样，自古就有与大海打交道、在海上讨生活的特长。所谓“以船为车，以楫为马”[①]，是古文献对于滨海越人靠海吃海生活的生动写照。但这条资料所反映的主要还是江河运输与近海捕捞，长途的海上交通虽然也有，终归不是很发达。东汉时有一条材料说：“旧交趾七郡贡献转运，皆从东冶泛海而至。”东冶在今福州附近。说明当时的闽江海口充当了岭南向朝廷贡献物资的海运中转站。但其时这条海路“风波艰阻，沉溺相系”，代价极大，不久郑弘奏开五岭中的零陵、桂阳峤道，“自是夷通，遂为常路”。[②] 可见曾经的岭南经东冶往北方的海路运输被陆路运输所取代，也足见当时东冶尚未成为正式的商港。

南朝时也有两条关于福建海上交通的资料。其一，据唐初道宣的《续

---

① 佚名：《越绝书》卷八，春风文艺出版社，1985，第57~69页。按：这里说的是吴越人，但闽越人的情况与此相似。

② 范晔：《后汉书》卷三三《郑弘传》，中华书局，1973，第1156页。关于东冶的地望，章怀太子注曰：“今泉州闽县是。”闽县即今福州。

高僧传》所载，我国佛教翻译史上四大名僧之一天竺拘那罗陀，华名真谛，在梁代泛大海来中国，至陈永定二年（558）“还返豫章，又上临川、晋安诸郡”。当时的晋安郡辖今福建东部，今日福州、泉州都在当时晋安郡的范围内。陈文帝时真谛自江表“泛小舶至梁安郡，更装大舶欲返西国”。[①] 关于梁安郡的地望，有主张在今泉州南安的，甚至说南安九日山的翻经石，就是真谛在此译经的遗迹。但也有推断是广东惠州的，有认为无可考的，众说纷纭，尚无定论。根据这条史料，真谛到过福建是事实。但他从豫章经临川至晋安，走的是陆路，不足以说明福建的海上交通情况。只有在梁安郡确是今泉州南安的情况下，才能确证南朝福建的海上交通有了一定程度的发展。倒是《法苑珠林》的一条材料，说陈太建初（569~?），泉州严恭从家乡用船载物到扬州市易[②]，这足以说明其时福建与江浙确有海上航路及海上贸易往来。陈代的泉州即晋安郡，辖区涵盖今福建东南部。但严恭是泉州长乐人，所以这条材料具体反映的是福州与江南互通海上贸易的情况。

隋代福建海上交通的情况，见于杨素平王国庆之役。“泉州人王国庆，南安豪族也，杀刺史刘弘，据州为乱，诸亡贼皆归之。自以海路艰阻，非北人所习，不设备伍。素泛海掩至，国庆惶遽，弃州而走，余党散入海岛，或守溪洞。素分遣诸将，水路追捕。”[③] 后来王国庆为了输诚于杨素，擒斩了浙江贼帅高智慧，而高智慧曾拥有“船舰千艘”，王国庆能够击败高智慧，其水军实力必定相当雄厚。杨素统率的舟师无疑也是很强大的。是役，杨素、高智慧、王国庆的舟师往来于浙江和福建之间，这说明其时闽浙之间的海路畅通，不过一般只用于军事，由于海路艰阻，商业往来还比较少。

这种状况，至唐中叶略有改观。唐中宗嗣圣中（684），有胡商康没遮过漳州漳浦县温源溪，“将浴，投十钱，泉为涨溢，浴毕，泉复如故”。[④]

---

① 道宣：《续高僧传》卷一《拘那陀罗传》，中华书局，2014，第2页。

② 道世：《法苑珠林》卷一六《感应缘·陈扬州严恭》，上海古籍出版社，1991，第131页中。

③ 《隋书》卷四八《杨素传》，中华书局，1973，第1283~1284页。

④ 黄仲昭：《八闽通志》卷八《地理·山川·漳州府·漳浦县》，引漳州《图经》，载福建省地方志编纂委员会旧志整理组、福建省图书馆特藏部整理《福建地方志丛刊》，福建人民出版社，1990，第142~145页。

这里提到的胡商康没遮，从姓氏判断，或为中亚康国人。中亚商人到漳州，可能自陆路来，也可能由海路来。若其来自海路，说明唐前期福建与海外的商贸往来已较前进步。但至唐中叶，福建的对外贸易港口尚不完备，就当时的造船技术和航海技术来说，海路还很艰阻，海上通商的记载只有零星几条，福建的海外贸易真正趋于繁盛，还应是唐中期之后的事。近来有人任意拔高唐代福州海上交通的地位，甚至说盛唐时福州已与广州、扬州并列为唐代三大贸易港口。此说凭空臆造，于史无证，不足据信。

唐中叶后，福建的海上贸易地位提高，主要表现是泉州港逐渐崛起。诗人包何有《送李使君赴泉州》一诗，曰：

> 傍海皆荒服，分符重汉臣。云山百越路，市井十洲人。
> 执玉来朝远，还珠入贡频。连年不见雪，到处即行春。

“市井十洲人”说的是泉州居民五方杂处，包括来自海外十洲的各国蕃客入居；“执玉来朝远，还珠入贡频”说的是海外蕃客以朝贡贸易的名义前来泉州经商，从而入居或活动于泉州。包何生卒年不详，约略活动于天宝末年前后，所以此诗反映了唐中叶泉州海外贸易繁荣的情况。

晚唐诗人薛能有一首《送福建李大夫》诗，说福建“船到城添外国人”。① 诗中李大夫是指乾符二年至三年（875~876）任福州刺史兼福建都团练观察使的李诲。② “船到城添外国人”之“城”，诗中没有确指哪一座城，可能是福州，也可能是泉州。但结合唐大和八年（834）唐文宗的诏书来看，应该是泉州。文宗诏书令有关节度使、观察使应对“岭南、福建及扬州蕃客常加存问”，“接以恩仁”，减轻苛税，“除舶脚收市进奉外，任其来往，自为交易，不得重加税率”。③ 当时福建只有泉州设有专门机构主管“舶脚收市”。那么，其时在福建，像薛能诗中谈到的那

---

① 《全唐诗》卷五五九《送福建李大夫》，王全等点校，中华书局，1960，第435页。

② 郁贤皓：《唐刺史考》卷一五一《江南东道·福州》，江苏古籍出版社，1987，第2150页。

③ 宋敏求编《唐大诏令集》卷十《大和八年疾愈德音》，洪丕谟等点校，学林出版社，1992，第58页。

样，有外国船进进出出，外国人在市井来来往往的城市，自是以泉州的可能性为大。

唐后期泉州港的崛起，为福建在海上丝绸之路上地位的提升创造了条件，五代闽国政权对海外贸易的重视，则为福建成为海上丝绸之路的核心区域奠定了坚实的基础。闽国王氏政权在开拓海外贸易方面，是福州、泉州南北一齐着力。在福州，王审知针对此前闽疆税重，百货壅滞的弊病，“尽去繁苛，纵其交易”。又因“海上黄崎波涛为阻”，派人“凿开为港”，号为“甘棠港”。[①] 由此大大便利了闽国的内外贸易，“赡水陆之产，通南北之商”。[②] 他还大力“招徕海中蛮裔商贾，资用以饶”。[③] 其开明、开放的外交、外贸政策收到良好效果，南洋各国踊跃前来修好和通商，连此前从未与中国交通的佛齐诸国“亦逾沧海，来集鸿胪”。[④] 海上贸易一时成为热门事业，虽然风险大，仍有很多人趋之若鹜，节度推官黄滔有感于此，写下了“大舟有深利，沧海无浅波。利深波也深，君意竟如何？鲸鲵齿上路，何如少经过”[⑤] 的诗句。

在泉州，王审知的侄儿王延彬任泉州刺史二十六年，任内多方招徕外商，大力发展海外贸易。“每发蛮舶，无失坠者，时谓之‘招宝侍郎’。”[⑥] 他的对外开放政策非常成功，做到了“吏民安之”，社会稳定，贸易繁荣，对东南亚诸国的影响不断扩大。在他的经营下，前来泉州经商和定居的蕃客越来越多，泉州港的通航和商贸条件越来越成熟。及至五代末期陈洪进割据清源军时期，曾一次向宋廷“贡白金万两，乳香茶药万斤”，后来又一次“入贡乳香万斤、象牙三千斤、龙脑香五斤”。[⑦] 反映出海外贸易带给陈氏政权的巨大利益，也反映出贸易经济在其时闽南社会经济中的重要地

---

① 吴任臣：《十国春秋》卷九十《闽一·太祖世家》，徐敏霞、周莹点校，中华书局，1983，第 1301 页。

② 钱昱：《闽忠懿王庙碑》，转引自《十国春秋》卷九十《闽一·太祖世家》，第 1301 页。

③ 吴任臣：《十国春秋》卷九十《闽一·太祖世家》，第 1301 页。

④ 于竞：《王审知德政碑》，转引自《十国春秋》卷九十《闽一·太祖世家》，第 1302 页。按：佛齐国两《唐书》、两《五代史》皆未载，《宋史》始载之。可知其国唐时未通职贡，其与中国通，始自五代闽国。

⑤ 黄滔：《黄御史集》卷二《贾客》，四库全书影印本，台湾商务印书馆，1983。

⑥ 吴任臣：《十国春秋》卷九四《王延彬传》，第 1363 页。

⑦ 《宋史》卷四八三《世家六·漳泉留氏、陈氏》，中华书局，1973，第 13961 页。

位，因为乳香、象牙、龙脑香等物及大量硬通货的流通，无疑主要来自与东南亚诸国的贸易。

有宋一代，一方面，有官府对蕃商、胡贾的积极而灵活的管理政策，有条件地允许蕃客在经商地居留，甚至还为蕃客子弟建立蕃学[①]；另一方面，泉州便利的港口条件与泉州文化的包容精神对海外各国蕃客的吸引力越来越大，泉州迅速成为世界著名贸易港，来自南洋、东北亚和波斯、大食的蕃客有了较大的规模，他们在城南建立了自己独立的聚居区[②]。南洋、波斯、大食蕃客多为伊斯兰教徒，因而又在东郊开辟了独立的伊斯兰公墓，还修建了进行公开宗教活动的伊斯兰教寺院。[③]

在宋代福建的其他地方，海上交通与对外贸易也全面开展，尤以福州为盛。得益于五代闽国时期福州在港口条件、造船技术、经商传统方面的深厚基础，宋代福州的对外商贸业持续繁荣。从宋人的有关诗咏中，我们不难感知福州海上商贸繁荣的盛况。例如，刘弇诗曰："南来海舶浮云涛，上有游子千金豪。"[④] 鲍祗诗曰："海舶千艘浪，潮田万顷秋。"[⑤] 龙昌期诗曰："百货随潮船入市，万家沽酒户垂帘。"[⑥] 温益诗曰："潮回画楫三千只，春满红楼十万家。"[⑦] 如此繁华景象，都与福州海上交通和海外贸易的发达密不可分。

宋代福建海上交通和海外贸易史的资料不胜枚举，其中对南洋、中东

---

① 宋徽宗时曾颁布准许蕃客人籍的诏令："令诸国蕃客，到中国居住，已经五世，其财产依海外无合承分人，及不经遗属者，并依户绝法，仍入市舶司拘留。"（《宋会要辑稿》，徽宗政和四年）宋人蔡绦的记载："大观、政和之间（1107—1118），天下大治，四夷向风，广州、泉南请建蕃学。"（蔡绦：《铁围山丛谈》卷二，冯惠民、沈锡麟点校，中华书局，1983，第27页）

② 据乾隆《泉州府志》记载，宋代泉州"胡商航海踵至，其富者资累巨万，列居城南"，收入《中国地方志集成·福建府县志辑》第22册。

③ 现存泉州通淮街的清净寺，是全国保留至今的唯一一座宋代伊斯兰教寺院，也是泉州最早创建的伊斯兰教寺院。据该寺元代重修时留下的阿拉伯文修寺碑记，这座寺院原名"圣友寺"，初建于回历400年，即公元1009年。

④ 刘弇：《龙云集》卷六《送陈师益还建安》，文渊阁四库全书影印本，台湾商务印书馆，1983。

⑤ 鲍祗：《咏长乐县》，载王象之《舆地纪胜》卷一二八《福州》，赵一生点校，浙江古籍出版社，2012，第2654页。

⑥ 龙昌期：《福州诗》，载王象之《舆地纪胜》卷一二八《福州》，第2653页。

⑦ 温益：《福州诗》，载王象之《舆地纪胜》卷一二八《福州》，第2653页。

的史料人们谈论很多，知之已熟，毋庸赘述，这里仅举几则与东北亚高丽、日本的史料，以见其概。

先说宋与高丽之间的交通与贸易。《宋史》载：高丽“王城有华人数百，多闽人因贾舶至者”。[①] 苏轼《论高丽进奉状》称：“高丽数年不至……唯福建一路，多以海商为业，其间凶险之人，犹敢交通引惹，以希厚利。”[②] 又苏轼《乞禁商旅过外国状》称：“据泉州纲首徐成状称，有客商王应升等，冒请往高丽国公凭，却发船入大辽国买卖。……显见闽浙商贾因往高丽，遂通契丹……”[③]

再看宋与日本之间的交通与贸易。北宋咸平五年（1002），“建州海贾周世昌遭风，飘至日本，凡七年得还”。[④] 日本万寿三年（1026），秋，宋朝福州商客周文裔回国；日本万寿四年（1027），秋，宋朝福州商客陈文祐回国；日本万寿四年，秋，宋朝福州商客陈文祐再度来到日本；日本长元元年（1028），九月，宋朝福州商客周文裔又来日本，十二月十五日，致书右大臣藤原实资，并献方物。[⑤] 北宋神宗熙宁三年（1070），日僧成寻入中国求法，乘坐中国商船，船头三人，一为南雄州人，一为福州人，一为泉州人。[⑥] 崛和天皇康和四年（1102），宋朝泉州商客李充到达日本；崛和天皇长治元年（1104），宋朝泉州商客李充回国；崛和天皇长治二年（1105），八月，宋朝泉州商客李充等来到大宰府，呈递本国的公文，请求贸易。[⑦]

以上所列，都是中国海船特别是福建海船往来于中国、高丽、日本之间的事例。到了南宋，日商的船只也加入了中日海上贸易的行列。他们以本国出产的高级木料制成建筑用枋板，“以巨舰运至吾泉贸易”。[⑧]

总之，宋代福建对外的海上交通与海外贸易都比以前有了巨大的发展。无论港口的建设、航路的开辟、贸易对象国的扩展、贸易的规模、贸

---

① 《宋史》卷四八七《外国三·高丽》，第14053页。

② 苏轼：《东坡全集》卷五六，文渊阁四库全书影印本，台湾商务印书馆，1983。

③ 苏轼：《东坡全集》卷五八。

④ 《宋史》卷四九一《外国七·日本国》，第14136页。

⑤ 东京大学史料编纂所编《大日本古记录·小右记》，日本岩波书店，1976。

⑥ 成寻：《参天台五台山记》，载《日本入华求法僧人行记校注丛刊》第3辑，2008，第1~3页。

⑦ 三善为康：《朝野群载》。

⑧ 赵汝适：《诸蕃志》卷下《倭国》，商务印书馆，1937，第28页。

易商品的品类，还是贸易在社会经济中的比重和地位，都是空前的。之所以能够取得如此辉煌的成绩，与宋代福建商品经济的发展、国家对外开放的政策、航海技术的进步、中外经济文化交流需求的扩大等方面都有关系，其中福建造船业在全国独领风骚也是一个不可忽视的因素。早在唐代，福建的造船业在东南沿海一带已取得领先的地位。天宝三载（744），鉴真筹备第四次东渡时，就派遣“僧法进及二近事，将轻货往福州买船”。[①] 到了宋代，“海舟以福建为上”成为官民的共识。[②] 宋代福建造的海船，实例有前些年泉州发掘的宋船，估计载重为200吨，应是属于3600斛的海船。参照宋人吴自牧《梦粱录》的记载：“海商之舰大小不等，大者五千斛，可载五六百人。中等二千斛至一千斛，亦可载二三百人。余者谓之‘钻风’，大小八橹或六橹，每船可载百余人。”[③] 则泉州发掘出的这艘海船，只是中等之船，最大的船，要比这大得多。这样的大海船，体大坚固，能载五六百人，装有罗盘针，故能远渡重洋，成为宋代福建海上贸易迅猛发展的坚强保证。

接下来谈第二个问题，唐宋时期福建的佛教发展状况。

在唐宋时期福建海上交通的内容中，与经贸相伴而行的是文化，尤以佛教文化为主。有时甚至是因为佛教文化的交流带动了经贸的开展。这与唐宋时期中国佛教文化的巨大影响力相关，也与福建佛教的繁盛相关。因此，这里首先要略述唐宋时期福建佛教的发展状况。

福建佛教的兴盛，发轫于唐中叶。早在天宝末或稍后，著名禅宗宗师马祖道一曾到福建建阳弘法。后来福州长乐籍禅师怀海在江西得法于马祖，实行丛林改革，制定百丈清规，倡导农禅道路，风靡于天下。怀海传弟子黄檗希运禅师，希运传义玄禅师，创立临济宗。怀海另一弟子沩山灵祐，福建长溪人（今福建霞浦），与其弟子仰山慧寂创立了沩仰宗。临济宗与沩仰宗属于南岳怀让系统。禅宗南宗的另一大系统是青原行思系统。行思五传弟子雪峰义存，是福建南安人。义存的弟子或再传、三传弟子，先后创立了云门宗和法眼宗。而行思四传弟子莆田人曹山本寂，与其师洞

① 真人元开：《唐大和上东征传》，汪向荣点校，中华书局，1979，第114页。

② 徐梦莘：《三朝北盟会编》卷一七六，文渊阁四库全书影印本，台湾商务印书馆，1983。

③ 吴自牧：《梦粱录》卷一二《江海船舰》，浙江人民出版社，1980，第111~112页。

山良价创立了曹洞宗。观此，则知晚唐五代禅宗五大家中，创立者或本身是福建人，或是福建禅师的弟子。唐末五代福建禅师在全国影响之深广，由此不难想见。

唐末五代福建本身也成为禅宗重镇，其关键是著名禅师大安与义存于唐末咸通年间回到福建开山传法。其背景是经过唐武宗毁佛的摧残，佛教诸宗消沉，禅宗也受到沉重的打击，活动于湖南、江西、浙江等地的许多著名禅师，如德山宣鉴、临济义玄、栖心藏奂、广爱从谏、径山鉴宗等人纷纷谢世①，而福建局势相对安定，王潮、王审知取得福建政权后更是大力扶植佛教，度僧、造寺不遗余力，给了禅宗很好的发展空间。回到福建后，大安在福州开创西禅寺，义存开创闽侯雪峰寺，义存弟子玄沙师备开创卧龙山安国院，义存另一弟子神晏开创鼓山涌泉寺，他们都具有深厚的佛学修养，发挥了传法特长，法席鼎盛，聚徒常不下数百上千乃至千余，名闻天下。云门宗、法眼宗就是在这样的氛围中孕育出来的。

唐末五代福州成为禅宗重镇，泉州也有“佛国”之称，其余如漳州、莆田等地，也都有名闻天下的寺院与僧人。其趋势延续到宋代，福建仍是全国佛教最盛之区。当时福建寺院之多，僧众之盛，佛教氛围之浓，从诗人的歌咏中可见一斑。以福州为例，宋代谢泌《长乐集总序》诗曰：“湖田播种重收谷，道路逢人半是僧。城里三山千簇寺，夜间七塔万枝灯。”②黄裳诗曰：“万户管弦春卖酒，三山钟鼓晓参禅。”③ 北宋熙宁间任福州知州的程师孟诗曰：“故国楼台千佛寺，新城歌舞万人家。”④

在佛教文化方面，唐宋时期福建佛教最值得称道，除了前述创宗立派之举，当数五代时泉州招庆寺僧静、筠二禅师编撰出《祖堂集》，此书乃中国第一部禅宗灯录。宋代福州先后两次刊刻《大藏经》，一是福州东禅等觉院所雕《崇宁万寿大藏经》（原名《东禅寺大藏经》），简称《崇宁藏》，北宋元丰三年至崇宁二年（1080~1103）雕印，全藏850函1440部6108卷。二是福州开元寺劝募雕印的《开元寺大藏经》，又称《毗卢藏》，

① 参见张云江《法眼文益禅师》，厦门大学出版社，2010，第1~53页。
② 参见王象之《舆地纪胜》卷一二八《福州》，第2653页。
③ 参见王象之《舆地纪胜》卷一二八《福州》，第2653页。
④ 参见王象之《舆地纪胜》卷一二八《福州》，第2653页。

始刻于北宋政和二年（1112），完成于南宋绍兴二十一年（1151），全藏595函1451部6132卷。一部最早的禅宗灯录和两部民间私刻的《大藏经》，在佛教史上都产生了巨大的影响，不但为国内所宝爱，也是海外特别是海东诸国努力求购的经典。

最后是第三个问题，唐宋时期福建对外佛教文化交流。

唐宋时期福建的对外佛教文化交流，就是在这一时期福建海上交通与佛教文化空前兴盛的背景下展开的，并取得了辉煌的成绩。兹举其荦荦大者，缕述于下。

先说唐代。首先要提到的是鉴真东渡传法的壮举，有福建僧人参加并做出了贡献。鉴真初发愿东渡时，有僧二十一人“愿同心随和上去”，其中之一昙静就是泉州超功寺僧。及至天宝十二载（753），鉴真乘日本遣唐使船向日本东渡成功，“相随弟子”有泉州超功寺僧昙静等一十四人。[①] 又据《大唐传戒师僧名记大和上鉴真传》逸文[②]，鉴真多次东渡时追随左右的都有“星静”其人，与另外始终追随鉴真的法进、义静等并列，颇疑“星静”即“昙静”之误写。昙静是鉴真东渡最坚定的支持者，作为大和尚的侍从，艰难相随十年，终于成行。至日本后，据《类聚三代格》所载，昙静“担任戒师，并设立放生池”。又传昙静率弟子、技工辅助鉴真和尚东渡时，随带泉州茶种和禅茶习俗去日本，他对佛教文化及茶文化在日本的传播，做出了历史性贡献。

其次要提到的是日本空海法师到福建一事。空海法师在日本佛教史和文化史上具有划时代的作用。他于唐贞元二十年（804）随日本第十七次“遣唐使”来华求法，回国后开创日本密宗真言宗，同时受梵文字母和汉字偏旁的启发，创造了日本字母平假名，之后片假名也在平假名基础上逐渐发展起来。此外，他在汉诗学和书法艺术方面也有很大贡献。这么一位佛教和文化巨人，在来华途中遭遇飓风，所坐船只漂抵闽东霞浦赤岸海口，在赤岸村居留了41天后，全船开往福州，被安置在福州开元寺，住了一个多月。他在福建逗留两个多月，对于福建的佛教与文化有所了解，在

① 真人元开：《唐大和上东征传》，第115页。

② 真人元开：《唐大和上东征传》，第116页。

中日两国文化交流史上产生了深远的影响。如今在福建霞浦赤岸建立了空海法师纪念堂、祭海亭和空海石像，被誉为“空海漂泊受难的圣地”“报恩谢德的圣地”，常有日本学者和真言宗信徒来此瞻仰、朝拜。

继空海之后，日本智证大师园珍，赴唐求法时也因遭风漂流，于宣宗大中年间（847~859）来到福州开元寺。园珍上福州都督府乞求公验文书时云：“伏乞公验，以为凭据。谨连元赤，伏听处分。”福州都督府发给园珍一行的公验文书云：“随身物经书四百五十卷，衣钵、剃刀子等，旅灶一具。”① 园珍所携经书，或即在福建购得或获赠所得。

关于福建与高丽的佛教文化交流，当以高丽高僧释元表与福建宁德支提寺的因缘为典型。“释元表，本三韩人也。天宝中来游华土，仍往西域瞻礼圣迹，遇心王菩萨指示支提山灵府，遂负《华严经》80 卷，寻访霍童，礼天冠菩萨，至支提石室而宅焉。”元表初到支提山时，此山不容人居，乃猛兽毒虫窟穴。元表坚韧不拔，涧饮木食，保护经典，刻苦修持。遇到武宗毁佛，“元表将经以花榈木函盛，深藏石室中”。② 终于躲过这场劫难。后来支提寺发展为东南名刹天冠菩萨道场，元表应居首功。其与新罗金地藏在九华山开创地藏王菩萨道场，互相辉映，都是中国佛教史及中国与韩国和朝鲜佛教交流史上的壮丽篇章。

唐五代也有天竺和西域的高僧到福建，进行佛教文化交流。例如唐末来泉州弘法的印度高僧智亮，侨寓开元寺，人称祖膊和尚。后移居德化戴云山，能汉诗，有咏戴云山诗曰：“戴云山顶白云齐，登顶方知世界低。异常奇花人不识，一池分作九条溪。”③ 开元寺有祖膊院，以其曾居而得名。五代时又有西域僧朝悟大师，居泉州开元寺，“数有异征。既去，寺僧刻木为像奉之，号木头陀，亦号挑灯道者”。④

---

① 小野胜年：《入唐求法行历之研究——智证大师园珍篇》，转引自周一良《入唐僧园珍与唐朝史料》，载《中日文化关系史论》，江西人民出版社，1990，第 96 页。

② 赞宁：《宋高僧传》卷三十《唐高丽国元表传》，范祥雍点校，中华书局，1987，第 679 页。

③ 阳思谦修、黄凤翔等撰万历重修《泉州府志》卷二四《仙释》，载刘兆祐主编《中国史学丛书第三编》第 4 辑第 38 号，台湾学生书局影印本，1987，第 1810 页。

④ 乾隆《晋江县志》卷一五《杂志·仙释》，载《中国地方志集成·福建府县志辑》第 22 册，第 210 页。

由于中外佛教文化交流频繁，外国僧人的日用器具也在泉州佛寺中使用。例如军持，原来是天竺佛教徒用以贮水饮用和净手的水瓶。据元代释大圭记载，唐末泉州开元寺主持释文偁，“性高洁，澹然自处，至未尝乎泉布。其影不出者三十年，连倍（背）金刚（《金刚经》），昼夜有飒飒之声，室为之生白。所蓄军持出水，实不涸盥，辄随寒燠宜殆，类天给侍之者”。[①]

再说两宋。这一时期福建的经济文化与海上交通的发展都强于唐代，佛教文化的成就也超过唐代，故对外佛教文化交流更加频繁，内容更加丰富。首先要提到的是北宋雍熙年间（984~987），天竺僧人罗护那航海到泉州，“买隙地建佛刹于泉之城南，今宝林院是也”。[②] 这是外国僧人在泉州建的唯一一座佛教寺院。

北宋元祐二年（1087），泉州海商徐戬，先受高丽财物，于杭州雕造《夹注华严经》等经版 2900 余片，用海舶载去交纳。[③] 两年后，徐戬载高丽僧寿介等来中国杭州，杭州知州苏轼将他们送到明州，“令搭附因便海舶归国”；其后“访闻明州近日少有因便商客入高丽国”，而“泉州多有海舶入高丽往来买卖”，于是便通知明州，如果没有“因便舶舡”，便将寿介等“发往泉州，附舡归国”[④]。以此与《高丽史》的记载相印证，似乎可以说，当时泉州是通往高丽的主要贸易港，同时也是中国与高丽进行佛教文化交流的重要城市。

在南宋时期中日佛教文化交流中，最重要的是入宋僧从福建带佛教经典回国，首先应该举出的是日僧带回福州版《大藏经》一事。这部《大藏经》是在太祖开宝敕版以后，由福州的东禅和开元二寺刻印的。日本现存的福州版《大藏经》，自宫内厅图书寮的藏本起，以至京都醍醐寺、知恩寺、东寺、东福寺等的藏本，都是东禅寺版和开元寺版的混合藏。[⑤] 据研究，这部福州版《大藏经》，很可能是由日本近江园城寺僧庆政从泉州或

① 释大圭：《紫云开士传》卷一，上海辞书出版社，2011，无页码。

② 赵汝适：《诸蕃志》卷上《天竺国》，第 14 页。

③ 郑麟趾：《高丽史》卷十《宣宗世家》，西南师范大学出版社，2014，第 25 页。

④ 苏轼：《苏东坡全集》卷四十六《乞令高丽僧从泉州归国状》，北京燕山出版社，2009，第 2585 页。

⑤ 木宫泰彦：《日中文化交流史》，商务印书馆，1980，第 345~351 页。

福州带回的，因为庆政入宋后于建保五年（即南宋嘉定十年，1217）来到泉州，而日本宫内厅图书寮所藏福州版《大藏经》的《大般涅槃经》卷三十三的版心中有“日本国僧庆政舍”的刊记，在同书卷三十六的版心中有“日本国僧行一舍版十片”的刊记；该藏《大方广佛华严经》卷二十三的版心中，则有“日本国僧庆政舍、周正刀”的刊记，宫内厅图书寮所藏福州版《大藏经·妙法莲华经》卷七版心中则有“日本国比丘明仁舍刊换”题记。又，高山寺旧藏波斯文书的前言中写有：

> 此是南蕃文字也，南无释迦如来，南无阿弥陀佛也，两三人到来舶上望书之。尔时大宋嘉定十年丁丑于泉州记之。为送遣本朝辨和尚（高辨明惠上人），禅庵令书之，彼和尚殊芳印度之风故也。沙门庆政记之。①

由此可知，庆政入宋后，宋宁宗嘉定十年（1217）时确在泉州。庆政既到泉州，极有可能顺便访问了中途的福州，或许就是他印制《大藏经》并带回国来。而行一、明仁当和庆政同时或随从庆政来到福州，且和带回《大藏经》有关。② 这部《大藏经》的输入，不但促进了日本佛教的传播，也刺激了日本的刊印事业。

佛教典籍从福建输入高丽方面，五代泉州招庆寺僧静、筠二禅师编撰的《祖堂集》20卷的输入是重头戏。这部最早的禅宗灯录，自北宋以后即在中国失传，1912年，经日本学者关野贞、小野玄妙等调查得知，此书在高丽高宗三十二年（1245），已被收入高丽版《大藏经》，其版现存于韩国伽耶山海印寺。二战以后，日本曾发行过仿制本。近年来，中国也据以重新整理，刊印行世。《祖堂集》传入海东，经过七八百年后再传回中国，实乃中韩日佛教交流史上的佳话。

今天要说的，回顾起来就是这么三个方面的内容。第一个是讲福建的海上交通从汉代到宋代发展的历程。前面慢慢地兴盛，到了唐高宗、唐中

---

① 桥本进吉《庆政上人待考》所引，转引自木宫泰彦《日中文化交流史》，第345~351页。

② 木宫泰彦：《日中文化交流史》，第345~351页。

叶以后，走向了兴盛。然后到宋代，走向了巅峰。

第二个内容是说佛教在福建的发展状况，也是分两部分。第一部分是福建人走江湖，在外面由福建人、福建籍的僧人，或者福建僧人的弟子，分别创立了禅宗的五大宗派。第二部分是唐末的时候，两个重要的僧人回到福建来，分别开创了西禅寺跟雪峰寺，之后福建的佛教也在本地遍地开花，以致福建被称为“佛国”，路上逢人半是僧。五代十国时候，根据《三山志》的记载，所有的田地分为三等，其中上好的一等都给了寺院。

第三个情况是有了前面两者的基础（一个是海上交通兴盛的基础，一个是福建佛教兴盛，佛教文化丰富的基础），到了唐宋的时候，中外，特别是中国跟日本、高丽的佛教文化交流，也就很频繁。其中主要的内容，我们可以记住的，第一个是《祖堂集》流传到日本，流传到高丽，最后回流到中国，第二个是他们来求学取经的对象，主要是开元寺跟东禅寺雕造的《大藏经》，经过混合之后传到日本去了。而附带的，像建筑，像茶文化等，也随着佛教文化的传播，传到了我们的邻邦——日本跟韩国。它的逻辑关系就是这样子的。

本文整理自谢重光教授在福建省图书馆的演讲

佛教的世俗化与签占的发展

——兼与严耀中先生商榷

林国平

所谓签占，又称求签、占签、抽签、卜签等，是一种以签筒、签枝、筊杯为占具，以签诗（预测吉凶的诗歌）为载体的占卜活动。民间流传着“跨进庙门两件事，烧香求签问心事”俗谚俚语，反映了签占在中国社会中的巨大影响。签占从孕育到产生、发展，自始至终与中国传统的佛教、道教、民间宗教信仰联系在一起。一方面，签占的产生和发展，离不开中国宗教文化的土壤。另一方面，签占的发展也渗透到佛教、道教和民间宗教信仰，并对中国的宗教信仰产生一定的影响。佛教、道教和民间宗教信仰与签占的互动发展，不但反映了中国古代宗教文化之间互相融合的关系，也反映了作为民间文化的签占具有很强的渗透力和生命力。本文就佛教的世俗化与签占的发展，做初步的探讨。

一　佛教的世俗化与占卜术的结合

印度与中国均为世界文明古国，属于东方体系的文化，但二者属于完全不同的文化系统，印度文化注重冥想，宗教文化色彩浓厚，中国文化关注社会人生，纲常伦理色彩浓厚。产生于印度的佛教从两汉之际传入中国后，面对的是一个自成体系的具有顽强生命力的中国文化，在这样的文化环境下如何生存并很快地成长起来，就成为佛教要解决的最重大的问题。相对于其他外来宗教而言，佛教在解决这个问题上是比较成功的，因此成为在中国影响最大的宗教。

自从佛教传入中国之后，佛教界一直采取的是两个方向齐头并进的传播策略。一是为了吸引上层人士包括最高统治者，在保持印度佛教核心价值观的基础上，与中国的儒家、道家等雅文化相结合，积极主动地寻找印度佛教与中国雅文化的契合点，形成具有特色的中国佛教理论和诸宗派（魏晋般若学和隋唐时期诸宗派）。① 二是为了吸引平民百姓，扩大自身的基础和影响力，佛教又与中国俗文化相结合，不断地世俗化和简易化，形成了中国俗文化色彩浓厚的民间佛教。

关于中国的民间佛教，有必要稍做追溯。我们知道，中国固然为文明古国，但中国自古就是一个农耕社会，分散的自给自足的小农经济是其封建社会的经济基础，占人口绝大多数的农民没有机会接受基本的学校教育，文盲占比极高。在这样的文化背景下，具有浓郁思辨哲理色彩的佛学，很难被平民百姓所理解，更不容易被接受。而且，佛教传入中国之初，即两汉之际，正当巫术、谶纬、祥瑞灾异盛行之时，佛教也不可避免要接触这些俗文化，某些僧侣接受或者利用这些俗文化，来弘扬佛教，吸引平民百姓信仰佛教。早在佛教传入中国之初，时人把佛教看作道教的一支，一些印度僧人也用种种“神通”来吸引信众，“他们有的能解鸟语，有的能使钵中生莲花，有的能预知海舶从印度驰赴中国”。② 魏晋南北朝时期，僧人运用神通的现象相当普遍，梁朝慧皎《高僧传·神异传》记载的汉代到梁朝的有神异事迹的高僧多达 32 人（立传的 20 人，间接述及的 12 人）。③ 在僧人的“神通”中，还夹杂着巫术、咒语等，如《高僧传》记载安世高在庐山遇到蛇妖作怪，危害行人，“高向之梵语数番，赞呗数契，蟒悲泪如雨，须臾还隐，高即取绢物，辞别而去。……于是庙神歇末，无复灵验”。又如说佛图澄：“善诵神咒，能役使鬼物。以麻油杂胭脂涂掌，千里外事皆彻见掌中，如对面焉，亦能令洁斋者见。又，听铃音以言事，无不劾验。”④

在佛教吸收巫术、咒语之类的中国俗文化时，占卜术也是深受青睐的

① 详见赖永海《中国佛教文化论》，中国人民大学出版社，2007。
② 魏承思：《中国佛教文化论稿》，上海人民出版社，1991，第 10 页。
③ 恒毓：《佛教与神通》，《香港佛教》2000 年第 3、4 期。
④ 慧皎：《高僧传》卷一《安清》、卷九《竺佛图澄》，中华电子佛典协会（CBETA）电子佛典“大正藏经录”史传部，第五十册，No. 2059，第 0323c、0383b 页，http://www.cbeta.org/，最后访问日期：2009 年 11 月 8 日。

一种。占卜术在中国源远流长，形式多样，影响巨大。印度佛教并不提倡占卜，但传入中国后，也不能不受到盛行于世的占卜术的影响，甚至利用占卜术来吸引善男信女，推动佛教的传播。东晋天竺三藏帛尸梨蜜多罗译的《梵天神策经》（又称《灌顶梵天神策经》），把印度佛教的占卜术介绍到中国来，其基本做法是：把一百首佛教偈语（佛经中的带有对人生体悟的哲理颂词，类似于玄言诗）分别抄写在竹帛上，放入五色的绢袋中，占卜者从袋中随意取出一枚，以决疑问。《梵天神策经》记载："一时佛在因沙崛山中，与千二百五十比丘俱，菩萨三万人，佛为天龙八部说法，人民鬼神各随业缘得道不同。说法既竟，于是梵王从座而起。长跪合掌而白佛言：'世尊我于众生，有微因缘多归依者。又见人民悉受苦恼，心中疑惑不能决了，今欲承佛威神之力，出梵天结愿一百偈颂以为神策，惟愿世尊许可此事。'复作是言：'我常见诸异道辈九十五种，各有杂术为人决疑。而今世尊正觉最上更无此法，是故启问唯愿听许。'佛言：'梵王善哉善哉！汝能为未来五浊恶世，像法众生多诸疑惑，信邪倒见不识真正。汝既慈悲欲为说者，嘉也梵王我助汝喜，善也梵王随意演说。'梵王闻佛赞叹策经，欢喜踊跃。即于众中语四辈言：'今我梵王承佛威神，演说卜经一百偈颂以示万姓，决了狐疑知人吉凶。'"①

《梵天神策经》的百首偈语也涉及俗世的仕途、财宝、和合、子孙、疾病等内容，占卜时要漱口，不能吃不洁食物等，占卜方法也与后世的签占相似。所谓："佛告阿难梵天大王等：'若四辈弟子欲为人行此神策法时，当以竹帛书此上偈，以五色彩作囊盛之。若欲卜时探取三策，至于七策审定无疑。澡漱口齿，莫食酒肉及啖五辛，出策之法不得过七人，后设探者众事不中不护人也。'"② 虽然有人直接称之为"梵天签"③，但笔者

---

① 《佛说灌顶经》卷十《佛说灌顶梵天神策经》，帛尸梨蜜多罗译，中华电子佛典协会（CBETA）电子佛典"大正藏经录"密教部，第二十一册，No. 1331，第 0523c ~ 0524a 页，http://www.cbeta.org/，最后访问日期：2009 年 11 月 10 日。

② 《佛说灌顶经》卷十《佛说灌顶梵天神策经》，帛尸梨蜜多罗译，中华电子佛典协会（CBETA）电子佛典"大正藏经录"密教部，第二十一册，No. 1331，第 0528c 页，http://www.cbeta.org/，最后访问日期：2009 年 11 月 10 日。

③ 如如吉祥《梵天签》，《地藏缘论坛》，http://www.folou.com/thread-182302-1-1.html，最后访问日期：2009 年 11 月 11 日。

认为还不能说这就是严格意义上的签占，至多只能把它看作签占的滥觞。理由有三：一是《梵天神策经》主要用于诵念而不是占卜；二是其内容主要围绕天堂、净土、地狱、三宝、沙门、正觉、解脱、功德等佛教教义展开；三是占卜的主要目的是解决信众信仰佛教过程中的种种疑惑，而不是占卜吉凶祸福。所谓："佛语梵天大王：'汝今以为一切人民，说此神策竟，利益一切功德不少，令诸疑惑各得开解。我今当演善神灌顶章句以为劝助，若有人民闻策之者，或信不信令得正念，使一切魔不得破坏生嫉恶心，设有恶意自然消灭。'说是语竟，梵王请佛唯愿说之。于是世尊即说灌顶无上偈颂。"[①] 另外，唐初释静泰《众经目录》把《梵天神策经》列入伪经行列，认为此经与其他的五十二种经书，"并号乖真，或首掠金言而末申谣谶，或初论世术而后托法词，或引阴阳吉凶，或明神鬼祸福，诸如此比伪妄灼然，今宜秘寝以救世患"。[②]《梵天神策经》的真伪问题姑且不论，但有一条是肯定的，魏晋南北朝时期，佛教开始与中国占卜术结合起来。

隋朝，出现了菩提登翻译的《占察善恶业报经》二卷，又称《占察经》《地藏菩萨业报经》《地藏菩萨经》《大乘实义经》等，上卷阐明使用木轮相占察善恶宿世业、现世苦乐吉凶等事的方法。并说若有恶业、苦果、凶事出现，礼忏地藏菩萨，便能灭罪除障，所以又称"木轮占察法"。所谓木轮，系由木片雕刻而成，八角形，直径一寸许。若欲占察宿世所作善恶业种的差别，须在十轮上书写十善十恶之名，称"十轮法"。若欲占察宿世集业的久近所作与强弱大小的差别，须在三轮书身口意之名及长短深浅粗细之笔画，称"三轮法"。若欲占察三世中受报的差别，则须在六轮书一乃至十八之数，称"六轮法"。应该指出，《占察善恶业报经》中的占卜目的，主要是强化信徒的宗教信仰。

唐朝，占卜之风盛行，佛教进一步与占卜术结合，不少高僧擅长易占

---

① 《佛说灌顶经》卷十《佛说灌顶梵天神策经》，帛尸梨蜜多罗译，中华电子佛典协会（CBETA）电子佛典"大正藏经录"密教部，第二十一册，第 0528b ~ 0528c 页，http://www.cbeta.org/，最后访问日期：2009 年 12 月 11 日。

② 释静泰：《众经目录》卷四《众经伪妄》，中华电子佛典协会（CBETA）电子佛典"大正藏经录"目录部，第五十五册，No. 2148，第 0212c 页，http://www.cbeta.org/，最后访问日期：2009 年 11 月 12 日。

等占卜术，还精通风水、算命等，佛教谶语满天飞，影响到社会安定，以至于朝廷下令禁止僧道卜筮。如唐文宗《禁僧道卜筮制》云："敕：左道疑众，王制无赦；妖言蠹时，国朝犹禁。且缁黄之教，本以少思寡欲也；阴阳者流，所以敬授人时也。而有学非而辨，性挟于邪，辄窥天道之远，妄验国家之事。仍又托于卜筮，假说灾祥，岂直闾阎之内，恣其诳惑，兼亦衣冠之家，多有厌胜。将恐浸成其俗，以生祸乱之萌。……宜令所司，举旧条处分。"①

二　佛教何时引入签占

关于隋唐佛教与签占的密切关系，严耀中先生有专论，他提出"隋唐时期，二者的结合除了强化了原有的诸形式之外，还增添了新的内容，即主要体现在佛教将业力因果说系统地注入占卜中，并且逐渐将作用凸显到佛寺中流行的卜签上，形成了有特色的中国佛教占卜"的观点。② 对于严耀中先生的上述观点，笔者基本同意。但严耀中先生根据《宋高僧传》卷十四《唐百济国金山寺真表传》相关记载，认为唐代"寺院内求卜问签普遍化"的观点，则不敢苟同。请看《唐百济国金山寺真表传》：

> 慈氏躬授三法衣、瓦钵，复赐名曰真表。又于膝下出二物，非牙非玉，乃签检之制也，一题曰九者，一题曰八者，各二字，付度表云："若人求戒，当先悔罪，罪福则持犯性也。"更加一百八签，签上署百八烦恼名目，"如求戒人，或九十日，或四十日，或三七日行忏，苦到精进，期满限终，将九、八二签参合百八者，佛前望空而掷。其签堕地，以验罪灭不灭之相。若百八签飞逗四畔，唯八、九二签卓然坛心而立者，即得上上品戒焉。若众签虽远，或一二来触九、八签，拈观是何烦恼名，抑令前人重覆忏悔已，止将重悔烦恼签和九、八者，掷其烦恼签，去者名中品戒焉。若众签埋覆九、八

① 宋敏求编《唐大诏令集》卷一一三，商务印书馆，1959，第590页。
② 严耀中：《论占卜与隋唐佛教的结合》，《世界宗教研究》2002年第4期，第30页。

者，则罪不灭。不得戒也。设加忏悔过九十日，得下品戒焉。”慈氏重告诲云：“八者新熏也，九者本有焉。”嘱累已，大仗既回，山川云霁。[①]

上述资料中提到的占卜方法，虽然接近后世的签占，但本质上还不是签占，理由如下。

首先，其占卜方法是“佛前望空而掷。其签堕地，以验罪灭不灭之相”。也就是说，把分别题写了一百零八个烦恼名目的竹签（或木签）望空抛掷，[②] 根据这些竹签（或木签）中最接近写有“九者”“八者”二签的那一支上面所标明的烦恼名称，来决定占卜者应进行哪一品级的戒律，显然，这种占卜方法与后世摇晃签筒的签占不同。

其次，竹签（或木签）上书写的是一百零八个烦恼名目，占卜的是加持戒律的时间长短、品级高低等，而不是签占的预测吉凶祸福。

最后，上述占卜只限于佛寺的僧人使用，一般百姓是否也用此来占卜吉凶，资料中只字未提。

基于以上认识，笔者以为严耀中先生的“求签问卜”在唐代寺庙中已经“普遍化”的结论恐怕很难成立。实际上，签占的出现不会早于唐代中期，两宋时期才真正流传开来，成为百姓占卜的重要工具。[③]

那么，佛教到底在什么时代开始使用签占？笔者收集的与佛教有关的签占资料，最早出现于南宋绍兴二年（1132），《夷坚丙志》载：

绍兴二年，两浙进士类试于临安。湖州谈谊与乡友七人，谒上天竺观音祈梦。谊梦人以二棵贮六茄为馈，恶之。惟徐扬梦食巨蟹甚

---

① 赞宁：《宋高僧传》卷十四，范祥雍点校，中华书局，1987，第339页。

② 其占具模仿“签检之制”。所谓“签检之制”是指官府使用的签牌之类的东西，用竹签（或木签）制作而成，作为拘传犯人、执行公务的凭证。签牌分为不同等级，最高级为火签，吴敬梓《儒林外史》第五十一回：“祁太爷立即拈了一枝火签，差原差立拿凤鸣歧，当堂回话。”《唐百济国金山寺真表传》没有明确说明占具是用什么做成的，只是说最重要的“八者”“九者”两签为“非牙非玉”之物，其他的书写108种烦恼的签牌，估计是竹签（或木签）。

③ 参见拙作《论灵签的产生和演变》，《世界宗教研究》2006年第4期。

美。……洎榜出，六人皆不利，扬独登科。后二年，谊复与周元特赴漕司举，又同诣寺。前一夕，周梦与诸人同登殿，谊先抽签，三反而三不吉。余以次请祷。周立于后曰：“所以来，唯欲求梦尔，何以签为?”众强之。方诣筒下，遇妇人披发如新沐者，从佛背趋出，谓其贵家人，急避之，遂寤。明晨入寺，谊所启三签果不吉，余或吉或否。①

天竺寺坐落于杭州天竺山，有上天竺寺、中天竺寺、下天竺寺之别，通称有“天竺三寺”，始于晋，兴于唐，盛于宋，为我国东南名刹。下天竺寺创建最早，距今已有1660余年。上天竺寺位于白云峰下，创建最晚，也有千年历史。“天竺三寺”深藏林间山谷，景色清幽，寺宇壮丽，相距不远，历代高僧辈出，佛学与诗文并茂。《西湖志》称：“三寺相去里许，皆极宏丽，大士宝像，各有化身，不相沿袭，晨钟暮鼓，彼此闲作，高僧徒侣，相聚梵修，真佛国也。”② 南宋时中天竺寺曾被评为“禅院十刹之首”，上、下天竺寺同被列为“教院五山前茅”。由于上天竺寺以观音灵验闻名，拥有众多的信徒。宋理宗赵昀在《天竺灵感观音大士赞》中称：“神通至妙兮隐显莫测，功德无边兮应感奚速。时和岁丰兮佑我生民，兵寝刑措兮康此王国。”③ 因此，《上天竺观音签》也自然得到善男信女的崇信。20世纪30年代，郑振铎先生在北京书摊购买到宋嘉定间（1208~1224）刊本的《天竺灵签》，弥足珍贵。此《天竺灵签》即《夷坚志》所说的《上天竺观音签》。

此外，南宋时期民间流传的与佛教有关的签谱尚有两种。一是《天竺百签》，宋释志磐撰（1253年前后）《佛祖统纪》卷三三云：“天竺百签，越圆通百三十签，以决吉凶，其应如响。相传乃大士化身所述。”④ 这里所

① 洪迈：《夷坚志》第二册《夷坚丙志》卷九，何卓点校，中华书局，1981，第437页。《文渊阁四库全书·史部·地理类·咸淳临安志》卷九二，也有相似的记载，上海古籍出版社，2003年影印本。

② 李卫监修，傅王露总纂《西湖志》（上）卷四《名胜二·天竺香市》，载王国平主编《西湖文献集成》第4册（据清雍正浙江盐驿道本影印），杭州出版社，2004，第321页。

③ 志磐撰、释道法校注《佛祖统纪校注》（下），上海古籍出版社，2012，第1145页。

④ 释志磐：《佛祖统纪》卷三十三《法门光显志·大士签》，中华电子佛典协会（CBETA）电子佛典“大正藏经录”史传部，第四十九册，No. 2035，第0318c页，http://www.cbeta.org/，最后访问日期：2009年11月13日。

说的“天竺百签”共有一百三十首，有别于一百首的《天竺灵签》。所谓“大士”，原来是指德行高尚之人，后来佛教的佛和菩萨也被称为“大士”，最常见的是称“观音”为“观音大士”“圆通大士”等。这里所说的“相传乃大士化身所述”，指的就是观音。二是《定光佛签》。宋贶在少年时曾经遇到一位僧人，相约日后于梅州会面。绍兴之后，宋贶到梅州为官，想起少年时的约定，就到处寻访。有人告诉他：“此邦崇事定光佛，庵在城外，有签告人，极灵感。”①

根据目前掌握的这些文献资料，我们只能说佛教寺院在宋代才开始使用签占来吸引善男信女，当时佛教寺院引入签占的并不是太多，也远没有达到“寺院内求卜问签普遍化”的程度。

三 影响最大的签谱——《观音签谱》

相对于道教来说，佛教寺院利用签占的时间可能会迟一些，但随着佛教世俗化进程的加快，佛教寺院积极参与签占活动，到明清时期，早先产生的佛教签谱更加通俗，签占的项目也更多、更详细。与此同时，一些新的佛教签谱也被编写出来，并在民间广为流传，佛教签占的影响一点也不逊于道教，甚至有过之而无不及。其中，《观音签谱》的影响最大，最具有代表性。

观音信仰随着佛教传入中国，最初影响很小，到了魏晋南北朝时期其影响才开始逐渐显现。唐宋时期观音信仰普及并盛行于世，明清时期观音崇拜已进入家家户户，成为影响最广、信仰者最多的佛教神灵了。明代谢肇淛说过，天下崇拜观音、关羽等四神最为普遍，“遐陬荒谷，无不尸而祝之者。凡妇人女子，语以周公、孔夫子或未必知，而敬信四神，无敢有心非巷议者，行且与天地俱悠久矣”。② 不但在汉族中以观音为名的，或以供奉观音为主的寺、庙、阁、堂、庵、楼，不可胜数，而且在我国的满、蒙古、羌、彝、白、傣、水、壮、瑶、毛南、畲、藏等少数民族中，观音

① 洪迈：《夷坚志》第四册《夷坚志补》卷十四，第 1678 页。

② 谢肇淛：《五杂俎》卷十五《事部三》，上海书店出版社，2001，第 303 页。

也拥有众多的信仰者，特别是在妇女中，观音的影响甚至超过佛祖释迦牟尼。所以古人有“佛殿何必深山求，处处观音处处有”的说法，又有“家家弥陀佛，户户观世音”俗谚。

随着观音信仰在民间产生巨大的影响，《观音签谱》也应运而生且影响巨大。前面讲过，早在南宋时期，《观音签谱》有《上天竺观音签》和《天竺百签》两种版本。《天竺百签》还在元朝的民间流传，时人任士林记载，当时松江府治西南的超果寺，“实白衣大士瑞光示现之地，众敬趋凑，慈感如觌，事有吉凶祸福，其颂百三十置签以卜之，谛信之，归者亦多矣”。[①] 至大年间（1308~1311），浙东道宣慰副使曹梦炎以疾病签占于此，应验不爽，后来又多次到这里签占，且屡屡应验。为酬谢观音的佑护，曹氏“自大德五年迄九年，施财若干贯，米若干石，田若干，荡若干亩。今住持北山文胜师，以所施田岁入五百亩补斋粥，二百亩备修建，百亩举期忏，且岁以正月集千僧诵经典，固将彰大士之道，俾曹氏之施而久之也”。[②]《上天竺观音签》至今在福建、台湾等地仍可见到（如福建永春乌髻岩和台湾台北妙心寺等），只是保留了诗文等文字，删除了图画。而在日本的江户时代，大量的寺庙采用此签谱，它至今在日本仍广为流传。[③]

明清以来，《观音签谱》的版本很多，如有二十四首的《观世音菩萨灵杯图》，首签为：“杯得三圣，有事宜成，孕必生男，病安讼胜。”有二十八首的《观音签谱》，首签为：“宝马盈门吉庆多，官司有理劝调和。万般得利称全福，一箭红星定中科。”还有三十二首的《观世音菩萨感应灵课》，首签为：“彩凤鸣丹门，麟儿载弄璋。万般福泽至，喜气自洋洋。”[④] 由于观音最受女性的崇拜，观音签自然也备受女性的青睐，如上海的保安

① 任士林：《松乡集》卷二《曹氏舍田记》，载《景印文渊阁四库全书·集部·别集》，台湾商务印书馆，1983。

② 任士林：《松乡集》卷二《曹氏舍田记》，载《景印文渊阁四库全书·集部·别集》。

③ 详见拙作《签谱在海外的传播和影响》，《海交史研究》2006年第1期。

④《观世音菩萨三十二感应课偈》：“昔日唐三藏诣西天取经，值观世音菩萨曰：‘汝往西天求教，道途凶险。缘汝能辨，吾助汝三十二感应灵通之卦。’日传一课，便见当日前途吉凶。祸福无不应者。欲叩焚香祝祷，用净钱五文于香烟上度过，手内擎摇祝祷偈曰：‘紫金化身千百亿，白衣妙相三十二，稽首圆通自在尊，沙界咸称大悲王。’”参见《观世音菩萨感应灵课》，世桦印刷企业有限公司，1986，第2页。

司徒庙，建于明代，原来供奉土地神，后改为供奉观音和关帝，“每逢朔望，祈签者云集”。其中女性信徒居多，李默庵《申江杂咏》“司徒庙”写道：“香烛些些费莫猜，非关祈子乃求财；鬓边黄纸签条插，知向司徒庙里来。”上海的沉香阁也是信女们祈求观音签的重要去处，有《竹枝词》曰：“沉香阁内去烧香，大士灵签仔细详；菩萨慈悲人尽仰，吴姬粤妹往来忙。”[①]

目前，在华人社会中流传最广的《观音签谱》主要有两种，一种是60首的《六十甲子灵签》，另一种是100首的《观音灵签》，分别介绍如下。

1. 《六十甲子灵签》

《六十甲子灵签》，首签首句是“日出便见风云散”，许多非观音寺庙也采用《观音签谱》，只不过把名称改换一下，如台湾诸多妈祖庙使用的《天上圣母六十甲子灵签》，实际上就是《六十甲子灵签》，类似的例子很多。台湾学者林修澈对宜兰、新竹和澎湖810座宫庙的签占进行调查后发现，其中有559座宫庙备有签谱，使用《天上圣母六十甲子灵签》（即观音的《六十甲子灵签》）的宫庙多达226座（宜兰县144套、新竹县54套、澎湖县28套），占40.43%。[②] 台湾铭传大学汪娟曾调研台湾三级古迹以上佛教寺庙的签占状况，其中有26座寺庙备有签筒和签诗，供善男信女占卜。这些寺庙中，奉祀观音的多达19座，其他的供奉地藏佛、清水祖师、显应祖师、定光古佛等。在这19座备有观音灵签的寺庙中，采用百首《观音灵签》的只有4座，而使用《六十甲子灵签》的多达15座。[③] 台湾宗教人士陈清河走访过台湾902座宫庙，其中有277座使用《六十甲子灵签》，约占30.71%。[④] 笔者在福建民间调研时，最常见到的也是《六十甲子灵签》，大致估算，使用此签谱的宫庙至少占三分之一。

那么，为什么如此众多的不是供奉观音主神的寺院宫庙会选择《六十甲子灵签》而不是其他签谱呢？笔者认为，除了观音信仰的巨大影响力的

① 范荧：《上海民间信仰研究》，上海人民出版社，2006，第95页。

② 林修澈：《宜兰县内庙的运签》，载《宜兰研究》第三届学术研讨会论文集，2004，第23页。

③ 汪娟：《百首观音灵签之签题析论——以艋舺龙山寺为例》，载《中国俗文化研究》第三辑，巴蜀书社，2005，第2页。

④ 陈清河：《谈签诗说八卦》，蔡宗勋出版，2003，第1页。

惯性效应外，也与《六十甲子灵签》能够满足善男信女的基本诉求有密切关系。

首先，《六十甲子灵签》流传很广，版本众多，但其签诗则基本一致，这说明它是经过长期修订、参详后形成的，体现了观音信众的集体智慧。一般说来，签诗比较晦涩难懂，其兆象也较朦胧，难以参透。[①] 而《六十甲子灵签》的签诗则不然，读来琅琅上口，内容浅显，比较通俗易懂。甲子、甲寅、甲辰、甲午、甲申、甲戌签诗如表1所示。

表1 《六十甲子灵签》签诗示例

签序	签诗
甲子	日出便见风云散，光明清净照世间。一向前途通大道，万事清吉保平安
甲寅	于今此景正当时，看看欲吐百花蕊。若能遇得春色到，一洒清吉脱尘埃
甲辰	劝君把定心莫虚，天注衣禄自有余。和合重重常吉庆，时来终遇得明珠
甲午	风恬浪静可行船，恰似中秋月一轮。凡事不须多忧虑，福禄自有庆家门
甲申	只恐前途明有变，劝君作急可宜先。且守长江无大事，命逢太白守身边
甲戌	风云致雨落洋洋，天灾时气必有殃。命内此事难和合，更逢一足出外乡

其次，《六十甲子灵签》流传的地区不同，在具体定性兆象方面有较大的差异，但总体而言，其具体定性兆象的项目较多（多在20项以上），涉及百姓生产、生活的方方面面，能够满足当地百姓签占的基本诉求。福建省平和县灵通岩、台湾地区台南市海安宫的《六十甲子灵签》首签情况如表2所示。

表2 《六十甲子灵签》首签情况

签谱所在地	首签的具体定性兆象
平和县灵通岩（23项）	孕男，移居不好，月令不顺，作事月光成，婚姻难成，求财先有后无，功名有，灶君好，回家月光到月暗无，岁君好，讼先凶后吉，大命男重妻少安失子，寻物月光在月暗无，来人月光到月暗无，在家好，耕作好，学艺难成，出外淡淡，生意月光好，前途有，尾景好，病人先难后安，合家安吉

① 关于签诗兆象，十分复杂，参见拙作《灵签兆象之研究》，《民俗研究》2006年第4期。

续表

签谱所在地	首签的具体定性兆象
台南市海安宫（26 项）	讨海渐渐得利，作塭大吉利，鱼苗不畏，求财先大进后小利，耕作甚得利，经商如意，月令不遂，六甲头胎男二胎女，婚姻可合，家运平安大吉，失物在东急寻能还，寻人得回，远信速至，六畜好，筑室清吉光明，移居大吉，坟墓地穴大吉，出外平安，行舟有大财，凡事大吉昌，治病未日痊安，作事难成成者大吉，功名望后科得进，官事理断分明，家事无忧，求儿大吉

再次，《六十甲子灵签》的典故多取材于小说、戏曲之类的民间文化，百姓喜闻乐见，便于参透签诗中的神意。以福建省平和县灵通岩（龙岩市莲山寺、云霄县碧湖岩签谱的典故与之基本相同）、台湾省台南市海安宫的《六十甲子灵签》六首为例，其典故如表 3 所示。

表 3 《六十甲子灵签》六首典故

签序	平和县灵通岩签谱	台南市海安宫签谱
甲子	宋仁宗不认母、包公请五雷	包公请五雷惊仁宗、包公极审张世真
甲寅	薛蛟祈抛绣球	陈东初祭梅，赵子龙救阿斗，薛蛟、薛癸旁州遇彩楼得绣球
甲辰	周德武入庙认妻	周德武入寺相分明、崔文德胡凤娇到家空成婚
甲午	大舜耕田	庐龙王次子招亲、赵云重围救阿斗
甲申	逃生避难昭国关	王剪战袁达、韩文公过秦岭遇霜雪冻
甲戌	鸟精乱宋朝	鸟精乱宋朝、刘智远战瓜精

最后，《六十甲子灵签》多数签谱不标明上中下之类的总体定性兆象，如上面提到的福建省平和县灵通岩、云霄县碧湖岩、龙岩市莲山寺，台湾地区台南市海安宫的四种《六十甲子灵签》中，只有龙岩市莲山寺的签谱有标明上中下之类的总体定性兆象，这样在客观上为解签人留下了巨大的解释空间，可左右逢源。一些标明上中下之类的总体定性兆象的《六十甲子灵签》也迎合善男信女趋吉性的签占心理，上、中签的比例较高。以福建龙岩市莲山寺的《六十甲子灵签》为例，其上签和中签共 45 首，下签

仅15首，下签的比例仅占25%。无独有偶，福建省南靖县山城镇碧阳宫、上杭县东峰宫、仙游县枫亭镇会元寺的《六十甲子灵签》的上中下签的比例与龙岩市莲山寺的《六十甲子灵签》完全相同。

关于《六十甲子灵签》产生于何时、何人编写，文献没有明确记载。据台湾陈易传说，此签谱原名《观音佛祖灵感签诗》，收入《幼学须知杂字采珍大全》一书中，早在乾隆五十一年（就在台湾诸罗县流传，最初为观音佛祖庙所使用，后来为妈祖庙和其他相关庙宇沿用至今且广为流传。他还收藏其木刻板的《六十甲子灵签》一本。[①] 实际上，签谱与通书之类的民俗杂书结合在一起，至迟在明代中期就出现了，对签占的广泛流传产生了不可低估的影响。在台湾进行大规模传播则较迟，《六十甲子灵签》是随着闽人大批入台才传入台湾的。在众多的签谱中，移民之所以选择《六十甲子灵签》带去台湾，显然是因为此签谱在大陆影响较大且被认为比较灵验，因此可以断定，陈易传先生收藏的乾隆版《六十甲子灵签》肯定不是最早的版本。我们注意到，《六十甲子灵签》的典故中没有发生在清代的故事，且称明武宗朱厚照为"正德君"，以此推测，该签谱大约定型于明代中后期。由于含有扩展兆象、定性兆象的签谱并非一人所为，亦往往不是在一个时代就能完成的，因此，其签诗等恐怕在明代之前就出现了。

2. 百首《观音灵签》

百首《观音灵签》的影响也不小，仅次于《六十甲子灵签》和《关帝灵签》，居第三位。由于流传广，其版本很多，签诗部分差异不大，"解曰"部分因地区的生产生活环境不同而往往有较大的差异。我们选择通行于大陆的《观音灵签》（福建南平明翠阁乙亥年印，以下简称"明翠本"）和台湾台北艋舺龙山寺《观音灵签》（以下简称"龙山本"），做简要的比较。

在签诗、"解曰"部分，明翠本和龙山本签诗的一些遣词造句有所不同，但差异不大，总的意思不变（见表4）。

---

① 参见陈锦云《台湾六十甲子圣母诗签研究——以桃竹苗地区为中心》，硕士学位论文，中国文化大学中国文学研究所，2008，第15页。

表 4 《观音灵签》明翠本与龙山本前二首签诗、“解曰”部分对比

签序	明翠本	龙山本
1	签诗：开天开地作良缘，吉日良时万物全；如得此签非小可，人行忠正帝王宣 解曰：急速非速，年未值时，观音降笔，先报君知。此卦盘古初开天地之象，诸事皆吉也	签诗：天开地辟结良缘，日吉时良万物全；若得此签非小可，人行中正帝王宣 解曰：急速非速，言来时值，观音降事，报与君知。此签天开地辟之象，凡事皆吉也
2	签诗：鲸鱼未变守江河，不可升腾更望闻；异日峥嵘身变化，许君一跃跳龙门 解曰：得忍且忍，得耐且耐，须待时至，功名还在。此卦鲸鱼未变之象，凡事忍耐待时也	签诗：鲸鱼未化守江河，未许升腾离碧波；异日峥嵘身变态，从教一跃禹门过 解曰：得忍且忍，得耐且耐，身不用忙，功名自在。此签鲸鱼未变之象，凡事进退待时

显然，流传于闽台地区的百首《观音灵签》的源头都是一样的，只是在辗转抄写的过程中，签诗的个别文字发生变化。有些是庙祝或解签人根据自己的理解对原来的签诗进行一些修改，只是有的地方改得更雅俗共赏，有的地方则不那么合理，不好说谁是谁非。同一种签谱在传播过程中出现上述情况带有一定的普遍性。

在具体定性兆象等方面，明翠本和龙山本存在一些差异，但基本部分是相同的（见表 5）。

表 5 《观音灵签》明翠本与龙山本前二首定性兆象对比

签序	明翠本	龙山本
1	家宅祈福，自身求财秋冬大利，交易、婚姻成，六甲生男，行人至，田蚕六畜好，寻人见，讼事吉，失物在东北，病没送，山坟吉	交易成交，婚姻成合，求财秋冬，自身秋冬吉，家宅祈保，六畜兴旺，田蚕良好，寻人得见，行人得至，六甲生男，山坟向吉，讼词吉利，疾病送医，失物东方，移徙吉昌
2	家宅不安，自身还愿，求财欠利，婚姻难，六甲作福，行人平安，田蚕吉，六畜不利，寻人见，讼和，移徙吉，失物东南，病祈保，山坟吉	交易无利，婚姻难合，求财欠利，自身还愿，家宅不安，六畜不利，田蚕吉利，寻人见，行人平安，六甲求福，山坟吉，讼词和，疾病祈保，失物东方，移徙吉

值得注意的是，两种签谱在具体定性兆象上涉及家宅、自身、婚姻、六甲、疾病、失物、诉讼、行人、迁徙、风水、财运、交易、田蚕、六畜等内容，包含了民间生活、生产的主要方面，能满足善男信女的基本需要。还要特别指出的是，这两种签谱的具体定性兆象中没有包含许多签谱中经常出现的“功名”项，这也许是该签谱的作者为了面向普通百姓而有意这样安排的。

然而，在典故和总体兆象方面，明翠本和龙山本有较大的不同。明翠本多取材于小说、戏剧和传说故事，诸如《八仙故事》《封神榜》《薛仁贵征东》《薛丁山征西》《罗通扫北》《杨家将》《西游记》《东周列国志》《二度梅》《说唐》《宋太祖征打南唐》《今古奇观》《烂柯山》《善庆缘》《金印记》《天仙配》《荆钗记》《玉钗记》《浣纱记》《长生乐》《还带记》《龙剑记》《金丸记》《三元记》《河东记》《全德记》等。仅出自《三国演义》故事的就多达16道（签序为9、11、17、29、41、44、51、53、54、60、82、89、91、95、97、98）。显然作者比较熟悉民间文化，所选取的故事也是百姓耳熟能详、喜闻乐见的。龙山本的典故与明翠本有所不同，据台湾汪娟教授考证，该签谱的签题（典故）“则绝大部分皆为历史人物的典故与传说，其中又以出自正史者居多，事迹班班可考。从时代加以分类，属于先秦的有三十三首（西周有二首、春秋有十五首、战国有十六首），属于汉魏六朝的有三十六首（汉有十四首、三国有十五首、晋有五首、南北朝有两首），属于隋唐五代的有十六首（隋有一首、唐有十二首、五代有三首），属于宋明的有十一首（宋有九首，明有二首），而传说人物的典故却只有四首；虽说有的正史人物也成为后世戏曲小说的取材来源，毕竟从比例上来说，和一般寺庙的签题偏重于取材通俗的戏曲小说有显著不同。究其原因，可能与艋舺龙山寺的历史沿革和特殊地位有关”。①作者认为：“从艋舺龙山寺的文风鼎盛，同时成为上层知识分子与基层百姓共同的信仰中心（来看），则签题中能够兼容并蓄典雅艰深的典故和通俗易晓的故事，呈现出雅文化和俗文化的交融，也就不言而喻了。”②

---

① 汪娟：《百首观音灵签之签题析论——以艋舺龙山寺为例》，载《中国俗文化研究》第三辑，第23页。

② 汪娟：《百首观音灵签之签题析论——以艋舺龙山寺为例》，载《中国俗文化研究》第三辑，第24页。

从总体定性兆象来看，二者不同的多达 44 首（签序为 2、4、10、13、14、15、20、22、23、25、28、29、30、31、32、34、35、36、38、41、46、48、49、50、52、53、55、57、61、63、68、71、76、77、79、81、85、86、88、91、94、95、97、99）。产生这一差异的原因除了对签诗原初兆象的理解不同外，签诗所搭配的典故不同是根本原因。另外，明翠本和龙山本的上中下签的比例也有较大的差异。明翠本有上签 22 首，中签 59 首，下签 18 首，未注明 1 首；龙山本有上签 47 首（大吉 8 首，上吉 2 首，上上 29 首，上中 4 首，上平 3 首，上 1 首），中签 28 首（中吉 1 首，中上 3 首，中中 10 首，中平 7 首，中 4 首，平中 1 首，平平 1 首，平 1 首），下签 1 首，无标识 24 首（实际是下签）。显然，明翠本的作者比较谨小慎微，把上签和下签的比例控制在 20%左右，中签则多达 59%。龙山本的作者则迎合善男信女趋吉性的签占心理，上签的比例多达 47%。对于下签，则讳莫如深，明确标明的只有 1 首，其他的 24 首采取不明确标识总体定性兆象的做法，以免引起善男信女的不快，其趋吉性的特点比明翠本更加突出。

关于明翠本和龙山本何时产生，文献没有记载。不过，从签谱的整体上看，签诗大约在宋代就产生了。“解曰”和具体定性兆象是在签诗的基础上编写的，三者的思路基本上一致，很可能是同一作者完成的，也不排除稍晚于签诗产生。至于典故和总体定性兆象与签诗基本脱离，则可据此断定其作者与签诗的作者不是同一时代、同一个人。值得注意的是，签谱的典故所发生的时代最迟的是明代中期，称朱元璋为“洪武”（明翠本第 76 首“洪武看牛”），称朱翊钧为“神宗”（龙山本第 16 首“明神宗要活海瑞”），还有“三宝太监下西洋”的典故（龙山本第 50 首）。由此可以做出初步判定，即这两种签谱都定型于明代中后期。

结　论

印度佛教传入中国后，必然要与中华文化特别是俗文化相适应，才能在中国大地上扎下根来，进而开花结果，因此佛教的世俗化不可避免且愈演愈烈，其中佛教与中国占卜的结合就是其世俗化的具体表现。佛教利用签占来扩大影响大约出现在宋代，明清时期绝大多数寺院备有签谱，供善男信女占卜。也许有高僧大德和佛教信徒想借用签占来开导民众，将佛教的基本理念融入签诗，引导善男信女皈依佛教，如明翠本《观音灵签》的“前言”中还有如此说法：“戏言是通过神灵和佛菩萨的慈悲精神，开导迷惑的众生，指点迷津，超度苦海，以达到心理治疗的功能，进而圆落地觉证到宇宙真理，充实人生。”但在签占的实践中其良苦用心恐怕只能化为良好的愿望而已。以《观音灵签》为代表的宋代及其之后出现的诸多佛教签谱，并没有出现严耀中先生所说的隋唐时期的“佛教将业力因果说系统地注入占卜中，并且逐渐将作用凸显到佛寺中流行的卜签上，形成了有特色的中国佛教占卜”的情形。[①] 实际上，我们见到的《观音灵签》与其他签谱并没有本质上的差异，甚至更加通俗、更加世俗化，因此更加受到百姓的热烈追捧和崇信。

本文原载于《宗教学研究》2014 年第 1 期，第 79~86 页

① 严耀中：《论占卜与隋唐佛教的结合》，《世界宗教研究》2002 年第 4 期，第 30 页。

论三一教的兴衰嬗变

林国平

一 三一教的形成和发展

嘉靖三十年（1551），林兆恩创立三一教（又名“三教”“夏教”），公开倡导三教合一。[①] 不久，开始招收门徒。嘉靖三十二年（1553），追随者已有数十人。此后，林兆恩在莆田东岩山宗孔堂讲学传道，三一教的影响有所扩大，《林子本行实录》载：“时远近闻风求拜者，蒸蒸云集。”林兆恩初创三一教，就采取了以“艮背心法”为人治病的手段来吸引群众信仰、入教者必须对天发誓，严格遵守纲常礼教，勤行心法，日搜己过，痛自忏悔，带有一定的宗教色彩。但从整体上考察，嘉靖四十五年（1566）以前的三一教还不具备宗教结社的性质，而是由儒家读书人一般结社占主导地位的学术团体。论据有二。

首先，嘉靖四十五年之前，三一教徒绝大多数是读书人，环绕林兆恩的核心人物也是“儒林受业者”，如黄州、黄大本、郑泳、黄阳、林兆居、林兆浩、黄辉阳、林兆琼、林兆豸等都是莆仙一带颇有声望的诸生。这些人追随林兆恩，除了学习所谓“道术”外，更重要的是“举业相从”。[②] 林兆恩虽然在嘉靖二十五（1546）年抛弃举业，绝意于仕途，但他并不反对门徒进取举业，相反，他认为举业与学术相辅相成，“举业

---

① 关于林兆恩的生平和三教合一思想，详见拙著《林兆恩与三一教》，福建人民出版社，1992，第1~8页。

② 林兆恩：《林子三教正宗统论》第二册《宗孔堂》，明万历刻本，载《四库禁毁书丛刊·子部》第十八册，北京出版社，1997，第22页。

正所以明学术也”。[①] 并宣称：“士者能持受孔门心法，能时习举子业，而两不相妨碍者，是吾弟子也。……以举子业为相妨碍，或轻弃之，……非吾弟子也。”[②] 他除了向门徒灌输三教合一论外，还定期在东岩山宗孔堂讲解四书五经，督促“诸生肄习举子业”，扮演着教书先生的角色。

其次，为了有效地约束门徒，督促诸生肄习举子业，林兆恩制定了《明经堂》，共 19 条，这些条文内容完全是围绕着明代科举考试的要求而制定的，是地道的学规，而不是宗教教规。诸如：“作文：以四、九日为期，每期作文一篇，辰候至午候而止。诸生所习之经不同，会日俱作四书文，经文随便自作”；“看书：每日上午四书，下午本经，各一叶（页）半。所看白文务要熟诵，小注亦要熟诵”；“读书：每十日义二篇，论、策、表各一篇”；“每月四、九日下午，会齐明经堂，先将本日所作之文，私将笔削批点，然后呈览。览毕，听执签背经书白文。得签者即背首五句，依次左旋，各背五句，周而复始，至所看书毕而止。次执签讲说经书，每执二人，相为间难。若讲解不明，另举一人再讲”；“各备起止薄，书所读某义、论、策、表若干，看某经书若干，以便查考”；“书程甚简，中间有不能自解经旨，欲从他师，及私加作论、策、表等文，读五经性理鉴纲目等书者，听之”。[③]

嘉靖四十五年之后，林兆恩不再扮演教书先生的角色，专门从事宣扬三教合一论活动。随着林兆恩活动范围的扩大，三一教的影响也迅速扩大。这可以从三一教徒的分布范围扩大和三一教徒的人数剧增反映出来。

先从三一教徒的分布范围来看。嘉靖四十五年之后，林兆恩派遣门徒到全国许多地方传教，三一教的影响已超出莆田、仙游地区，在福建的大部分地区和长江以南一些地区传播（见表 1）。

---

① 林兆恩：《林子三教正宗统论》第四册《明经堂》，明万历刻本，载《四库禁毁书丛刊·子部》第十八册，第 69 页。

② 林兆恩：《林子三教正宗统论》第二册《宗孔堂》，明万历刻本，载《四库禁毁书丛刊·子部》第十八册，第 22 页。

③ 林兆恩：《林子三教正宗统论》第四册《明经堂》，明万历刻本，载《四库禁毁书丛刊·子部》第十八册，第 67~71 页。

表1 三一教传教情况

时间	传教地点	传教人
隆庆四年（1570）	金陵	余芹
万历八年（1580）	榕城	陈标、李章
万历十一年（1583）	金华、义乌	陈一夔
万历十三年（1585）	漳州	黄九思
万历十三年	荆楚	金来相
万历十三年	金陵	游思忠、张洪都
万历十五年（1587）	建安	朱有开
万历二十二年（1594）	金陵	蔡经俊
不详	松江	陈济贤
不详	广东、广西	王文炳
不详	宁化	黄天球、黄袍
不详	江南	张子升
不详	都下	俞士章、汪可受
不详	金陵	王兴、真懒
不详	京都	林敬冕

资料来源：根据《林子本行实录》《林子年谱》《林子门贤实录》制作。

这个时期三一教的影响迅速扩大还可以从《林子门贤实录》记载的三一教徒的籍贯反映出来。该书共收入所谓“林子门贤”“建祠门贤”“直日门贤”214人。其中，福建省籍贯130人（莆田86人，福州13人，闽清5人，仙游和福清各4人，宁化、泉州、闽县各3人，漳州、古田各2人，连城、漳浦、建宁、邵武、闽中各1人），占总数的60.7%；外省籍贯32人（江苏、安徽各8人，浙江4人，南直隶和湖北各3人，江西2人，河南、山西、山东、陕西各1人），占总数的14.9%；不明籍贯的52人，占总数的24.3%。从上述统计数字和对林兆恩及其得力门徒传教地点的综合考察，可以清楚看出，这个时期三一教的中心区在莆田，亚中心区在福建，散播区在江南及江北的一些地区。

再从三一教徒的人数来看，这个时期的三一教徒人数剧增，数以万计。《林子本行实录》《林子年谱》等记载了当时三一教的盛况。如隆庆三年（1569），林兆恩“欲往武当山不果，遂留江西万年邑，时途中执贽瞻礼者云集”；翌年，前往金陵，途经连江丹阳，“荐绅士庶无不望风拜谒，……及入金陵，拜者尤众”；隆庆六年（1572），往邵武，“从者如云”；万历元年（1573），往新安，“时投拜者几千人”；万历八年（1580），在宁化传教，“焚香顶礼者载道”；万历十四年（1586）后，隐居北山，“而四方人士，皆不惮险阻，远至投礼者益众，日不容膝，夜无所栖”；万历二十四年（1596），林兆恩八十寿辰，“先期贺祝概有八千余人”；万历二十六年（1598），林兆恩去世，赴吊者“奚啻万余人”。又据《林子门贤实录》，在三一教徒中，可以称得上“大贤”“小贤”的多达800人，由此可见三一教徒人数众多之一斑。

上述记载均出自三一教徒之手，难免有夸大溢美之嫌。不过从其他文献记载来看，这个时期三一教徒人数众多应该是客观事实。万历十三年（1585），按院杨四知在禁止三一教活动的榜文中写道：“昨岁经由延（平）、建（阳）、江（西）、浙（江）地方，倡集千有余众。……迩来夜间，通城纷纷鸠众，诵经礼佛者，皆率其教也。”① 明末福建晋江何乔远在《闽书》中写道：“莆田从兆恩者，所谓与夫子中分。鲁江以南，方内方外，闻风麇至，北面师之，称三教先生。”② 明末清初黄宗羲也说：“自士人及于僧道，著籍为第子者，不下数千人，皆分地倡教。所过往观，投拜者倾城单里，有司约束之，亦不能止也。”③

嘉靖四十五年之后，三一教之所以迅速对外传播，主要有以下几个原因。

第一，嘉靖年间，东南沿海深受倭寇之害。以三一教的发源地兴化府为例，时人林润在上朝廷的疏文中写道：“兴化一郡，所辖者惟莆田、仙游二县，共编户二百二十有余里。迩倭奴入寇，屠戮殆尽，计逃窜而苟全者只可四分之一，并里籍合大约不过四五十里耳。”④ 加上瘟疫流行，“一

---

① 卢文辉：《林子本行实录》，东山祖祠，1995。

② 何乔远：《闽书》卷一二九《林兆恩传》，福建人民出版社，1995，第3855页。

③ 黄宗羲：《南雷文案》卷九《林三教传》，载《四部丛刊初编·集部》第一六一〇至一六一七册，商务印书馆，1922。

④ 王恕：《愿治堂集》第三册《备陈六事疏》。

坊数十家，而丧者五六，一家数十人，而死者七八，甚至有尽绝者，哭声连门，死尸塞野。故孤城之外，千里为墟，田野长草莱，市镇生荆棘”。[①]倭寇被平定后，人民的灾难并未终止，反而由于官府的腐败更加深重了。统治阶级无视人口锐减、田园荒芜的事实，仍“循册亩以征派，按册丁为差役。……故往年该输米一石者，今增至二三石。该纳银一两者，今增至四五两。……加之军输之杂出，冗费之不经，皆取于人民之膏血以供之”。[②] 更有甚者，有的官吏在督编户册时，不顾人民死活，竟然“伪增民数以媚上人，至立‘梦生’、‘未生’之虚名，登之版籍，遗民饮恨无所诉”。[③] 百姓在如此深重的灾难面前，感到无能为力，对现实丧失了信心，只好求助于神灵的庇护，依附于超自然的力量，追求思想上的安慰，以摆脱完全绝望的处境，这就为宗教的滋生和发展提供了肥沃的土壤。明代中后期，民间宗教如雨后春笋般涌现，就证明了这一点。在人民需要救世主时，林兆恩挺身而出，毁家纾难，赈民救灾，组织门徒埋尸瘗骨，直至巨万家产为之一空。这些活动对于已经绝望了的灾民来说犹如雪中送炭，林兆恩自然得到人民群众的敬仰，直接受其恩惠的莆田、仙游人民更是感恩戴德，甚至把他视为救世主的化身，纷纷信仰他所创立的三一教，有的还率全家入教。当时民间流传着“龙江功不朽，捐产度众生”[④] 的俚语，这反映了林兆恩在民众心目中地位因毁家纾难而迅速提高。据说，连倭寇也“无不稔知”林兆恩之大名，对林兆恩的高尚情操佩服得五体投地，攻破莆田城时，“有慕而愿见者，有护以出之者，有拜其像者，有保其庐者。时掳戮无数，而教主全家免难。处处皆煨，而教主之庐无恙”。[⑤]

另外，林兆恩提倡门徒之间人人平等，要求门徒患难相周恤，疾病相扶持，互助友爱，扶贫济危。这些主张对生活在水深火热之中的广大人民来说，具有相当大的吸引力，符合他们通过互助共渡难关的愿望。

总之，明代中后期深重的社会灾难为三一教的迅速传播提供了客观条

① 王恕：《愿治堂集》第三册《请恤三府疏》。

② 王恕：《愿治堂集》第三册《地方残害已极乞清赋役蠲租税以安民弥盗疏》。

③ 郑王臣辑《莆风清籁集》卷二六《未生曲》，载《四库全书存目丛书·集部》第四一一册，齐鲁书社，1997，第525页。

④ 刘椟：《明末莆田之倭祸》，《新福建》1942年第6期。

⑤ 卢文辉：《林子本行实录》。

件，而林兆恩毁家纾难的义举和互助友爱的主张又有力地促进了三一教的对外传播。

第二，三一教宣扬林兆恩创立的“九序心法”有祛病健身的功效，特别是第一序“艮背心法”，简单易行，深受人们尤其是无力问医的贫苦百姓的欢迎。明代谈迁就指出：“莆田林兆恩以艮背之法教人疗病，从者云集。”[①]明末清初黄宗羲也说：“兆恩以艮背法为人却病，行之多验，又别有奇术能济人于危急之时，故从之者愈众。”[②] 连对三一教颇有偏见的明代福建人谢肇淛也承认：“（林兆恩）能以艮背之法教人疗病，因稍有验，其徒从者云集，转相传授，而吾郡信之者甚众。”[③] 九序心法不但被贫苦百姓奉为至宝，而且引起了一些士大夫的浓厚兴趣，如都宪刘勋、总戎戚继光、按院朱光宇、开府刘思问等纷纷登门，求教却病之方。太史黄洪宪致函“启问性功，守中种子及药自外来等心法”。太史袁宗道、萧云举、吴应宾，太学生吴用先也先后致函请教九序心法的有关问题。[④] 可见，九序心法是三一教盛行的重要原因之一，对于相当一部分三一教徒来说，与其说是信仰林兆恩的思想主张，还不如说是对九序心法感兴趣。

第三，明代中后期，三教合一论盛行。林兆恩创立以心为宗的三教合一思想体系，在思想上引起了一些士大夫的共鸣，得到了他们的支持甚至信仰。“一时胜流袁宗道、萧云举、王图、吴应宾皆北面称弟子，邹元标极言其所学之正，有争之者，元标曰：‘讲学随人意见，何事力争？’袁黄曰：‘早岁读书多有未解处，每于三教集中，阅之豁然，甚矣诸公之好奇也。’”[⑤]

第四，林兆恩在论述三教合一论的同时，也针对时弊提出一些政治改良主张。如针对土地兼并严重，农民大批破产，他主张“因地度田，计亩均授”，每人授田二十亩，不必拘泥于“方井之常”的陈规。[⑥] 针对宦官专

---

① 谈迁：《枣林杂俎》和集业赘《林兆恩》，中华书局，2006，第579页。

② 黄宗羲：《南雷文案》卷九《林三教传》，载《四部丛刊初编·集部》第一六一〇至一六一七册。

③ 谢肇淛：《五杂俎》卷八《人部四》，中华书局，1959，第235页。

④ 卢文辉：《林子本行实录》。

⑤ 黄宗羲：《南雷文案》卷九《林三教传》，载《四部丛刊初编·集部》第一六一〇至一六一七册。

⑥ 林兆恩：《林子三教正宗统论》第五册《井田》，明万历刻本，载《四库禁毁书丛刊·子部》第十八册，第110~111页。

权，政治黑暗，他极力反对滥用刑罚，主张无为而治，认为“以有为治生，生愈伤，以有为治人，人愈扰”。[①] 要求统治者博采众议，倾听民众呼声，不但要采用“知者之知”“贤者之贤”，也要采用“愚者之知”“不肖者之贤”。[②] 针对军队腐败无能，军费开支庞大，他反对募兵制，主张寓兵于农[③]。针对道士僧尼众多，他提出严格限制道士僧尼人数，没收大部分寺院土地为公有，以寺院土地的租谷赈贫救灾，奖励两袖清风的告老还乡的官吏，资助贫困的读书人等。[④] 这些主张在一定程度上反映了中下层人民的利益和要求，得到他们尤其是贫苦的读书人和破产的自耕农的拥护。

第五，林兆恩反对道释二教以出家入山修行来解决生死大事，极力主张在家修行，与常人一样娶妻生儿，从事士农工商，周旋于人伦日用之间。这种世俗性极强的修行途径符合一般群众既能享受世间的人伦之乐，又能作圣修真，实现“永生”的世俗的和宗教的两种最基本的愿望。因此，对一般群众来说，这种世俗化的修持方法有较大的吸引力。

第六，林兆恩针对门徒成分复杂、文化程度参差不齐的特点，采取因材施教的传教方法。对于儒、道、释三教学者，以与儒、道、释三教经典互相印证的方法来宣传自己的思想主张。对于“少文词者”，则“杂以口头俚语”来传教，把艰深的哲学命题通俗化、形象化，如他在宗孔堂和心圣轩各悬一面明镜，比喻人的心之本体如镜一样本自虚明，又以人们日常使用的丝银来比喻人皆有圣人之心。[⑤] 对于不识字的信徒，“先引以行庭九序却病睟盎之方，使渐生其道心而遗外念”，然后再循序渐进，引导他们登堂入室。[⑥] 这

---

① 林兆恩：《林子三教正宗统论》第一九册《道德经释略》上，明万历刻本，载《四库禁毁书丛刊·子部》第十八册，第567~568页。

② 林兆恩：《林子三教正宗统论》第二册《林子》，明万历刻本，载《四库禁毁书丛刊·子部》第十八册，第7页。

③ 林兆恩：《林子三教正宗统论》第三五册《寤言录》卷上，明万历刻本，载《四库禁毁书丛刊·子部》第十九册，第346页。

④ 林兆恩：《林子三教正宗统论》第五册《六美条答》，明万历刻本，载《四库禁毁书丛刊·子部》第十八册，第106~109页。

⑤ 林兆恩：《林子三教正宗统论》第三册《心镜指迷》、第一五册《丝银喻》、第三四册《易解俚语》，明万历刻本，载《四库禁毁书丛刊·子部》第十七、十八、十九册，第53、431、325页。

⑥ 何乔远：《闽书》卷一二九《林兆恩传》，第3855页。

种不拘一格又通俗形象的传教方法，使他的思想主张容易为不同阶层的群众所理解和接受，促进了三一教的对外传播。

第七，嘉靖四十五年之后，林兆恩把传教目标扩大为全社会的教化。他曾著《三教无遮大会》来阐明自己“有教无类”的主张。特别是采取“分地倡教”的办法，派遣得力门徒到各地传教，这在三一教的对外传播中起到了非常重要的促进作用。

随着三一教影响的扩大，其性质也发生了重大变化，原来的由儒家读书人一般结社占主导地位的学术团体的色彩逐渐淡化，而民间宗教的色彩逐渐浓厚，主要表现在以下几个方面。

第一，隆庆元年（1567），林兆恩宣称自此以后不再承担督促诸生肄习举业的重任，辞别诸生，云游天下，行踪不定，随处传教。在追随者的心目中，林兆恩的形象由原来的讲学者、教书先生、慈善家、隐士逐渐演变为宗教主。隆庆六年，福建邵武的信徒就把林兆恩奉为神明，“人人肖像以祀”。[①] 万历十二年（1584），其信徒尊称林兆恩为“夏午尼氏”，“夏者，大也，午者，正也。言今纲维午运，林夫子应运而生，倡明三氏大中至正之道而一之者，教之所由始也”。[②] “尼”者是模仿孔子字仲尼、老子字清尼、释迦字牟尼而言，把林兆恩抬高到与孔老释迦同等地位。万历十五年，浙江方士扶鸾画三教合一图，诡称：“近诸神朝天见玉皇天尊，所事者乃三教合一像，即今之三教先生也，可传祀之。”[③] 朱有开遂组织门徒刻印林兆恩画像，供人祭祀，“至是门人始称教主曰三一教主”。[④]

第二，嘉靖四十五年之前，读书人在三一教徒中占绝大多数。嘉靖四十五年之后，林兆恩改变了前期招收门徒时较为谨慎小心的做法，把传教对象扩大到社会各阶层，“苟以是心至，斯受之矣”。[⑤] 招收门徒的标准大大放宽，“上自缙绅学士，下至窭子市人，莫不津接”。[⑥] 由于下层群众如

---

① 林兆珂：《林子年谱》。

② 梁普耀：《林子本体经释略》。

③ 卢文辉：《林子本行实录》。

④ 卢文辉：《林子本行实录》。

⑤ 林兆恩：《林子三教正宗统论》第一四册《三教无遮大会》，明万历刻本，载《四库禁毁书丛刊·子部》第十八册，第401页。

⑥ 何乔远：《闽书》卷一二九《林兆恩传》，第3855页。

农民、商人、手工业者、渔民及僧侣道士在三一教徒中占绝大多数，迫使林兆恩改变原来以讲学的形式宣传三教合一论的做法，而采取最通俗的形式即宗教的形式来传教。《林子本行实录》载："初见时，用果酌一副，折钱或一钱或五分，即刻入门人之籍，焚香写符，密咒说誓，即给画像一幅，令其供奉。每日吃斋，名不迁斋。又嘱其人，即父母问之，亦不许说。"

第三，三一教的宗教活动场所——三一教祠堂陆续建立。从万历十二年至二十六年（1598），仅可考建造时间、所在地点和创建人的三一教祠堂就有19座（见表2）。

表2　三一教祠堂建立情况（1584~1598）

建造时间	所在地点	创建人	备注
万历十二年（1584）	福建莆田马峰	黄芳	一说建于万历十三年
万历十六年（1588）	福建莆田涵江	苏簧、林自明	
万历十八年（1590）	福建莆田塘下	陈芹、陈一鲤	一说建于万历十六年
万历十八年	福建莆田瑶台	林亹、林梦熊	
万历十八年	福建莆田岳秀	林至敬	一说建于万历十七年
万历十八年	福建莆田美澜	林红	
万历二十年（1592）	福建莆田冲沁	张谋、张元吉	
万历二十年	福建莆田水南后洙	朱逢时	
万历二十一年（1593）	福建莆田玉溪	张子升、张洪都	
万历二十二年（1594）	福建莆田清江	李应善、黄大寅	一说建于万历二十一年
万历二十二年	南京国子监前	蔡经俊	一说坐落于三山街
万历二十三年（1595）	福建莆田岐山	周启明	一说建于万历二十二年
万历二十三年	福建仙游榜头下明	冯一、冯二	
万历二十四年（1596）	福建莆田谷清硎头	林馨	
万历二十五年（1597）	福建莆田奉谷林宅	林鸣梧	一说建于万历二十三年
万历二十六年（1598）	福建莆田石城	林凤仪	
万历二十六年	福建仙游枫亭	王克芳、廖德馨	
万历二十六年	福建福清上泽埔	林则勃、林则育	
万历二十六年	福建莆田安民埔	林速、陈天佑	

资料来源：根据《林子本行实录》《林子年谱》《林子门贤实录》等制作。

嘉靖四十五年之后，三一教之所以朝着民间宗教的方向演化，有以下原因。

第一，林兆恩的三教合一论的思想材料是儒、道、释三教，他虽然以阳明心学为理论武器，按照自己的需要诠释三教理论，并节取儒家的纲常礼教、道教的修身养性、佛教的虚空本体等理论，加以重新组合，构筑起以心学为基础、以儒家的纲常礼教立本、以道教的修身炼性入门、以佛教的虚空本体为极则、以世间法与出世间法一体化为立身处世的准则、以归儒宗孔为宗旨的三教同归于心的思想体系。这一思想体系从本质上说是一种宗教哲学，从而决定了三一教存在朝着宗教方向演变的可能性。

第二，作为布衣的林兆恩，要实现“斯世斯人悉归于道化之中”[①] 的教化目标，不得不转而将以九序心法为人却病作为传教的权宜之计，其弟子林至敬也指出：“教主特借此（九序心法）以信人心，非谓大道全在于是，以世之倡教者多操可致之权，自有风行草偃之势。教主布衣，纵抱至道，孰信？孰尊？孰从？姑窃心广体胖之旨，根心生色之训，少试贫且病者，病愈无有不信，无有不尊，无有不从，翻然改悟，知去病此心，修道亦此心，是以海内风行，介赞云集。”[②] 然而多数信徒并不能体察林兆恩的良苦用心，专注于却病之法，并把九序心法神秘化、宗教化。对此，林兆恩虽早已觉察，多次告诫门徒：“治病之说，非真有治病之术以利人之生也。聊取心法绪余以少试于人，而为倡教之一助耳。今既信于人矣，勿谈可也。”[③] 但已一发不可收，无法阻止三一教朝着宗教方向发展的势头。

第三，林兆恩初创三一教时，并没有想当教主的野心，直到万历十二年仍以“讲学者”自许。但随着三一教影响的扩大和接踵而来的赞美之词，林兆恩的自我意识有所膨胀，默许信徒对他的个人崇拜。如隆庆三年

① 林兆恩：《林子三教正宗统论》第一四册《三教无遮大会》，明万历刻本，载《四库禁毁书丛刊·子部》第十八册，第401页。

② 林志敬：《卓午实义》卷上。

③ 林兆恩：《林子三教正宗统论》第二册《宗孔堂》，明万历刻本，载《四库禁毁书丛刊·子部》第十八册，第26页。

(1569)，信徒捐银二百余两欲建三一教祠堂，林兆恩闻讯后坚决制止，说："我之教尚未深信于人，俟既信，建之未晚也。"[①] 万历十二年以后，各地三一教祠堂陆续建立，并置其画像加以顶礼膜拜，对此林兆恩却视而不见，任其发展，八十岁时还饶有兴趣地考察了一些三一教祠堂，实际上为门徒神化自己开了绿灯。

第四，三一教影响的迅速扩大，也容易导致群众对创教者产生盲目崇拜。当时社会动荡不安，广大人民生活在水深火热之中，在现实中找不到出路，只好求助于神灵，甚至不惜创造出新的神灵来。明代中后期，民间宗教林立，造神运动异常发达。在造神运动中，林兆恩是一个较合适的人选，他毁家纾难，赈民救灾，道德情操高尚，符合列宁所说的"它们〈诸神〉部分地是完美的人的形象"。[②] 如三教合一像是门徒私下刊刻印行的，"三一教主""夏午尼氏"是门徒自发尊奉的，三一教祠堂也是门徒自筹资金建造的，对林兆恩的种种神化更是其门徒故意编造的。另外，由于下层群众逐渐占教徒的大多数，他们难以理解林兆恩的学术思想，而是较容易接受宗教迷信一类的东西，使得三一教的学术成分被冲淡，宗教成分逐渐浓厚。

必须指出，嘉靖四十五年以后的三一教虽然有了浓厚的宗教色彩，但尚未形成严格意义上的宗教。历史唯物主义认为，信仰并崇拜某种超自然的力量是宗教的基本特征，它包含两个方面的意义：一是内在特征，即从思想上信仰某种超自然的力量，与此相联系的还有构成这种信仰的宗教哲学和由此衍生的宗教伦理；二是外在特征，即形式上崇拜这种超自然的力量，与此相联系的有各种教仪、教规、戒律、教阶制度以及掌管它的神职人员等。缺少其中任何一个特征，都不能说是严格意义上的宗教。如果根据上述标准来衡量林兆恩在世时的三一教，它虽然有了入教仪式、三一教祠堂等宗教的某些外在特征，但很不完备。教规、戒律、教阶制度等还没有形成。三一教祠堂也带有生祠的性质（明代为名声卓越者建立生祠的风气盛行），与宗教庙宇毕竟还多少有些差别。虽然林兆恩成为信徒崇拜的

① 卢文辉：《林子本行实录》。

② 列宁：《列宁全集》第五十五卷，人民出版社，1990，第258页。

对象，但这多少还带有对伟人敬仰的因素。特别是林兆恩的思想体系从本质上说是宗教哲学，但他一生不谈妖说怪，并否定鬼神仙佛等超自然力量的存在，否定蓬莱岛、极乐国、天堂地狱等彼岸世界的存在，否定长生久视、羽化飞升、生死轮回、因果报应等道、释二教的宗教观。因此，又不完全具备宗教的内在特征。总之，林兆恩在世时，三一教尚未最后完成向宗教转化的进程。

二　三一教的分化和兴盛

林兆恩在世时的三一教，实际上包含学术结社和宗教结社两种成分，也就存在两种成分分离和各自发展的可能性。这种可能性，在林兆恩去世后的明末清初，终于变成了现实。

明末清初，三一教分裂为两大派别，分别继承和发展了林兆恩在学术和宗教方面的遗产。

一派以林兆珂为代表，从学术的角度继承林兆恩的遗产。林兆珂，字懋忠，又字孟鸣，号榕门，林兆恩之堂弟。早年追随林兆恩，万历二年（1574）中进士，累官大司寇、安庆太守等。晚年告老还乡，仍热衷于三一教事业，编辑了《林子全集》《午尼真谛》等。这一派把林兆恩看作有成就的理学家，认为林兆恩“独窥无始，大畅玄风，汇儒道释为三房子孙，联古今来为一家命脉，正以纲常，察于中一，盖对朱、杨、濂、洛诸贤而光大之”。[①]“先生之道，其大者发明性命之旨，而思以利济群生，却病延年之学犹其后焉。”[②]他们对三一教徒的建祠之举、设醮之科及土偶之设等宗教迷信活动公开予以抨击，说：“吾不知今之祠先生者，设醮之科，果何出耶？土偶之设，果何据耶？甚矣，后世之学不得其传也。”[③]他们针对林兆恩去世后“年谱竞传，乃目录蚀真，风闻袭误，神其事者可骇可愕”[④]的现象，组织人力，编辑印行《林子年谱》（又名《林兆恩先生年谱》）。

---

① 林兆珂：《林子年谱·林子年谱序》。
② 林向哲：《瓯离子集》卷二《洋城建三教祠序》。
③ 林向哲：《瓯离子集》卷二《洋城建三教祠序》。
④ 林兆珂：《林子年谱·林子年谱序》。

该年谱以比较严肃的学术态度，“参互诸本，咨诹区言，或订其讹，或删其谬，或补其阙”[①]，力图恢复林兆恩的本来面目，引导信徒“窥三教之大，而寻宗孔之原”[②]。《林子年谱》一概称林兆恩为“先生”或“吾师”，没有出现“教主”“三一教主”“三教度世大宗师”之类的称号，这表明在他们的心目中，林兆恩的形象不是宗教主，而是学问家或教书先生。在内容上，《林子年谱》简明扼要地记载了林兆恩的生平事迹，很少有神化林兆恩之处，更不谈妖说怪，基本上没有宗教色彩。由于这一派带有较浓厚的学术色彩，只在知识界有些影响，难以为一般群众所接受，在民间影响不大，清初后就基本上湮没无闻了。

另一派是从宗教的立场继承林兆恩的遗产。他们奉林兆恩为三一教主，尊三一教为“夏教”，进一步发展三一教的宗教哲学和宗教伦理，完善三一教的教规、教仪、教阶制度，热衷于宗教活动。由于这一派使三一教进一步宗教化，因此能在民间扎下根来，拥有众多的信徒，成为三一教发展的主流，并一直延续至今。

《金陵中一堂行实》记载：“三教先生寂后，诸门人为教授师，各分任倡道一方。”[③] 最有影响的有三支：一是以陈标、王兴为首，倡教于浙江新安、安徽黄山、江苏金陵、福建福州等地；二是以张洪都、真懒为首，倡教于江左、江右、南直隶等地；三是以卢文辉、林至敬、朱逢时、陈衷瑜、董史为首，在福建各地传教，这一支影响最大而且最深远。明末清初的三一教徒主要进行以下几方面的活动。

1. 全面神化林兆恩

前已述及，林兆恩在世时其门徒就开始对他进行神化，但对林兆恩进行全面系统的神化是在林兆恩去世后的明末清初，其手段是编写林兆恩的年谱、传记、实录、行状等。明末清初，除上面介绍过的林兆珂的《林子年谱》外，还有张洪都的《林子行实》和《林子本行纪略》，林至敬的《丁戊本纪》，朱逢时的《三教先生年谱》，黄大本的《林子纪闻》，林齐

---

① 林兆珂：《林子年谱·林子年谱序》。

② 林兆珂：《林子年谱·林子年谱序》。

③ 林兆恩：《林子全集》贞集第九册《金陵中一堂行实》，据明崇祯刻本影印，书目文献出版社，第1230页。

圣的《三教先生行状》，翁曜的《林子年谱》，黄胄的《豫章真师记》，以及卢文辉存稿、陈衷瑜编辑、董史参订的《林子本行实录》等。这些年谱、实录、传记、行状，除林兆珂的《林子年谱》外，均“目录蚀真，风闻袭误，神其事者可骇可愕”。如朱逢时的《三教先生年谱》“传林子成道，九族升天”。[①] 翁曜的《林子年谱》“载事甚详，中有却病祭天狗数条，非林子大中至正之学也，且叙事多粗鄙”。[②] 其中，最有代表性的还是《林子本行实录》。

《林子本行实录》是经过林兆恩的嫡传弟子卢文辉、再传弟子陈衷瑜、三传弟子董史之手才编写出来的，顺治十二年（1655）付梓，所以最能真实地反映明末清初三一教徒对林兆恩的神化情况。该书全称《夏午尼三一教主本行实录》，全书一概称林兆恩为“教主”或“三一教主”，对林兆恩的一生进行了全面系统的神化。如说林兆恩出生于正德十二年（1517）丁丑是印证了“丁丑之岁，弥勒下生”的古谶，其母李氏是“梦丹轮明月飞入帐中，遂娠焉”。林兆恩出世时，“人见司马第李氏所居之房，祥光烛天，异香袭人”。又如鼓吹林兆恩创立三一教，除了“得遇明师，授以真诀”外，“复得孔子仲尼氏梦中授以《鲁论》微旨，……嗣是而老子清尼氏通之以玄，释迦牟尼氏悟之以空，而教主始言三教矣”。后来弥勒佛、释迦文佛、钵怛多尊者相继下凡与林兆恩会晤，或密传功法，或授以法权。把林兆恩描绘成一个能超度鬼神、解冤释结、书符驱魔、法力无边的神仙。还说他书写的道符所向无敌，“凡邪魔鬼怪，急难风波之险，奉之者无不大彰应验”。林兆恩所到之处，妖魔鬼怪也“群趋而避之”。再如编造说林兆恩去世时，“天乐铿锵，金光显焕”，是孔老释迦请他到天上“主持三教，普度法门”。诸如此类的例子在《林子本行实录》中随处可见。如果说林兆恩在世时人们对他的崇拜还带有对伟人的高尚情操表示敬仰的因素，那么，林兆恩去世后，三一教徒对他的崇拜则完全是一种宗教偶像崇拜。

2. 发展林兆恩的宗教观

林兆恩去世后，其门徒纷纷著书立说，发展林兆恩的宗教观。见于有

---

① 董史：《林子门贤实录》。

② 董史：《林子门贤实录》。

关文献记载的有卢文辉的《卢子要言》《夏心集》《三教真传》《放生仪文》《龙华三会忏文》《中一绪言》《性灵诗》等，陈标的《三山小草》，王兴的《九序心法》，林至敬的《明夏集》《龙华别传会语》《卓午实义》，朱逢时的《心海真经》，黄州的《金光丹鉴》，陈衷瑜的《明道要言》《明道要论》《陈子会规》《三教龙华醮祷》《忏悔科仪》《兰盆科仪》，董史的《东山集草》等。从现存的有关著作来看，他们主要在两个方面发展了林兆恩的宗教观。

一是恢复了佛教业报轮回、天堂地狱的原有宗教含义。朱逢时假托林兆恩的名义编造了《心海真经》，全书大力鼓吹佛教的业报轮回、天堂地狱等宗教观。如把水灾造成的“死亡相枕，横尸水面”的悲剧，说成“虽缘劫数，亦系业海，盖由不信因果，不敬三宝，不闻经典，轻慢道法，诋毁教门，有此罪报”。鼓吹要“救度亡溺沦没之苦，当修善发心，诚意课诵此经，水官大帝自然解厄，以度业满之灵，此人定生西方净土，阿弥陀佛前。莲花化生，具大神通，从入佛国，得入佛国，从入天堂，得入天堂”。卢文辉认为每个人由于“夙业之牵缠”，故有“千端罪垢”“万种愆尤”，而坠入轮回之道难以解脱。因此，“欲荡涤以自新”，就必须皈依三一教，“投诚而忏悔，恭对金容，一心顶礼”。[①] 为此，卢文辉吸收了佛教的“八正道”和“五戒”等宗教观和戒律，并加以改造发展，编著了《龙华三会忏文》，令门徒早晚跪诵。《龙华三会忏文》共20则，每则分“忏文”和“说赞”两部分，提出了一整套清规戒律。

二是吸收道教符箓派的某些道术。林兆恩本人对道教符箓派不但不感兴趣，甚至还予以严厉批评。如对于“法术”，林兆恩认为：“若后世梯剑履火诵咒书符，自以为法，自以为术，而非圣人之所谓法所谓术也。”[②] 对于符箓，林兆恩认为：“诣道坛受符箓，驰志于死后之富贵，亦甚惑矣。以私心而慕至道，真堪发一笑。”[③] 林兆恩去世后，三一教徒不仅宣扬得道

---

① 卢文辉：《龙华三会忏文·开忏颂》。

② 林兆恩：《林子三教正宗统论》第二八册《破迷》，明万历刻本，载《四库禁毁书丛刊·子部》第十九册，第138页。

③ 林兆恩：《林子三教正宗统论》第二八册《破迷》，明万历刻本，载《四库禁毁书丛刊·子部》第十九册，第138页。

成仙可以长生不死、羽化飞升的说教，而且对道教的符箓、咒语、建醮等道术颇感兴趣，把它们引入三一教中。在道符上，明末清初三一教流行“道高龙虎伏，德重鬼神钦”及“吾志在三教，此心满六虚”的道符，并说这些道符是林兆恩亲笔书写的，灵验无比。在建醮上，卢文辉认为建醮也是“三教中之一事也”[①] 命陈衷瑜编辑《三教龙华醮祷》《兰盆科仪》《忏悔科仪》等建醮科典，“在在奉行，其应如响”。[②] 至于明末清初三一教中流行的“净心神咒”“净身神咒”“净口神咒”“安土地神咒”“净天地神咒”“祝香咒”“金光神咒”等，则大多是从道教那里抄袭而来的，或是以道教的教义为根据编造出来的。

3. 充实三一教的仪规

林兆恩在世时，三一教的教规、教仪等宗教的外在形式还很不完备。明末清初的三一教徒有意识地加以充实，使之臻于完备。从现存的著作来看，主要在入教仪式、讲经仪式和规则及教规三个方面展开。

入教仪式：入教者必须要有一名三一教徒引进，经掌教师同意后。择吉日在三一教祠堂中举行入教仪式。入教者须当空焚烧一张“入门启章”，男信徒的“入门启章”与林兆恩在世时的“初学诸生告天矢言”大致相同，只是多了两条类似教规或戒律的条文，即“每日持不迁斋（食素）一餐”和“平常须戒杀生”。由于这个时期开始招收女信徒，所以增加了“女人入门启章”，其内容与“男人入门启章”略有不同。[③] 焚烧“入门启章”后，掌教师宣读“入门须知”。[④]

讲经仪式和规则：教徒每月初六在各自所属三一教祠堂集会，并请一个有修养的教徒讲经。集会时，“务要静坐，操守心法，体会自家本来生意。不可喧哗，妄言尘事，以乱教规”。讲经前，要在三一教主塑像前供奉香、烛、果、疏告，举行“谒圣仪式”，向三一教主等神像行礼，全体朗诵“三一教主训言”，即：“勿起邪心，勿为邪事。三教先生，教我如此。若不如此，便是心死。哀哉心死，孰若身死。住世百年，谁能不死？

① 卢文辉：《林子本行实录·附嫡传卢子本行》。
② 卢文辉：《林子本行实录·附嫡传卢子本行》。
③ 午堂诸门人：《儒道释夏四尼宝经》。
④ 陈衷瑜：《陈子会规》。

身死心生，方为不死。”讲经时，“应肃静听宜听讲”。上午讲经结束时，全体朗诵《醒心诗》一首。下午继续讲经，仪式如前，只是在讲经前，增加了宣读《告天疏稿》的程序。①

教规：这个时期三一教徒把林兆恩生前劝勉门徒的“敬辞”、“听辞”、“戒辞”、“勉辞”和“五切不可示戒诸生”作为三一教教规公之于众。②

4. 建造三一教祠堂

据《闽书》记载，林兆恩去世后，“莆穷山极海，至三家聚落，莫不祀之。上而延、建、汀、邵，下而晋、安、清、漳，皆有三教堂，以供遗貌”。③ 从万历二十八年（1600）至崇祯年间，在福建省内可考其建造时间、所在地点和创建人的三一教祠堂有20座（见表3）。

表3 福建省内三一教祠堂建设情况（1600~1644）

建造时间	所在地点	创建人	备注
万历二十八年（1600）	福建莆田朱墩	林应宾	一说建于万历二十六年
万历二十八年	福建仙游五昆头	李盛、李昆	一说建于万历二十七年
万历二十八年	福建仙游南坂	陈齐莘、陈应孙	一说建于万历二十七年
万历二十八年	福建仙游寒硎	蔡廷教	
万历二十八年	福建福州鳌峰坊	王兴、游万俊	
万历二十八年	福建古田水口	王兴、杨钺	
万历二十八年	福建闽清坊西隅	王兴、吴九成	
万历二十八年	福建建宁城内	王兴、吴洪建	
万历二十八年	福建闽县唐屿	王兴、吴应时	
万历二十九年（1601）	福建福州洪塘	陈天赐、余廷良	
万历三十年（1602）	福建莆田东山	陈道章、林齐瀛	
万历三十六年（1608）	福建莆田涵江瑶岛	卢文辉	一说建于万历三十年
万历三十九年（1611）	福建莆田林墩	方钟台、陈大标	
万历三十九年	福建惠安扶阳	陈友	

① 陈衷瑜：《陈子会规》。

② 陈衷瑜：《陈子会规》。

③ 何乔远：《闽书》卷一二九《林兆恩传》，第3856页。

续表

建造时间	所在地点	创建人	备注
万历三十九年	福建惠安崇武	李正昆	
万历四十二年（1614）	福建莆田南台后浦		
崇祯二年（1629）	福建莆田尚阳	董应阶	康熙八年（1669）董史重建
崇祯二年	福建莆田嵩东	陈衷瑜	
崇祯十年（1637）	福建仙游西关	王开	
崇祯年间（1628~1644）	福建仙游	刘华如	

资料来源：根据《林子本行实录》《林子年谱》《林子门贤实录》《东山集草》等制作。

至于不可考者当不在少数，董史说："当代祠宇遍于寰区。"[①] 在福建省外，新建的三一教祠堂的数量也相当多，且分布范围广。林向哲在康熙十年（1671）时指出："吾伯祖龙江先生之教，盛于今日吴、越、燕、齐、豫、章之区。……今先生之祠遍天下，即一郡之内，巨丽巍焕，金碧玲珑璀璨，雕甍绣桷，数里相望。"[②] 林向哲曾游历过上述地方，接见过各地三一教徒，他反对建造三一教祠堂和把林兆恩作为教主祭拜，所以上述记载较为可信。由于时远代迁，今可考其建造时间、所在地点和创建人的三一教祠堂只有7座（见表4）。

表4　福建省外三一教祠堂建设情况（1600~1621）

建造时间	所在地点	创建人	备注
万历二十八年（1600）	南直隶休宁府梅林渡	王兴、汪时曙	一说建于万历二十六年
万历二十九年（1601）	江苏江阴	林廷勋	一说建于万历三十年
万历二十九年	浙江江山县念八都	徐良材、毛思信	
万历二十九年	江苏松江府北门	陈济贤、姜云龙	
万历二十九年	江苏松江府南门	陈济贤、姜云龙	
万历三十八年（1610）	北京顺天府玉河桥	张洪都	
天启元年（1621）	金陵珍珠桥	真懒	

资料来源：根据《林子本行实录》《林子年谱》《金陵中一堂行实》等制作。

---

① 董史：《东山集草》卷一《犀山堂记》。

② 林向哲：《瓯离子集》卷二《洋城建三教祠序》。

明末清初三一教分布地域之广，三一教徒之多超过林兆恩在世之时，达到了鼎盛。林兆恩在世时，三一教祠堂除了金陵和仙游、福清各有一座外，其余的均集中在莆田；明末清初的三一教祠堂则分布在南直隶、江苏、浙江、金陵、北直隶和福建省的莆田、仙游、福州、惠安、古田、闽清、建宁、闽县以及延平、建阳、汀州、邵武、晋江、安溪、清流、漳州等广大地区。至于三一教徒的人数，有关文献多有记载。如陈标倡教于福州时，"其教大行，拜者几千人"。[①] 王兴倡教于浙江新安，"拜者几千人"。[②] 在金陵传教时，"为人却病，征验如响"；在安徽黄山传教时，"善信宗教者最盛"；在福州传教时，"建祠五所，延、建、汀、邵四府诸缙绅新旧弟子多从事焉"。[③] 张洪都倡教于金陵，"远近拜者几数百人"；在北京传教时，"文学弟子拜者不可胜数"[④]。真懒在金陵传教，"求道问病纷然毕集"，"从者日盛"。[⑤] 卢文辉、陈衷瑜、董史在福建主持三一教门时，信教者云集。[⑥]

必须指出，明末清初三一教中出现了民间信仰化的发展趋势，还出现了少数教徒借为人却病和装神弄鬼等手段骗取群众钱财的现象。如林至敬的门徒翁文峰、翁满、吴以贯等人，"书符作药，啖鬼为神，冒大道为谋利之本，依却病为养命之源。作种种邪术，以惑世污民，为世人所掩鼻，而君子不齿也"。[⑦] 明末谢肇淛也指出："兆恩死后，所在设讲堂，香火朔望聚会。其后又加以符箓醮章，祛邪捉鬼，盖亦黄巾、白莲之属矣。"[⑧] 又说："今其徒遍布郡城，其中贤者，尚与士君子无别，一二顽钝不肖者，借治病以行其私，奸盗诈伪，无所不有，其与邪巫、女觋又何别哉?"[⑨] 清初这种现象愈加严重，连林兆恩的三传弟子董史也不得不承认："世之学林子之学者，不知林子道统中一之传，而以林子之道竟为之空谈，竟为之说怪。或以治

① 林兆恩：《林子全集》贞集第九册《林子行实》，第 1231 页。
② 林兆恩：《林子全集》贞集第九册《林子行实》，第 1231 页。
③ 林兆恩：《林子全集》贞集第九册《金陵中一堂行实》第 1230 页。
④ 林兆恩：《林子全集》贞集第九册《金陵中一堂行实》，第 1230~1231 页。
⑤ 林兆恩：《林子全集》贞集第九册《金陵中一堂行实》，第 1232 页。
⑥ 详见卢文辉《林子本行实录》；董史《东山集草》。
⑦ 董史：《林子门贤实录》。
⑧ 谢肇淛：《五杂俎》卷八《人部四》，第 235 页。
⑨ 谢肇淛：《五杂俎》卷八《人部四》，第 236 页。

病为存养之源，或以大道为谋利之本，不惟林子之道失其传，而林子之教亦且扫地矣。”① 又说：“况年代既久，愈传又愈失其真矣。不知者遂以却病为林子之道，诵经礼忏为林子之教，其不流于医巫也者几希哉！”② 实际上，宗教与民间信仰之间不但没有不可逾越的鸿沟，而且是相互联系的，宗教的民间信仰化，几乎是普遍的规律，民间宗教更是如此。因此，从这个角度上说，明末清初出现了三一教民间信仰化的发展趋势，并不奇怪。

三　三一教的衰微和复兴

清代初年，朝廷就开始查禁民间宗教，以巩固统治。早在顺治三年（1646），吏部给事中林起元上书朝廷：“近日风俗大坏，异端蜂起，有白莲、大成、混元、无为等教，种种名色，以烧香礼忏，煽惑人心。因而或起异谋，或以盗贼，此直奸民之尤者也。……如遇各色教门，即行严捕，处以重罪，以杜渐为防微之计。”③ 朝廷采纳此建议，下令严禁“邪教”。这一年，清兵入关，南方尚未归入清廷统治，三一教免受打击。

到了康熙、乾隆年间，清廷加强对民间宗教的打击力度，多次谕令地方大臣严厉禁止“邪教”，各种民间宗教多遭厄运，三一教也被殃及。李光荣《莆田大事记》载：“康熙五十五年（1716），诏拆毁三教祠，以教徒朱昆迷惑少妇，事泄，株连合郡三教门徒，悉将龙江先生改妆戴冕旒，作玉皇帝像以份（扮）之。玉皇殿称祠者，皆斯时改也。”清末莆田人郭篯龄在《吉雨山房诗集》中说：“（玉湖）书院祀林兆恩，国初毁三教堂时，皆托文昌以免。”④ 至今莆田、仙游民间广泛流传“三教被朱昆败”的俚语和故事，也印证了康熙五十五年清廷禁止三一教活动的文献记载是可信的。不过从上面的文献记载来看，当时有些祠堂改名文昌阁或玉皇殿得以幸免，还有些祠堂改名为书院赖以保存，今天莆田、仙游一带的不少三一

---

① 卢文辉：《林子本行实录》。

② 董史：《东山集草》卷一《仙邑三教堂盂兰盆序》。

③ 《清实录》第三册《世祖章皇帝实录》“顺治三年六月丙戌”，中华书局，2008，第291页。

④ 郭篯龄：《吉雨山房诗集》卷四《四月初八在玉湖书院作》，晚清四部丛刊第四编，文听阁图书，2010，第164页。

教祠堂被称为书院可能就是从这个时候开始的。

三一教第二次被禁止活动是在乾隆五十三年（1788）前后。当时朝廷正组织人力纂修《四库全书》，剔除、烧毁一切不利于清朝统治的书籍，林兆恩的著作也被列为禁书，“属于军机处奏请全毁书目之列”。[①]《四库全书总目提要》对《林子全集》做了严厉批评，说林兆恩“生平立说，欲合三教为一，悠谬殆不足与辩，至称梦中见孔子授以鲁论微旨，尤为诞妄。……（《林子全集》）皆猖狂无稽之谈”。又引用谢肇淛的《文海披沙》对三一教的批评作为旁证。谢肇淛说：“吾闽莆阳林兆恩亦自博学能文，能以艮背之法治病，其门人传之者不得其学，徒以上章降魔捉鬼为事，俨然巫矣。纵日捉百鬼何益？况从其教者日盛，奸伪诈盗无所不有，恐他日一方为患，不下黄巾、白莲也。”[②]

在这两次打击下，三一教从兴盛急剧走向衰微。后世三一教徒不无遗憾地指出：“自雍乾以后，吾道式微，继起无人，书多散失。”[③]“所惜夏林教泽，不五世而就衰，著作虽可等身，而继起无人，竟束诸高阁”。[④]福建省外的三一教均已泯灭，或与其他民间宗教合流，找不到任何资料说明其兴衰嬗变。但福建莆田、仙游是三一教的发源地，群众基础比较雄厚，因此能在这里潜伏下来，秘密流行。有关文献很少记载乾隆至清末之间的三一教状况，不过我们通过田野调查，发现有两个问题是清楚的。

第一，三一教在莆田、仙游等地秘密流行，从未间断。笔者曾在莆田市东庄乡西温村江东祠中发现六块反映三一教支派“翁教”传法世系的牌位，它们分别是：“三教嫡传岳秀贞明林氏先生神位”“三教再传江东吾道翁氏夫子神位”“三教三传江东一阳翁氏先生神位”“三教四传清江恒山林氏先生神位”“三教六传双髻茂山陈先生之神位”“三教七传仙邑学规郑先生之神位”。这些牌位上的名字除林贞明外，均未见于文献记载，尽管少了一块“五传”的牌位，但仍清晰地反映出“翁教”传法世系，同时也说明了

① 英廉等编《全毁抽毁书目·禁书总目》，商务印书馆，1931，第78页。

② 永瑢等撰《四库全书总目提要》卷一二五《杂家类存目二》，商务印书馆，1931，第74页。

③ 卢文辉：《林子本行实录》。

④ 董史：《东山集草·序》。

三一教在莆田、仙游一带从未中断过的事实。

第二，莆田、仙游三一教分裂出许多宗派。民国初的三一教徒郭嗣周指出："惜三传之后，继起无人，别户分门，各树一帜。沿及末流，或假书符却病为生涯，或借说怪谈妖为秘术，林子之道亦几乎熄矣。"① 目前莆田、仙游民间有"祖祠派""明夏派""三一派""朱教""张教""卢教"等不同宗派，它们大概就是在这个时期形成的。由于三一教处于秘密流行状态，无人管理，背离三一教宗旨的现象相当严重，清末三一教徒陈普耀痛心疾首地说道："……学三教者，其变又愈甚矣。阳借教主之名，阴为惑人之术．或言妖说怪，或咒水书符，或以佛圣之偈言，而谱乐府之音韵，务悦听闻，隐图财利；借瓶钵为生涯，效道释之末技，问以性命而不知，叩以心法而不觉。其离经背道，败教诬民，为害有不可胜言者。"②

19 世纪中叶，清政府内外交困，再也无力有效地禁止各种"邪教"活动，以往的有关禁令逐渐松弛，各种民间宗教获得了滋生和复兴的条件。三一教在民间秘密流传一百多年后，也重新在莆田、仙游等地流行开来，并一度出现了复兴的势头。

促使三一教从衰微走向复兴的代表人物是陈智达（？~1872）和梁普耀（？~1904），均为莆田涵江人，分别被后世三一教徒称为"三教继传弟子"和"三教接传弟子"。梁、陈以莆田鲸山"悟本堂"为基础，积极在莆仙一带弘扬三一教，形成了拥有 30 多座三一教祠堂的新宗派"悟本派"。③ 梁普耀去世后，刘开怀接任总持师，陈振林、郭翩周、郑鸿湘、林凤标、唐子仪为副总持师，转而以莆田城厢"函三堂"为基地扩大三一教影响，在莆仙形成有较大影响的"函三派"。④ 杨通化（1895~1976）在仙游、惠安等地传播三一教，形成有影响的"夏午堂"派系。

清末民国时期的三一教徒主要进行以下几方面的活动。

第一，修建三一教祠堂。康熙、乾隆之后，虽然一些三一教祠堂借助改换为玉皇阁、文昌殿、书院等免遭拆毁，但因年久失修，至清末已大多

① 林兆恩：《林子三教正宗易知录·序》。卢文辉、陈衷瑜、董史被三一教徒称为"三传"。

② 林兆恩：《夏午真经》第一册《重刊夏午真经序》。

③ 郭嗣周等辑《镇家宝补遗》卷二。

④ 郭嗣周等辑《镇家宝补遗》卷一、卷二。

是残垣断壁，破败不堪。清末民国时期，莆田、仙游一带的三一教祠堂相继修复，还新建了不少。如莆田涵江鲸山悟本堂建造于同治五年（1866），至民国三年（1914）属于悟本堂派的新建三一教祠堂有 20 多座，至民国五年（1916）增加到 30 座以上。① 仙游榜头玉辉祠重建于清末，从这里衍生出来的新建三一教祠堂也有 33 座。②“夏午堂”派系有 100 多座三一教祠堂。清末民国时期的张琴说：“今莆、仙二邑，先生专祠数百，香火薪传不绝。”③ 旅沪兴化商人也在上海建造了一座名叫兴安宗孔堂的三一教祠堂。

第二，重印三一教著作。针对“代迁年久，印板既亡，真本罕觏，传抄不免遗错”④ 的问题，陈智达、梁普耀等人“力搜往籍，凡诸孤岁，渐次印行”。⑤ 清末重刊的三一教著作有《林子三教正宗统论》《夏午真经》《夏午真经纂纂要》《九序摘言内景图》《林子年谱》《林子本行实录》《林子门贤实录》等。民国时期，重刊的三一教著作有《林子四书正义》《卓午实义》《陈子会规》《明夏集》《东山集草》《三一教主本体经 · 四尼大宗师宝经》等。有的著作多次被重刊，如《林子三教正宗统论》《夏午真经》《林子四书正义》等。今天能看到的三一教著作大多是清末民国时期的重刊本。

第三，编纂简明通俗的读本。梁普耀等人认为，三一教徒出现“离经背道，败教诬民”现象的根本原因是“不究经书之过也”。⑥ 而信徒“不究经书”的原因除了有些人“不娴文字”外，更重要的是经书浩繁而深奥，许多人望而生畏。因此，陈智达编辑《三教初学指南》，把林兆恩著作中“浅而又浅，显而又显者”编辑成册，“以便同门之观览”。⑦ 梁普耀著《林子本体经释略》，对《林子本体经》加以诠释。郭嗣周、林兆麟等编写的《林子三教正宗易知录》《修行道经易知录》《龙江、张、卓真人经史》，杨通化编写的《本体经白话解》《四尼要录》等均是极简明通俗

① 郭嗣周等辑《镇家宝补遗》卷二。
② 佚名：《内科行囊》。
③ 佚名：《考礼正俗保存神社说帖》。
④ 林兆恩：《夏午真经》第一册《重刊夏午真经序》。
⑤ 董史：《东山集草 · 序》。
⑥ 林兆恩：《夏午真经》第一册《重刊夏午真经序》。
⑦ 陈智达校集《三教初学指南 · 序》。

的著作。

第四，整理修订三一教仪规。由于三一教被长期取缔，只能在民间秘密流行，所以至清末，三一教的仪规多残缺不全且不统一。陈智达、梁普耀、林兆麟等人先后整理修订了入教仪式和规则、讲经会道规则、祭祀仪式和规则、教阶制度、教规等，这些仪轨相当烦琐，从略。杨通化编写《夏午堂简章》《夏门常识》《建教大纲》等，颇有现代宗教组织色彩。必须指出，陈智达、梁普耀等人力图把莆仙一带的三一教仪轨统一起来，但三一教已分裂为许多宗派，他们所整理修订的仪轨仅限于在各自所属的宗派中施行。

第五，研讨三一教义理和心身性命之学。在这方面，杨通化做出重要贡献。杨通化撰写了《学道须知》，着重阐述了三一教宗旨，探讨了三一教中的经济建设、心理建设、社会建设、伦理建设、政治建设等方面内容。《道学论说》撰写于 1948 年，包括论邪正说、教化说、修行说、师徒说、守道说、传道说、却病说、宗教说等八章，后附奇经阴阳异说。《行道大旨》为《道学论说》的姐妹篇，有修行、师徒、视听、纳言、察疑、教法、举措、考黜、感化、恩威、喜怒、平治、思虑、阴察、养生等十五篇，附锻炼血液保卫防御法、奇经八脉、手足六经循环图说等。杨通化还撰写了《心性提要》《性命指南》《乾坤易理说法》等，探讨了三一教义理和心身性命之学。

第六，设立赈济会。民国元年（1912）和民国十九年（1930），莆田城厢函三堂和涵江善德堂分别设立赈济会，施米、施药、施棺木，赈济贫穷百姓。施米："调查极贫之户素无不正行为者，每月施米五斤，国币数元，此为常年救济，年终施米不限人数，由平民自由往领。"施药："贫民得病，由邻右介绍，药铺付药不给资，年终由堂付还。暑月施药茶，听人自由往取。"施棺木："贫人死亡由邻右领棺木或葬费，其他临时救济。"① 福清尚阳祠也有类似的慈善活动，数十年来一直施米、施棺木给贫民，至今犹然。

在陈智达、梁普耀、杨通化等人的推动下，三一教在莆田、仙游一带出

---

① 张琴：《莆田县志》卷八《风俗志》下，载《中国地方志集成·福建府县志辑》，上海书店，2000，第 300～301 页。

现复兴的景象。梁普耀任悟本堂总持师时，“介贽者二三千众，扩广者二十余堂，道运兴隆，如泉始达”。[①] 郭嗣周主持函三堂时，“夏教大行，四处建立夏堂，而入门者接踵而至”。[②] 民国时，莆田学者在介绍三一教的影响时写道：“三教行于莆仙二县，吾莆十二区里，除广业外，差不多较大的乡就有一座三教堂，华亭、笏石两区尤多。……仙游奉三教者，差不多全县皆是，几乎认三教为县教的了。每乡必有一祠，无论谁家中遇着什么事，都要请三教先生决疑。……每年阴历七月十六教主诞日，每乡十余众，旗鼓音乐，沿途杂奏，赴东山祖祠进香，在一个月里，络绎不绝。”[③] 惠安北部的三一教也得到复兴，特别是后龙、南埔两乡，几乎村村都有三一教祠堂，福州洪塘的龙江祠也在民国二十三年（1934）重建。[④] 值得一提的是，清末三一教还传入新加坡、马来西亚等国家以及我国台湾地区，有一定的影响。[⑤]

结　论

林兆恩在世时的三一教的形成和发展，以嘉靖四十五年为界可以分为前后两个时期。嘉靖三十年至四十五年为三一教的草创时期，这一时期三一教的影响主要局限在莆田、仙游二县，由儒家读书人的一般结社占主导地位；隆庆元年（1567）至万历二十六年（1598）为三一教的发展时期，这一时期三一教的影响扩大到以莆田为中心、以福建为亚中心的江南大部分地区和江北的一些地区，信徒成千上万，林兆恩作为三一教主成为信徒顶礼膜拜的对像，三一教的性质也朝着民间宗教方向演变，但尚未最后完成向宗教转化的进程。

---

① 郭嗣周等辑《镇家宝补遗》卷二。

② 林兆恩：《夏午真经》第一册高占梅《序》。

③ 关佛心：《莆田史话·三教谈》，转引自林国平《林兆恩与三一教》，福建人民出版社，1992，第150页。

④ 林其蓉：《闽江金山志》上册《寺观》，载《中国地方志集成·乡镇志专辑》，上海书店，1992，第89页。

⑤ 详见郑志明《台湾地区夏教的宗教体系》，载《台北文献》直字第76期；Wolfgan Franke，“Soen Renarks on the ‘Three-in-One Doctrine’ and its Manifestations in Singapore and Malaysia”，*Oriens Exlrmus*，No. 12，1972；No. 27，1980。

明末清初的三一教分裂为两派，一派继承了林兆恩的学术思想，在民间影响不大，清初之后就基本上湮没无闻了。另一派继承和发展了林兆恩的宗教遗产，最后完成了三一教向宗教演进的过程，使三一教成了严格意义上的宗教。这一派是三一教的主流，其影响超过了林兆恩在世时，达到了鼎盛，并出现了民间信仰化的发展趋势。

清康、乾之后，三一教在清廷的禁止下走向衰微，但并未消亡，它仍然潜伏在民间，在福建莆田、仙游等地秘密流传，继续民间信仰化。清末民国时期，三一教在福建莆田、仙游、惠安重新出现，并一度出现复兴的景象，还传入东南亚一些国家以及我国台湾地区。不过就总体而言，其影响之大远不如明末清初。

在中国历史上，曾经产生过诸多的民间宗教，但大多数退出了历史舞台。三一教自明嘉靖三十年创立后，经历了数百年的风风雨雨，顽强地生存下来，未曾间断。即使在十分恶劣的政治环境下，它也能潜伏下来，秘密流传。一旦时机到来，它又顺势发展，扩大影响。像三一教这样具有顽强生命力的，在中国民间宗教史上并不多见，其延续不断的内在因素很值得学术界去探讨。

三一教不但在历史上有过较大的影响，而且至今在福建的莆田、仙游等地仍有相当大的影响，拥有一千多座教堂和近十万信徒。特别是在莆仙二县，教堂林立，信徒随处可见，百姓事无巨细都要到三一教祠堂决疑，三一教的影响已渗透到社会的各个方面，规范着众多信徒的言行，其影响大大超过诸如佛教、道教、基督教、天主教这样的宗教。三一教在社区的秩序与权威的建构中，在区域宗教信仰的生态系统中扮演着重要角色。[①]

本文收入“当代中国宗教研究精选丛书”，马西沙主编《民间宗教卷》，民族出版社，2008，第145~174页

① 关于三一教的现状问题，详见拙作《福建三一教现状的调查研究》（日文），日本《中国研究月报》1993年3月，后加以修订补充，以中文发表于台湾《民间宗教》1997年第三辑。

妈祖信仰的“海丝”起点

——论福建莆田贤良港在妈祖信仰传播史上的作用和地位

黄建兴　林自东

福建莆田是妈祖信仰的发祥地，千百年来妈祖信仰从这里传播四海，名扬天下。“有海水的地方就有妈祖庙，有华人的地方就有妈祖信仰”，这一民间俗语形象地概括了妈祖信仰在我国“海丝”文化及华人宗教信仰中的巨大影响。莆田湄洲湾湄洲岛与贤良港以妈祖升天地和诞生地的地位，成为天下妈祖信仰的中心，湄洲岛妈祖祖庙与贤良港天后祖祠也因此成为各地妈祖信众魂牵梦绕的进香圣地。多年来学术界聚焦湄洲岛妈祖祖庙，对其做了很多研究，深入探讨了它在妈祖信仰发展中的重要地位和影响。然而位于湄洲岛对岸的贤良港与天后祖祠至今尚未得到相应的关注与研究。① 其实贤良港与天后祖祠在妈祖信仰传播中的地位和作用并不亚于湄洲岛妈祖祖庙，但是由于历史与社会等方面的诸多因素，世人至今对其还缺乏充足的认识。作为湄洲湾的一个天然良港，贤良港是距离湄洲岛最近的一个港口，又是湄洲湾其他港口出海的必经之处，早期妈祖信仰正是以此为纽带向莆田乃至其他各地港口海岸辐射传播，因此贤良港在妈祖信仰的向外传播过程中扮演了重要的角色，甚至可以说它是妈祖信仰的起点与始发站。天后祖祠祠庙相结合的形式是中国儒家与民间信仰相融合的显著表征之一，而民间信仰中“回娘家”习俗的形成则直接受到了儒家“报本反始”祖先崇拜的影响。天后祖祠在妈

① 当前学界对于贤良港的研究多集中于对妈祖诞生地的考证以及对当地传统妈祖信仰习俗的讨论。详见叶明生主编《贤良港妈祖文化论坛——海峡两岸传统视野下的妈祖信俗研讨会文集》，宗教文化出版社，2013。

祖“回娘家”信仰习俗发展过程中的意义也是无可比拟的。本文以贤良港妈祖信仰为研究中心，结合历史文献与当代考古资料，尝试探讨贤良港在妈祖信仰传播史上不可替代的作用和地位，及其与海上丝绸之路的关系。

一 贤良港——湄洲湾上的千年古港

贤良港地处湄洲湾畔，莆禧半岛南端，属于福建莆田湄洲湾北岸经济开发区山亭镇港里村。它曾是湄洲湾历史上的一个天然良港和枢纽，是湾内其他港口，如秀屿港、东吴港、枫亭港、吉了港等船只出海的必经之处。贤良港由此成为湄洲湾的腹地，南可直通台湾、广东、海南等地，北可直达浙江、上海、山东等地，以及朝鲜、琉球等地，故而当地的渔业、航运业和海上贸易均较为发达，历经唐宋元明清而不衰。然而，近代贤良港因为海道变迁，泥沙淤积，加上港里居民数次围海造田的影响，贤良港上的良田不断增多，港湾却越来越小。1974 年政府在贤良港邻村建立新的文甲码头，贤良港从此失去了其作为良港和码头的功能。如今贤良港仅在其南面沿岸保存了一段约 60 米长的古码头遗址。然而贤良港昔日的风光和繁华依旧保存在当地老一辈居民的记忆之中。

古贤良港水深数十丈，水域面积多达两万公顷。它的南面有湄州屿（岛）作为屏障，东有文甲笔架山连着仙洞山岭、莆禧城、凤凰山至贤良的鳌山，西面有山柄麒麟山和象山，因此成为一个不可多得的天然避风港澳。一到台风季节，贤良港周围村庄的船只及过往船只均要到此避风。台风过后，港内的数百艘帆船纷纷扬风随潮出港，数百艘船齐发，很是壮观。贤良港的“螺港秋潮”曾是莆田沿海地区的胜景，曾有文人写诗赞曰：

> 风起芦花水国秋，黄螺港曲海潮流。声闻鸿雁寒偏早，浪激蛟螭怒未收。
>
> 仿佛伍胥涛更憾，别离楚屈思犹愁。贤良胜概于今在，何必广陵咏潮游。[①]

---

① 刘福铸、王连弟主编《历代妈祖诗咏辑注》，中国文史出版社，2005，第 426 页。

贤良港村落因港而兴，商业贸易发达。旧贤良港码头长600多米，均用花岗岩砌成。码头的东西两岸均建有一座妈祖庙，称为灵慈东宫与灵慈西宫。各地商人和信众也借此到妈祖庙上香，特别是灵慈东宫，由于地处码头渡口，宫前的广场俗称“东宫前”，各地商人云集在此装货卸货，开展商贸活动。昔时东宫前人头攒动，摩肩接踵，熙熙攘攘，热闹非凡。俗语“顶城里（莆田城关），下港里”，是贤良港旧时商业经济繁荣的真实写照。①

相传贤良港始建于唐代，但是没有文献记载，不过当地至今仍然保存了不少唐宋时期的文物古迹，可以作为港口悠久历史的佐证。贤良港东岸不远处有一座福慧寺，是贤良港保存至今最古老的寺庙，约建于后周时代。② 福慧寺前殿五帝庙拜亭仍保存了一对宋代瓜棱形础石柱。寺旁的螺山山腰处有一座古塔。塔为方形，累石叠砌，塔顶雕刻有佛像，虽然佛像已经风化严重，但是其轮廓还依稀可见。该塔据考为宋代建筑，是贤良港港湾的航标塔。唐代福建佛教盛行，兴建了不少佛寺。这些佛寺一般建于经济较为繁荣的城市和港口。这说明贤良港的经济在唐宋时期应该达到了一定的规模，且往来于港口的船只不少。

贤良港在历史上有多个不同的称呼，如湄洲、湄洲港头、黄螺港、莆禧港等，这与它的历史文化和地理特征有关系。“贤良港”一名是当地林氏族人为纪念其先祖林蕴应“贤良方正科”而取的。宋代贤良港又称“湄洲”。宋李丑父《灵惠妃庙》记：“妃林氏，生于莆之海上湄洲，洲之土皆紫色。或曰：必出异人。”③ 该文献中的“湄洲”即指贤良港，而不是对岸的“湄洲屿（岛）”。如今贤良港天后祖祠与妈祖故居后山上的岩土依然呈紫红色，但是湄洲岛的土壤并无此特征。明代《兴化府志》亦载：

---

① 林自东：《千年古港话沧桑——浅谈贤良港古码头历史与海上丝绸之路的渊源》，载叶明生、黄建兴编《贤良港妈祖信俗与海上丝绸之路学术考察活动研究资料汇编》，内部资料，2017，第32~37页。

② 叶明生：《莆田贤良港妈祖信仰、祭祀仪式与音乐研究》，载曹本冶主编《中国民间仪式音乐研究》下卷，上海音乐学院出版社，2007，第28页。

③ 李丑父：《灵惠妃庙》，载《镇江志》卷八，镇江市史志办点校，江苏古籍出版社，1990，第350页。

> 湄洲屿：海上岛屿，若湄洲，若上黄竿、下黄竿，与夫南日山，宋元以来居民甚多。洪武初，以勾引番寇，遗祸地方，守备都指挥李彝奏迁内地，岛屿遂虚。湄洲在大海中，与极了相望。林氏灵女，今号天妃者生于其上。[①]

该则文献将“湄洲屿”与邻近的其他岛屿“湄洲”、“上黄竿”（今称“黄瓜岛”）、“下黄竿”、“南日山”（今称“南日岛”）相提并论。这说明“湄洲”与“湄洲屿”是两个不同的岛屿。[②] 20世纪50年代学者在贤良港一个渔民家发现了一本清代的《贤良港水路簿》。它是清代渔民和从事航运船民的航海实用手册。在《贤良港水路簿》中，贤良港被称为“湄洲”。“湄洲：土名监头岙，（可）抛船，对沙岙亦可抛。”[③] “监头岙”，又称“港头”，是旧时贤良港的别称。莆田外地群众至今仍称贤良港为“湄洲港头”或“湄洲贤良港”。枫亭天后宫、锦湖海地龙聚宫（妈祖庙）“天后圣母历朝封号”上有一段文字，称贤良港为“福建莆田兴化府莆田县湄洲屿贤良港”，落款时间为民国六年（1917）。可知贤良港是历史上湄洲地区的一个港口，“湄洲”曾与对岸的湄洲屿一样是个岛屿。至今贤良港及其附近地区还保留着名为“前湄头”和“后湄头”的角头。

“黄螺港”一称起源于贤良港独特的地形地貌。港澳的东南面有座山，因其形状像大海螺，且山上的山石呈土黄色，故而得名。《兴化府志》载：“贤良港，在莆禧千户所前。有山如象形，横亘港上，居民数百家，俗但呼为‘黄螺港’云。”[④] 明《天妃辩》亦载：“宋元间，吾莆海上黄螺港林氏之女，及笄陶海而卒。”[⑤] 由于黄螺港港口繁荣，吸引了不少外地的商人

---

① 周瑛、黄仲昭：《兴化府志》卷七《户纪一·山川考上》，蔡金耀点校，福建人民出版社，2007，第200页。

② 许更生与林自东对于古时“湄洲”与“湄洲屿（岛）”有详细的考证，详见许更生《妈祖研覃考辩》，西安出版社，2014；林自东《宋古时期的湄洲屿≠现在的湄洲岛》，未出版，2017。

③ 《贤良港水路簿》，贤良港渔民航海手册，手抄本，现藏于贤良港天后祖祠秘书长林自东家。

④ 周瑛、黄仲昭：《兴化府志》卷七《户纪一·山川考上》，第201页。

⑤ 朱淛：《天马山房遗稿》卷六，载纪昀等总纂《景印文渊阁四库全书》第1273册，台湾商务印书馆，1983。

前来贸易，闻名于东南沿海其他地区。不过由于地方方言音近，黄螺港一名又衍化出不同的称呼。《崇武县志》称其为“黄泥港”[①]，《凤山县志》称其为“红螺（港）”[②]。明廷为了抵抗倭寇对当地的侵袭，于洪武二十年（1387）在莆禧半岛修设城墙，建立了莆禧千户所。贤良港归莆禧城管辖，港口因此也被人称为“莆禧港”。

历史上贤良港港运发达，商贸繁荣，然而真正令它闻名于世的不是它的经贸，而是其作为妈祖诞生地的地位。如上述文献所述，贤良港引起世人关注还是由于当地的妈祖信仰。妈祖信仰使得贤良港的经济更加繁荣，地位更加突出。但是历史上妈祖信仰的向外传播也大大得益于这一千年古港。往来于此的各地渔民、商人和香客来此瞻拜海神妈祖，妈祖信仰也随着他们的足迹而得以广泛流播，甚至漂洋过海，传播至遥远的港口和异邦。

二　贤良港与宋元妈祖信仰的传播

清代林清标的《敕封天后志》记载了一则“祷神起椗”的故事。

商人三宝满载异货，要通外国，舟泊洲前。临发，碇胶弗起。舟人入水，见一怪坐椗不动。急报，客大惊。登岸询洲人：“此方何神最灵？”或曰：“本山灵女极称显应。”遂诣祠拜祷。其椗立起。乃插香一瓣于祠前石间。祝曰：“神有灵，此香为证，愿显示征应，俾水道安康，大获资利，归即大立规模以答神功。”迨泛舟海上，或遇风涛危急，拈香仰祝。咸昭然护庇。越三载，回航全安，复造祠，见前所插瓣香，悉盘根萌芽，化成三树。正值三月二十三日神诞，枝叶丛茂，香气郁郁缤纷。商人奇其感应，捐金创建庙宇，焕乎改观。及宋仁宗天圣中神光屡现。善信者复感灵异，广大其地，廊庑益增巍峨。[③]

① 朱彤纂，陈敬法增补《崇武所城志》“庙祀”条，惠安县志办公室整理，福建人民出版社，1987，第34~37页。

② 李丕煜修《凤山县志》卷十，载周宪文、杨亮功、吴幅员主编《台湾文献史料丛刊》第二辑，台湾大通书局、人民日报出版社，2009，第255~260页。

③ 林清标：《敕封天后志》卷下《祷神起椗》，哈佛大学汉和图书馆藏本，载《妈祖文献整理与研究丛刊》第一辑第3册，鹭江出版社，2017，第88页。

明代《天妃显圣录》也载有此传说故事，内容相同，只有个别字词有出入。然而这个故事不是在明清时期才开始流行的，而是可以追溯至宋代。南宋莆田著名诗人刘克庄的“灵妃一女子，瓣香起湄洲”①，应该指的就是北宋商人三宝插香拜妈祖，捐金创建妈祖庙的故事。

在确定了该则传说的产生时间后，我们再来讨论故事的发生地点。以往学者多认为故事的发生地为湄洲岛，商人所创建的庙宇就是当前的湄洲岛妈祖祖庙。然而笔者认为它位于古时的贤良港，商人所捐建的妈祖庙应是位于贤良港码头的灵慈东宫。首先，上节提到，贤良港在古代又有“湄洲”之称，所以故事中的“舟泊洲前”“登岸询洲人”指的就不一定是湄洲屿（岛）了。其次，贤良港拥有长600多米的港岸，码头及其他多个停泊点，是可以躲避台风的天然港澳，往来的船只也可以在此处补充水源。“黄螺港，妈祖家。港心打水七八托，好抛舡。”② 贤良港村落至今仍然保存了六口宋代古井。其中一口位于码头东岸的灵慈东宫后，因为井口石板刻有八卦图案，所以被称为“八卦井”，井深约4.7米，内径约0.7米。当地相传该井即为古代往来港口船只渔商汲水之处，井泉水源甘甜且充足，可满足数十艘船舶的用水量。相比之下，湄洲岛古时澳口的条件相对较差。当前湄洲岛的宫下沙码头是1974年才建的，以往湄洲岛的澳口主要有两个，分别为东蔡村的“小厅澳”和下山村的“蚝壳澳”，但是这两个澳口的规模都不大，无法躲避台风。商人三宝“满载异货，要通外国”的船舶应该会选择停泊在可避风且可补充水源的贤良港。据说贤良港古时曾有朝廷舟师在此避风，并在当地留下军队开伙搭的铁灶，山亭镇“铁灶村”（贤良港邻村）即因此而得名。2004年港里村民黄文喜在港坛里挖沙时，挖出了许多古代旧瓷器碎片，据专家考证，其中有元代的“瓷瓮”和明代烧制的“双鱼碟”。这些器物即为旧时舟船在贤良港避风时遗弃的餐具。最后，贤良港码头两岸均建有妈祖庙，这些妈祖庙历史悠久。码头西岸是灵慈西宫，原称为“顶宫”，位于黄螺港湾之顶，始建于宋代。清康熙年间移至当前位置。1998年重建时，在宫门下挖出一对宋瓷小碗，双碗

① 刘克庄：《后村先生大全集》卷四十八，四川大学出版社，2008，第1279页。

② 无名氏编《海道针经［乙］指南正法》，载《两种海道针经》，向达校注，中华书局，2006，第101~195页。

合盖，内装有12个宋代铜钱。码头东岸是灵慈东宫，亦为宋代始建，以前宫前还有一块写有“嘉定”的石碑，可惜现已不存。灵慈东宫至今还保存的文物为：两个宋代连础石柱，一块鳄鱼石雕和两个刻有鹤和鹿图案（代表福禄）的神龛底座。灵慈东宫已被国家列为重要文物点，编入《中国文物地图集》（福建分册）。[①] 灵慈东宫前不远的螺舌山上有一棵相传与贤良港同龄的“风水树”。这棵树不高，分为三股大树杈，树根盘绕于石缝间。之所以称其为风水树，是因为该树位于海岸旁边，在海浪拍打之下常有雾气，特别是春天，雾气蒙蒙，风水树若隐若现。当地人认为这是一块风水宝地。相传明初曾有一位风水先生在此渡船去湄洲岛，看到这棵风水树之后就跟当地船工讲：“贤良港现在聚居二十姓[②]，但是该树只有三股树杈，与海面的‘三炷香’礁石相同，这预示着将来定居于港的只有三大姓。”神奇的是，这位风水师的预测后来居然应验了。清初复界回贤良港居住的主要为林、徐、黄三大姓，至今依然。上述文献中，商人三宝为祈祷妈祖庇佑，“插香一瓣于祠前石间”，不料三年之后，其“所插瓣香，悉盘根萌芽，化成三树。正值三月二十三日神诞，枝叶丛茂，香气郁郁缤纷”。贤良港风水树与故事中的“瓣香所化之树”何其相似，同样盘根于石间，分为三杈。因此不免让人产生如下疑问：港里的风水树及传说是否为该故事的原始素材？始建于宋代的灵慈东宫就在风水树之后，是否是商人三宝捐金修建之庙？

南宋洪迈《夷坚志》记载了另一则天妃显灵救助海商的故事。

> 绍熙三年，福州人郑立之，自番禺泛海还乡，舟次莆田境浮曦湾，未及出港，或有人来告：“有贼船六只在近洋，盍谋脱计。”于是舟师诣崇福夫人庙求救护，得三吉珓。虽喜其必无虞，然迟回不决。聚而议曰：“我众力单寡，不宜以白昼显行迎祸；且安知告者非贼候逻之党乎？勿坠其计中。不若侵晓打发，出其不意，庶或可免，况神妃许我耶！”皆曰：“善”。迨出港，果有六船翔集洪波间，其二已逼

① 国家文物局主编《中国文物地图集·福建分册》（下），福建省地图出版社，2011，第486页。

② 古时贤良港为杂姓村，姓氏多达20个，当地人将其编为歌谣：“林徐黄叶段，杨魏戴王古，陈田吴董鲍，欧谢何张彭。”

近。舟人窘迫，但遥瞻神祠致祷，相与被甲发矢射之。矢且尽，贼舳舻已接，一魁（寇）持长叉将跳入。忽烟雾勃起，风雨倏至，惊涛驾山，对面不相睹识，全如深夜，既而开霁帖然，贼船悉向东南去，望之绝小。立之所乘者，亦漂往数十里外，了无他恐，盖神之所赐也。其灵异如此，夫人今进为妃云。[①]

文献中的“浮曦”即当今的莆禧。福州商人郑立之所拜的崇福夫人庙至今尚存，称为“莆禧天妃宫”。旧时莆禧隶属崇福乡新安里，故有“崇福夫人”之称。莆禧天妃宫始建于宋代。明代莆禧城建立，天妃庙位于城北门附近。当前天妃宫保留明代建筑风格，1996 年被列为省级文物保护单位。除了上述的传说故事之外，相传在明代嘉靖年间天妃还显灵协助城内居民抗击倭寇。至今莆禧天妃宫依然是全莆禧民众的信仰中心，每年正月“十九日”是当地最为隆重的节日，届时会举行天妃绕境和乩童爬刀梯的宗教活动。值得注意的是，文献中“未及出港”及“迨出港”中“港”指的是位于城南的贤良港。因为贤良港是历史上莆禧半岛唯一的港口。

从上述两则文献可以看出早在宋代贤良港就已经是各地海商行船停泊的重要港口。故事的两个主人公都不是莆田本地人。海商郑立之是福州人，从广州番禺经商行船回乡。商人三宝应该也是外地人，他对本地的宗教信仰不熟悉，遇事还要询问洲人“此方何神最灵?”二人在海上遇事，幸得妈祖显灵救助，势必会将妈祖的事迹带回他们的家乡及其行海经商所经之地，如文献中所提到的“外国”和番禺地区，这无疑促进了妈祖信仰的对外传播。然而妈祖信仰在传播他乡之前，早已在莆田沿海各个港口流行。

除了湄洲岛、贤良港和莆禧的妈祖庙之外，宋代莆田其他一些地区也出现了妈祖庙。丁伯桂的《顺济圣妃庙记》：“莆人户祠之，若乡若里悉有祠，所谓湄洲、圣堆、白湖、江口特其大者尔。”[②] 刘克庄的《风亭新建妃庙》亦载：“妃庙遍于莆，凡大墟市、小聚落皆有之。风亭去郡六十里，有溪达海……”[③]

---

① 洪迈：《夷坚志》第三册，中华书局，2006，第 1058 页。

② 潜说友：《咸淳临安志》卷七十三，收入《中国方志丛书·华中地方》第 49 号，成文出版社，1970，第 703 页。

③ 刘克庄：《后村先生大全集》卷九十一，第 2367 页。

宋代莆田的妈祖庙多建在沿海各港口及附近地区，如平海澳、宁海港、江口港、白湖港、吉了港、枫亭太平港等地。这些沿海港澳与贤良港一样，渔业、商贸和海上交通都较发达，所谓“莆东南海滨，商舟之所会”。宋代莆田的特产如茶叶、海盐、荔枝、瓷器等正是通过这些港口运往中国南北各大港口和海外地区。由于贤良港优良的港澳及其交通枢纽的地位，莆田其他各港出海贸易多要经过该港口，这就直接促进了湄洲岛和贤良港妈祖信仰在莆田沿海各港口的传播。从这一点上看，贤良港可以说是妈祖信仰向外传播的起点和始发站。这是妈祖信仰传播史上的首次发展，带有民间的性质和自发性的色彩，显灵事迹和传说故事通过便利的港口交通和海上贸易而得以传播，其中渔民和海商是其主要传播群体。当妈祖信仰在莆田这些港口获得了一定的发展之后，它们也同贤良港一样，在妈祖信仰的对外传播上发挥了重要的作用。《圣墩祖庙重建顺济庙记》载：“神女生于湄洲，至显灵迹，实自此墩始；其后赐额，载诸祀典，亦自此墩始。”[①] 廖鹏飞的这个评价显然有些夸张，不过妈祖受朝廷赐额的确自此始，妈祖信仰从此开始得到了官方的支持。

三　贤良港与明清妈祖信仰的传播

明初我国的航海业已经达到了世界领先水平，造船和航海技术均属一流。郑和下西洋的壮举世所罕见，其时间比欧洲的大航海时代早了整整一个世纪。然而由于当时沿海地区的倭患成灾，明朝实行“海禁”，禁止海商出国经商贸易，中国沿海地区的海外贸易受到了限制，但是各港口的民间“走私”活动依然兴盛。明代贤良港并未因为政府的“海禁”而沉寂，而是继续发挥其港口优势，传播妈祖信仰文化。明代黄仲昭在《登天妃庙朝天阁》中曾有诗为证：“闲来乘兴到湄洲，独上朝天阁上游。宫殿凌空崇圣迹，舳舻利涉赖神庥。云移平海见楼橹，潮满良江渡客舟。极目沧溟生骇浪，天风吹起海门秋。”[②] 诗中的“良江”指的就是贤良港港前的贤江。

① 《白塘李氏族谱·忠部》，福建省莆田市涵江区白塘李氏族谱修编理事会，2002，第345～346页。

② 李光荣：《兴安风雅汇编》卷四，福建省图书馆藏。

当时湄洲湾一带的妈祖信仰已经开始受到了来访的外国使者和海商的关注。16世纪一名来华的西班牙奥古斯丁会修士拉达（Martin de Rada）在其游记中描述了湄洲湾一带的妈祖信仰。

> 航海家偏爱的一个女人叫娘妈（Nemoa），生于福建省兴化附近叫做莆田（Puhuy，应为莆禧）的村庄。他们说她在无人居住的湄洲岛（Vichiu，他们说那里有马）上过着独身生活，岛跟海岸有三里隔。他们也拜鬼，害怕鬼会加害于他们……①

另一名西班牙人门多萨（Juan de Mendoza）在其著作《中华大帝国史》中也提到了当地的妈祖信仰。

> 他们有另一个叫做娘妈（Neoma）的圣人，生在福建省的Cuchi（莆禧）城。他们说她是该城一位贵人之女，不愿结婚，而是离开她自己乡土，到兴化（Ingoa）对面的一个小岛上去，过着贞节的生活，表现了很多“虚伪”的奇迹。②

明代东南沿海地区民众多称妈祖为“娘妈”。文献中提到妈祖出生于莆禧，其实并没错，明代朝廷在莆禧建立千户所，贤良港归莆禧城所管辖，改名为“贤良埔”。“岛跟海岸有三里隔”，其中的“海岸”即贤良港，旧贤良港码头距湄洲岛约2.6海里。两位西班牙人的见闻录很有意思，他们应该都曾到过莆田，并亲耳听到了不少关于妈祖信仰的传说故事。如其中提到娘妈是“贵人之女”，源于妈祖“诞降”的故事，认为妈祖是宋人都巡检林惟悫的女儿；“不愿结婚”，到岛上过着贞节的生活，源于妈祖

① C.R.博克舍编注《十六世纪中国南部行纪》，何高济译，中华书局，1990，第217~218页。转引自金国平《澳门妈祖信仰早期在西方世界的传播——澳门的葡语名称再考》，载《妈祖文化研究——第一届妈祖文化研究奖得奖作品集》，澳门中华妈祖基金会，2005，第10页。

② 门多萨：《中华大帝国史》，何高济译，中华书局，1998，第41页。转引自金国平《澳门妈祖信仰早期在西方世界的传播——澳门的葡语名称再考》，载《妈祖文化研究——第一届妈祖文化研究奖得奖作品集》，第11页。

“湄屿飞升”的故事；“他们说那里有马”，源于妈祖“铁马渡江”的故事；“表现了很多‘虚伪’的奇迹”，说明还有很多其他的妈祖显灵故事（作者显然是以基督教徒的身份、口吻作记述）。两则见闻录后来在欧洲广泛流行，特别是后者，《中华大帝国史》是16及17世纪欧洲的畅销书。[①]其中的记录反映了早期欧洲人对于妈祖信仰的初步认识。

西班牙人的见闻录早于《天妃显圣录》和《敕封天后志》，这说明了这些妈祖信仰故事早在明代甚至之前就在湄洲湾沿海地区广泛流传。明万历吴还初的《天妃娘妈传》是历史上第一部有关妈祖的长篇小说故事。该小说分为上下卷，共三十二回，叙述了娘妈降伏在世间为害作乱的猴精和鳄鱼精的故事。小说综合了当时流行的多个妈祖传说故事。[②]从其故事情节的描述上看，它们大多发生在莆田湄洲湾一带。贤良港至今仍然保存了与这些故事相对应的文物古迹。如灵慈东宫附近挖出的在小说中被娘妈所收服的“鳄鱼精”石雕，妈祖“窥井得符”的受符井等。

明代中后期朝廷放宽对于民间百姓祭祖代数的限制，促进了民间宗族组织的发展，各地宗族力量快速崛起，朝廷也借助宗族组织在民间社会普及和推广儒家伦理和实践之道。儒家学说和礼仪与广泛流行于社会的民间信仰开始有了实质性的交叉影响，以灵验和巫术为基础的民间信仰逐渐发生了转型，融入了儒家伦理和礼仪。两者之间的互动直接导致民间社会许多“亦神亦祖”神明的出现，各地宗族纷纷把当地同姓的显赫神明当作祖先和宗族的荣耀，甚至将神明供奉于宗族祠堂当中。在此背景下，儒家的祭祀礼仪也悄然渗透进了民间信仰的神明崇拜之中。受宗族组织制度和儒家祖先崇拜的影响，民间神庙也开始逐渐形成了“祖庙—分灵宫庙”的网络组织，并且祖庙与分灵宫庙之间存在礼仪上的互动，分灵宫庙要定期或不定期到祖庙朝拜，后来发展成为“谒祖进香”和“回娘家”宗教信仰传统。

明代贤良港林姓宗族获得了大发展，林氏族人将妈祖也供奉于林氏祖

① 金国平：《澳门妈祖信仰早期在西方世界的传播——澳门的葡语名称再考》，载《妈祖文化研究——第一届妈祖文化研究奖得奖作品集》，第11页。

② 黄志霖：《〈天妃娘妈传〉与明代妈祖形象的塑造》，《明清小说研究》2018年第1期。

祠之中。《敕封天后志》载："港之祖祠。前代已有建立。明永乐十九年上以天后屡著灵异，闻祖祠圮坏，特命内官赴港修整。"① 贤良港林氏祖祠据说始建于宋代，妈祖以祖姑的身份被供奉于林氏祖祠之中。祖祠中供奉的妈祖宝像据考为宋代神像，"世传祠内宝像系异人妆塑，各处供奉之像，皆不能及"。② 明代的林氏祖祠已经有了一定的规模，并且因为供奉妈祖而受到了朝廷的重视。一个地方的宗族祠堂居然能得到朝廷内官的修整，这应该与妈祖的名气不无关系。其后妈祖"反客为主"，成为祖祠的主神，林氏祖祠也被相应地改称为"天后祖祠"。因为妈祖信仰的流行，林氏祖祠的名气一路攀升，原来只是林氏族人祭祖的场所，后逐渐演变成天下信众朝拜妈祖的公共祠庙。妈祖的父母也因为妈祖的关系而得以敕封，并受到各地妈祖信众的祭拜。

宋元时期，莆田沿海各口岸及其他地区已经出现了不少妈祖的"分灵宫庙"，但是这些宫庙与湄洲妈祖庙之间并无紧密的关系。宋元与妈祖相关的文献只说明这些宫庙是湄洲妈祖的分灵，但是并没有提到它们曾到祖庙或者本庙进香。现今流行的妈祖"谒祖进香"和"回娘家"仪式（特别是后者）实则是到明中期之后受到儒家祖先崇拜的影响才逐渐产生的。湄洲岛妈祖祖庙与贤良港天后祖祠成为天下妈祖宫庙的"源"与"祖"，其他地区的妈祖分灵宫庙则成为祖庙与祖祠的"子孙"庙。儒家祖先崇拜强调"报本反始"，子孙要孝敬、祭拜祖宗，同样的道理，妈祖分灵宫庙也要到祖庙和祖祠谒祖进香。贤良港天后祖祠之所以成为后世其他地区妈祖宫庙的"娘家"，是因为天后祖祠的后殿供奉着妈祖的历代先祖和父母亲，各地妈祖宫庙到天后祖祠进香的同时，自然而然也要对其祖宗和父母礼敬有加。这应该是妈祖"回娘家"仪式流行背后的理论依据。

随着妈祖信仰的进一步流播及清代康熙年间妈祖天后封号的敕封，各地的妈祖宫庙陡增，前往湄洲岛妈祖祖庙与贤良港天后祖祠进香谒祖的宫庙与信众也与日俱增。作为大陆通往湄洲岛的最近港口，贤良港成为大陆信众到湄洲岛祖庙进香的必经之地。而港上的天后祖祠以其祠庙相结合的

① 林清标：《敕封天后志》卷下《贤良港祖祠考》，第73页。

② 林清标：《敕封天后志》卷下《贤良港祖祠考》，第74页。

特殊结构，集妈祖信仰崇拜和祖先崇拜于一体，也吸引了越来越多的妈祖宫庙和信众来贤良港朝拜妈祖及其祖先。贤良港成为天下妈祖信众的“娘家”和“谒祖进香”的中心。宋元时期，贤良港依靠其特殊的地理位置，通过渔民与海商来间接传播妈祖信仰，明中叶后至清代，贤良港则以其“娘家”和朝圣中心的地位直接促进了妈祖信仰在海内外的传播。

清顺治十八年（1661），为了对抗台湾郑氏政权，朝廷在东南沿海地区实行“迁界”法令。这个禁令远比明代的“海禁”政策严重，对沿海居民造成重大的影响。贤良港因此曾一度沦为废港，天后祖祠也没有了往日的香火。贤良港居民同其他沿海民众一样被迫迁移他处，流离失所。贤良港林氏族人携带妈祖香火迁移至莆田涵江，并将天后祖祠神主牌位和妈祖神像等寄存于涵江霞徐天妃宫。但是等到清康熙二十年（1681）复界时，贤良港林氏族人返回梓里，当他们想从涵江天妃宫带回妈祖神像时，却遭到了涵江民众的阻拦，因为其时妈祖已在涵江天妃宫受供奉长达二十年了。《敕封天后志》记载：

> 世传祠内宝像，系异人妆塑，各处供奉之像，皆不能及。以迁界寄奉涵江，至复界时，子姓到涵请回。涵之里人不肯，乃同诣神前卜筶，得九十九圣，涵江里人遂备船用彩亭鼓吹送宝像登舟，船甫开，雷雨骤至，随船之后，而船不沾濡。既入祠，雷雨大作，水溢堂庑，乡族之人，不能行礼。口祝于后，雷雨即时屏息。风扫地干，瞻拜者莫不诧异。①

该则传说至今仍为贤良港居民所津津乐道。贤良港老一辈的林氏族人甚至还认为涵江天妃宫明代的“航海星图”与“大海螺壳”文物也曾属于天后祖祠。“星图是贤良港航海者远涉重洋的航海指南，而那个可盛三担水的大海螺壳则是贤良港人开发聚居黄螺港的象征。”② 星图为大型卷轴式

① 林清标：《敕封天后志》卷下《贤良港祖祠考》，第73页。

② 林自东：《千年古港话沧桑——浅谈贤良港古码头历史与海上丝绸之路的渊源》，载叶明生、黄建兴编《贤良港妈祖信俗与海上丝绸之路学术考察活动研究资料汇编》，第32~37页。

画幅，长 150 厘米、宽 90 厘米。据专家考证星图产生于明末清初。星图继承了我国传统的画法，又带有西方星图的特征，是当时中西文化结合的产物。星图在清代天妃宫并无实际用途，与巨型海螺壳一样主要用于妈祖的海祭仪式之中。星图与海螺壳于何时及如何进入涵江天妃宫，现已经无法考证。[①] 贤良港林氏族人的这一说法并非毫无依据。贤良港因形似黄海螺，以巨型海螺壳为其地象征物是合理的。贤良港是海港，从宋至明对外贸易一直较为繁荣，与西方海商接触频繁。而霞徐码头是内港，距离涵江海港还有一段距离，须靠内河航运连接。从这一点上看，该幅带有西方画法特征的星图确实更有可能来自贤良港天后祖祠，而后再流入涵江天妃宫。当然此说的证据还不足，有待进一步考证。

复界后，时任户部江南清史司主事、奉命册封琉球的林氏族人林麟焻提议重建贤良港天后祖祠，“今世祀祖祠尚在，予过而瞻拜之。迁界后梓里圻墟，庙宇圮坏，因遣工置木石整造之矣”。[②] 然而重建后的祖祠规模并不大，前后仅两座，前龛供妈祖，后龛供林氏历代祖神。族人认为这与妈祖天后显赫的地位不相符合，于是在泉州府惠安县儒学教谕林清标的建议下，乡人与林氏族人合力进行扩建，将妈祖天后与林氏祖先分开供奉，妈祖在中厅，林氏祖先牌位在后殿。“林氏历代神主供于寝堂，宝像供于中厅。”[③] 由于工程浩大，林清标发动台湾府学教谕林霈与安平镇总兵陈宗溥在台湾发动募捐，两岸共同出资出力，历经七年，于乾隆五十一年（1786）完工，最终形成天后祖祠现在的建筑规模和格局。[④] 扩建后的天后祖祠香火更加旺盛。两年后，朝廷赐令将祖祠的春秋二祭载入祀典。至今，天后祖祠还保存着当时的“重建天后祠碑刻”和“奉旨春秋谕祭”牌等文物。为了在台宣扬妈祖天后护国佑民的事迹，促进妈祖信仰在台的传播，林清标应其子林霈的要求，对当时流行于民间的《天后显圣录》进行修订和整理，刊印了著名的《敕封天后志》。此书比之前的《天妃显圣录》和《天

① 福建省莆田县文化馆：《涵江天后宫的明代星图》，《文物》1978 年第 7 期；蒋维锬：《涵江天后宫明代星图述略》，载氏著《妈祖研究文集》，海内出版社，2006，第 9~20 页。

② 林清标：《敕封天后志》卷上林麟焻《序》，第 16 页。

③ 林清标：《敕封天后志》卷下《贤良港祖祠考》，第 74 页。

④ 乾隆五十一年“重建天后祠碑刻”，现存于天后祖祠后殿之中。

后显圣录》更具权威性，在福建、台湾等地广为流传。

携带妈祖香火回乡的贤良港居民在港上积极重建家园，他们重操旧业，主要从事渔业、航运和海上贸易活动，很快就重现了昔日的繁华。清代《贤良港水路簿》记载了贤良港渔民和海商出海打鱼和经商的主要航线及其所经过的大小港澳。对每条航路方向的描述都非常详细具体，包括各个港澳的大小、方位、形状、深度和宽度，及其沿线上的礁石、暗流、浪高，甚至连何处可以停船避风、是否有水源补充、涨潮退潮时间、航行最佳时间等也有文字记录。虽然该水路簿不比正规的航海图规范，也没有地图，其中甚至有不少土俗字和别字，但是它是民间一本非常实用的航海手册。从水路簿所记载的各地大小港口可以看出，清代贤良港渔民与海商的活动范围是很广的。贤良港可通达莆田及福建各个大小港口，南可至香港、澳门、广东等地；北可达天津、山东、上海、浙江等地，向东可达台湾的基隆、澎湖、淡水、金门等港口。[①] 渔业、航运与海上贸易促进了贤良港经济的发展，不少港上居民因此而发家致富。据港人回忆，清代林氏族人林世堂、林世芳兄弟曾拥有一千担以上的大船 16 艘。相传他们曾用 3 斤黄金打造了一块"翊灵绥佑"的匾额，悬挂在天后祖祠神殿内。[②] 贤良港至今保存的多座清代古民居，如"聚于斯""居仁里""双座厝""财主房"等，见证了这段繁华的历史。清代贤良港与台湾两地可以直航互往，上述《贤良港水路簿》就记载了不少台湾港口。贤良港及其附近居民至今还有先人艰辛"过台湾"的记忆，当时曾有不少贫困居民到台湾开垦。清同治年间，贤良港航海商人林乌坤还迎娶了一位台湾女子，即"台湾五嫂"（因为林乌坤排行第五）。五嫂把台湾"炸油饼"的手艺传到贤良港，留下了一段佳话。[③] 这说明清代贤良港与台湾曾有不少交流。当时贤良港

---

① 苏健、黄国华：《〈贤良港水路簿〉与妈祖文化》，载《中华妈祖》，2007，http：//www.chinamazu.cn/mzdg/wxsj/zhmz/，最后访问日期：2013 年 4 月 6 日。

② 清代贤良港的航运及经济情况详见林自东《千年古港话沧桑——浅谈贤良港古码头历史与海上丝绸之路的渊源》，载叶明生、黄建兴编《贤良港妈祖信俗与海上丝绸之路学术考察活动研究资料汇编》，第 32~37 页。

③ 林自东：《千年古港话沧桑——浅谈贤良港古码头历史与海上丝绸之路的渊源》，载叶明生、黄建兴编《贤良港妈祖信俗与海上丝绸之路学术考察活动研究资料汇编》，第 32~37 页。

妈祖信仰在台湾已经有了一定的影响，天后祖祠在台湾也具有一定的名气，不然林霈不可能在安平募捐到筹建祖祠的款项。正是因为有了这样的历史渊源，才有了当代台湾妈祖信众到螺港的“寻源”之旅，并掀起各地妈祖信众“回娘家”朝拜妈祖的热潮。

四 贤良港与当代妈祖信仰的发展

改革开放之后，中国宗教信仰自由政策得以落实，各地民间信仰逐渐走上了“复兴”之路，贤良港妈祖信仰正是在这样的背景下重新进入人们的视野，并开启了当代妈祖信仰的发展传播之路。贤良港天后祖祠董事会的成立、传统文化遗产的申报和保护、对台妈祖信仰交流活动、妈祖城工程的建设及湄洲湾北岸经济开发区的成立等都促进了当前贤良港妈祖信仰的传播，扩大了它的影响。

1982 年贤良港村民自发筹资重建天后祖祠，1987 年贤良港天后祖祠董事会和理事会先后成立，负责管理祖祠的各项事务。在社会各界部门和人士的支持下，贤良港许多曾被尘封的妈祖信仰文物不断被发现。如 1989 年村民在村部戏院发现了清乾隆五十一年（1786）的“重建天后祠”和“历代妈祖徽号”两块古碑。1991 年贤良港天后祖祠被福建省人民政府列为“省级文物保护单位”。其后不久，贤良港灵慈东宫、灵慈西宫、福慧寺、五帝庙、吴祖社、古码头等地的文物古迹也相继得以挖掘和鉴定。贤良港凭借大量的文物古迹与悠久的人文历史于 2007 年顺利评上“福建省历史文化名村”。

除了上述这些有形的文物古迹之外，贤良港也保存了很多无形的文化遗产。如贤良港每年正月期间的闹元宵活动，其中正月二十二的“五帝爷巡游活动”，热闹异常，被当地称为“廿二拖”。民间酬神谢恩的“吹鼓头”、结婚闹洞房之“唱经文”等，均成为当地富有特色的民俗活动。当然，贤良港最为著名的信仰习俗是每年农历三月二十三纪念妈祖诞辰的“回娘家”仪式和九月初九纪念妈祖得道的“海祭”仪式。妈祖“回娘家”仪式与各地民间信仰的“谒祖进香”习俗颇为类似，为分灵宫庙到祖庙请香以延续庙宇香火的一种宗教传统。但是贤良港由于是妈祖的“父母之邦”，天后祖祠后殿又供奉了妈祖历代先祖的牌位和父母亲的神像，因此“回娘家”仪式除了有各地妈祖宫庙和信众到祖祠迎取香火和朝拜妈祖之意，又多了一层祭拜妈祖父母亲和历代祖先的内涵。这造成了“回娘家”仪式与“谒祖进香”仪式的质的不同：各地民间进香仪式多由民间信仰之巫（乩童）或道教之道士、法师主持，但是妈祖“回娘家”仪式除了民间信仰和道教的礼仪之外，其仪式主要由礼生主持，有一整套儒家祭服、祭仪、祭器、祭品、祭文、祭歌和祭乐等，非常隆重，显然带有官方儒家祭祀的性质。从这一点上看，妈祖“回娘家”仪式的确发源于明代朝廷内官在天后祖祠的祭祀传统，延续至今已有数百年。同“回娘家”仪式一样，贤良港妈祖“海祭”仪式亦带有官方的内容，属于“春秋二祭”中的秋祭，采用的亦是儒家的礼仪。但是历史上贤良港妈祖的“海祭”仪式又与民间沿海的“祭海”传统相结合。“祭海”仪式采用道教科仪，由道教之道士或法师主持，在海边搭设祭品，渔民和船民向海神妈祖和大海献祭，希望妈祖保佑他们出海平安顺利。“祭海”仪式也有一定的历史，莆禧村显应道坛保存了一张贤良港的“海醮疏文”，记录了贤良港林、徐、黄三姓共同举行“祭海”仪式的情况。疏文的落款时间为清道光三十年（1850），这说明贤良港民间祭海仪式早在清代就已经流行，不是现代为了“申遗”的新创。贤良港妈祖“回娘家”信俗和“海祭”信俗分别于2008年和2017年成功申请为福建省非物质文化遗产。如今，“回娘家”仪式和“海祭”仪式的规模越来越大，参与仪式的各地妈祖宫庙和信众也越来越多，每年都是数以千计。除了莆田本地的妈祖宫庙和信众之外，还有信众来自福建省其他各县市，省外的如广东、海南、浙江、天津、台湾、香港、澳门等，海外的有菲律宾、马来西亚等地。两个仪式的形式与内容也越来越丰富，已经超越了原本宗教的范畴，演变为中国传统文化和特色地方文化艺术的展演平台，比如仪式中上演的莆仙戏、十音八乐、吹鼓头、皂隶舞、九莲灯舞等民间宗教艺术阵头。除了这些传统的文化艺术之外，贤良港天后祖祠董事会和当地政府部门还借此盛典举办诗词创作比赛、书法比赛、文创比赛及流行歌舞表演等，融入了现代的文化艺术。各地的企业和商人也会借此良机来此推广他们的特色商品。传统民间妈祖信仰习俗在当代社会获得了新的发展。

1987年农历九月初九台湾台中大甲镇澜宫到湄洲岛妈祖祖庙参加“妈

祖升天一千周年祭祀庆典活动”，以杨焙元先生和董振雄先生为首的镇澜宫信众借此机会特意到贤良港天后祖祠朝拜妈祖及其父母亲。1989 年 5 月台湾宜兰南天宫 200 多名妈祖信众不顾台湾当局的阻拦，乘坐 20 艘渔船直航湄洲岛，并到湄洲岛妈祖祖庙与贤良港天后祖祠朝拜，具有重大的意义。其后两岸妈祖信仰之间的交流越来越密切。由于贤良港在改革开放初期经济发展水平较差，港上各项硬件设施不能满足各地妈祖信众前来朝拜的需求。在此情况下，台湾各妈祖宫庙与信众伸出援助之手，积极筹资在贤良港捐建了迎宾阁、牌坊、符井轩、同济亭、钟鼓楼等。2001 年由大甲镇澜宫、新港奉天宫、苏澳南天宫发动台湾 18 家妈祖宫庙，共同捐资修复“妈祖故居”。台湾妈祖信众对贤良港基础设施的建设和早期发展做出了巨大的贡献。这些宫庙及配套设施见证了两地之间的情谊。贤良港与台湾妈祖各妈祖宫庙往来越来越频繁。1989 年以来，每年来港朝拜的台湾妈祖宫庙均多达几十座，妈祖信众更是不计其数。贤良港天后祖祠董事会也多次受邀前往台湾各妈祖宫庙访问交流。如 1993 年贤良港天后祖祠所保存的文物“妈祖珠鞋”“奉旨春秋谕祭牌”“重建天后祠碑记”“历代妈祖徽号碑记”“敕封天后志”“妈祖圣父母木雕神像”应邀赴台参加“妈祖文物民俗展览活动”，引起极大的反响。当代贤良港天后祖祠与台湾妈祖宫庙的深度互动，扩大了贤良港妈祖信仰在台湾的影响。与湄洲岛妈祖祖庙不同，到贤良港天后祖祠朝拜的台湾妈祖宫庙除了分灵祖祠的妈祖神像，还把妈祖父母的神像也分灵至台湾供奉。自 1989 年大甲镇澜宫来港奉请“积庆公和积庆公夫人”神像到台供奉之后，其他的台湾妈祖宫庙也纷纷效仿，在后殿或侧殿供奉妈祖父母亲神像。其神像多直接分灵于贤良港天后祖祠。近年来贤良港天后祖祠在台湾也涌现了不少称为“贤良港天后祖祠台湾分灵”的庙宇和私坛，其数量已有 60 多座。

2007 年莆田湄洲湾北岸经济开发区成立，贤良港隶属北岸政府管辖范围。北岸政府自其成立以来就一直大力推动该地的妈祖信仰文化建设。配合福建省和莆田市的妈祖城建设工程，北岸和贤良港天后祖祠董事会积极筹集各方资金，全力推进该区的基础设施建设。目前已在贤良港及其周边地区投资建设了妈祖阁、林默石像、妈祖文化体育公园、天后圣殿等，其他如妈祖公园、朝圣广场等也已经在规划建设当中。在文物保护和管理方面，北岸政府向国家文物局申请专项资金，用于天后祖祠、妈祖故居及其他文物的保护和修缮工程。在宗教信仰事务方面，北岸政府与贤良港天后祖祠董事会除了重点传承与发展妈祖“回娘家”和“海祭”两个传统宗教仪式外，近年来还积极开展新的宗教信仰活动，构建北岸妈祖信仰共同体。自 2015 年始，每年都在北岸境内组织“妈祖绕境 · 巡安布福”活动，组织仪队与信众随贤良港天后祖祠妈祖神像到北岸各地巡游绕境，在沿途境内各主要妈祖宫庙作短暂的驻驾。绕境巡游为期两天，沿途受到了各地信众的热烈欢迎和虔诚祭拜。贤良港天后祖祠已然成为北岸妈祖信仰的中心。在文化方面，北岸政府与贤良港天后祖祠董事会积极投入本地的妈祖文化建设，利用各类新闻媒体大力宣传贤良港为妈祖诞生地的地位及当地的特色妈祖信仰习俗；邀请专家学者来港实地考察，充分挖掘当地的文化资源，举办“贤良港妈祖文化论坛”，成立莆田市妈祖文化遗产传习所；举办“大爱妈祖”书法比赛，在港创建福建省诗词协会创作基地，进一步拓展妈祖信仰的内涵与外延，扩大妈祖信仰在当代社会的影响力。北岸政府与贤良港天后祖祠董事会的意图很明显，就是充分挖掘当地的妈祖文化资源，利用贤良港妈祖诞生地的地位和天后祖祠的巨大影响力，形成妈祖信仰朝圣中心，进而促进两岸之间的交流，发展区域旅游经济，构建新型沿海港口城市。北岸宣传部王义勇部长指出：“随着妈祖文化被写入国家‘十三五’规划，北岸政府要充分挖掘妈祖文化与海上丝绸之路的关系，发挥贤良港天后祖祠和妈祖文化的独特优势，大力整合妈祖文化资源，构筑妈祖文化交流合作的前沿平台，鼎力莆田建成世界妈祖文化中心。”[①] 古老的港口，历史悠久的“海丝”文化和妈祖信仰为贤良港留下了一大笔宝贵的文化遗产资源，包括物质的和非物质的。在全面复兴中华传统文化的今天，这些文化遗产已经成为当代贤良港妈祖信仰文化复兴和建设不可多得的一批财富，离开了它，一切无从谈起。

本文系第二届“贤良港妈祖文化论坛——海峡两岸妈祖信仰与海上丝绸之路学术研讨会”会议论文

---

① 王义勇在第二届“贤良港妈祖文化论坛”的报告，2017 年 4 月。

明末泉州十字架石发现考

林金水

明万历四十七年（1619）至崇祯十一年（1638）间，明人在福建泉州先后发现了四块天主教的十字架石，堪称中西交通史上的大事。遗憾的是，迄今学者对泉州十字架石的研究还很不充分。以下，笔者拟对明末泉州十字架石，特别是其中的第一、三、四块做进一步探究，力图据此纠正以往研究中的错误。

一

在明末泉州十字架石的发现和流传中，有两个关键人物，一个是意大利传教士艾儒略（Giulio Aleni），另一个是南安乡绅郑维岳（字申甫，号孩如）。艾儒略于明天启四年十一月二十日（1624年12月29日）入闽[①]，至清顺治六年五月初一（1649年6月10日）卒于延平（今南平），在福建活动历时二十五年。泉州是他传教最重要的地区之一。根据最新的资料，他曾十五次进出泉州。[②] 艾儒略在泉州交游的士大夫，人数多、官秩高、影响大。如大学士张瑞图、蒋德璟、黄景昉、林欲楫、曾樱，尚书苏茂相，侍郎何乔远、张维枢、吕图南、李叔元，光禄寺卿李佺台[③]等。另有

① 参见拙文《叶向高致仕与艾儒略入闽之研究》，《福建师范大学学报》（哲学社会科学版）2015年第2期。

② 参见拙文《艾儒略在泉州地区史地详考》，《晋阳学刊》2016年第5期。

③ 李佺台，字仲方，号为舆，福建南安人，万历三十五年（1607）进士，曾任户部主事、员外郎、郎中，浙江布政使。见苏镜潭纂修民国《南安县志》卷二四 （转下页注）

宫赞郑之玄，掌事庄际昌，提督周廷，地方官林维造、郭焻、池显方、张赓和布衣理学家黄文炤等。据笔者不完全统计，艾儒略交游的泉州地区士大夫（包括曾在泉州任职的官员），至少有 72 人。[①] 艾儒略交游的这些人物，基本涵盖了明末泉州社会圈的上下要员。他们相互间有的过从甚密，有的是同科进士，有的结社为文，有的学派相同，有的志同道合、政治主见一致，以致在泉州地区形成了相互交织的社交网络圈，成了他在泉州地区活动的无形保护伞。

泉州第一块十字架石是在万历四十七年发现的。明末耶稣会士阳玛诺《唐景教碑颂正诠》以图记云："泉郡南邑西山古石圣架碑式。万历己未出地，崇祯戊寅摹勒。"[②] 明末福建天主教相关文献对泉州发现的第一块十字架石有更详细的文字记载。最重要的一篇是艾儒略门徒张赓写的《武荣出地十字架碑序》。它告诉人们，泉州第一块十字架石是 1619 年郑孩如在武荣山中为建"读易窝"掘地发现的。1629 年末，艾儒略第三次到泉州时，与张赓一起到郑孩如家，看到此十字架石，确认为天主教遗物。张赓与郑孩如子郑东里为姻亲，所以对该十字架石发现的经过知之甚详。《武荣出地十字架碑序》云：

> 万历四十七年，有石刻十字架，从武荣山中为孩如郑公开现，莫辨何代神物。天启三年，关中掘地，亦得景教碑颂，其额镌十字架。按视武荣碑，刻画无异，惟是关中碑有文有字，知为唐刻，与今西师传述降生十字架诸踪，洎教诫规程，语语皆符。武荣碑固不立文字，而孩如公博奥格致，意是不可弃不可亵，珍而竖诸读易窝垣间。其有此主神迹，且有关中碑印证，尚未可及闻，惜其往矣。极西铎德艾师思及，从九万里来，敷教中土，入我八闽，夙为余承

（接上页注③）《名宦》，载《中国地方志集成·福建府县志辑》第 28 册，上海书店，2000，第 180 页。李佺台《天学小序》云："艾君思及自西方大海外来，逾年涉阻，著书诠义，勤勤恳恳，闵然若忧道志之不立。"见刘凝编《天学集解》卷一，清抄本，第 22 页。

① 参见拙文《艾儒略与福建士大夫交游表》，载《中外关系史论丛》第 5 辑，书目文献出版社，1996，第 134~146 页。

② 阳玛诺：《唐景教碑颂正诠》，载钟鸣旦、杜鼎克、蒙曦主编《法国国家图书馆明清天主教文献》第 23 册，台北利氏学社影印本，2009，第 17 页。

教之师。崇祯二年，载至温陵，而余适归休①，与同志肇建郡之主堂于崇福古地。②

其次，就是艾儒略的门徒李九功写的《励修一鉴》，在细节上比张赓的记载更加详细。全文如下：

谢君懋明者，晋江庠士也。其尊公受谦先生，于乡绅中最称笃行，不奉邪教。七十八岁方得懋明，诫以勿作佛事，勿烧纸。谢君恪遵庭训。天启丙寅，憩修笋江书斋，夕坐，忽闻空中有声曰："三一道也者，令不可③须臾离也。"是岁正月，大西艾先生来郡，谢君未□知，但念三一不离之语，必有真谛。迨崇祯己巳冬季朔三日于其室中倏闻异香，殊非人世间有，恍然醒曰："是必有异人，当亟访之。"诘旦，道武荣，先访其妹倩不遇，便往其中表郑文学东里家，东里乃孩如先生长公，与张夏詹先生为儿女姻。是日，正邀艾西师共赏其家所得十字架古碑，此碑有画无文。孩如先生因构"读易窝"，掘地得之，时为万历己未岁。先生未知天主教，莫详何代神物，但竖置廊庑间。艾西师此日方与夏詹先生欢赏摹榻，而谢君适至，恍悟异香之缘，启翼到此。④

以上记载，揭示出武荣十字架碑挖掘的时间是1619年，而被艾儒略确认的时间是1629年。李九功的记载还指出，该碑发现所涉及的人物除张

① 按：张赓天启五年至崇祯元年（1625~1628）任广东连山知县，崇祯二年（1629）归休，福建龙溪人苏庚新继任。"天启朝连山知县：张赓，福建晋江人，举人，五年任。崇祯朝：苏庚新，福建龙溪人，举人，二年任。"参见阮元修、陈昌齐等纂道光《广东通志》卷二三《职官表一四·明六》，载《续修四库全书》第669册，上海古籍出版社影印本，2002，第424页。

② 张赓：《武荣出地十字架碑序》，载《熙朝崇正集·熙朝定案》，韩琦、吴旻校注，中华书局，2006，第18页。

③ 按："不可"，原文为一个字，看似"奇"或"可"，模糊不清，笔者困惑甚久，"奇"或"可"字在此均不通，笔者考为古人书写（竖向）时，原文连笔写成的"不可"两个字，可能被抄写者看成一个"奇"字。据改。

④ 李九功：《励修一鉴》，载钟鸣旦、杜鼎克、蒙曦主编《法国国家图书馆明清天主教文献》第7册，第234~236页。

赓、艾儒略外，还有郑孩如、郑东里及谢受谦、谢懋明。郑孩如、郑东里、张赓、谢受谦、谢懋明这五人的关系如图 1 所示（划线者为教徒）。

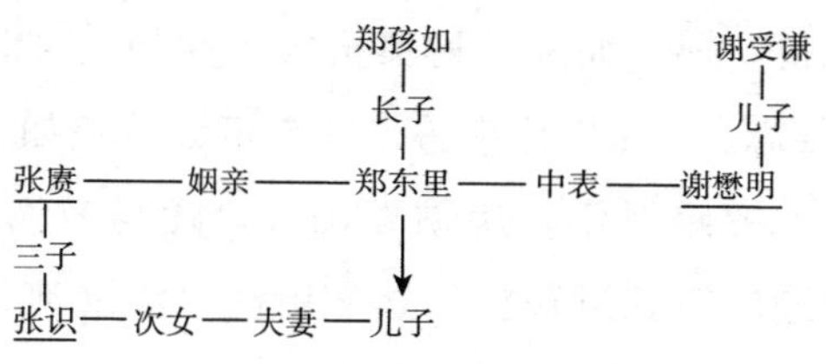

图 1　武荣十字碑人物关系

图 1 中，谢懋明后来受洗，其父谢受谦是受人尊敬的乡绅。目前尚无史料证明谢受谦为教徒，但从他对懋明“诫以勿作佛事，勿烧纸。谢君恪遵庭训”，表明他既是天主教的拥护者，也是天主教教义的遵行者。从谢懋明与郑东里为中表兄弟关系看，郑孩如有可能是谢懋明的舅舅。至于谢懋明与张赓的关系，我们还可以从谢懋明为张赓三儿子张识（教名“弥克尔”）所作《〈弥克儿遗斑〉弁言》来看。“余始读张令公故郎君自叙，且信且疑，及至服绎二十一字之解，与生前取益诸书，不觉凭几叹曰：‘兹勿论其事，即据其理，为天地间不恒泄之秘，丹书洛瑞之属，不是过也。’而乃出诸髫年之废簏，则断断乎实有是事矣。”① 可见，谢懋明不但与张赓有交情，还被他儿子的信仰所折服。

在这五人中，郑孩如是武荣碑的发现者，张赓则是重要中介。他们之间或是宗亲或是姻亲，互相影响，这使得他们在对天主教的信仰和认识趋于相同。可见武荣碑被发现且能保存下来，不是偶然的，而是有其内在的因果关系。如果离开了郑氏、张氏、谢氏家族的关系，这块不知来历的武荣碑，就有可能像历史上许多重要石刻发现不被人认知的命运一样，最终被当成铺路石或墙基石，失去它应有的历史价值。

武荣碑能够发现的最直接原因是郑孩如要建“读易窝”而挖地。从郑孩如要建“读易窝”和张赓称其为“博奥格致”，人们自然就会联想到郑孩如应是《易经》研究者。而只有在学术上有一定的造诣和深谙中国传统

① 刘凝编《天学集解》卷四，第 34~35 页。

文化的人，才有可能在掘地得到十字架石后，有如获至宝的感觉，“珍而竖诸读易窝垣间”。至于郑孩如何许人也？他果真是一个治《易经》者吗？以往研究至此戛然而止。笔者从古代文人以字号称呼友人这一习俗查出郑孩如的原名是郑维岳。郑孩如的“博奥格致”在相关文献记载中得到了有力的佐证。《南安县志》云：“郑维岳，字申甫，号孩如，一都西山人。万历丙子乡荐第二人。穷经博学，屡蹶春闱。铨遂昌教谕，生徒执经受业，尽诚开导，脱略形迹。转五河知县，立方田法，浚淮河，督赋役平均，升曲靖府同知。以母老归养，曲尽礼意。维岳遍窥群书，又邃于《易》，究心圣学，兼通禅理。每讲经，论辨无穷，恒借禅理以发明圣学。又于天文、地理、乐律、兵刑无不究心。”① 李清馥《闽中理学渊源考》亦有同样评述。② 又据《泉州府志》记载，郑孩如著作有《大学存古》《中庸明宗》《论语学脉》《孟子圣谛》《四书正脉》《四书定说》《礼记解》《四书知新日录》《易经密义》《易经意言》《群书考采录》十一部。③ 可见郑孩如是明末泉州著名理学家之一。据称：“一时名士如郑孩如、李衷一、何匪莪诸公并称，许以为后学楷式。”④

郑孩如作为理学家，曾为晋江学司训李一楫所著《月令采奇》作序，以《易经》六十四卦来阐释李氏所说月令。据称：“余治《易》者也，以六十四卦规为圆图，则四时八节，一岁周运，天行具焉，是亦一无文字之月令也。舒之则为十二万一千六百之元会运世，缩之为一刹那。邵子因而得探月窟，蹑天根弄丸之秘。”⑤ 郑孩如作为治《易经》者，故以“读易窝”来命名自己的书斋，以表达他对《易经》的潜心研究。从明末开始，“郑孩如先生读易处”成了泉州和南安的一个著名景点。碑文题写者是与艾儒略交游的状元庄际昌。《南安县志》云：“圭峰山，在县西南三里，属

① 民国《南安县志》卷二九《儒林》，载《中国地方志集成·福建府县志辑》第28册，第270~271页。

② 参见李清馥撰《闽中理学渊源考》卷七七，徐公喜等点校，凤凰出版社，2011，第800页。

③ 乾隆《泉州府志》卷七四《艺文》，载《中国地方志集成·福建府县志辑》第24册，第615页。

④ 李清馥撰《闽中理学渊源考》卷七六，第797页。

⑤ 郑维岳：《月令采奇序》，载《岁时习俗资料汇编·月令采奇》第8册，艺文印书馆影印本，1970，第9~10页。

一都。上有静观窝，郑维岳构亭其中，庄际昌题‘郑孩如先生读易处’八字刻于石。下有报亲寺，寺久废。明万历中复兴，会元傅夏器尝居于此，手植诸果自给。崇祯中，邑人周维京与其子廷龙捐资重新之。”① 《泉州府志》亦云：“圭峰山，在一都，距县西南三里，上有石刻‘郑孩如先生读易处’八字。下有报亲寺。”② 《闽中金石志》云：“圭峰山石刻：距南安西南三里，上有石刻‘郑孩如先生读易处’八字。”③

根据以上这些记载，郑孩如的“读易窝”是建在南安圭峰山上“静观窝”里的亭子中。庄际昌为郑孩如所题碑文，又提升了郑孩如在《易》研究中的知名度。晚年，郑孩如自称“伧父”，以“圭峰古室”题名“读书处”。郑孩如在《月令采奇》序末署名：“七十伧父郑维岳书于圭峰古室。”④ 从对“读易窝”“郑孩如先生读易处”“圭峰古室”之不同名称的记载中，我们可以断定万历四十七年在泉州发现第一块十字架石的地点是南安县的圭峰山。

二

对于这块十字架石的发现地，耶稣会士阳玛诺称位于“泉郡南邑西山”。⑤ 南邑，即南安。西山作为地理概念的山川，方志均有记载。它距泉州府城西十五里，“西山在三都。与佛迹、灵秀诸山相连属，去府城仅有十五里，以其在府城之西，故曰西山。有佛刹十六区，为郡郊胜概”。⑥ 南安西山以佛迹而著称，何乔远云：“西山，山前后古迹，曰福清，曰广福，

---

① 民国《南安县志》卷二《舆地》，载《中国地方志集成·福建府县志辑》第28册，第17页。按：民国《南安县志》“龙”，显然是误写，应作“龖”。据乾隆《泉州府志》卷五四《文苑》“周廷龖”，载《中国地方志集成·福建府县志辑》第24册，第97页。

② 乾隆《泉州府志》卷七《山川》，载《中国地方志集成·福建府县志辑》第22册，第116页。

③ 冯登府辑《闽中金石志》卷一四《圭峰山石刻》，载《历代碑志丛书》第22册，江苏古籍出版社影印本，1998，第468页。

④ 郑维岳：《月令采奇序》，载《岁时习俗资料汇编·月令采奇》第8册，第12页。

⑤ 阳玛诺：《唐景教碑颂正诠》，载钟鸣旦、杜鼎克、蒙曦主编《法国国家图书馆明清天主教文献》第23册，第17页。

⑥ 弘治《八闽通志》卷七《地理》，福建省地方志编纂委员会旧志整理组整理，福建人民出版社，2006，第181页。

曰白衣弥陀，曰释迦，曰佛迹，曰报劬，曰秀峰，曰华岩，曰延寿，曰上生，曰资庆，曰瑞峰，曰长兴堂，皆近郭胜境。总而名曰西山。”[①] 英国汉学家穆尔（Arther Christopher Moule）著，郝镇华译《一五五〇年前的中国基督教史》一书，曾对“西山”做了考证，但他并没有搞清“西山”具体的位置，对地理概念和行政概念的“西山”未做辨析。[②]

阳玛诺所说的“西山”与“读易窝”所在的“圭峰山”是否同一处？查阅有关方志我们可以发现，“西山”除了是地理概念之外，还是一个行政区划的概念。据《南安县志》记载，西山是南安县一个乡的名称，隶属南安县一都。[③] 郑孩如正是“一都西山人”。圭峰山，据上引《泉州府志》和《南安县志》，在“县西南三里，属一都”。[④] 因此，所谓“泉郡南邑西山”，指的应是郑孩如的家乡“西山”。十字架石是在“西山”或“圭峰山”发现，两者说法并不抵牾。何乔远《闽书》说得很清楚：“三都，图一。宋昭文里。山曰葵山、吴亭、西山、翠屏、龙山、潘山。”[⑤] 因此，我们可以更准确地指出“郑孩如先生读易处”是在南安县一都西山乡的圭峰山。至于它的详细方位，我们还可以从圭峰山下有报亲寺之说加以推断，“报亲寺在一都金鸡桥南”。[⑥]《南安县志》地图显示，圭峰山大约位于九日山与金鸡桥之间。圭峰山与九日山距县均为三里，前者在县西南，后者在县西。“九日山在一都，距县西三里”。[⑦] “金鸡桥在一都九日山下。”[⑧]

关于南安圭峰山的“郑孩如先生读易处”，与上引武荣碑是“从武荣

---

① 何乔远：《闽书》卷八《方域志》，厦门大学古籍整理研究所点校，福建人民出版社，1995，第200页。

② 阿·克·穆尔：《一五五〇年前的中国基督教史》，郝镇华译，中华书局，1984，第87页。

③ 民国《南安县志》卷一《沿革》，载《中国地方志集成·福建府县志辑》第28册，第9页。

④ 何乔远：《闽书》卷八《方域志》第1册，第191页。

⑤ 何乔远：《闽书》卷八《方域志》第1册，第191页。

⑥ 阳思谦修，黄凤翔等撰（万历重修）《泉州府志》卷二四《寺观宫庙类》，载吴相湘、刘兆祐主编《中国史学丛书》第三编第4辑第38号，台湾学生书局影印本，1987，第1804页。

⑦ 乾隆《泉州县志》卷七《山川》，载《中国地方志集成·福建府县志辑》第22册，第110页。

⑧ 乾隆《泉州县志》卷十《桥渡》，载《中国地方志集成·福建府县志辑》第22册，第207页。

山中为孩如郑公开现”和圣架“从武荣山中开现”[①]，这两种说法是否相抵牾？武荣山是否就是圭峰山？对此，有必要作一辨析。在中西交通史研究上，海内外学者多称这块碑为武荣碑。关于武荣山，有关方志均有记载。弘治《八闽通志》云：“武荣山唐尝改县为武荣州，疑因此山得名。”[②]《闽书》云：葵山“山西北行，为九峰山、为莲花峰、为武荣山，而县治在焉”。[③]《南安县志》记载与《闽书》略有不同，葵山“山西南行数里为九峰，为莲花峰，为狮子山，中落转入武荣而县治在焉”。[④]可见，武荣山、武荣均在县治。南安旧称“武荣州”，均因城内武荣山而得名。清南安丰州书院院长洪世泽云：“自梁天监始置南安郡，其后曰丰州，曰武荣，名更而邑治不改。开元初，始为南安县，以隶于泉州。”[⑤]

万历年间，南安县“分坊为五，都仍为四十六都”。五坊即“东坊、西坊、南坊、北坊、中坊”。[⑥]中坊在乾隆年间辖城内有四铺，“曰富春，曰丰乐，曰武荣，曰长寿”。[⑦]万历年间，“南安县在城曰武荣铺”。[⑧]可见，无论历史上以武荣山来称南安邑治，抑或万历年间以“武荣铺”来称南安城关，武荣、武荣山均成了南安县的别称。张赓所说“武荣去关中数千里，不相谋之地也”，此处武荣是指南安县，显然就是最好的佐证。上引李九功《励修一鉴》“诘旦，道武荣，先访其妹倩不遇，便往其中表郑文学东里家”。谢懋明道经武荣，指的就是经过南安县城，后再往“一都西山”郑孩如家。特别要指出的是，武荣山作为地理上的概念，在《南安县志》《泉州府志》《闽书》“山川”类中，均未单列加以记载。张赓作为

① 李九功：《励修一鉴》，载钟鸣旦、杜鼎克、蒙曦主编《法国国家图书馆明清天主教文献》第7册，第203页。

② 弘治《八闽通志》卷七《地理》，第180页。

③ 何乔远：《闽书》卷八《方域志》，第195页。

④ 民国《南安县志》卷二《舆地》，载《中国地方志集成·福建府县志辑》第28册，第18页。

⑤ 洪世泽：《九日山志序》，民国《南安县志》卷四六《艺文》，载《中国地方志集成·福建府县志辑》第28册，第419页。

⑥ 乾隆《泉州府志》卷五《都里》，载《中国地方志集成·福建府县志辑》第22册，第71页。

⑦ 民国《南安县志》卷一《沿革》，载《中国地方志集成·福建府县志辑》第28册，第9页。

⑧ 阳思谦修，黄凤翔等撰（万历重修）《泉州府志》卷五《铺舍》，第396页。

武荣碑发现的记录者，以武荣山之称来说明武荣碑发现的地点，主要出于时人以武荣为南安县的习惯称呼，犹如时人以温陵称呼泉州，以三山称呼福州一样。鉴于郑孩如在当时的名望，张赓仅点出了十字架石发现的地点是郑孩如的家，这是因为在张赓看来，他已经很清楚地道出了十字架石具体的发现地点。然而郑孩如的家又在何处？李九功的记载把十字架石发现地点的范围缩小到“读易窝”。我们正是从“读易窝”入手揭开了这个谜。最终我们又从庄际昌“郑孩如先生读易处”的碑文和自称“伧父”的郑孩如给自己命名的“圭峰古室”的文字记载，找到了正确的答案。

三

泉州第二块十字架石是在崇祯八年八月二十三日（1635 年 10 月 3 日），艾儒略第十次途经泉州时发现的。

李九功记载：“泉州李坑乡，离城五十里许，有熊岭庵柏树下，于崇祯八年四月末旬，夜发火光。乡民疑地下藏金，每聚众发掘，拨开乃石板，中画有十字也。众不知为何神物。时有奉教友颜伯尔纳笃，馆近其处，乃为阐明圣教，乡民始闻其略。至八月廿三日，艾先生驾往清漳，道经其处，直往瞻仰，果如所言。谨将十字石暂置公所，俟后来信慕者多，公建圣堂，是亦圣教徵证一奇云。”① 关于李坑乡熊岭庵碑的具体地点，至今尚未发现新的资料作佐证。

第三块十字架石的发现，是在崇祯十一年（1638）二月以前，系先由刑部尚书苏茂相的父亲苏士潜所得。“闽泉州城水陆寺中，有古十字架石，为大司寇苏石水先生之太翁所得。崇祯十一年二月中，教友见之，于吾主受难之前日②奉入圣堂。”③ 苏茂相，即与艾儒略谊笃金兰的“苏司徒石水”，字弘家，号石水，晋江人，万历二十年（1592）进士，授户部主事，

① 李九功：《励修一鉴》，载钟鸣旦、杜鼎克、蒙曦主编《法国国家图书馆明清天主教文献》第 7 册，第 203～204 页。

② 即 1638 年 4 月 1 日。耶稣受难日为 1638 年 4 月 2 日。

③ 阳玛诺：《唐景教碑颂正诠》，载钟鸣旦、杜鼎克、蒙曦主编《法国国家图书馆明清天主教文献》第 23 册，第 18 页。

累官至佥都御史，巡抚浙江。升总督仓场，户部尚书，改刑部尚书。崇祯三年（1630）春卒。[①] 水陆寺在泉州城内，乾隆《泉州府志》云：“水陆寺在肃清门外西南。唐天宝六年，敕置祝圣放生池，因建水陆堂其上。乾符六年，郡守林鄠广为院，号‘护国水陆院’。宋郡守蔡襄改为禅院。后废为都监廨舍，复为添差通判厅，又改南外宗正司。景炎间，叛贼蒲寿庚尽害宋宗室，司废。元至正间，以故址之半为清源驿，余地复建禅院。明洪武间，名水陆寺。成化间，蔡文庄公清讲学于此。及汪御史旦废寺为宅，乃移寺于开元西偏，旧迹遂亡。”[②] 何乔远《水陆寺故址》一诗曰：“佛劫年多变，禅门迹可知。试看墙外树，犹有寺前池。祝圣留深意，会僧见一时。王询能舍宅，今古有余思。”[③] 从以上记载不难看出，水陆寺建于唐天宝六年（747），明成化年间曾经是理学家蔡清讲学的地方，后因御史汪旦废寺为己宅，而移迁到开元寺西。对于重修水陆寺，何乔远诗云：“放生池里养龙鱼，池水平填寺寄居。梵呗稀声僧欲散，法坛门敞径新锄。客来茗仃开新酌，月出循吟步广除。吾党岁寒相媚意，频时径过莫踌躇。”[④] 由此可以看出泉州发现的第三块十字架石当是在 1638 年 4 月 1 日前移入圣堂，即 3 月中下旬。[⑤] 此时苏茂相已经去世。十字架石存放地点是在水陆寺新址，即泉州城内开元寺西面。

第四块十字架石的发现也是在崇祯十一年（1638）二月，阳玛诺记载如下：

> 闽泉州府城，仁风门外三里许东湖畔，旧有东禅寺。郡志云：“唐乾符中，郡人构庵居僧齐固。广明元年更名东禅。后废。”寺百武

① 详见乾隆《泉州府志》卷四四《列传》，载《中国地方志集成·福建府县志辑》第 22 册，第 443~446 页。

② 乾隆《泉州府志》卷一六《坛庙寺观》，载《中国地方志集成·福建府县志辑》第 22 册，第 390 页。

③ 何乔远撰《镜山全集》卷一一《诗》，陈节、张家壮点校，福建人民出版社，2015，第 350 页。“会僧”，乾隆《泉州府志》卷一六《坛庙寺观》作“居僧”，载《中国地方志集成·福建府县志辑》第 22 册，第 390 页。

④ 何乔远撰《镜山全集》卷一一《水陆寺重修余辈开诗社焉》，第 362~363 页。

⑤ 崇祯十一年二月，即公元 1638 年 3 月 16 日至 4 月 13 日期间。十字架石在 4 月 1 日迁入教堂，发现时间即公元 1638 年 3 月中下旬。

许，有古十字石，在田畔，未有识者。于崇祯十一年二月，吾主复活之四日，教友因拜墓见之。三月望前，同教者恭奉入圣堂云。[①]

关于第四块十字架石发现的时间，据教会说法，这一年的耶稣复活节是公元1638年4月4日，“复活之四日”是4月7日，正好是中国清明节[②]，泉州教徒在扫墓时发现了这块十字架石。三月望日为三月十五日（1638年4月28日）。“三月望前”指1638年4月28日之前[③]，泉州教徒将这块十字架石移入教堂。从4月7日他们发现十字架石到移入教堂不到20天。这一史实记载很简单，但背后的内容不可忽视。它告诉我们，艾儒略受洗过的天主教徒，依然在祭祖，清明节照样去扫墓。福建作为“中西礼仪之争”的发源地，以前我们谈得最多的是福安地区，因为福安缪家祠堂祭祖惹了麻烦，被多明我会告到罗马教廷。现在我们在泉州地区也发现崇祯年间天主教徒同样也可以祭祖，这无疑是福建“中西礼仪之争”史料的新补充。

关于这块十字架石发现的地点，穆尔在对阳玛诺的记载作考释时，未能查到关于东禅寺的记载，因之所作辨析多有舛误。穆尔仅以大英博物馆所藏为依据，显然受到了资料的限制。阳玛诺所说的郡志是万历《泉州府志》。万历《泉州府志》记载如下：

东禅寺在仁风门外东湖畔。唐乾符中，郡人郭皎、卓怿市州人蔡眈之宅，构庵以居僧名齐固者。至广明元年，改名东禅。今废。僧近修其废址十之一，兼祀知县彭国光。彭为僧复废田者也。[④]

---

① 阳玛诺：《唐景教碑颂正诠》，载钟鸣旦、杜鼎克、蒙曦主编《法国国家图书馆明清天主教文献》第23册，第19页。本引文重新做了标点。

② “主复活之四日”：根据复活节为每年春分月圆之后第一个星期日推算，崇祯十一年二月初七辛丑为春分（3月22日），二月十五日（3月30日，星期二）月圆，月圆后的第一个星期日为二月二十日（4月4日），这一天就是复活节。“吾主复活之四日”应为二月二十三日（丁巳清明，4月7日，星期三）。详见王双怀、方骏等主编《中华日历通典》第八篇《元明清日历》，吉林文史出版社，2006，第3884页。

③ “三月望前”：三月望为三月十五日（4月28日，星期三），“三月望前”，有可能是三月十二日（4月25日，星期日）。穆尔一书将“三月望”作“4月27日”，误。阿·克·穆尔：《一五五〇年前的中国基督教史》，郝镇华译，第88页。

④ 阳思谦修、黄凤翔等撰（万历重修）《泉州府志》卷二四《寺观宫庙类》，载吴相湘、刘兆祐主编《中国史学丛书》第三编第4辑第38号，第1798页。

阳玛诺所引郡志的内容与万历《泉州府志》原文是基本吻合的。早在弘治年间，就有关于东禅寺的记载，东禅寺又称镇国东禅寺，弘治《八闽通志》云：

镇国东禅寺在府城东三十九都皇山之阳。唐乾符中建，广明初赐今额。宋德祐及元至正两遭回禄，寻复建。国朝宣德十年重修。[①]

万历年间，《闽书》亦有明确记载："左翼军寨，晋江县东湖上之东禅寺是其地也。"[②] 万历以后，乾隆《泉州府志》云："镇国东禅寺在仁风门外三十九都东湖畔。唐乾符中，郡人郭皎、卓怿建，僧齐固者居之。广明元年赐今名。宋德祐、元至正两遭火，寻复建。明宣德十年重修。后废。"[③] 道光《晋江县志》与万历、乾隆《泉州府志》的记载基本相同。由上可见，阳玛诺的记载只是没有引用全文而已，文字简短，并无大碍。笔者查阅穆尔一书的英文原文，发现穆尔在考释中引用的《福建通志》卷六二是乾隆版的，引文是摘译，出现了断句与标点的舛误，不可卒读。现将乾隆《福建通志》卷六二有关记载全录如下：

东禅寺在东湖畔。法石寺在通淮门外。广教寺在临漳门外。水陆寺在郡治西南。唐天宝六载，置放生池，因建水陆堂。乾符中，郡守林鄂广之。宋嘉祐中，蔡襄更为禅院。明洪武中改今名。东禅寺在郡治东，唐乾符中建，明宣德十年修。[④]

郝镇华先生将穆尔原书引文汉译如下："东禅寺在东湖畔：法石寺……广教寺……水陆寺在肃清门外西南，唐天宝六年（747）敕置祝圣放生池，因建水陆堂其上。乾符（874~879）年间，郡守林鄂广为院。宋

① 弘治《八闽通志》卷七七《寺观》，第1161页。

② 何乔远：《闽书》卷二四《方域志》，第593页。

③ 乾隆《泉州府志》卷一六《坛庙寺观》，载《中国地方志集成·福建府县志辑》第22册，第390页。

④ 乾隆《福建通志》卷六二《寺观》，载文渊阁《四库全书》，台湾商务印书馆影印本，1986，第530册，第244页。

嘉祐年间（1056~1063），蔡襄改为院。明洪武年间（1368~1398）改为今名东禅寺；在郡守府东。建于唐乾符年间，明宣德十年（1435）重建。”[①]

译文是按原文翻译，只是在翻译乾隆《福建通志》卷六二所言“唐天宝六载，置放生池，因建水陆堂”时，译者是按乾隆《泉州府志》的记载：“唐天宝六年，敕置祝圣放生池，因建水陆堂其上。”翻译与英文原意略有不同。然而英文原文最大的错误是，将“水陆寺”改名为“东禅寺”，将“水陆寺”与“东禅寺”混为一谈，显然与乾隆《福建通志》记载相违。同治《福建通志》卷二六四将水陆寺与东禅寺分开记载，就更清楚，顺序为“水陆寺—南台室—福先招庆院—镇国东禅寺”，云：

> 水陆寺在治西南肃清门外。唐天宝六载，置放生池。周四里许，贞元间建水陆堂于池上。乾符六年，郡守林鄂广之，号“护国水陆院”。嘉祐间，郡守蔡襄更为禅院。明洪武间改今名。南台室……福先招庆院……镇国东禅寺在城东三十九都皇山之阳。唐乾符间建，广明初赐今额。明宣德间建。[②]

对于乾隆《福建通志》所说的两个“东禅寺”，只是简单地说：“在《福建通志》中，似乎有两个东禅寺，关于这两个东禅寺的记载可能被我们的作者合并起来了。”[③] 阳玛诺依据的万历《泉州府志》不存在两个东禅寺的记载，而穆尔以乾隆《福建通志》为依据。由于他们无法查阅到相关的《泉州府志》《晋江县志》，未加辨析就武断地将两个东禅寺误认为“作者合并起来了”。同治《福建通志》重修时，似乎已发觉乾隆《福建通志》对泉州两个东禅寺说法的可疑之处，于是回避它，采纳弘治《福建通志》的记载，在“福先招庆院”之后提到东禅寺，既不用万历《泉州府志》的记载，也不用乾隆《泉州府志》和乾隆《晋江县志》的记载，而是把年代推到更早

---

① 阿·克·穆尔：《一五五〇年前的中国基督教史》，郝镇华译，第 88 页。引文译自 Arther Christopher Moule，*A. C. Moule*，*Christians in China Before the Year* 1550（New York and Toronto：The Macmillan Publishers Limited，1930），p. 80。

② 同治《福建通志》卷二六四《寺观》，载《中国省志汇编之九·福建通志》第 10 册，台湾华文书局影印本，1968，第 5002 页。

③ 阿·克·穆尔：《一五五〇年前的中国基督教史》，郝镇华译，第 88 页。

的弘治年间。从这件事也可看出同治《福建通志》重修时的认真态度。当今福建地方志研究工作者，主要以乾隆《泉州府志》的记载确认它位于泉州东门外凤山之麓，东湖之滨，现隶属丰泽区仁凤村。现东禅寺已荡然无存，仅留下遗址，文物工作者称之为“仁凤村东禅寺遗址”，是泉州市级文物保护单位。[①] “仁风”为今“仁凤”，“皇山”为今“凤山”。由此可见，泉州第四块十字架石发现的具体地点是今泉州丰泽区仁凤村。

张赓对第四块十字架石的发现也做了同样的记载：

> 圣架兹古石置温陵东郊畔，年代罔知，往来无睹。崇祯戊寅春，因余兴怀。帝心鉴格昭示，郡朋获之，爰请铎德竖桃源堂中。[②]

张赓不仅指出了发现的地点是“温陵东郊畔”，即上述所言“仁风门外东湖畔”，而且明确指出了存放十字架石的教堂是“桃源堂”。此处“桃源堂”，应是艾儒略在泉州建的教堂。这里必须指出的是，阳玛诺《唐景教碑颂正诠》关于在泉州东禅寺附近发现的第四块十字架石的图片，是以“张赓记”作文字说明的。而穆尔一书张冠李戴，将“张赓记”用来说明1619年在南安发现的第一块十字架石[③]，把泉州与南安、桃源堂与读易窝，混为一谈。这种错误，从1930年发表的英文原著到1984年的中文译著，一直以讹传讹，至今相沿未改。

四

泉州作为宋元时期海上丝绸之路重要的对外交通港口，素有“世界宗教博物馆”之称。明末十字架石的发现，无疑是宋元时期泉州海上丝绸之路余风犹存的反映。泉州的武荣碑与西安的景教碑，超越时空几乎同时被发现，这不是偶然的。南北十字架遗迹是天主教在华传播的最好佐证。张赓说：

① 详见福建省地方志编纂委员会编《福建省情资料库·地方志之窗》，http：//www.fjsq.gov.cn/showtext.asp？ToBook=152&index=14&，最后访问日期：2008年10月1日。

② 阳玛诺：《唐景教碑颂正诠》，载钟鸣旦、杜鼎克、蒙曦主编《法国国家图书馆明清天主教文献》第23册，第20页。

③ 阿·克·穆尔：《一五五〇年前的中国基督教史》，郝镇华译，第85~87页。

“武荣去关中数千里，不相谋之地也。唐去今且千年，不相谋之时也。有文字关中碑，与无文字武荣碑，又不相谋之刻也。而此圣架遗迹，截然合符，两碑后先出地，若有期会。西师持关中刻方来，倏从语次，得兹证佐，又若有假以机缘。”在张赓看来，武荣碑的发现除了是机缘之外，还与当时社会对天主教的宽容分不开，他说：“异哉此架，累代秘藏，于今耀灵，肆我皇睿圣间生，小心昭事。而此日在郡当道，又咸志修安，知所钦崇，寰宇绅衿氓萌，亦多翕然共宗。是盖休明有开，巧相际会乃尔。于是莫禁喜溢，僭为述叙，几弘此道以永。”[①] “在郡当道”，是指兴泉道曾樱对艾儒略传入天主教的庇护。

十字架蕴含着天主教的真诠，泉州十字架石的发现使时人对艾儒略所传播的天主教教义有了更直观的、视觉上的形象认知。张赓和他的女婿在武荣碑发现后，都曾聆听过艾儒略关于十字架真诠的说教，“余仲倩即孩如公孙，乃于艾师座间，获聆圣架真诠，而述此碑。余亟偕师往观，相与感仰赞礼”。[②] 至于十字架真诠的内容，艾儒略说：“夫十字架者，初直刑具耳。一经吾主受难，救赎我众，遂无不尊之崇之，爱之慕之，且有加之冕旒之上者。以故大西诸国，将寻到之圣架，各各分之，珍为至宝。”[③] 而对于十字架的上下左右所代表的含义，艾儒略则说得更清楚：“上者，以至高无上之主，为我等悬于斯架，宁无动我超然向上之思，曰：‘惟是仿主以自淑乎？’下者，以至善无瑕之躬，为我钉于斯架，宁无动我兢兢谦下之念，曰：‘惟是卑以自牧乎？’左右者，凡人左手恒弱，右手恒刚。法左之善忍，法右之刚强，且默思不可与此架之恩相左，又安可不如右之强有力者，以勉承此恩乎！”[④] 对于教徒来说，十字架所具有的功能，一为行世之杖，二为忧苦之慰，三为罪人之赦，四为开天之钥。[⑤] 艾儒略关于十字架的说教，对今天研究天主教的学者更好地认识天主教教义，也有一定

---

① 张赓：《武荣出地十字架碑序》，载《熙朝崇正集·熙朝定案》，第18页。
② 张赓：《武荣出地十字架碑序》，载《熙朝崇正集·熙朝定案》，第18页。
③ 艾儒略：《口铎日抄》卷二，载钟鸣旦、杜鼎克主编《耶稣会罗马档案馆明清天主教文献》第7册，台北利氏学社，2002，第101页。
④ 艾儒略：《口铎日抄》卷六，载钟鸣旦、杜鼎克主编《耶稣会罗马档案馆明清天主教文献》第7册，第426~427页。
⑤ 艾儒略：《口铎日抄》卷六，载钟鸣旦、杜鼎克主编《耶稣会罗马档案馆明清天主教文献》第7册，第436~438页。

的参考作用。武荣碑的发现虽然早于景教碑，但福建士大夫所获知的有关这块十字架石的信息，最早是从景教碑传递出的，并通过赠艾儒略的诗加以传咏。如德化太学林焌赠诗："掘地得唐碑，贞观天教起。沉埋乱世非，昭明清朝喜。"[①] 昭武吴维新诗："著书千百言，磨碑印十字。"[②] 泉州的十字架石尽管无文字，但对当地的教徒来说，它出土的意义完全可以与景教碑相媲美，晋江教徒苏负英赠艾儒略诗："荒碑关陕涌，古石武荣妍。石锓圣架迹，碑纪贞观年。"[③] 晋江教徒庠生谢懋明诗："碑留十字篆，架隐百年章。"[④] 可见，闽中诸公以诗见证了泉州十字架石的发现。

五

综上所述，明末泉州十字架石的考古发现和至今留下的文献记载，向人们揭示出宋元明时期泉州海上丝绸之路给泉州带来的多元化的世界文明。明末泉州奉教士大夫，仅认识到十字架石的发现，是天主教在泉州古已有之的证明。他们因历史条件的限制，无法去认定这些十字架石的朝代。从天主教在福建传播的历史来看，明末泉州发现的十字架石应是元代天主教留下的遗物。元末的兵荒马乱造成教堂被毁、传教士被杀，使得天主教在泉州活动的历史遗址和文献荡然无存。到了近世，随着天主教再次传入中国，人们才从西方文献中找回这段被淹没、被割断的历史——元代天主教方济各会在泉州的传播与兴盛。[⑤] 因此也可以说，明末泉州的十字架石，是对元代天主教在泉州传播历史的考古佐证。它让人们看到了宋元明时期泉州的海上丝绸之路运输的商品除了丝绸、瓷器、香料、新月架等实物之外，还多了一份来自西方天主教的十字架石，展现了泉州作为世界宗教博物馆的丰富内涵。

本文原载于《中国史研究》2017 年第 4 期

---

① 叶向高等:《闽中诸公赠泰西诸先生诗初集》，载吴相湘编《天主教东传文献》，台湾学生书局，1982，第 659 页。

② 叶向高等:《闽中诸公赠泰西诸先生诗初集》，载吴相湘编《天主教东传文献》，第 688 页。

③ 叶向高等:《闽中诸公赠泰西诸先生诗初集》，载吴相湘编《天主教东传文献》，第 678 页。

④ 叶向高等:《闽中诸公赠泰西诸先生诗初集》，载吴相湘编《天主教东传文献》，第 674 页。

⑤ 参见林金水、谢必震主编《福建对外文化交流史》，福建教育出版社，1997，第 56~65 页。

艾儒略与《闽中诸公赠诗》研究

林金水

前　言

诗歌在古代社会是官与民舆情上达的一种工具，古者天子“命史采民诗谣，以观其风”。[①] 从采诗以知天下可以看出，诗就是当时社会民情的一面镜子。到了唐代，它成为文人之间交流的工具，以诗唱和交往是当时的一种时尚，应进士举者“多务朋游，驰逐声名”，形成了“侈于游宴”的“长安风俗”。文人游宴多要作诗唱和，有时即使不游宴，也要以诗唱酬，或联络感情，或展示才学。[②] 明清也延续了这种以诗唱酬之风。

唐、明两代均是中西文化交流的重要时期，也是天主教在华传播的两个不同时期。景教在贞观年间传入中国，有“法流十道”“寺满百城”之说，文人之间用来唱和的诗歌，首次开始用来阐述天主教教义，如在敦煌石窟发现的唐代《序听迷诗所经》《一神论》《景教三威蒙度赞·尊经》《志玄安乐经》《宣元思本经》《大秦景教大圣通真归法赞》《大秦景教宣元（至）本经》等景教文献。明末利玛窦（Matteo Ricci，1552~1610）入华，使天主教再一次流行于中国，形成了新一轮的中西方文化交流。但是在这次中西方文化交流与接触中，中国士人以何种方式对天主教的传入做出反应，这颇耐人寻味，值得我们探讨。接受与反应的方式可以有多种选择。先从传播者这一方来看他们布道的方式。以来闽耶稣会士艾儒略为

① 《孔丛子》卷三《巡守第八》，王钧林、周海生译注，中华书局，2009，第104页。

② 袁行霈主编《中国文学史》第2卷，高等教育出版社，1999，第351~352页。

例，有时用图画布道，如《天主降生出像经解》；有时用对话的方式，如《三山论学记》《口铎日抄》《西方答问》；有时用诗歌，如《圣梦歌》。在设立教会组织方面，他们则采用明末文人结社运动的方式，如福州的“仁会”“善终会”、福清的“圣母会”、泉州的“贞会”、永春的“主保会”等。作为接受者这一方，他们做出的反应，最多的是以文为传播者作序、作跋、记录传教活动、刊刻其著述、记录自己的入教经历等。还有鲜为人知的一种方式就是以诗去认识、去解读、去诠释、去宣传他们心中的天主教，他们写下了一篇篇赞美天主教的诗篇。后来，这些诗汇编成集，以手抄稿《闽中诸公赠泰西诸先生诗初集》[①] 流传下来，形成了中西文化交流史上“诗”与“十字架”的相遇与对话。诗歌在福建就这样成了传教者与被传教者双方用来传播与诠释天主教的简单又方便的一种工具。正是由于诗歌这种便于沟通和存档的功能，才有了以诗记史，诗文皆史的说法。[②]

诗歌的史料价值在史学界得到了普遍的认可，它可以弥补史书记载的不足与缺憾。但是明末清初文人的门户之见，使后人对他们的著述、诗篇和当时官修的史书一样，都存有真伪、虚实的疑点，适如陈寅恪（1890~1969）先生所言：“明季士人门户之见最深，不独国政为然，即朋友往来，家庭琐屑亦莫不划一鸿沟，互相排挤，若水火之不兼容。故今日吾人读其著述，尤应博考而慎取者也。”[③] “通论吾国史料，大抵私家纂述易流于诬妄，而官修之书，其病又在多所讳饰”，如“能于官书及私著等量齐观，详辨而慎之，则庶几得其真相，而无诬讳之失”。[④] 可见对于《赠诗》，要甄别其诬讳，博考其史据，慎取其史实，把诗歌看成一面镜子，去窥探天主教在华的行迹与演变，从中得出有益的历史启示，更全面、客观地认识

① 叶向高等：《熙朝崇正集——闽中诸公赠泰西诸先生诗初集》，载吴相湘主编《天主教东传文献》第1册，台湾学生书局，1982，第633~691页。本文名称中的《闽中诸公赠诗》是简称，为行文方便，以下简称《赠诗》。

② 梁启超说：“诸子皆史、诗文集皆史、小说皆史”，“一字一句都藏有极可宝贵的史料”，这些史料“真算得世界第一个丰富矿穴”。参见梁启超《饮冰室合集·文集之三十九》，中华书局，1988，第111页。

③ 陈寅恪：《柳如是别传》，生活·读书·新知三联书店，2001，第44页。

④ 陈寅恪：《金明馆丛稿二编》，生活·读书·新知三联书店，2001，第81页。

天主教在华传播的历史。

一 《赠诗》产生的历史背景

《赠诗》的对象主要是入闽“西来孔子”艾儒略。它的产生与艾儒略在闽传教活动分不开。过去笔者曾以“利玛窦现象”来形容中国改革开放后出现的利玛窦研究热，至今仍方兴未艾。但是到了20世纪末至21世纪初，又出现了艾儒略研究热，姑且以“艾儒略现象”称之。[①]“艾儒略现象”不仅仅指艾儒略的个人行为和因素，它也是对艾儒略在华活动与影响以及对他研究的总体和系统的概括。人们可以从“艾儒略现象”研究的视野，去看《赠诗》产生的来龙去脉。

艾儒略是明末继利玛窦之后又一位蜚声海内外的意大利耶稣会士。1624年（甲子），艾儒略在杭州应明末大学士叶向高（1559~1627）邀请赴闽，“乙丑相国叶公致政归，道经武林晤先生，恨相见晚，力邀入闽，先生亦有载道南来意，乃同舫而来”。[②] 据《蘧编》记载，叶向高天启四年七月十八日（1624年8月31日）离开京城，“九月初旬过淮安。……过武林，巡抚王公，洽招饮西湖，意亦款曲，以十一月二十日抵三山。十二月初十日抵舍”。[③] 从叶向高抵福州时间推断，艾儒略到福州的时间差不多也应在十一月二十日前后，即大约在1624年12月29日。[④] 此

① 林金水：《艾儒略与福建士大夫的交游——东西方文化的接触与对话，兼论天学与儒学的兼容与排斥》，载朱维铮主编《基督教与近代文化》，上海人民出版社，1994，第78~104页。

② 李嗣玄：《泰西思及艾先生行述》，法国国家图书馆藏，中文编号1017，康熙二十八年（1689）抄本。以下简称《行述》。

③ 叶向高：《蘧编》，伟文图书，1977，第522~524页。“三山”为福州的别称。

④ 从（天启四年，甲子）十一月二十日左右已抵达福州来看，还有一个多月才跨入农历乙丑年。杜鼎克（Adrian Dudink）博士把艾儒略入福州时间定为1625年4月，见Adrian Dudink，“Giulio Aleni and Li Jiubiao”，in Tiziana Lippiello and Roman Malek（eds.），*Scholar from the West*，*Monumenta Serica Monograph Series*，Vol. XLII（Sankt Augustin：The Monumenta Serica Institute，1997），p. 130。对此笔者存疑，待进一步考证。但笔者可以肯定的是，叶向高从致仕离开北京，而杭州，而福州，最后回到福清老家，时间都发生在甲子年（见叶向高《蘧编》卷一七，第522~524页）。而上述李嗣玄所说“乙丑相国叶公致政归，道经武林晤先生，恨相见晚，力邀入闽”是不准确的。既然艾、叶“同舫而来”，而叶向高《蘧编》又是日记式地记载他在甲子年致仕抵福州的具体时间，因此，以叶向高《蘧编》为据，艾儒略抵福州时间不是乙丑年。

后，艾儒略在福建活动达二十五年之久，足迹殆遍八闽，北至南平、建瓯、崇安、建宁、泰宁、邵武，中临福州、福清、莆田、仙游，南下永春、安溪、德化、泉州、漳州。1649 年 6 月 10 日病逝于福建延平，葬于福州北关外十字山。艾儒略所到之处，广交当地缙绅与社会名流，皈依当地士人，在福建各地引起了强烈的反响，有的倍加拥护和赞赏，有的激烈地反对和抨击，从而导致了东西方不同文化之间的碰撞和冲突，形成了全国罕见的、福建特有的、对照鲜明的“护法派”和“辟邪派”两大阵营。后者以檄文来抨击艾儒略传入的天学，前者对艾儒略的支持则表现在各个方面，其中闽中诸公以诗对艾儒略个人和他传入的天学加以赞美和宣传，也是一种表达方式，它与明代福建诗歌的兴盛是分不开的。

福建在明代中国诗坛上占有很重要的地位。闽中诗派是全国五大诗派之一，明代有十才子。周亮工（1612~1672）《书影》载：“闽中才隽辈出，颖异之士颇多，能诗者十得六七。”[①] 叶向高也说：“吾郡名士能文章自大理（曹学佺）外，有董崇相（应举），谢在杭（肇淛），陈元恺（勋），皆在南中，士大夫相诧谓三山多才。”[②] 执明末闽中诗坛牛耳的是曹学佺（1574~1646），《明史》记载曹学佺倡盛闽中诗风，“迨万历中年，曹学佺、徐𤊹辈继起，谢肇淛、邓原岳和之，风雅复振焉”，“闽中文风颇盛，自学佺倡之”。[③] 曹学佺作为诗社的盟主，麇集当时几乎所有有才华的诗人，并采取奖掖后进的措施，使闽中诗歌得到很大发展。明末福建士大夫赠诗传教士，始于曹学佺。1598 至 1600 年他在南京任户部郎中时，就与利玛窦相会，为其写《赠利玛窦大西洋人》，诗曰：

> 异国不分天，无人到更先。应从何念起，信有夙缘牵。骨相存夷故，声音识汉便。已忘回首处，早断向来船。[④]

---

① 周亮工：《书影》，上海古籍出版社，1981，第 23 页。

② 叶向高：《曹大理集叙》，载福建省文史研究馆编《曹学佺集 · 曹大理诗文集》，江苏古籍出版社，2003，第 5~6 页。

③ 张廷玉等：《明史》卷二八六、二八八，中华书局，1974，第 7357、7401 页。

④ 林金水：《曹学佺赠利玛窦诗》，《文史》第 33 辑，第 7 页。

后来曹学佺的好友和弟子，如叶向高、徐𤊹（1570~1642）、周之夔（1586~?）、陈宏已（1556~1640）、陈鸿、陈衎（1586~?）也相继赠诗传教士艾儒略。对这些诗人来说，艾儒略足迹所至和影响固然重要，但诗人之间的相互唱酬和由此所形成的社会交流网络也是不可忽视的，它犹如多米诺骨牌一样，在诗人之间形成一个接一个的连锁反应，如《赠诗》中有福清王一锜次韵和福州薛瑞光二首，福清薛凤苞次韵和福清薛一唯一首[①]，就是典型的代表。在社交网络中少不了具有感召力的领衔人物。七十一位诗人中，叶向高就是这样的一位人物。他既是将艾儒略邀请到福建的第一人，又是八十四首诗中开篇第一首的诗人。叶向高是福建福清人，福清也称“福唐”，明末属福州府，但是继叶向高之后赠诗艾儒略的，并不是福州诗人，而是闽南泉州的士大夫，形成了赠诗相序由泉州而莆田，而福州，而邵武，而德化，而永春，后又到泉州、莆田、邵武、漳州、福州的基本格局。究其原因，明末天启年间魏珰（魏忠贤）横世所使然。泉州、莆田诗人中的公卿台省，除张瑞图（1570~1641）外，大多数宁可致仕归乡，也不为五斗米而折腰。他们的返乡为艾儒略与他们相遇和接触提供了契机。异域畸人的出现，使他们在迷惘中得到了慰藉。这也正是赠诗的前十几首大约都在1626年艾儒略第一次到莆田、泉州时写成的主要原因。福州和其他各县诗人多是青衿儒士和儒学教官之类的生员，他们受到艾儒略在各地传教的影响，福州作为福建首郡是艾儒略传教和活动的中心，其影响会更深些。由此可见，明代福建这块特殊的历史土壤，为《赠诗》的产生提供了有利条件。

二　从《赠诗》看福建士大夫与传教士的交游

《赠诗》反映了诗人与传教士之间的交往与友谊，其中传教与受教的诗歌占了很大部分。在与艾儒略交游的诗人中，叶向高首先以诗表达：“著书多格言，结交皆名士。我亦与之游，泠然得深旨。”[②]

---

① 叶向高等：《赠诗》，第665~666、674~675页。

② 叶向高等：《赠诗》，第643页。“泠”，原文作“冷”，误。

除了首句表示其作品以外，其余三句皆可从士大夫间的交游得到印证。“结交皆名士”，艾儒略在闽活动二十五年，交游人物有两百多人①，对此，李嗣玄《行述》和陈仪《性学粗述序》里也有同样的记载。

若吾闽则张令尹夏詹（张赓）、柯侍御无誉（柯士芳）、叶相国台山（叶向高）、何司空匪莪（何乔远）、苏司徒石水（苏茂相）、林宗伯季翀（林欲楫）、蒋相国八公（蒋德璟）、黄宪副友寰（黄鸣乔）、学宪孙凤林（孙昌裔）、铨部周公日台（周之训）、陈公祝皇（陈天定），当道则前兴泉道令冢宰曾公一云（曾樱）、前漳南道令司徒朱公未孩（朱大典），此数十公者，或谊笃金兰，或横经北面。②

余乡中先达复有延之入闽者，而叶相国、翁宗伯（翁正春）、陈司徒（陈长祚）诸老，皆喜其学之有合于圣贤。③

“我亦与之游”，除上述李嗣玄《行述》和陈仪序外，还可以从以下三种文献得到佐证。

相国福唐叶公以天启乙丑，延余入闽，多所参证。丁卯初夏，相国再入三山，一日余造谒。④

士大夫多与之游，然其深慕笃信，以为真得性命之学，足了生死大事者不过数人。余向亦习之，而未及与之深谭。⑤

先文忠公在纶扉时，雅与杨公友善。谢政归来，复屡接艾先生。闻兹胜事，尝与余小子津津道之。⑥

---

① 与艾氏晋接之福建士人，可参见林金水《艾儒略与福建士大夫交游表》，载中国中外关系史学会编《中外关系史论丛》第5辑，世界知识出版社，1996，第182~203页。

② 李嗣玄：《行述》。

③ 艾儒略：《性学粗述》，载钟鸣旦、杜鼎克主编《耶稣会罗马档案馆明清天主教文献》第6册，第59页。其中，杜鼎克认为，陈司徒为陈司空之误，所以他将陈司徒考为陈长祚。见 Adrian Dudink，“Giulio Aleni and Li Jiubiao”，p. 137。

④ 艾儒略：《三山论学记》，载吴相湘主编《天主教东传文献续编》第1册，台湾学生书局，1986，第435页。关于艾儒略入闽时间，见第298页注④。

⑤ 叶向高：《苍霞草全集》第8册，江苏广陵古籍刻印社，1994，第331页。

⑥ 叶益蕃：《三山仁会小引》，载刘凝编《天学集解》，圣彼得堡俄国公共图书馆藏抄本，第6页。叶益蕃为叶向高孙。

“泠然得深旨”，1627年5月21日至6月29日叶向高在福州期间，曾就生死大事等问题与艾儒略对话，载于著名的《三山论学记》。艾儒略在其中回答了叶向高提出的他所迷惑的诸多问题，当然也包括了当时世态的炎凉，这使他犹如泠然得深旨，披雾见晴天。

> 相国曰：天主之教如日月中天，照人心目。第常人沉溺旧闻，学者竞好新异，无怪乎歧路而驰也。先生所论如披重雾而睹青天，洞乎无疑矣，示我圣经，以便佩服。①

其次，就是福建泉州阁老张瑞图赠诗：“昔我游京师，曾逢西泰氏。贻我十篇书，名编畸人以。”② 张瑞图，字长公、无画，号二水、果亭山人、芥子、白毫庵主、白毫庵主道人，福建晋江人。万历三十一年（1603）举人，万历三十五年（1607）进士，会魁探花，官至建极殿大学士。善画山水，尤工书，与邢侗、米万钟、董其昌齐名，并称“晚明四大家”。著有《白毫庵内篇》《白毫庵外篇》。因替魏忠贤（1568~1627）书匾额“擎天一柱”，受到各方的非议，只好告归故里，装疯卖傻，隐居林泉，静心修养。其赠诗艾儒略说，“九原不可作，胜友乃嗣起”，是他与艾儒略相遇的最好佐证。张瑞图以“九原不可作”，来反衬他内心“九原可作”的思想，从而表达出正是因为获交艾儒略这位“胜友”才让他重新获得了新生的感激之情。③ 除了赠诗可证明张瑞图与艾儒略交游外，据《天学集解》卷一吕图南《读泰西诸书序》记载，可以确认张瑞图是在泉州和庄际昌（字景说，1577~1629）等四人于1626年春始与艾儒略交往的。

---

① 艾儒略：《三山论学记》，第493页。

② 叶向高等：《赠诗》，第644页。

③ “九原不可作，胜友乃嗣起”：“九原不可作”，出自“九原可作”。“九原可作”指已死的人可以再生。九原，在今山西新绛县北，春秋晋国卿大夫的墓地。杜牧《长安杂题长句》之四云：“九原可作吾谁与，师友琅琊邴曼容。”（见杜牧《樊川文集》卷二，上海古籍出版社，1978，第23页）元好问《赠答刘御史云卿》诗之三云：“九原如可作，吾欲起韩欧。”（见元好问《元好问全集》卷一，山西古籍出版社，2004，第15页）胜友：良友，益友。

家居十余年，户外屦鲜。今春乃与李瑞和、张无画、庄景说所获交艾先生，把臂最久，领益最微，而所阅最多。①

吕图南（约1567~1638），字尔抟，号天池，福建南安人，居晋江。万历二十六年（1598）进士。他与艾儒略交游的时间，可据乾隆《晋江县志》和乾隆《泉州府志》来考证。《晋江县志》记载：

吕图南，字尔抟，自南安徙晋江。万历戊戌进士，授中书，升吏部主事，癸卯典粤试，迁浙江道御史，巡按广西，再按浙江，以僚属构党，告病归。泰昌初，起南京通政司右参议，复以艰归。天启丙寅，升北京左通政，寻转正。②

《泉州府志》提供了更详细的经历。

吕图南，字尔抟，号天池，南安人，居晋江。万历甲午领乡荐，戊戌成进士，授中书舍人，升礼部主事。癸卯出典粤试，迁浙江道御史，巡视皇城，奉敕巡按广西，封赎锾，却谢金，边疆肃如。再按浙江，旋以僚属构党忮异，告病归。泰昌初，起南京通政司右参议，复以艰归。邑令稔其贫，请没寺租百亩为赠，却之。天启丙寅，升北京左通政，寻转正使。时珰焰方张，有监生陆万龄等请祀珰文庙，李映日等请加九锡封王，俱严驳不上。庄烈帝赐敕有“心事皎然，守正不阿”之语，加左都御史，旋改南京户部侍郎，总督粮储。是时江宁饥，军士聚众嚣谇，变且不测。上疏乞留漕粳三十万，又截三关税银七万，不俟俞旨，便宜给发，奋然以身家易数十万军民生命，用是忤旨，归。家居十余年，筑白衣洋、清洋陂二水利，乡人赖之。岁时闭影斋居，轶宕书史与修武荣、清溪二邑志。③

① 吕图南：《读泰西诸书序》，载刘凝编《天学集解》，第19~20页。
② 乾隆《晋江县志》卷九《人物志》，载《中国方志丛书·华南地方》第82号，成文出版社，1967，乾隆三十年（1765）刊本，第241页。
③ 乾隆《泉州府志》卷四四《明列传》，载《中国地方志集成·福建府县志辑》第23号，上海书店，2000，光绪八年（1882）补刻本，第453~454页。

此处《泉州府志》所说“家居十余年”，指吕图南因江宁事件，家居十余年，直至1638年去世，与吕图南序所说的“家居十余年”时间段不同。吕图南序中所说“家居十余年”，从他两次返乡的时间可以推断出。他从1598年进士授中书舍人，到1626年获得升任的二十八年时间里，两次返乡，第一次以病归；第二次在“泰昌初”（1620）获任“南京通政司右参议”后，又“以艰归”。特别要指出的是，这次“泰昌初，起南京通政司右参议”是在“熹宗即位，以本官致仕，不久丁忧去官”之时①。因此，吕图南序所说的“家居十余年”，应指从万历年间任浙江巡按御史告病归，至天启丙寅（1626）赴京任前，居家十余年。

吕图南与张瑞图等四人获交艾儒略的时间是在他赴北京任左通政前的这一段时间，即1626年。艾儒略恰好在这一年春第一次来到泉州。此时，张瑞图②和庄际昌也都在泉州。杜鼎克持同样观点，但他们相会是否如杜鼎克所说在庄际昌家，尚不见其他史料佐证。③ 要指出的是，吕图南虽然因江宁事件而结束其官宦生涯，但他救了数十万人的生命，而后归家十年间，他为民办实事，治水益民和诸书立说。对张、吕二人，《泉州府志》这样评价：“图南善书法与张瑞图相伯仲，珰皆悦之。然图南以自重完璞，张以轻试贻讥。珰既败，张叹曰：‘不谓真男子，竟被吕氏做成，天乎？人乎？’”④

吕图南序中提到与艾儒略交游的“李瑞和”，笔者认为是“李端和”之误，杜鼎克将“李瑞和”考为“李佺台”。从《天学集解》卷一李佺台《天学小序》记载得知，李佺台，字仲方，号为兴。杜鼎克由此推断“瑞和”有可能是李佺台的又一个字。⑤ 笔者与杜鼎克观点一致的是“瑞和”是字的称呼，而不是原名。因为吕图南在序中，均以字称呼张瑞图和庄际昌，因此序中所说“瑞和”一定是字。从四位与艾儒略交游的人的身份来看，李瑞和极

---

① 《南安姓氏人物》，新华网，http：//www. fj. xinhuanet. com/dszx/2005 - 10/25/content_5427130_ 83. htm，最后访问日期：2013年8月23日。

② “1626年，天启（丙寅）57岁，春，居家为李平子作小楷……春夏之际，离家赴京……夏，抵达北京，赴礼部右侍郎兼侍读学士新职，并充《实录》副总裁。”参见刘恒《张瑞图年表》，《中国书画》2005年第5期，第7页。

③ Adrian Dudink，“Giulio Aleni and Li Jiubiao”，p. 135.

④ 乾隆《泉州府志》卷四四《明列传》，第454页。

⑤ Adrian Dudink，“Giulio Aleni and Li Jiubiao，” p. 135.

可能也是进士出身。根据《晋江县志》和《泉州府志》，自万历至崇祯年间的进士中，有一人字“瑞和”。道光《晋江县志》：“李叔元，字瑞和，聪元孙，万历壬辰进士。”[①] 与其“字瑞和”不同的是乾隆《泉州府志》作：“李叔元，字端和，一字赞宇，号鹿巢，后号驯鹿，晋江人。木斋古先生聪元孙也。万历辛卯举人，壬辰进士。”[②] 显而易见，道光《晋江县志》“李叔元，字瑞和”为“李叔元，字端和”之误。笔者正是从道光《晋江县志》之误，推出吕图南《读泰西诸书序》中“李瑞和”为“李端和”之笔误。乾隆《晋江县志》中的李叔元传亦记载他的字是“端和”。

> 李叔元，字端和，聪元孙，万历壬辰进士，授刑部主事，雪崇信伯冤狱，平反独多。转礼部郎中，疏陈建储国本，校正潢牒婚丧典礼，出督山东学政，迁浙江温处道粮漕参政，擢江西按察使，所至政绩丕著，人称神明。升湖广左布政，值滇、蜀、黔三饷转运络绎，人心骚动，亟商抚院，疏豁之。时邓推阿附直指罗织无辜三十人，叔元毅然力争，挂冠归。崇祯初，起光禄寺卿兼太仆衔，旋归。卒年七十四，赠刑部侍郎。所著《四书》、《春秋传稿》诸书。[③]

根据《明实录》记载，李叔元在天启二年（1622）升任湖广左布政，“（天启二年正月庚申），升广东右布政使李叔元为湖广左布政”[④]，在其任职期间因滇、蜀、黔三饷转运事件，而“挂冠归。崇祯初，起光禄寺卿兼太仆衔，旋归”。由此推断，在其“挂冠归”期间，有机会与艾儒略相遇。还有，李叔元与艾儒略挚友苏茂相（1566～1630）同为万历十九年（1591）举人和万历二十年（1592）进士。[⑤] 李叔元曾为苏茂相宅作记，“少保苏茂相宅在盛贤铺，中有赐美堂”。[⑥] 李叔元记曰：

---

① 道光《晋江县志》卷三八《人物志》，道光九年（1829）抄本，载《中国地方志集成·福建府县志辑》第25号，第663页。

② 乾隆《泉州府志》卷四四《明列传》，第442～443页。

③ 乾隆《晋江县志》卷九《人物志一》，第239页。

④《明实录·明熹宗实录》卷十八，线装书局，2005年红格本影印，第239页。

⑤ 何乔远：《闽书》卷八三《英旧志》，福建人民出版社，1994，第2503页。

⑥ 乾隆《泉州府志》卷一七《宅墓坊亭》，第424页。

吾友宏家苏大司寇，以崇祯改元，道泰时清，三削乞骸骨之牍，上美其恬退而涣丝纶以赐之。于是宏家颜其所居之堂曰：“赐美”，俨对扬也。宏家二十六登第，较古强仕早十五年；六十二致政，较古又早八年。夫有竞而后有恬，知进而后知退，三五无恬退之目，汉、唐、宋有之，疏传尚矣。钱宣靖四十勇退，即公督学桑麻之年。而公又再起，八迁，出牙纛，入剑履，与白香山同刑部尚书。乐天六十而分司，七十而后致仕，则宏家业先之矣。[①]

苏茂相为人诟病的是他为魏忠贤建生祠，“天启七年丁卯春正月己巳朔，上御新殿，百官朝贺，苏茂相请建厂臣祠于凤阳皇陵之次，赐名怀德”。[②] 但他对艾儒略所传播的天学给予了很高的赞誉，其在《三山论学记序》中说：“‘三山论学’者，泰西艾子与福唐叶相国辨究天主造天地万物之学也。夫天地万物自必有所以造之者，穷无穷，极无极，其所以造之者天主是也。然艾子以天主为降生救人，而天堂地狱实为天赏罚之具；盖其国历来尊信，教法如此。”[③]

万历二十年进士榜状元又是与艾儒略交游的翁正春[④]，因此从李叔元与翁正春、苏茂相为同科进士，以及他与苏茂相的深交，不难看出李叔元是属于泉州与艾儒略交游圈子里的人，而且吕图南所说的“家居十余年”期间，正好也是他“挂冠归”期间。笔者由此推断，吕图南《读泰西诸书序》所说的“李瑞和”为李叔元，是情理之中的事。还有有趣的佐证，“瑞”与“端”这两个字形近，经常相混，这在古人身上似乎也是不可避免的。“瑞和”若是指原名，也确有其人，他就是福建漳浦的“李瑞和”：“李瑞和，字宝弓，号顽庵，崇祯七年进士，授松江府（推官）。”[⑤] 漳浦李瑞和，从其进士出身时间和籍贯来看，显然不符艾儒略与张瑞图、庄际昌、吕图南交游的时间和地点。但就是漳浦的李瑞和，也发生了与上述泉州李叔元同样的

---

① 乾隆《泉州府志》卷一七《宅墓坊亭》，第 425 页。

② 庄廷鑨：《明史钞略》，载《四部丛刊三·哲皇帝本纪》，上海书店，1985，第 93 页。

③ 艾儒略：《三山论学记》，第 421～422 页。

④ 道光《晋江县志》卷三十《选举志》，第 435 页。

⑤ 光绪《漳浦县志》卷一五《人物志》，载《中国方志丛书·华南地方》第 105 号，成文出版社，1968，民国十七年（1928）翻印本，第 1159 页。

“瑞”与“端”之误，这可见诸不同版本的陈汝咸《漳浦县志》。

民国十七年（1928）本（康熙）《漳浦县志》作：

> 崇祯七年甲戌刘理顺榜：李瑞和，两浙巡盐御史前松江府推官祀名宦。①

民国二十五年（1936）本（光绪）《漳浦县志》作：

> 崇祯七年甲戌刘理顺榜：李端和，两浙巡盐御史前松江府推官祀名宦。②

此处显然是民国二十五年铅印本之误。

特别要指出的是，漳浦李瑞和与晋江李端和都与耶稣会士有交往。在李瑞和担任“两浙巡盐御史前松江府推官”期间，对上海天主教给予了支持和褒扬。根据高龙鞶《江南传教史》记载，“礼部尚书林欲辑、侍郎顾锡畴所题的‘功赞羲和’”和“盐科提举李瑞和所题的‘存养祇命’”匾额赠给了耶稣会士潘国光建的上海“敬一堂”③，并为“敬一堂”作序。

> 明松江府推官李瑞和记：天启间，长安中锄地，得唐建中二年景教碑，士大夫习西学者，相矜为吾学已显于唐之世，然抚碑版之文，不睹异人之迹，则信从之者犹少。唯利西学士，抱绝世之姿，一旦而入中国，其迹奇，其法大，中国贤智之士多宗之。是时徐文定公光启假归里居，讲求经国实用之学，而西士郭仰凤、黎宁石二先生者，不远来，文定与语契合，乃为建堂于居第之西。崇祯二年，文定以礼部侍郎入朝，遂以龙华民、邓玉函、罗雅各、汤若望四先生荐修历法。

① 康熙《漳浦县志》卷一二《选举志》，载《中国方志丛书·华南地方》第105号，第830页。

② 光绪《漳浦县志》卷一二《选举志上》，载《中国地方志集成·福建府县志辑》第31号，上海出版社，2000，民国二十五年（1936）朱熙铅印本，第114页。

③ 高龙鞶：《江南传教史》第1册，周士良译，辅仁大学出版社，2009，第244页。

朝廷谕钦天监正与西士以日食迟速多少验之，唯西学不爽毫黍，于是遂督同修历，有“钦褒天学”之额，悬之各堂，而上海居最先。余奉简命，来李（莅）是邦，于时有潘先生国光者，道风高峙，披而无繇。适余至沪城，先生不鄙余而过存之，虬髯深目，炯炯有光。余叩以天主立教之意云何，则抗声而谈曰：儒家不曰畏天命乎？无主何由命？不曰敬天勤民乎？公有勤民之职者，自源及流，非敬天何以勤民？余悚然异其言，始知西学与吾儒本天之义为一揆也。会先生以旧建堂卑隘，瞻礼者众，不足以容，乃市安仁里潘氏之故宅为堂，而以向所建者奉供圣母，郡公为之给帖改建，而余为之序。时崇祯十四年辛巳春日也。[①]

由此再次验证，“漳浦李瑞和”非吕图南序所指的“李瑞和”。

第三位赠诗者是明末著名学者何乔远（1558~1631），他也是福建泉州府人。

吾喜得斯人，可明人世目。顾谁兼行持，蘧庐但一宿。善哉艾公譬，各自返茅屋。临岐申赠辞，证明在会续。[②]

何乔远，字穉孝，号匪莪，晋江人。兹提供其小传，以便了解他与艾儒略的交游。

自少奇伟不凡。万历丙戌进士，选授刑部云南主事，擢礼部精膳司员外、仪制司郎中。倭攻朝鲜，上言兵部失策。再上王锡爵书，谓不当徇私人，请封贡。其后东事数年如（始）解，人愈服其胆识。以宗室册封本尾误遗衔名事，谪广西布政司经历。假归几三十年。日与缙绅游士倡酬论学，讲德考业，求书问字，益屦满。魏当（珰）煽焰，屡欲起之以收人心，不赴。名德硕望，与邹南皋（皋）、马（冯）仲好、赵齐（侪）鹤，海内并称为四君子。光宗登极，起光禄少卿，

① 无名氏：《敬一堂志》，载钟鸣旦、杜鼎克、王仁芳主编《徐家汇藏书楼明清天主教文献续编》第13册，台北利氏学社，2013，第499~501页。

② 叶向高等：《赠诗》，第645页。

晋光禄卿。以疾归。怀宗即位，以南户部右侍郎召，忌者侧目，即沥辞。卒年七十四。赠工部尚书，予祭葬。巡抚请特祠于学宫。生平著述不可殚举，其最著者《名山藏》、《闽书》二集，足资后来修史考订，学者称为镜山先生。子九云。①

《行述》称他为“何司空匪莪”，是艾儒略在福建“或谊笃金兰，或横经北面”之“数十公者”之一。据有关资料记载，诗人与艾儒略相会是在艾儒略1626年第一次到泉州时，“天启丙寅……是岁正月，大西艾先生来郡”。②

两人熟悉后，艾儒略请他为《西学凡》撰序，时间在天启丙寅六月望日（1626年7月8日）。

盖其入中国也，历海以三岁，所其来也。堇堇居一室，怏然独身而已，其所以来为证学而已，出所为《西学凡》编，命予序之。③

1632年初，艾儒略第三次入泉州时，何乔远已去世，艾儒略为其撰《何镜山先生像赞序》，回忆两人于丙寅岁交往以来的历历诸事。

旅人抱事造物主之学，航舟西来，二十余年于斯。丙寅岁入温陵，得接先生一晤，即成莫逆。既而赠诗赐序，数年往还，无厌也。④

① 道光《晋江县志》卷三十《人物志》，第661~662页。“镜山”取名于何乔远读书处，“镜石，即何乔远读书处，以石如镜，取以自号曰‘镜山’，今尚有‘镜山书院’石坊在焉。”道光《晋江县志》卷四《山川志》，第41页。潘凤娟将“镜山”作为何乔远的籍贯，不妥。参见潘凤娟《西来孔子——艾儒略更新变化的宗教会遇》，基督教橄榄基金会、圣经资源中心，2002，第117页。

② 李九功：《励修一鉴》下卷《显赏类·导善》，载钟鸣旦、杜鼎克、蒙曦主编《法国国家图书馆明清天主教文献》第7册，台北利氏学社，2009，第234~235页。

③ 何乔远：《西学凡序》，载艾儒略《西学凡》，东京早稻田大学图书馆藏，闽中钦一堂藏版。

④ 艾儒略：《何镜山先生像赞序》卷一，载何乔远《何镜山先生全集·何镜山先生像赞》，日本内阁文库藏，17181号，深柳读书堂藏版，第4页a。陈绪伦神父首次发现艾儒略《何镜山先生像赞序》，见 Albert Chan, S. J., “The Scientific Writings of Giulio Aleni and Their Context”, in Tiziana Lippiello and Roman Malek (eds.), *Scholar from the West*, *Monumenta Serica Monograph Series*, Vol. LXII, p. 470. 笔者对陈绪伦神父所用引文作了校对，订正了个别字。

> 惜乎辛未岁暮，余再入温陵，先生已谢世矣。噫！先生可以无世，世不可以无先生，乡国构堂特祀，盖不忍其亡；而先生树德表于世，不可灭者，政犹不忘也。余不文，何能赞扬，独夙服先生天高海阔之量，好学真情，与夫逍遥，清风可冠百代焉。兹见先生像，如见先生也，故有感而识之，以复其贤子两先生之请云。[①]

可见艾儒略对何乔远的评价达到了无以复加的程度。

何乔远赠艾儒略诗的首句“吾喜得斯人”，可从他写的《西学凡序》得到佐证。

> 所谓东海有圣人出焉，此心此理同也；西海有圣人出焉，此心此理同也。西方先辈入吾中国者，万历中有利公玛窦，今则先生。余于京师又得接龙公华民焉，余方奔走辇毂风尘下，未能深究龙公学，今在山中，则朝夕艾先生矣。[②]

由此可以看出，何乔远与艾儒略之交不仅仅是诗中所说“蘧庐但一宿”，他们在镜山可谓朝夕相处。

赠诗的次句“可明人世目”，亦可从《西学凡序》中得到佐证。“先生习中国之学有年数，至于《西学凡》之文字，闿畅明健，可以当吾中国先辈之作，操觚之伦未能或之先也。余于是度中国同文之盛，而圣学大明盈天地间无之非是焉。”[③] 他还赞美天主教的教化与国主间分为师与君，使世上祸乱不生，这是庄周看不到的，他有幸看到了。

> 先生又为余言，我欧罗巴人人敬学，民大和会，其国主相传，久非一也。而又有教化主，道在国主上，专一以善诱人，国主为君，教化主为师，国主传子，教化主传贤，用是上下辑睦，祸乱不生，美矣哉！此共胥大廷之世也。曩吾中国有庄周者，主诙诞矣。若闻

---

① 艾儒略：《何镜山先生像赞序》，第 4 页 b。

② 何乔远：《西学凡序》，载艾儒略《西学凡》。

③ 何乔远：《西学凡序》，载艾儒略《西学凡》。

此世此景，当能益阐而大之，以见其奇。惜夫庄周不得而见，而幸见于余也。[①]

泉州另一官员周廷鑨（1606~1671），字符立，号芮公，自称朴园居士，晋江人。天启甲子乙丑（1624、1625）联第进士。天启七年，甫二十初，任镇江府推官，署丹阳县事，擢吏部验封司主事，晋文选郎中。唐王入闽，起原官，晋詹事兼翰林院侍读学士，太常寺少卿，提督四译馆。[②]他赠艾儒略诗："知君犹未晚，使我寸心遐。"[③]

晋江教徒谢懋明赠诗表达他与艾儒略别恨绵长的怀念之情。

何处异香过，繇来天主祥。碑留十字篆，架隐百年章。方慰趋承近，俄惊别恨长。三山需后会，教在不言中。[④]

谢懋明，庠生，福建晋江人，天主教徒。曾为金尼阁《况义》作《跋况义后》，并为张赓之子张识作《弥克儿遗斑弁言》。1629 年艾儒略第二次入泉州，谢懋明闻"异香"而登门拜访。"异香"，喻指艾儒略。诗中谈到他因闻香而得识艾儒略，从李九功（约 1597~1647）《励修一鉴》中可以得到佐证。

谢君懋明者，晋江庠士也。其尊公受谦先生，于乡绅中最称笃行，不奉邪教。七十八岁方得懋明。诫以勿作佛事，勿烧纸，谢君恪遵庭训。天丙寅，憩修笋江书斋，夕坐，忽闻空中有声曰："三一道也者，令不可[⑤]须臾离也。"是岁正月，大西艾先生来郡，谢君未□知，但念三一不离之语，必有真谛。迨崇祯己巳冬季朔三日（谢懋

① 何乔远：《西学凡序》，载艾儒略《西学凡》。

② 乾隆《晋江县志》卷一二《人物志六》，第 345 页。

③ 叶向高等：《赠诗》，第 651 页。

④ 叶向高等：《赠诗》，第 674 页。

⑤ "不可"，原文为一个字，看似"奇"或"可"，模糊不清。笔者困惑甚久，"奇"或"可"字在此均不通，笔者考为古人书写（竖向）时，原文连笔写成的"不可"两个字，可能被抄写者看成一个"奇"字。据改。

> 明）于其室中倏闻异香，殊非人世间有，恍然醒曰：“是必有异人，当亟访之。”诘旦，道武荣，先访其妹倩不遇，便往其中表郑文学东里家，东里乃孩如先生长公，与张夏詹先生为儿女姻。是日，正邀艾西师共赏其家所得十字架古碑。……而谢君适至，恍悟异香之缘，启翼到此。乃细叩宗旨……先就艾西师讲解，及领洗焉。[①]

由此可见，诗文互证若合符节。

黄鸣乔，即“黄宪副友寰”，字融，号友寰，福建莆田人。为艾儒略在福建“或谊笃金兰，或横经北面”之“数十公者”之一。万历三十一年（1603）举人，万历三十二年（1604）进士，历任广东番禺知县、安庆府推官、南京户部主事、袁州知府、河南按察副使等职。著有《吟舫集》《咏物集》《袁州府志》《天学传概》等。黄鸣乔是受李之藻（1565～1630）影响的四位“门生之一”。他的赠诗提到：“为阐一天开后学，才能万里见先生。”“何幸得频承绪论，知君愿作圣人氓。”[②] 从中可看出他与艾儒略的交游与所受影响。此诗可与他在1639年撰写的《天学传概》相互佐证。由此，还可以发现鲜为人知的地方官员对天主教的保护政策。“为阐一天开后学”，可征之诗人《天学传概》。

> 其立教要旨，以事天地之主宰为宗本，以忠孝慈爱为工夫，以悔罪投诚预备生死大事为究竟。一切懿训良规，悉皆公正，于以护身灵，风世俗，岂惟裨益良多，抑亦舍此一教，救援无门。至于辟除邪教，尤为正人心，循天理之要端，世人不察反讦为非，或有因其不用楮钱，讹为不奉祖宗。不知天主教诫最重者，第一诫孝敬父母。生则养，尽志尽物；殁则事，如生如存，载在经典，昭然可据。岂有导人不孝不顺之理乎？至于非鬼之谄，鲁论所讥纸绽之烧，家礼已斥。古来真儒正道，原是如此，何独于天学而疑之？[③]

---

① 李九功：《励修一鉴》下卷《显赏类·导善》，第234～236页。

② 叶向高等：《赠诗》，第648页。

③ 黄鸣乔：《天学传概》，载钟鸣旦、杜鼎克、黄一农、祝平一主编《徐家汇藏书楼明清天主教文献》第3册，台北辅仁大学神学院，1996，第1310～1312页。

“才能万里见先生”，从《天学传概》“且有传教西儒可以面证”可以看出他与艾儒略交游过，而且还奉劝那些对天主教有异议的士绅，除了阅读天学诸书外，还可以当面向艾儒略请教。“何幸得频承绪论，知君愿作圣人氓”也可征之《天学传概》内文。

今吾闽之初，敷教者为艾先生儒略，原与诸西儒同居京国，继为相国文忠叶公屈致入闽。凡当道大人、缙绅先生，接其德范者，莫不破格优礼，绝无异论。年来有从他方泛海擅入福宁地方，致生群疑，遂蒙当道斥回本国。又因白莲、无为异教扰乱，或有混紫为朱，指薰为莸，诚恐一时；或有未誉而正学，偶致沉湨。以故泉、兴诸绅衿，各具呈守道台前，仰祈谆谕，以扬道风。蒙守道曾公祖（曾樱）于莆牒判云：“艾儒略与利玛窦，同社同业。自入中国来，专以讲道，迪德为务，并无他营，与异端不同。”仰福州府查行缴，后又判泉牒云：“西士艾儒略，学道人也。其修诣与吾儒不同者，岂可与无为等邪教同类而共逐之乎?”仰府给示，并谕各县遵照行。夫以圣天子之礼待既如彼，士大夫之公论又如此。直道在人，当有能办（辨）之者。但虞以讹传讹，或致鸮鸾并视。为此，揭其大概，以告达人，倘欲备详，则有天学诸书行世，且有传教西儒可以面证。是所望于有道君子虚衷稽实，共扶正道，庶几不负历朝柔远至意，亦得慰嘉宾远来，迪善补益王化，一假苦心也。[①]

以上引文反映出黄鸣乔护教之用心良苦。

莆田另一位官员山西巡抚柯昶赠艾儒略的诗：“人从西海至，乍晤识高情。见道能超世，乘风又出城。”[②] 柯昶，字季和，号和山，又号纪堂，福建莆田人。[③] 万历三十二年（1604）进士，初授鄞县令，后擢南京户部

① 黄鸣乔：《天学传概》，载钟鸣旦、杜鼎克、黄一农、祝平一主编《徐家汇藏书楼明清天主教文献》第 3 册，第 1314~1317 页。

② 叶向高等：《赠诗》，第 649 页。

③ 据杜鼎克考证，柯昶即《1626 年耶稣会士书信》中提到的“tutao”，“tutao”为 governor 之意，天启四年至天启五年十二月（即杜鼎克所说的 1624 年末至 1626 年初）柯昶任山西巡抚，柯昶与张瑞图、黄鸣乔同为万历三十一年（1603）举人，三十二年（1604）又与黄鸣乔为同科进士，深受李之藻之影响，系李之藻提到的在莆田保护艾儒略传教的四位“门生”之一。见 Adrian Dudink，“Giulio Aleni and Li Jiubiao”，p. 135.

主事，榷扬州钞关，补河间知府，寻授山东按察副使。天启元年（1621）九月，以即位尚宝司卿祭告中岳，移太仆少卿，改右通政，满三载，晋右佥都御史，巡抚山西，以母年老致仕归养。[①] 著有《空斋诗草》等。

莆田朱之元赠诗具体地记载了自己与艾儒略相遇，获得他所赠《万物真原》的感悟。“偶遇艾高士，云居西极边。行程九万里，渡海两三年。授我真原册，读之竹窗前。”[②] 在与艾儒略交游的福建士大夫中，以信札保持联系的并不多见，而莆田诗人林世芳的赠诗则提到了他们之间的信件交往。[③]

> 未缘荆识已交神，倾盖投欢即故人。杨柳堤头才系马，芙蓉花外又寻津。别来尺素凭鱼雁，到处丰标想凤麟。多少英才门下士，深惭老大不堪抡。[④]

颍川[⑤]陈衎赠诗：“大秦自古远中州，几载孤帆海国秋。腹有六经谁口授，心无一物与天游。”[⑥] “陈衎，字磐生，万历末为国学生，自其父以上五世皆有集传闽中。衎少受学于董应举，长与徐熥、徐㶿相切劘。为人慷慨自负，天文、谶纬、黄庭内景之书靡不研究。又好谈边事利害及将相大

---

① 乾隆《福建通志》卷四四《人物二》，载《景印文渊阁四库全书》第 529 册，台湾商务印书馆，1986，第 521 页。

② 叶向高等：《赠诗》，第 668 页。

③ 根据林世芳诗二首，方豪先生推定艾儒略曾致书林世芳，指出：“可见当时艾儒略等西教士与中国友好通书必多，但迄无发见，亦奇事也！”见方豪《方豪六十自定稿》上册，台湾学生书局，1969，第 263 页。

④ 叶向高等：《赠诗》，第 669 页。

⑤ 颍，原文误作“颖”。颍川县在河南旧光州境。福州陈姓有“颍川陈”之说。《福州世家》认为福州“颍川陈”衍派的始祖是陈寔，“颍川陈”迁入福州的时间最早在西晋末。固始是颍川陈姓郡望。唐末天下大乱，光州固始人王潮、王审邽、王审知三兄弟随王绪率军入闽，攻下福州，随军“颍川陈”姓人随之移居福州。因此在闽陈姓往往称其祖先“由光州固始随王（审知）入闽”。陈衎作为福州闽县人，传入志书。他在诗中以“颍川陈衎”称呼自己，故不能把陈衎当作外省人，如顾保鹄教授以“目录最后第三人为‘颍川陈衎’，则赠诗不尽闽人也”。见曾意丹、徐鹤年《福州世家》，福建人民出版社，2001，第 3 页；陈尔履《颍川陈氏族谱》卷首《先志》，同治元年本，第 3 页；顾保鹄《熙朝崇正集影印本序》，载叶向高等《赠诗》，第 634~635 页。

⑥ 叶向高等：《赠诗》，第 688~689 页。

略，穷老气不少衰，尝自撰墓志。”[①]《静志居诗话》记载：“磐生与徐兴公同入曹能始阆风楼诗社，而赋才懦钝，光焰郁而不舒，其自叙比于春草蔓生，秋虫孤响，良亦自得之言。”[②] 陈衎与艾儒略交游，可在其所著《大江草堂二集》得到佐证。

> 闽中幅员虽隘，乃四方之客亦乐游之。顾游者不专以问学才技也，然必有问学才技而后可与交。余交二十年上下，所见之客不胜数，姑约略其最贤，又与余把臂者名缀一二，语于姓名之下。……艾儒略，字思及，西海人。其国古名大秦，去中土数十万里而遥。以西音读中土经史，淹贯研穷，有如宿习。工天文历日，其数学尤妙，虽大泽浩渺，望而算之，分寸不谬也。[③]

引文中的“又与余把臂者”，包括艾儒略忠实的信徒，以及《泰西思及艾先生行述》作者李嗣玄。“李又玄，名嗣玄，邵武人。有实学，工文。”[④]

福州诗人王標的赠诗：“学天尊一主，译地历三春。”“自惭居陋巷，今喜得芳邻。”[⑤]“陋巷”[⑥]，指福州三坊七巷中的宫巷。“译地历三春”[⑦]，指叶向高长孙叶益蕃和教徒择地在福州宫巷内为艾儒略兴建福州天主堂[⑧]，即福堂，时历三载。王標以家居福州宫巷与艾儒略所在的福堂毗邻为幸。宫巷历来为福州官绅居地，福堂又与叶向高在福州朱紫坊故居相距甚近，

---

① 民国《闽侯县志》卷七一《文苑上》，载《中国方志丛书·华南地方》第13号，成文出版社，1966，民国二十二年（1933）刊本，第287页。

② 郑方坤：《全闽诗话》卷八，载《景印文渊阁四库全书》第1486册，第333页。

③ 陈衎：《大江草堂二集·嘉客记》卷一三，江苏广陵古籍刻印社，1996，第635页。

④ 陈衎：《大江草堂二集·嘉客记》卷一三，第638页。

⑤ 叶向高等：《赠诗》，第685页。

⑥ 陋巷，即三坊七巷中的一巷——宫巷。“宫巷，旧名仙居坊，内有紫极，后崔、李二姓咸显贵，改名聚英、达明，复为聚英。”乾隆《福州府志》卷四《城池》，乾隆十九年（1754）刊本，载《中国方志丛书·华南地方》第72号，成文出版社，1967，第68页。宫巷历来为福州官绅居地，近人林则徐后代及女婿沈葆桢故居即在此巷内。

⑦ “译地历三春”：译，通“择”。

⑧ 《辩学抄本》记载了明末各处堂志，其中明确指出福州天主堂的地理位置：“福州在南门内宫巷。”参见方豪《中国天主教史人物传》第1册，香港公教真理学会，1970，第190页。

其故居又是三山论学的地点。

漳州诗人柯而铉也同样表达了自己与艾儒略接触后离别的心情：“殷勤席未暖，怅别此江滨。”[①] “江”，指福建漳州九龙江。诗人与艾儒略相会，情投意合，但很快又惆怅地分手离别了。

总而言之，从以上分析可以看出闽中诗人与艾儒略交游的历史事实，以及他们相互之间的诚挚感情和深厚友谊。

三 《赠诗》的主要内容

《赠诗》内容还反映了明末福建士大夫对天主教和艾儒略个人认识的过程，以及士大夫的反应，主要表现在以下七个方面。

（一）对天主教教义的诠释与宣扬

通过《赠诗》人们可以看出，福建士大夫对天主教教义的吸收和理解。他们借用儒、释、道的术语去诠释和阐述天主教有关上帝、耶稣、教诫、天堂、地狱等真谛，使外来宗教信仰更加本土化。赠诗者如福清林一儁、邵武董邦廪、德化林焌等是教徒，他们的诗就像《圣经》的一篇篇导读篇，把聆听艾儒略讲道后皈依天主教的心路历程表露出来，劝人要摆脱魔鬼、肉身、世俗的缠绕，信仰普天之大父——天主。

林一儁，字用吁，天主教徒，顺治年间岁贡生，康熙七年（1668）任福安训导，泉州府学训导。诗人是艾儒略《口铎日抄》卷一校阅者、卷四参订者，并为艾儒略《口铎日抄》《圣梦歌》和李九功《文行粹抄》作序。著有《解惑》一书。林一儁是闽中诸公赠诗的诗人中最早入教者，也是与艾儒略接触最频繁、记载最详细的一位诗人。据《口铎日抄》记载，他曾六次与艾儒略在一起问学论道，还有三次他们相互提到对方，其内容涉及祭义、风云月露、天主赏罚、天主爱人、三位一体、神的三司、睡梦、灵魂、圣灵三司等方面的问题。他对天主教教义的接受和理解跃然诗上。

---

① 叶向高等：《赠诗》，第 689 页。

> 普天同大父，斯人皆吾与。真原久不明，魔役纷如许。宣尼悲悯秋，禹稷宁安处。泰西有至人，梯航几寒暑。奉彼正教来，救兹陷溺侣。① 苦劳既不辞，宁复知艰阻。无量超性光，朗如幽室炬。② 哀矜十四端，到处勤施予。愿拯众灵魂，同入天堂所。想彼一片心，是何惓惓绪。嗟我此方人，何为分尔汝。屡以锥刀争，户庭生越楚。幸闻仁者言，反欲加诽语。总被异端迷，多因三仇沮。拨云一见日，痛悔应难御。旷观斯世内，兄弟若相序。倘存远迩情，便同小邾莒。矧吾教中俦，切勿微生龉。善功相劝勉，过失互箴矩。期酬大主恩，立表为人伫。沥血与披肝，和声同律吕。③

引文中的“哀矜十四端”，指天主教徒要怜悯和关心的十四种人。徐光启（1562~1633）作《十四哀矜铭》，指出十四端包括形之七端与神之七端。

> 一食饥者，二饮渴者，三衣裸者，四顾病者及囹圄者，五舍旅者，六赎虏者，七葬死者，以上形之七端；一、以善劝人，二、启诲愚蒙、三、慰忧患者，四、责有过者、五赦侮我者，六、忍恕烦数，七、为生死者祈天主，以上神之七端。④

从先前引文中的“总被异端迷，多因三仇沮”可见，诗人也在奉劝世

① “奉彼正教来，救兹陷溺侣”：陷溺，沉迷。这两句诗可征之诗人《口铎日抄序》：“二先生远自绝徼，浮海九万，三易寒暑，而至中华。惓惓以爱慕天主，与爱人如己为首务，斯其渊源之正，愿力之宏，心思之苦，有未易明言者。世人拘于旧闻，溺于秽乐，曾不能开拓心胸，驰域外超旷之观。思此生之所由来，与所自往，甚且认仇作主，歧适轶趋，贸贸以死，而卒不悟，是固先生所大痛也。”载钟鸣旦、杜鼎克主编《耶稣会罗马档案馆明清天主教文献》第7册，第11~12页。“二先生”指艾儒略与卢安德，卢安德，字磐石。

② “无量超性光，朗如幽室炬”：超性，指天主给予的恩惠性、自由性和内在性，将艾儒略传入的天学比作幽室的烛光，给那些“陷溺”者指明了方向。

③ 叶向高等：《赠诗》，第681~682页。

④ 徐光启：《十四哀矜铭》，载刘凝编《天学集解》卷二，第7页。又见罗雅谷《哀矜行诠》：“一食饥者，二饮渴者，三衣裳裸者，四顾病者，五舍旅者，六赎虏者，七葬死者，八启诲愚蒙，九以善劝人，十责有过失者，十一慰忧者，十二赦侮我者，十三恕人之弱行，十四为生死者祈天主。”载钟鸣旦、杜鼎克主编《耶稣会罗马档案馆明清天主教文献》第5册，第35~37页。可见在十四端序列上和个别内容上，两者略有不同，如第四端。

人，不要因为一点点的小利而再相互争斗了，不要被异端所迷惑，沉溺于“魔鬼、世俗、肉身”三仇之中。这也可从诗人为《口铎日抄》所作的序中得到佐证。[①] 引文最后希望教徒要如同音调协律般齐心协力去传播基督福音。

邵武董邦禀，字心闲，福建建宁县蓝田保人。明贡生，顺昌县训导，崇祯三年至十年（1630~1637）任崇安教谕。他在赠诗中提出人不要追逐养生之道而把上帝忘了。

> 世儒竞谈生，先生独谈天；谈生生趣有穷期，谈天天乐无尽纪。虽然天也生，虽然生也天；天不生兮天不天，生不天兮生不生。生天生地生山川，日月星辰并埴埏。[②] 天于生人心更怜，更生天神照护焉。世人逐生忘本原，谁知天主有常先。[③]

林焌，字仲谟，福建德化人，林枢次子，南国子监太学生。仪容修伟，顾盼炯然，气节豪迈，交游广阔，以禀例入南雍就试，祭酒温体仁首拔之，名噪一时。应选州佐，弃不就，归乡著述。著有《南再草》《松鳞草》《吹呋草》等。[④] 他以诗来表示耶稣诞生、三贤来朝以及天主教在华传播的历史：“独有天主像，流览今伊始。主像亦非支，降生原有纪[⑤]。异星三君朝，神天宣庆祉。掘地得唐碑，贞观天教起。沉埋乱世非，昭明清朝喜。”[⑥] 他对艾儒略传入的天学给予了很高的评价，认为远胜于古代各族进贡的宝物。

---

① 林一儁《口铎日抄序》载：“诸君子试思我党中，治铅椠，应制科，一旦云蒸龙变，或标旆常，铭鼎吕，或广第宅，饰舆马，赫赫焉夸矜其梓里，荣宠其宗祊者，足为吾生一大究竟乎？抑灵神本乡，更自有在，而斯世伪荣微福，直转瞬浮云，无堪久恋者乎？此关勘破，则凡种种悲愉得丧，胜负短长，举无足较，而胸中冰炭，世境戈矛，一齐放下，而后妙义满前，始有引伸不禁者矣。”见艾儒略《口铎日抄》，第16~18页。

② 埴埏，即埏埴，此句为了押韵而将《老子》中的埏埴倒文为埴埏。埏埴指和泥作陶。中国本有女娲抟土造人之说，诗人借此喻指上帝造就天地万物。

③ 叶向高等：《赠诗》，第655页。

④ 康熙《德化县志》卷一二《人物》，载《中国地方集成·福建府县志辑》第27号，上海书店，2000，康熙二十六年（1687）刻本，第117页。

⑤ “降生原有纪”：指艾儒略《天主降生言行纪略》《天主降生出像经解》，崇祯八年（1635）刻于福州。见艾儒略《艾儒略汉文著述全集》下册，叶农整理，广西师范大学出版社，2011，第1~111页。

⑥ 叶向高等：《赠诗》，第659页。

> 氐羌有异莺，肃慎有奇矢。卜人丹砂贵，权扶玉自美。中土众咸珍，玩好未配齿。性命亦至宝，曷云而独鄙。在唐庄事钦，在明授室侈。景净既开先，泰西从利氏。分教托诸邦，一派宗门是。瞻星献异书，何如越裳雉。[①]

诗中的评价可征之叶向高《职方外纪序》："今艾君辈乃慕义远来，献其异书数千种于朝，其视越裳之重译献雉，不啻过之。"[②]

莆田朱之元以"父为子本"来说明上帝为万物之本："乃知大主宰，万物托以先。如子父为本，似家翁有权。本来若未认，瞎者临深渊。"[③] 莆阳翁际豊赠诗："万物乃天生，何物生天表。叩礼天主前，意象转幽悄。灵风似飒然，屋角红云绕。真诠揭昊冥，会心苦不早。"[④] 末两句表达了希望能更早聆听艾儒略讲授天主教教义。

张维枢，字子环，福建晋江人。万历戊戌进士。历任刑部郎中，湖州知府，湖广佥事，山西兵备道，陕西陇右参政，陕西巡抚，工部侍郎。[⑤] 他与利玛窦、艾儒略交游甚深，为利玛窦作《大西利西泰子传》，为艾儒略作《学纪物原二篇序》。诗中他对天主的真原做出了自己的解读："望国遥看沧海涨，尊天代演物原章。"[⑥]"尊天代演物原章"中，"物原"指艾儒略《万物真原》。其诗系对艾儒略《万物真原》认知的高度概括和浓缩。艾儒略书从十二个方面对天主作论述，张维枢将他对天主为真原的理解和接纳，精简为："天主也者，生天、生地、生人、生神、生物，为我等大父母，则天之明命，一本领也。"[⑦] 他以诗"代演"艾儒略之万物真原章，又以文"代演"了天主之真原，可谓诗文互证之一典例。

---

① 叶向高等：《赠诗》，第 659~660 页。

② 叶向高：《职方外纪序》，载艾儒略著，谢方校释《职方外纪校释》，中华书局，1996，第 13~14 页。

③ 叶向高等：《赠诗》，第 668 页。

④ 叶向高等：《赠诗》，第 676 页。

⑤ 乾隆《晋江县志》卷一二《人物志六》，第 240~241 页。

⑥ 叶向高等：《赠诗》，第 646 页。

⑦ 张维枢：《学纪物原二篇序》，载刘凝编《天学集解》卷五，第 29 页。

邵武邓材以赠诗表现艾儒略对天主教教义的传扬。“万汇天为主，太初独主天。清宁资奠丽，物我借生全。德贯无形外，功施未有先。现身诠至道，渡海阐重玄。”[1] 福州林登瀛认为天主早于中国古代先王而存在：“维彼泰西，另辟学稊。大原不迷，天主为题。是训是稽，可端可倪。鸿并海犀，纤同酰鸡。如震鼓声，如捧玻璃。如出云霓，如达川溪。羲文未笄，孔孟未啼。”[2] 福州林珣的诗：“天主应身来下土，圣人立极出西方。躯登十字怜黔首，学博三坟接素王。从此闽天开慧日，门人无复叹迷乡。”[3] 中国士大夫多以佛教“化身”观念理解和诠释天主降生之说，认同耶稣基督是为了拯救大众而被钉死在十字架上，因为“素王”（西来孔子）艾儒略传播天主教信仰，人们不再被迷途所困惑。莆田林传裘的诗则要求人们以遵守天主教“十诫”和去掉“三仇”来洗涤自己：“十诫尘心净，三仇灰劫空。辞家敷帝训，渡海印儒宗。”[4]

景教碑的发现，特别是泉州十字架石的发现，也是诗人乐于称道的事，他们借用景教碑的碑文来诠释天主教教义和在华传播的历史。1619年泉州发现了十字架石，晋江苏负英的赠诗最早提到：“荒碑关陕涌，古石武荣妍。石镂圣架迹，碑纪贞观年。”苏负英，字荐卿，天主教徒，校阅艾儒略著作《圣梦歌》。诗中所说“武荣”，即福建泉州武荣山，十字架石就是在此发现的。张赓《武荣出地十字架碑序》对此做了详细记载。

万历四十七年，有石刻十字架，从武荣山中为孩如郑公开现，莫

---

① 叶向高等：《赠诗》，第657页。“重玄”指天主教教义。

② 叶向高等：《赠诗》，第675页。“是训是稽”指天主教的教训与法则。

③ 叶向高等：《赠诗》，第690~691页。“天主应身来下土”中的“应身”，犹言化身。佛教称佛祖应机缘而化现佛身为应身。此处指天主降生成人之说。可征之艾儒略《天主降生言行纪略》，其中对天主降生成人做如下描述：“圣母受孕，若瑟未知其故。但觉其胎日显，又明信圣德，不敢有猜。辗转深求，冀天主示之。玛利亚亦知若瑟意，乃犹谦抑不言，亦惟乞天主代解慰之。天主即命天神，以圣母受孕之神异，托梦昭示，告以应称耶稣为救世主。是乃古经所主，将有童女孕而生子，其名谓玛挐厄尔（译云天主于我偕也）。”见艾儒略《艾儒略汉文著述全集》下册《天主降生言行纪略》，叶农整理，第20页。

④ 叶向高等：《赠诗》，第677页。

> 辨何代神物。天启三年，关中掘地，亦得景教碑颂，其额镌十字架。按视武荣碑，刻画无异。惟是关中碑有文有字，知为唐刻，与今西师传述降生十字架诸踪，洎教诫规程，语语皆符。武荣碑固不立文字，而孩如公博奥格致，意是不可弃不可亵，珍而竖诸读易窝垣间，其有此主神迹，且有关中碑印证，尚未可及闻，惜其往矣。极西铎德艾师思及，从九万里来，敷教中土，入我八闽，夙为余承教之师。崇祯二年，载至温陵，而余适归休，与同志肇建郡之主堂于崇福古地。余仲倩即孩如公孙，乃于艾师座间，获聆圣架真诠，而述此碑。余亟偕师往观，相与感仰谶礼。①

引文反映了此碑发现十年后（1629）艾儒略与张赓前往确认。也可看出，闽中诸公对《大秦景教流行中国碑》的文字内容已经获知。这可从莆田柯宪世写的赠诗得到佐证。“大千宁净土，三一信分身。景宿祥长普，波斯曜转新。七时勤礼赞，十字俨持循。重译来中土，流行仰大秦。”② 赠诗者借用《大秦景教流行中国碑》中的“景宿告祥”“七时礼赞”等词③，来诠释天主教三位一体的教义，如福州诗人周之夔的诗句说：“浑天尚有唐尧历，中国犹传景教碑。”④

（二）对传教士个人的赞誉和崇敬

《赠诗》对艾儒略等传教士历尽千辛万苦来华、个人的品德、学术上的造诣、生动感人的布道形象、异国他乡的生活方式等，都做了栩栩如生的描写。

晋江张维枢诗：“浮槎碧汉水云乡，直到东南建法场。”“一枝筇杖扶双屐，数卷灵编度十方。”⑤ 黄鸣乔赠诗：“沧溟西渡片帆轻，涉尽风涛不算程。”⑥

---

① 《熙朝崇正集·熙朝定案》（外三种），韩琦、吴旻校注，中华书局，2006，第18页。

② 叶向高等：《赠诗》，第651页。

③ 大秦寺僧景净：《景教流行中国碑颂并序》，载周燮藩主编，王美秀分卷主编《东传福音》，载《中国宗教历史文献集成》第51册，黄山书社，2005，第4页。

④ 叶向高等：《赠诗》，第650页。

⑤ 叶向高等：《赠诗》，第646页。

⑥ 叶向高等：《赠诗》，第648页。

周之夔诗："捧出河图告帝期，经行万里有谁知。"① 周之夔，字章甫，号五溪，福建闽县人。初任邵武县教谕，崇祯四年（1631）进士，是年除授苏州府推官，督兑漕粮仓。后因漕粮事辞官归乡。南明弘光元年（1645）复官给事中，著有《弃草集》十五卷、《弃草二集》二卷。② 周之夔赠诗收入《弃草集》并题作《赠西洋艾思及》，现已影印出版。周之夔是一个性格乖戾的人，从写诗赞誉天主教到后来撰文反对天主教，"以禽兽视天主教与其教者"③，把那些不信仙佛的天主教徒看成"无父无君"的禽兽。

福州诗人王标诗曰："载道南来一客身，艰关廿岁不知贫。胸吞汗索参今古，思入风云泣鬼神。"④ 后两句可征之《行述》。

> （艾先生）先习中华语音文字，仅二、三年，而中华典籍，如经史子集，三教九流诸书，靡不洞悉，其资颖超绝乃尔。盖大旨既得，然后可以别群非，而统归一是，深痛吾中华人士沉溺佛魔陷阱中，不惜敝舌，呕心以祛其蔽锢，孑然孤旅，挺而与燎原倒海之群喙角，即陨身不恤。⑤

莆田郑凤来以丰富的想象，将艾儒略在海上漂游的经过再现出来。"君乃舫西海，九万里而至，赖演天公最上义，""怀宝欣观上国光，火浪颠翻只苇寄。巨鱼卷鬣乍辞艅，指点土风身欲试。"⑥ 郑凤来，字舜仪，号叶颖，莆田人。天启五年（1625）进士。官通政司通政使。著有《颐社一集》《颐社二集》。晋江苏负英对艾儒略远从西方乘船来华的艰难描绘得更细致："吾师海外至，海道与云连。亿万风波阻，孤舟岁月

---

① 全诗如下："捧出河图告帝期，经行万里有谁知。浑天尚用唐尧历，中国犹传景教碑。地转东西分昼夜，人非仙佛识君师。金心玉齿悬口舌，沧海茫茫不了疑。"最后一句《赠诗》抄稿作"沧海茫茫不可疑。"见周之夔《弃草集》卷五《赠西洋艾思及》，载福建文史研究馆编《福建丛书》第1辑，江苏广陵古籍刻印社，1997，第228页。

② 乾隆《福州府志》卷六十《人物》，第1150页。

③ 周之夔：《破邪集序》卷三，载周骋方编校《明末清初天主教史文献丛编》，北京图书馆出版社，2001，第147页。

④ 叶向高等：《赠诗》，第676页。

⑤ 李嗣玄：《行述》。

⑥ 叶向高等：《赠诗》，第682页。

悬。瞻星随所指，测景看何躔。棹理流沙界，帆飞弱水前。鳍旗时靡靡，蜃气更翩翩。”[①] 福州林叔学诗曰：“五州形胜披图狭，八万舟车计路劳。笑杀汉廷张博望，乘槎徒自说波涛。”[②]《行述》对艾儒略来华的缘由和经过则作了下述如实的记载：

> 先生体弱而多病，泛海之举，旁观或难之，先生毅然请行，入辞贤母。母曰：“尔能不惜躯命，为天主远扬教旨，吾又何求？子行矣，无以老人为念矣。”先生遂行。初登舟，风涛大作，眩晕呕吐者三日，或劝之归，先生不色沮，惟坚祈主佑，自尔竟无恙，泛海三年，历程九万，抵粤之香山澚，时万历己酉岁也。[③]

可见，诗与文起到了互补的作用。

《赠诗》对传教士个人形象、魅力、传教的姿态所做的描绘，流露出诗人对传教士敬仰和崇拜的感情，它与《圣朝破邪集》对传教士的个人抨击形成了鲜明的对比。比如，莆田曾楚卿在其赠诗中表达了他对艾儒略的赞誉。

> 入门粲玉齿，名理恣所写。生民溯厥初，粉黛一切假。十分婆子心，千古开聋哑。[④]

曾楚卿，字符赞，福建莆田人。万历四十一年（1613）进士，会试第九人，选庶吉士，授检讨，擢赞善。天启初，历转詹事府詹事，兼翰林学士，待经筵，迁南礼部侍郎。崇祯改元，起北礼部左侍郎，转吏部左侍郎，晋礼部尚书，与辅臣温体仁枘凿，累疏乞休。卒年五十八，墓葬九华山麓。著有《棠坡集》十二卷、《曾城集》六卷、《铨署日录》二卷等。[⑤]

---

① 叶向高等：《赠诗》，第 677 页。

② 叶向高等：《赠诗》，第 653 页。

③ 李嗣玄：《行述》。

④ 叶向高等：《赠诗》，第 647 页。

⑤ 参见乾隆《福建通志》，载《景印文渊阁四库全书》第 529 册，第 522 页；第 530 册，卷六二《古迹》，第 241 页，卷六八《艺文一》，第 435 页。民国《莆田县志》卷一二《选举志》，载《中国地方志集成·福建府县志辑》第 16、17 号，上海书店，2000，第 508 页。

尽管周之夔后来抨击天主教，但他的诗句“金声玉齿悬河舌，沧海茫茫不可疑”[①]，反映了他对艾儒略个人魅力的肯定。莆田黄鸣乔诗“觞传月下姿如鹤，麈拂花边屑是琼”[②]，认为艾儒略传教犹如卓立不群之鹤，舌生莲花，句句精妙，并以佛祖讲经出现的“天雨妙花”场面来比喻艾儒略布道的感召力。泉州李文宠在诗中也说道：“麈拂衡古今，兰芳佩鲁邹。”[③] 而郑凤来的赠诗则说艾儒略传教犹如佛身相示，义理入神，玉屑纷飞，使佛祖和老子无言以对，如：“绿瞳绯鬓肃有神，麈挥霏玉纷相示。释迦咋舌李耳喑，仿佛尼宗无二致。”[④]

泉州周廷鑨对艾儒略的风采和传教魅力作了描绘，如：“西海先生艾，东游直至华。有天常作主，无地不为家。白眼藏奇服，玄珠托指车。”[⑤] 此处诗人以“白眼藏奇服”表示艾儒略外貌的特征。[⑥] 晋江李世英认为艾儒略是百代宗师，可与孔子同日而语，为人和蔼可亲，他把对艾儒略的赞美推到了最高的境界。

> 道德文章洽，如公复几人。行将师百代，岂第表泉闽。宣圣堪齐语，昌黎的此身。尊前握手别，绛帐何时亲。[⑦]
>
> 不识西方教，安知观海深。逢人非所愿，觉世固其心。字字钧天响，编编掷地音。公真师百代，仪羽老尤醒。[⑧]

---

① 叶向高等：《赠诗》，第 648 页。

② 叶向高等：《赠诗》，第 650 页。

③ 叶向高等：《赠诗》，第 662 页。

④ 叶向高等：《赠诗》，第 682 页。“麈挥霏玉纷相示”：麈挥，指麈尾；霏玉，谈霏玉屑，谈话时美好的言辞像玉的碎末纷纷洒落一样，形容言谈美妙，滔滔不绝；纷，盛多貌。

⑤ 叶向高等：《赠诗》，第 651 页。

⑥ 白眼，典出《晋书》：“籍又能为青白眼，见礼俗之士，以白眼对之。嵇喜来吊，籍作白眼，喜不怿而退。”见房玄龄等撰《晋书》卷四九《阮籍传》，中华书局，1974，第 1361 页。阮籍为“竹林七贤”之一，“白眼”是其在晋朝的政治黑暗中孤直高洁、特立独行的写照，而艾儒略的品行在明季的乱世浊流中同样当得起清白之誉，是阮籍式的贤人。白眼与碧眼谐音，而这正是艾氏的相貌特征。诗人在此巧妙地对“白眼”运用了一语双关的修辞手法，形容艾氏的内在精神和外在容貌，再加上“奇服”，生动地表现了艾氏从内到外的特质。

⑦ 叶向高等：《赠诗》，第 667 页。

⑧ 叶向高等：《赠诗》，第 667 页。

福州林宗彝的赠诗将传教士来华传教看成炼石补天，消除蒙昧俗人的一切烦恼。“我闻西方白帝主，谓君炼石随天补。割除业火鹅光寒，鼎猴蕉鹿都尘土。辙遍溟南与蓟北，为挽风华还古色。谈天一炷醒群蒙，羲驭长驱照中国。”① 福州诗人陈鸿的赠诗把艾儒略讲道比作战国时期邹衍之敬天，而且让人倍感惊讶。“艾君早慕道，每每著声价。若置碣石宫，谈锋倍惊讶。”② 陈鸿，字叔度，号轩伯，侯官人。起寒微，自幼能诗，无有物色之者。后被曹学佺招入诗社。因有“一山在水次，终日有泉声”之句，诗名大著。以贫病死，周栎园为书碑曰“明诗人陈叔度墓”。著有《秋室编》。这首以《赠艾思及泰西人》为题的诗，先收入其《秋室编》卷二《五言古诗》，而后收入《赠诗》。

> 客从泰西来，云历五春夏。地说尽于兹，河汉已倒泻。其国敦敬天，衣冠佩王化。艾君早慕道，遐荒著声价。若置碣石宫，谈锋倍惊讶。利子乃齐名，腹笥何蕴藉。遗我几千言，读之手常把。始知沧海外，日月异昼夜。神山信可登，弱水本堪跨。乘彼贯月槎，却是寻常者。③

陈鸿还有一首与艾儒略有关的诗《题万国全图扇面》：“纨扇虽细微，中图万国境。绝胜月一轮，照遍山河影。”④

《赠诗》对艾儒略个人的衣食住行也做了描绘，反映了诗人人性化的一面，他们在接受艾儒略传教的同时，对西方人的生活方式也表现出极大

① 叶向高等：《赠诗》，第670~671页。

② 叶向高等：《赠诗》，第687页。邹衍至燕，燕昭王为其筑碣石宫，请其讲学。他主张“以天配德”，对敬天思想有影响。

③ 陈鸿：《秋室编》卷二《赠艾思及泰西人》，日本内阁文库藏，10684号，宛羽楼藏版，第11a~11b页。赠诗刻本与抄本略有不同。《赠诗》抄本无题，诗如下：“客从远方来，云历五春夏。地说尽于兹，河汉已倒泻。其国敦敬天，衣冠佩王化。艾君早慕道，每每著声价。若置碣石宫，谈锋倍惊讶。利公乃齐名，腹笥何蕴藉。遗我数千言，读之手常把。始知沧溟外，日月异昼夜。神山信可登，弱水本堪跨。泛海昔张骞，却是寻常者。”可见《秋室编》付梓时对该诗做了修改。

④ 陈鸿：《秋室编》卷七《题万国全图扇面》，第7a页。张先清教授首次在《秋室编》发现陈鸿这两首诗，笔者对引文做了校对。

的兴趣。如邵武邓材诗："灵芽非养汞，贝叶不谭禅。文字通唐制，衣冠仿古贤。语言休待译，经史岂随笺。睟貌浑藏璞，微辞沸涌泉。守真超色界，度世混尘缘。"①

（三）天主教对福建士大夫和教徒的影响

《赠诗》中大多数的诗表达出在艾儒略个人魅力和他所传播的天主教的影响下，作者身受的教诲和感悟，其中不少人因此皈依天主教，还可以看出奉教者在信仰上从疑到信的变化。

福清林伯春的诗记录了他接受艾儒略传教成为信徒的经过。

> 睽违主教几冬春，有病未能识病因。念昔曾知私淑艾，于今想见旧畸人。薰风南至莺声巧，时雨西来草色新。好似帝临为作宰，忻然礼请愿称臣。②

永春方尚来的诗则表达了他对天主教信仰的虔诚不渝：

> 周孔不可作，天学亦已徂。爰有西贤者，教铎振中区。浮沉八万里，将以慰吾徒。真主谩相识，疑信任所趋。晨夕叨引治，我亦破其愚。分手三山外，肯把寸心渝。③

方尚来，"字以逊，儒林里人，笃志力学，诱进后生，由顺治间岁贡，授建宁训导，以正道课督诸生。家居清淡，不事干谒，恬如也"。④ 淡泊名利的个性，使他更能够接受艾儒略传播的天主教。

---

① 叶向高等：《赠诗》，第 657 页。

② 叶向高等：《赠诗》，第 686 页。主教，指艾儒略，他于崇祯十四年（1641）"任中国的副省会长"。见荣振华等《16~20 世纪入华天主教传教士列传》，耿升译，广西师范大学出版社，2010，第 49 页。

③ 叶向高等：《赠诗》，第 672~673 页。"晨夕叨引治，我亦破其愚"：叨，即叨教，隐喻诗人早晚都在接受艾儒略的教诲，才避免了那些对"真主谩相识"人的愚蠢。

④ 郑翘松：民国《永春县志》卷一九《儒林传》，载《中国方志丛书·华南地方》第 231 号，成文出版社，1975，民国十九年（1930）铅印本，第 686 页。

另一位永春诗人郑璟为太学生，曾任泉州卫指挥，虽不是教徒，但他日夜拜读艾儒略赠送的耶稣会士庞迪我（Diego de Pantoja，1571～1618）的汉文著作《七克》，使他对天主教教义有了新的认识："深隐桃源见美人，西方怀我好音春。兢兢七克同邹吻，翼翼千篇敷教神。一事主天分苦乐，偏惊处世易缁磷。得君载授珠玑日，寤寐欢吟又日新。"[①] 莆田诗人彭宪范表达了天主教著作使他洗去身世俗尘："读罢玄言论，潇然洒世尘。"[②] 晋江诗人郑之玄是何乔远的门生，因避讳作"之铉"。"郑之铉，字大白，号道圭，晋江人，少奇颖，游何乔远门，见而器之曰：'一代美才也。'博学工文，与吴韩起齐名。万历壬子举人，天启壬戌会试第七，成进士，选庶常第一，授检讨，纂修神宗实录。时魏珰窃柄，之铉浩然而归。丁外艰，哀毁异常，家居五年多，以文章气节奖掖后进。崇祯初起原官，庚午典试江西，得陈际泰等皆名流，未报命。擢右春坊右赞善，册封岷藩。事竣，念母驰归，触暑病，卒于濑溪，年六十八。所着有《五云居四书翼解》、《易经翼解》、《不腐斋易醒解》、《克薪堂文集》。"[③] 他自称是个放荡不羁的人，在艾儒略指引下入教。

铎音敷至教，户屦满公卿。每与俗尘接，总关慈悯情。我固漫浪者，君毋靳共盟。频将承指点，宗尚不为名。[④]

《赠诗》最后四首是福州诗人林珣写的，其中两首都提到艾儒略像良师一样使他受到熏陶："尚友云从环越海，传经雨化满中原。苟舆得御今亲炙，绛帐抠衣待讨论。"[⑤] "海滨倡教开师席，濂洛传宗得服膺。小子春

① 叶向高等：《赠诗》，第 672 页。

② 叶向高等：《赠诗》，第 648 页。

③ 乾隆《泉州府志》第 3 册，第 80 页。

④ 叶向高等：《赠诗》，第 678～679 页。"我固漫浪者，君毋靳共盟"：漫浪，放纵而不受世俗拘束。此诗指诗人因艾儒略不吝赐教，使他得以皈依入教。

⑤ 叶向高等：《赠诗》，第 690 页。此句作者自喻驽钝，但锲而不舍，终能成为艾氏弟子，聆听其教导。抠衣，提起衣服的前襟，属古人谒见尊者的一种礼仪，此处诗人隐喻自己因能够成为最亲近艾先生的弟子并接受他的教诲而感到庆幸。

风中借坐，顿忘门外雪层层。”[①] 古宁[②]黄六龙诗则要求教徒感谢艾儒略的功德：“辟开天上生成境，剖破人间造化功。谨告同盟揣是德，感荷先生不易逢。”[③]

（四）对天主教与儒学兼容的认同

《赠诗》的价值之一在于从不同视野表达了天主教与儒学兼容的观点，主要体现在：天儒一家、天儒互补、天学超儒、天儒尊卑不分等四个方面。

叶向高“言慕中华风，深契吾儒理”是最具代表性的诗句之一。“言慕中华风”，艾儒略《职方外纪》云：“（中国）自古帝王立极，圣哲递兴，声名文物礼乐衣冠之美，与夫山川土俗物产人民之富庶，远近所共宗，仰其北极。”又云：“近百年以来，西舶往来贸迁，始辟其途。而又耶稣会中诸士幸复遍历观光，益习中华风土。今欲揄扬万一，则《一统志》诸书旧已详尽。”[④] 从中人们可看出，中华文化在西方的影响。“深契吾儒理”，叶向高写的《西学十诫初解序》《职方外纪序》就是最好的注疏，“近乃有大西人自数万里外来，其学以敬天为主，以苦身守诫为行，大率与吾儒同”，“吾孔氏畏天命，戒慎恐惧之正学，世人习焉不察，乃不意西人能发明之。东夷西夷，先圣后圣，其揆一也，岂不信哉?”[⑤] “其言天主，

---

① 叶向高等：《赠诗》，第 690 页。此句将艾氏比之宋代著名的理学大师，称赞其讲经授课，传播教义。

② 古宁：明代属于福建泉州府同安县。“宋同安县下三乡三十三里，后并为二十七里。”参见同安县地方志编纂委员会编《同安县志》卷一《政区》，载《中华人民共和国地方志·福建省》，中华书局，2000，第 61 页。根据宋明图里沿革表，古宁在同安东界十九都，“宋明图里沿革表：东界在城东北隅，……十九都：其地为后浦、颜厝、古宁、金门、湖下、浦头等乡，在县东八十里，隔海，为翔风里，统于绥德乡”。林学增等修民国《同安县志》卷六《城市》，载《中国方志丛书·华南地方》第 83 号，成文出版社，1967，民国十八年（1929）铅印本，第 144~145 页。元代改里为都，三乡之下统四十四都。明洪武元年（1368）恢复里制，下辖十二里二隅三十七都五十三图。清沿明制，全县共三乡九里二十一都。康熙五十二年（1713）区划，古宁属十九都三图。“十九都三图：古宁、金门、湖下、浦头。”（同安县地方志编纂委员会编《同安县志》卷一《政区》，第 61~63 页）民国属金门县。

③ 叶向高等：《赠诗》，第 688 页。

④ 艾儒略著，谢方校释《职方外纪校释》，第 32 页。

⑤ 叶向高：《苍霞草全集》卷五《西学十诫初解序》，第 331~332 页。

则与吾儒畏天之说相类，以故奉其教者颇多。”[①] 泉州庄际昌诗曰：“有客自西来，芒踪遍八垓。文将重译着，性指上玄胎。万国车书会，千灵谛义开。”[②] 庄际昌认为世界各国的宗教可以互相沟通，其中包括天学和儒学。何乔远与庄际昌交游笃深，基于个人感情为其作传，对他为人与为官作了很高的评价。

> 庄际昌，字景说。祖用宾，见晋江英旧。用宾梦张襄惠投刺相谒而际昌生，因名梦岳。以试更今名。举进士，会试、廷试皆第一，为泉人破荒。其制策，一字偶误，为忮者所齮龁，遂乞假归。天启初，授翰林院修撰、经筵展书、起居注，编葺六曹章奏。乙丑，分校礼闱。寻管理诰敕。往，词林多借是为润笔资，时魏珰煽虐，际昌未数日即弃去，乞差归。丙寅秋，当复命，会修《三朝要典》，蹙然曰：“是固欲以国史为刑书者。”丁卯，天下大比士，际昌以首资当衡文两京矣，亲友劝驾，长安中有促之者曰：“公速来，可步武三事也。”夷犹不赴。亡何，为魏珰所褫夺。珰诛，起原官，历升春坊庶子，授记注官。上数召对，当秉笔记言，五漏入侍，率二鼓方罢。际昌赴召时，途中得末疾，用是困惫，竟卒。赠詹事。际昌为人坦直夷易，孝友切至。伤其弟重岳孝廉早卒，抚遗孤如己子。终身茹素，午惟一荤而已。自以起家高第，家居肃饬自将，苍头戢戢不敢问户外事。独好为德于乡人。溜石故有陡门，南乡数都之水赖以蓄泄，又新溪一岸障咸引淡，潮汐乘之，岁久圮塞。际昌以其受水颇狭，为广设三间，鸠农父，荷锸伐石，捐费二百余金。岁方苦旱，四十二乡咸借播殖焉。雅善谈谑，风发泉流，四座厌心。兼通禄命、医药、形家之书，人服其多才，尤旷达，自筑生圹，题曰：“美玄真息。”镌诗其傍曰：“百年忙半逝，四大本归虚。”竟年五十二，亦诗谶也。[③]

同安黄文炤（1556~1651）的诗，则表达了他对天主教和儒学一致性

① 叶向高：《职方外纪序》，载艾儒略著，谢方校释《职方外纪校释》，第13页。

② 叶向高等：《赠诗》，第648页。

③ 何乔远：《闽书》卷九一《英旧志》，第2765页。

的认可。“绝徼梯航来献琛，袖珍一箧胜球琳。八行译出全倾橐，六籍参同总盍簪。”[①] 黄文炤，字丽甫，号季弢，同安人。为晋江诸生，久困后谢去。专性命之学，潜心力行，述经谈道，品高嵩岱，学溯关闽，郡缙绅皆敬异之，何乔远尤加推重，尝疏荐于朝。尝游大江以南至云间访陈继儒，论业大相欢契，遍历诸名胜，学者称为“黄布衣先生”。著有《道南一脉》《两孝经》《仁诠》《太极图解》《性理经纬》等。[②] 李清馥《闽中理学渊源考》中的“黄文照”与黄文炤为同一人。

莆田郑玉京诗曰：“圣学从知原无异，芳声诚缦恬相操。”“浮尘得筏见真玄，盛世同文更豁然。”[③] 郑玉京，字圣集，号海客，福清人。崇祯贡生，县丞。泉州李文宠诗曰：“天原腔子里，人自儒家流。”“委通洙泗脉，漫作鹫峰猜。”[④] 在这里诗人只认同天主教与儒家相通，不能与释道混为一谈。教徒苏负英诗曰：“直探周孔奥，高揭昊旻巅。同证此心理，修精即圣贤。”[⑤] 莆田林光元则说：“作者有西贤，异地同心理。”“圣学无二门，心传只顾諟。”[⑥] 作者在这里把天主教和儒学看成“无二门”的圣人学说。永春教徒潘师孔的诗对天儒相印做了阐释：“昔闻西来学，谓可相翼羽。”“凡我执经者，恍已亲恃怙。况以证儒书，标旨符中土。”[⑦] 福州薛瑞光诗曰：“曾是西方正觉师，久来东土度愚痴。中朝天子同文日，真主耶稣广化时。景教却依儒教近，至人莫作异人疑。不逢指点披明镜，法界遥遥那得知？”[⑧] 福清王一锜诗曰：“几译重来迴作师，可能唤醒尽蒙痴。此心此理何分地，同轨同文自一时。教自先天悬有统，揆之后圣更无疑。不逢声

① 叶向高等：《赠诗》，第 652 页。

② 乾隆《泉州府志·明文苑》，第 92~93 页；李清馥：《闽中理学渊源考》，载《景印文渊阁四库全书》第 460 册，第 746 页。

③ 叶向高等：《赠诗》，第 654 页。“浮尘得筏见真玄”：浮尘，佛教认为一切有为之诸法都像浮尘一样，虚假不实，污染真性；真玄，指真理与玄妙，佛家主张佛法运载众生、超越生死而达涅槃之彼岸，诗人以此作喻，表明自己得见天主教真义。

④ 叶向高等：《赠诗》，第 662 页。鹫峰：即鹫山，灵鹫山的省称。在古印度摩揭陀国，为释迦牟尼居住和说法之地。因其山顶似鹫鸟故称。

⑤ 叶向高等：《赠诗》，第 678 页。

⑥ 叶向高等：《赠诗》，第 658 页。“心传只顾諟”：心传佛教语。禅宗谓不立文字，不依经卷，唯以师徒心心相印，悟解契合，遂相授受。

⑦ 叶向高等：《赠诗》，第 673 页。

⑧ 叶向高等：《赠诗》，第 665 页。

调相参契，觉海茫茫那得知?"[①] 王一锜的诗依薛瑞光原韵次序唱和，同样表达了天儒一家的认识。莆田林洞诗曰："谁说殊方辙轨异，繇来冶铸一洪炉。"[②] 莆田林传裘诗曰："辞家敷帝训，渡海印儒宗。安得汉天子，论经白虎通。"[③] 诗人不但提出天教可以印证儒宗，而且希望明王朝像汉章帝召开白虎观会议一样，对天儒相通给予官方的认可，避免相互间之攻讦。

对于天主教可以超过儒学，礼部尚书莆田曾楚卿诗曰："生民溯厥初，粉黛一切假。十分婆子心，千古开聋哑。吾儒徒蠡测，着辩夸非马。所见域所闻，学问亦聊且。宝筏良在兹，洪炉同一冶。"[④] 福州林叔学诗曰："敬天立教本吾曹，仍识唐碑景教高。"[⑤] 福州诗人邵捷春（? ~1641），字肇复，福建侯官人，万历四十七年（1619）进士。他认为天主教之说是"敬天破群说，颇与儒术亲"。可惜这首诗未收入《赠诗》中，全诗如下：

> 粤在羲皇世，华夷共庞淳。叔季参情伪，往往失其真。我闻欧罗国，景教从西秦。重译九万里，不复忧波臣。艾生衍厥旨，次我东海滨。敬天破群说，颇与儒术亲。波涛穷表极，指掌窥星辰。十篇廿五论，展也号畸人。却诮比丘僧，寻常论夙因。[⑥]

（五）传教士对西方科学技术的传播

关于传教士传入的天文、地理等西方科学技术，《赠诗》有所描绘，反映了福建士大夫对西方科学技术的浓厚兴趣。比如，晋江许日升诗曰：

---

① 叶向高等：《赠诗》，第 666 页。"不逢声调相参契，觉海茫茫那得知"：声调，音调和谐，诗中用指传教士循循善诱的说教；参契，参议合同而后契入大道；觉海，佛教以觉悟为宗，以其教义深广如海因称觉海。

② 叶向高等：《赠诗》，第 684 页。

③ 叶向高等：《赠诗》，第 677 页。

④ 叶向高等：《赠诗》，第 647 页。

⑤ 叶向高等：《赠诗》，第 652 页。

⑥ 邵捷春：《剑津集》，日本内阁文库藏，10641 号，诗卷二《赠泰西艾思及》，第 2b ~ 3a 页。张先清教授首次从《剑津集》中发现这首诗。笔者对引文做了校对。

西来使者储奇诠，地脉乖风摄八埏。万国山河归一掌，四方朝贡拱三天。漫将印度悬尖指，遂尔乾坤纳只拳。何多问楂张骞昨，只今海宇擎鸿篇。[①]

徐𤊹诗曰："五大部州占广狭，两轮日月验亏盈。"[②] 福清郑玉京诗曰："万国舆图收掌上，一元星历灿玑穿。"[③] 邵武邓材诗曰："著书镌琬琰，制作俾玑璇。笔准量天尺，图开测海篇。金钟鸣刻漏，宝鉴映全偏。"[④] 钱塘金嘉会诗曰："开秩遥临星斗错，剖图快睹海山沦。"[⑤] 福州周之夔诗曰："地转东南分昼夜，人非仙佛识君师。"[⑥] 福州陈宏已诗曰："图开五大州，一一为我指。"[⑦] 莆田彭宪范诗曰："披图罗万国，受学溢千人。"[⑧] 晋江蔡国铤诗曰："地轴圆球自利君，年来西学又奇闻。周天日表图中见，二极星枢眼底分。"[⑨] 晋江李文宠诗曰："星纬掌端见，玄文笔底开。"[⑩] 林维造诗曰："足方而履地，顶圆而戴天。"[⑪] 福州薛瑞光诗曰："真宰繇来别有天，不关玄术不关禅，掌中象数穷河洛，心上珠玑测宿缠。"[⑫] 在对西方地理学的认识上，福清王一锜也以次韵诗唱和薛瑞光，诗曰："已解先天太始天，周行直指岂玄禅。肩摩日月双轮转，胸剖璇玑几度缠。"[⑬]

王一锜曾将艾儒略《职方外纪》由五卷本改为六卷本，即闽刻本《职方外纪》。"改的办法是将原书卷四最后一节《墨瓦蜡尼加总说》提出来，再加上一篇王一锜自己写的《书墨瓦蜡尼加后》，作为附录，成为卷五，

---

① 叶向高等：《赠诗》，第 683 页。
② 叶向高等：《赠诗》，第 652 页。
③ 叶向高等：《赠诗》，第 654~655 页。
④ 叶向高等：《赠诗》，第 658 页。
⑤ 叶向高等：《赠诗》，第 685 页。
⑥ 叶向高等：《赠诗》，第 650 页。
⑦ 叶向高等：《赠诗》，第 661 页。
⑧ 叶向高等：《赠诗》，第 648 页。
⑨ 叶向高等：《赠诗》，第 661~662 页。
⑩ 叶向高等：《赠诗》，第 662 页。
⑪ 叶向高等：《赠诗》，第 663 页。
⑫ 叶向高等：《赠诗》，第 665 页。
⑬ 叶向高等：《赠诗》，第 666 页。

而将原来的卷五变成卷六，这样就成为六卷本。”[①] 福州林叔学诗曰：“地界沧溟争昼夜，学窥衡管折丝毫。五州形胜披图狭，八万舟车计路劳。笑杀汉廷张博望，乘槎徒自说波涛。”[②] 莆田郑凤来诗曰：“碧翁划成一方治，寸铜晷纬走呈晖。活现虞家玑玉器，揭斯巾舄起欧逻。”[③]

（六）天主教和传教士对明王朝所起的社会作用

关于天主教在明王朝所起的作用，奉教士大夫徐光启、杨廷筠（1562~1627）、李之藻等在著作中早已做出肯定，闽中诸公则以诗来表达他们的看法。如福清教徒林一儁的诗明确指出天主教可以辅助封建王朝，建立太平盛世，如“自此中天明宝鉴，上扶治化到黄农”。[④] 莆田黄鸣晋的诗有相同见解，如“译出方言皆至味，黄农醇化见于斯”。[⑤] 教徒苏负英的诗，肯定了天主教对社会风气的美化作用，如“昭事自兹凛，淳风日以还。圣朝赞美化，正学契真诠”。[⑥] 福州王櫄则把传教士的忠义之心、为巩固封建王朝做出的贡献，以及所受到的恩泽，在其诗中和盘托出。

> 学就天人理数工，过从中土慕华风。赞宣宝历钦褒渥，尽瘁封疆忠义隆。始信耶稣真有士，方知道教悉皆功。圣朝雨露宽如海，柔远恩波自不同。[⑦]

林珣的诗反映了艾儒略对王朝与士大夫的影响，如“中朝天子频褒玺，南国公卿概及门”。[⑧] 在《赠诗》中，莆田诗人林世芳诗曰：“至尊初

---

① 对此，王重民、谢方认为“欠当”，谢方在《职方外纪校释》中将其作为卷四注十之附录。参见艾儒略著，谢方校释《职方外纪校释》，《前言》，第6~7页；卷四《书墨瓦蜡尼加后》，第143~145页。

② 叶向高等：《赠诗》，第652~653页。管窥蠡测：本指眼界狭小、见识短浅，此处诗人乃是反成语之意而用之，表示了对天主教所传播的天文学知识的赞叹。

③ 叶向高等：《赠诗》，第683页。

④ 叶向高等：《赠诗》，第681页。此处诗人肯定了艾儒略传入的天主教在明末社会起到了迪善补益王化的作用，辅助朝廷抚育百姓，希冀出现一个犹如黄农之治的太平盛世。

⑤ 叶向高等：《赠诗》，第685页。

⑥ 叶向高等：《赠诗》，第678页。

⑦ 叶向高等：《赠诗》，第686页。

⑧ 叶向高等：《赠诗》，第690页。

御调乾日，珍重皇家作上宾。”[①] 前句指 1645 年闰六月，南明隆武帝朱聿键（1602~1646）在福州登基。1646 年清军入闽后，隆武帝逃亡长汀。此时艾儒略在福建已经活动了二十一年。根据有关记载，隆武帝在福州曾召艾儒略的同会毕方济（Francois Sambiasi，1582~1649）至福州，谕命其为武职大员、使臣。隆武帝以《圣谕欧罗巴陪臣毕方济》诗赠送毕方济："诚于事天，端于修身，信义素孚，识解通达。"时间为 1645 年，"弘光岁次乙酉春王吉旦立"。[②] 林世芳诗的前六句是：

> 海上南来一至人，胸中淳朴抱天真。快闻高论甘如醴，喜接清风煦若春。衣钵自能非墨翟，源流应识拔沉沦。[③]

毕方济虽然到过福州，也得到隆武帝的重用，但他并没有在福州传教过，因此诗句所说"快闻高论甘如醴，喜接清风煦若春"，与毕方济无关。上述诗句正是艾儒略在闽传教的真实写照。因此，诗中"珍重皇家作上宾"指的是艾儒略，而非毕方济。它体现了南明王朝对天主教的赞许和对传教士的宠誉。

（七）对佛道的认识和对辟邪派的反驳

艾儒略在闽传教时对释、道二氏的态度，基本是客观地阐述耶稣会士的看法，反对偶像崇拜，用词较为温和，不会过分激烈地贬佛，没有伤害发问者心中固有的对释道的认识和信仰，有时采取反问的做法，把问题推给发问者自己去思考，如莆田诗人林绍祖（字季绪）诗说曰："吾师论道乌山前，开卷不空也不玄。"[④]"开卷不空也不玄"是诗人与艾儒略对话后，对艾儒略关于释、道二氏问题的体会和认识，艾儒略于崇祯四年冬十月二

---

① 叶向高等：《赠诗》，第 669 页。

② 方豪：《中国天主教史人物传》，第 200 页。

③ 叶向高等：《赠诗》，第 669 页。

④ 叶向高等：《赠诗》，第 669 页。有关乌山的考订，见林金水《以诗记事，以史证诗——从〈闽中诸公赠诗〉看明末耶稣会士在福建的传教活动》，载卓新平主编《相遇与对话：明末清初中西文化交流国际学术研讨会论文集》，宗教文化出版社，2003，第 279~281 页。

十七日（1631 年 11 月 20 日）到过莆田，下榻西湖寓所，诗人林绍祖在此与艾儒略相会。

> （十一月）初四日宋学美至堂，请于先生……顷之，林季绪随至，因问曰："释玄二氏，叶心知其非矣。然就两者较之，亦有彼善于此否？"先生曰："道犹大路焉。吾惟率彼正路足耳，总左岐右亦岐也，安用置较乎？"①

福州薛瑞光诗曰："真宰繇来别有天，不关玄术不关禅。"② 对于释、道两家，诗人最多只在天主教与释道三者之间比高低，如"释迦咋舌李耳喑，仿佛尼宗无二致"。③ 莆田林洞则认为艾儒略不接纳佛、释二氏是合儒的表现，如"道阐天人堕众义，教翻佛老契吾儒"。④

何乔远尽管与艾儒略谊笃金兰，但在对待天、儒、释三者关系上，他肯定天学与儒学是一致的，但是他不赞成贬释，提出儒、释、天不要相互贬低和排斥，也不要分主次尊卑，应让三家并存宇宙内，即便儒教也不能主宰全世界。

> 其道在尊天，岂异洙泗蠲。天地大矣哉，不是无胫足。安得一人教，普之极缅邈。惟此一性同，不在相贬驳。且吾孔圣尊，其西则葱竺。并存宇宙内，谁复加臣仆。维此艾公学，千古入旸谷。⑤

何乔远在为艾儒略《西学凡》写的序中，赞美了其传入的西学尊天。

① 艾儒略：《口铎日抄》卷二，第 156~160 页。

② 叶向高等：《赠诗》，第 665 页。

③ 叶向高等：《赠诗》，第 682 页。

④ 叶向高等：《赠诗》，第 684 页。

⑤ 叶向高等：《赠诗》，第 645 页。"其道在尊天，岂异洙泗蠲"：洙泗，洙水和泗水。古时二水自山东泗水县北合流而下，至曲阜又分流，洙水在北，泗水在南。洙泗之间是孔子聚徒讲学的场所。后人因以代称孔子及儒家。岂异洙泗蠲，诗人在《西学凡序》中做了更详细的诠释："艾思及先生重译而至，学吾中国之言语，通其文辞，其衣冠格度，恍若与吾中国庄士大儒同一修整，无一毫越礼义，其学则以敬天为宗。深辟佛氏，谓己不尊天，而自居于帝释，自登于兜率。"见何乔远《西学凡序》，载艾儒略《西学凡》。

要如吾中国天子之学，府州县之学，其教人之为之也；要如吾中国始求之六艺，会通于性命，而归重于尊天，益进益深，愈精愈微。[①]

何乔远的诗反映了明末中国知识分子对中西文化交流最初的认识，他的观点与礼仪之争中福建奉教士大夫的观点相同。[②]

福建是艾儒略布道的重要省份，士大夫做出的反应，既有像闽中诸公那样给予美誉的，也有像以黄贞为代表的辟邪派给予攻讦的。而且，唐显悦撰诗《题黄天香词盟》来赞扬黄贞对艾儒略的抨击。

壮哉黄子，不远千里；呼朋辟邪，唯力是视。疾彼西人，酿兹祸水；圣脉几沉，佛日渐晦。能言距之，世道攸去。[③]

在对西士攻讦的种种理由中，其中一条是传教士以利欲相诱，如福州赠诗者周之夔所撰："夷先以金啖愚而贪者，虽士大夫非无欲，亦堕其术耳。"[④] 山阴王朝式也反映了此一见解："而所以售其奸者，亦从来所不及。或布散金钱，蛊彼贪愚，或穷极机巧，动诸黠慧。"[⑤] 对于对西士的攻讦，闽中诸公以诗进行了反驳。譬如，邵武邓材指出："自结欧逻馔，宁烦亚细钱。"[⑥] 福州陈耀留言："西域产畸人，汗漫游中国。五州小于点，万里轻如翼。装束欧罗云，餐供大田稷。标旨主维天，笃行士所则。不慕爵禄荣，求与圣贤特。"[⑦] 赠诗诸公中，有两人撰文反驳辟邪派之诬陷。在《点金说》中，莆田诗人林光元陈述了他理解的传教士刻苦生活。

其教化主为之计食用，人岁给数十金常禄，附贾舶转输，濒年海

① 何乔远：《西学凡序》，载艾儒略《西学凡》。

② 林金水：《明清之际士大夫与中西礼仪之争》，《历史研究》1993年第2期。

③ 唐显悦：《题黄天香词盟》卷三，载周骈方编校《明末清初天主教史文献丛编》，第146页。

④ 周之夔：《破邪集序》卷三，载周骈方编校《明末清初天主教史文献丛编》，第146~147页。

⑤ 王朝式：《罪言》卷三，载周骈方编校《明末清初天主教史文献丛编》，第156页。

⑥ 叶向高等：《赠诗》，第658页。

⑦ 叶向高等：《赠诗》，第671页。

上阻寇，资斧告穷，移贷不足，予亲见其并日而食，典衣卖履，恬然安之，且诸贤自奉甚菲，不殊蔬水，少有微余，即以厕所翻译著作之书，不图羡积使其挟黄白之工，何苦如是。①

黄鸣乔《天学传概》一文，除说明其经费由本国提供外，还赞扬了京廷的传教士经费是蒙明王朝之优给。

又见行教者，不受无名之馈，间反施济于人，不审从来，意其擅黄白之术。不知诸儒涉远行教，本国雅重其德，岁给廪饩附商，而欲使其足已无营，一心谋道。其在京者又蒙皇家优给，岂有异术，费人揣摩乎？且向之贡铳效死与夫退贼有功者，忠义之诚可贯金石，正修之行，无愧圣贤。此固阁部名公以及一时高贤，相与论说讲求，知其踪迹毫无阴翳，夫安德而横诬也。②

在《口铎日抄小引》中，艾儒略的忠实信徒李九标开章明言道："泰西诸先生之航海而东也，涉程九万，历岁三秋。比入东土，而尺丝半粟，毫无所求于人。"③ 德化诗人林焌则以唐代景教遭人讪谤来比喻辟邪派者，如"嗟哉龌龊人，西镐共讪诋"。④ 邵武邓材的诗一方面推崇传教士彰显周孔之学，另一方面认为辟邪则如"鬼袄"，如"正教同周孔，妖邪却鬼袄"。⑤

结 论

综上所述，可以看出《赠诗》是福建士大夫于明末天主教传入福建

---

① 林光元：《点金说》，载钟鸣旦、杜鼎克、蒙曦主编《法国国家图书馆明清天主教文献》第 7 册，第 49~50 页。

② 黄鸣乔：《天学传概》，载钟鸣旦、杜鼎克、黄一农、祝平一主编《徐家汇藏书楼明清天主教文献》第 3 册，第 1312~1313 页。

③ 艾儒略：《口铎日抄》，第 21 页。

④ 叶向高等：《赠诗》，第 659 页。西镐：即西京。按：周武王建都于镐，在长安西南，因用指长安。诗句指天主教在唐玄宗先天年间遭到士人的反对。诗出《景教流行中国碑颂并序》："先天末，下士大笑，讪谤于西镐。"（大秦寺僧景净《景教流行中国碑颂并序》，第 1~4 页）"下士"即诗中提到的"龌龊人"。

⑤ 叶向高等：《赠诗》，第 657 页。

后，对天主教做出的一种正面反应。有些福建士大夫在《圣朝破邪集》中却做出了截然相反的负面反应。对于后者做研究的莫过于法国汉学家谢和耐（Jacques Gernet）教授所写的《中国和基督教》。他以《圣朝破邪集》为依据，看到的是天主教对明末社会的冲击，它“置身于中国社会之外而又属于另一种性质的宗教，因而它趋向破坏一个社会和一个国家的基础本身”，“对天主教的指责之一就是煽动平民篡夺皇帝的一种特权，也就是祭天的权力”。[①] 遗憾的是，谢和耐似乎没有使用在法国国家图书馆保存的《赠诗》，因此其著作未反映闽中诸公对艾儒略所传播的天主教的赞誉。与中国著名的奉教士大夫，如徐光启、李之藻、杨廷筠、冯应京（1555~1606）等所写的著作和序言相比，《赠诗》突出的特点是生动、形象地表达出福建士大夫对天主教的种种看法，具体而又全面，言简而又意深，在天学和儒学之间、东方文化与西方文化之间架起沟通的桥梁，为人们了解天主教、认识天主教、传播天主教、皈依天主教铺平道路，起到了西方传教士所起不到的作用。它的历史和社会价值就在于，通过《赠诗》，人们可以从艾儒略在17世纪前半叶于福建的传教，探窥天主教在华活动与影响之一斑。《赠诗》所具有的历史意义主要表现在以下几个方面。

一是《赠诗》是传教士在闽活动历史的真实写照，为研究明末天主教在华传播历史提供了新的历史资料，如隆武帝召见艾儒略、艾儒略与闽中诗人的通信来往、传教士在闽生活方式及布道情景，弥补了现有中外资料的不足。

二是从《赠诗》可以推断出某些诗人的天主教信仰。如苏负英、潘师孔、林一儁、董邦廪、谢懋明、林焌、郑之玄等。由此也可反映出艾儒略在闽传教的社会影响。

三是《赠诗》为研究天主教与中国传统文化的接触提供了中国士大夫的思维方式。他们用佛家、道家术语以及传统的历史典故来比拟和诠释天主教教义，这是中国奉教士大夫对天主教信仰适应的一种特殊方式。他们使用这些术语、典故，只是对诗歌修辞方法的一种使用，目的是方便中国人对外来信仰的理解和接受。正是这种比拟与诠释，很自然地给天主教涂

① 谢和耐：《中国和基督教》，耿昇译，上海古籍出版社，1991，第158~161页。

上一层中国本土文化的色彩。如果天主教没有本土化，就失去了在华传播的前提条件。

四是《赠诗》明确表达了中国士大夫对天主教的基本立场和观点。他们基本上一致认为天主教与中国儒家思想相吻合，可以对中国社会起到积极的作用，可以匡正人心，辅助朝政。他们当中除个别外，对中外不同宗教派别持一种客观、公正的态度，并没有贬此褒彼，也不分尊卑，既不同意释、道、儒对天主教的攻击，也不赞成天主教对其他教派的批判，更反对辟邪派对天主教的攻击。

五是《赠诗》为我们生动地描绘和勾勒出天主教征服福建、征服中国的一幅幅历史画卷及中国奉教士大夫皈依天主教的心理变化轨迹，这是研究中国士大夫对天主教反应的不可多得的资料。

六是当前中国天主教的历史研究范式从西方传教士“我者”转到对中国基督徒“他者”的研究，福建奉教诗人和他们的诗篇，是这种范式转变研究中不可或缺的研究对象。

七是《赠诗》打开了中西方文化交流的视窗。一方面，它反映了明末中国士大夫，尤其是福建士大夫对西方的了解和认识；另一方面，国内外对《赠诗》的研究，尤其是艾儒略故乡布雷西亚市的基金会把《赠诗》译成了意大利文①，为西方人更好地了解、认识天主教在中国，尤其是在福建的影响，提供了第一手中文资料。

总之，诗是时代的产物，一首诗反映的是一个时代的历史和社会的面目。一方面，从《赠诗》中可以看到明末福建社会的历史、宗教、文化、经济、生活等方面的内容；另一方面，从《赠诗》中也可以看到明清之际党社运动在福建的影响。著名明史专家谢国桢先生说，明清之际，“大江南北，结社的风气，犹如春潮怒上，应运勃兴”。② 福建概莫例外，叶向高为东林党人首魁，《赠诗》之外与艾儒略交游的东林党人还有翁正春、曾樱、朱大典、陈长祚；诗人周之夔、郑之玄也为复社成员。人以群分，正

① 2005年布雷西亚基金会根据笔者提供的《赠诗》注释本，翻译成意大利文，见 Fondazione Civilta Bresciana，*Al Confucio di Occidente：Poesie Cinesi in Onore di P. Giuliol Aleni S. J.*（Brescia：Fondazione Civilta Bresciana，Lugio，2005）。

② 谢国桢：《明清之际党社运动考》，中华书局，1982，第8页。

是受这种结社运动的影响，形成了在全国鲜有的、闽中诗人的社交网络，也出现了对艾儒略的赞美诗篇，它们并不是单一的、分散的，不像写给利玛窦等耶稣会士的赠诗那样零碎。《赠诗》是集中性、连锁性、群体性的诗篇集成，再现了艾儒略在闽的人脉关系和他传播天主教的历程与历史轨迹。从诗可以证史、可以记事这一作用来看，《赠诗》是明末福建天主教最重要的历史文献之一，它与艾儒略的《口铎日抄》《三山论学记》、李九功的《励修一鉴》以及其他福建天主教徒李九标、张赓、李嗣玄、严赞化、严谟等写的近百篇天主教文献，都是不可多得的、珍贵的历史资料，对进一步开拓这一领域，以新的视野对明末福建天主教史，乃至中国天主教史和中西文化交流史做研究都具有重大的意义。

本文原载于《清华学报》2014 年第 1 期